Basler Schriften zum Marketing
Band 31

Herausgegeben von
M. Bruhn, Basel, Schweiz

Verena Batt

Qualität der Internen Markenführung

Konzeptualisierung, empirische
Befunde und Steuerung
eines markenkonformen
Mitarbeiterverhaltens

Dr. Verena Batt
Basel, Schweiz

Dissertation Universität Basel, 2012

ISBN 978-3-658-00924-3   ISBN 978-3-658-00925-0 (eBook)
DOI 10.1007/978-3-658-00925-0

Die Deutsche Nationalbibliothek verzeichnet diese Publikation in der Deutschen Nationalbibliografie; detaillierte bibliografische Daten sind im Internet über http://dnb.d-nb.de abrufbar.

Springer Gabler
© Springer Fachmedien Wiesbaden 2013
Das Werk einschließlich aller seiner Teile ist urheberrechtlich geschützt. Jede Verwertung, die nicht ausdrücklich vom Urheberrechtsgesetz zugelassen ist, bedarf der vorherigen Zustimmung des Verlags. Das gilt insbesondere für Vervielfältigungen, Bearbeitungen, Übersetzungen, Mikroverfilmungen und die Einspeicherung und Verarbeitung in elektronischen Systemen.

Die Wiedergabe von Gebrauchsnamen, Handelsnamen, Warenbezeichnungen usw. in diesem Werk berechtigt auch ohne besondere Kennzeichnung nicht zu der Annahme, dass solche Namen im Sinne der Warenzeichen- und Markenschutz-Gesetzgebung als frei zu betrachten wären und daher von jedermann benutzt werden dürften.

Gedruckt auf säurefreiem und chlorfrei gebleichtem Papier

Springer Gabler ist eine Marke von Springer DE. Springer DE ist Teil der Fachverlagsgruppe Springer Science+Business Media.
www.springer-gabler.de

Geleitwort des Herausgebers

In Wissenschaft und Praxis wird zunehmend auf die Bedeutung eines markenkonformen Mitarbeiterverhaltens für den Erfolg der Marke am Markt aufmerksam gemacht. Die Steuerung eines markenkonformen Mitarbeiterverhaltens erfolgt durch den Einsatz der Internen Markenführung. In den letzten Jahren hat sich die Marketingwissenschaft zwar mit der Internen Markenführung und deren Wirkung auf das Markenverhalten von Mitarbeitenden beschäftigt, einige zentrale Aspekte sind hierbei jedoch noch unerforscht geblieben. Dies betrifft insbesondere die Auseinandersetzung mit Fragestellungen zur Qualität der Internen Markenführung. Unter der Qualität der Internen Markenführung ist der Grad der Erfüllung von Mitarbeitererwartungen an die Interne Markenführung zu verstehen. Angesichts der Erkenntnisse aus Studien anderer Forschungsbereiche (z.B. Studien zur Dienstleistungsqualität) liegt die Vermutung nahe, dass eine Orientierung der Internen Markenführung an den Mitarbeitererwartungen das Markenverhalten von Mitarbeitenden positiv beeinflusst. Die Qualität der Internen Markenführung ist daher als zentrale Steuerungsgröße eines markenkonformen Mitarbeiterverhaltens anzusehen.

Die Verfasserin der vorliegenden Arbeit nimmt das bestehende Forschungsdefizit zum Anlass einer tiefer gehenden Auseinandersetzung mit dem Konstrukt der Qualität der Internen Markenführung. Das Ziel der Arbeit besteht in der Konzeptualisierung und Operationalisierung des Konstrukts und – unter Berücksichtigung von Mitarbeiterheterogenität – der Analyse seiner Bedeutung zur Steuerung eines markenkonformen Mitarbeiterverhaltens. Hierzu entwickelt die Verfasserin ein Mess- und Wirkungsmodell der Qualität der Internen Markenführung. Die Ergebnisse der Modellprüfungen lassen Aussagen zur Entstehung und Wahrnehmung sowie zu den Auswirkungen der Qualität der Internen Markenführung zu.

Die Arbeit beginnt mit einer gründlichen Aufarbeitung des Forschungsstands zur Internen Markenführung und deren Wirkungen. Anschließend wird das Augenmerk auf die Entwicklung des Messmodells der Qualität der Internen Markenführung gelegt. Für die Identifikation der Konstruktdimensionen erfolgt der Rückgriff auf die Erkenntnisse der bestehenden Literatur, die Selbstbestimmungstheorie und auf Interviews mit Mitarbeitenden verschiedener Unternehmen. Es zeigt sich, dass die Qualität der Internen Markenführung ein Konstrukt zweiter Ordnung, bestehend aus den Dimensionen Informationsvermittlung, Vorleben der Markenidentität, Wertschätzung, Partizipation und Visualisierung der Markenidentität, darstellt. Im Anschluss an die Konzeptualisierung der Konstruktdimensionen wird deren Operationalisierung vorgenommen. Die Entwicklung des Wirkungsmodells erfolgt auf Grundlage der Literatursichtung. Als direkte Wirkungsgrößen der Qualität der Internen Markenführung werden die Markenarbeitszufriedenheit, das Markencommitment und das Markenvertrauen von Mitarbeitenden identifiziert, als indirekte Wirkungsgröße das markenkonforme Mitarbeiterverhalten. Unter Rückgriff auf geeignete Theorien werden Hypothesen zu den Konstruktzusammenhängen herausgearbeitet.

Die empirische Überprüfung des Mess- und Wirkungsmodells erfolgt mithilfe der Strukturgleichungsanalyse. Für die Abbildung von Mitarbeiterheterogenität wird die Finite-Mixture-Analyse gewählt. Die erforderlichen Daten werden im Rahmen einer Mitarbeiterbefragung bei einem Schweizer Verbrauchsgüterhersteller generiert.

Die Datenauswertung zeigt, dass die Qualität der Internen Markenführung durch die Konstruktdimensionen gut erklärt wird. Die Überprüfung des Wirkungsmodells unterstreicht die Bedeutung der Qualität der Internen Markenführung als zentrale Steuerungsgröße eines markenkonformen Mitarbeiterverhaltens. Eine Betrachtung der Wirkungen der einzelnen Konstruktdimensionen offenbart, dass die wahrgenommene Wertschätzung den stärksten Einfluss auf die nachgelagerten Größen ausübt, gefolgt vom wahrgenommenen Vorleben der Markenidentität und der Partizipation. Im Rahmen der Finite-Mixture-Analyse werden zwei Mitarbeitersegmente identifiziert, die sich hinsichtlich der Wirkung der Qualität der Internen Markenführung unterscheiden.

Auf Basis der Erkenntnisse leitet die Verfasserin wertvolle Implikationen für die Unternehmenspraxis ab. Dies zeigt sich in konkreten Vorschlägen zur Analyse, Planung, Umsetzung und Kontrolle der Internen Markenführung.

Das Konstrukt Qualität der Internen Markenführung wurde in der Literatur bis dato nicht bearbeitet. Mit der vorliegenden Arbeit betritt die Verfasserin somit wissenschaftliches Neuland. Die Bearbeitung des sehr komplexen Themas ist ihr in beeindruckender Weise gelungen. Besonders hervorzuheben sind die systematische Vorgehensweise bei der Konstruktentwicklung, die Einbindung einer Vielzahl neuer Ideen und die fundierte Auseinandersetzung mit der angewandten Methodik. Ich bin der Überzeugung, dass es die vorliegende Arbeit verdient, in Forschung und Praxis eine weite Verbreitung zu erfahren.

Basel, im August 2012   Prof. Dr. Manfred Bruhn

Vorwort

In der Marketingforschung werden seit einigen Jahren verstärkt Fragestellungen im Zusammenhang mit der Internen Markenführung diskutiert. Diese Entwicklung ist auf die Erkenntnis zurückzuführen, dass ein markenkonformes Mitarbeiterverhalten wesentlich zur Differenzierung der Marke und Präferenzbildung beim Nachfrager beitragen kann. Die Interne Markenführung wird dabei als Steuerungsgröße eines markenkonformen Mitarbeiterverhaltens betrachtet. Mit der vorliegenden Arbeit wird ein Beitrag zur Forschung der Internen Markenführung geleistet. Das Ziel der Arbeit bestand in der Entwicklung und empirischen Überprüfung des Konstrukts Qualität der Internen Markenführung aus Mitarbeitersicht und der Analyse seiner Bedeutung zur Steuerung eines markenkonformen Mitarbeiterverhaltens. Die Verfolgung des Forschungsziels und die Beantwortung der daraus abgeleiteten Forschungsfragen liefern Ansatzpunkte für die effektive und effiziente Steuerung eines markenkonformen Mitarbeiterverhaltens.

Die vorliegende Arbeit wurde im Juli 2012 von der Wirtschaftswissenschaftlichen Fakultät der Universität Basel als Dissertationsschrift angenommen. Sie entstand während meiner Tätigkeit als wissenschaftliche Mitarbeiterin am Lehrstuhl für Marketing und Unternehmensführung. Zum Gelingen dieser Arbeit haben verschiedene Personen beigetragen, denen ich an dieser Stelle ein herzliches Dankeschön für ihre Unterstützung aussprechen möchte.

Mein ganz besonderer Dank gilt meinem Doktorvater und akademischen Lehrer, Herrn Prof. Dr. Manfred Bruhn. Ich konnte während der ganzen Promotionszeit immer auf ihn zählen und durfte in jeder Hinsicht seine uneingeschränkte Unterstützung erfahren. Prof. Bruhn hat sowohl meine fachliche, als auch meine persönliche Weiterentwicklung wesentlich geprägt. Ohne seine Unterstützung und das mir entgegengebrachte Vertrauen wäre die Arbeit, so wie sie heute vorliegt, wahrscheinlich nie entstanden. Dafür bin ich sehr dankbar!

Ein besonderer Dank geht ebenso an Prof. Dr. Karsten Hadwich für die Übernahme des Zweitreferats. Prof. Hadwich stand mir bei Fragen mit wertvollen Anregungen und Ideen zur Seite und dank der zügigen Übernahme des Zweitgutachtens wurde ein schneller Abschluss des Promotionsvorhabens ermöglicht.

Des Weiteren gilt mein Dank dem Forschungsfonds der Universität Basel sowie dem Förderverein des Wirtschaftswissenschaftlichen Zentrums (WWZ) der Universität Basel für die Unterstützung der Arbeit mit Stipendien. Ebenfalls möchte ich Herrn Prof. Dr. Georg Nöldeke meinen Dank aussprechen. Durch seinen Einsatz wurde die Unterstützung durch den Forschungsfonds erst ermöglicht. Danken möchte ich auch dem Dissertationsfonds der Universität Basel für die finanzielle Unterstützung bei der Drucklegung der Arbeit.

Arbeiten im Zusammenhang mit der Internen Markenführung erfordern die Unterstützung von Unternehmen. Im vorliegenden Fall richtet sich mein Dank an die Unternehmen *Ricola AG*, *DHL Express (Schweiz) AG* und *Bell AG*. Durch die Bereitschaft zahlreicher Mitarbeitender zur Teilnahme an qualitativen Interviews konnte ein Schritt hin zur inhaltlichen Durchdringung des Konstrukts Qualität der Internen Markenführung gemacht werden. Ein besonderer Dank geht an die jeweiligen Ansprechpartner in den Unternehmen. Dies sind Herr Felix Richterich und Andreas Lindner (*Ricola AG*), Herr Dr. Dirk Steffen (ehemals *DHL Express (Schweiz) AG*) und die Herren Davide Elia und Harry Bechler (*Bell AG*). Für die Unterstützung im Rahmen der empirischen Untersuchung möchte ich mich ganz besonders bei den Mitarbeitenden der *Bell AG* für ihre Teilnahme an der schriftlichen Befragung bedanken.

Ein großes Dankeschön gebührt dem gesamten Lehrstuhlteam. Dies sind Dr. Jürgen Schwarz, Meike Straßer, Daniela Schäfer, Alexander Maier, Verena Schoenmüller, Matthias Holzer und Stefanie Schnebelen. Sie haben alle Höhen und Tiefen mit mir geteilt und mit ihren Vorschlägen wertvolle Impulse für die Erstellung der Arbeit geliefert. Speziell Jürgen und Matthias danke ich für das sorgfältige Korrekturlesen einiger Teile der Arbeit. Ein besonderer Dank geht auch an Eleonore Müller, unserer früheren „guten Seele" des Lehrstuhls. Sie hatte für alle Angelegenheiten stets ein offenes Ohr. Unserer studentischen Hilfskraft, Juraj Kralj, danke ich für das Eintippen der ausgefüllten Fragebögen, bei unserer Famulantin Fides Maier bedanke ich mich für die zuverlässige Erstellung der Druckvorlage.

Schließlich möchte ich meinem privaten Umfeld ganz herzlich für ihre Unterstützung während der ganzen Promotionszeit hindurch danken. Dies sind zum einen Doris Prauschke, Esther Steveling, Anne-Sophie Tai, Renate Strobl und Kathrin Armbruster. Sie waren immer für mich da, und ich hoffe, dass dies auch künftig so sein wird. Zum anderen sind dies meine Eltern Mechthild und Walter Batt, und meine Geschwister Michaela Schöffel und Simon Batt, die mich in jeder Lebensphase unterstützt haben. Im Zusammenhang mit der Dissertation danke ich insbesondere meinem Vater für das gründliche Korrekturlesen der Arbeit und meiner Mutter für den moralischen Rückhalt.

Basel, im August 2012   Verena Batt

Inhaltsverzeichnis

Geleitwort des Herausgebers V

Vorwort VII

Schaubildverzeichnis XV

Abkürzungsverzeichnis XXI

1. **Steuerung von markenkonformem Mitarbeiterverhalten durch Interne Markenführung** 1

   1.1 Relevanz der Steuerung eines markenkonformen Mitarbeiterverhaltens 1

   1.2 Theoretische und begriffliche Grundlagen zur Internen Markenführung 7

      1.2.1 Identitätsbasierter Markenführungsansatz als theoretische Grundlage 7

      1.2.2 Begriff der Internen Markenführung 10

   1.3 Qualität der Internen Markenführung als Steuerungsgröße eines markenkonformen Mitarbeiterverhaltens 15

   1.4 Ziel und Forschungsfragen der Arbeit 20

   1.5 Gang der Untersuchung 23

2. **Qualität der Internen Markenführung im Kontext der Forschung zur Internen Markenführung** 27

   2.1 Vorgehensweise 27

   2.2 Begriff der Qualität der Internen Markenführung 28

   2.3 Studien zur Messung der Internen Markenführung 30

      2.3.1 Überblick 30

      2.3.2 Erwartungen an die Interne Markenführung 42

      2.3.3 Maßnahmen der Internen Markenführung 43

   2.4 Studien zu den Wirkungen der Internen Markenführung 53

      2.4.1 Überblick 53

      2.4.2 Wirkungsgrößen auf Ebene der Markenwahrnehmung ... 60

2.4.3 Wirkungsgrößen auf Ebene des Markenverhaltens 70
2.5 Studien zu moderierenden Variablen 76
2.6 Zusammenfassung der Erkenntnisbeiträge aus der Forschung
zur Internen Markenführung für die Zielsetzung der Arbeit 79

3. **Konzeptualisierung und Operationalisierung der Qualität der Internen Markenführung** 85
3.1 Vorgehensweise 85
3.2 Grundlagen und Phasen der Konstruktentwicklung 85
3.3 Konzeptualisierung der Qualität der Internen Markenführung 92
    3.3.1 Identifikation der Konstruktdimensionen 92
        3.3.1.1 Theoriebasierte Identifikation der Konstruktdimensionen 92
            3.3.1.1.1 Auswahl einer geeigneten Theorie 92
            3.3.1.1.2 Erkenntnisbeitrag 96
        3.3.1.2 Identifikation der Konstruktdimensionen auf Basis qualitativer Interviews 99
            3.3.1.2.1 Aufbau der Interviews 99
            3.3.1.2.2 Erkenntnisbeitrag 102
        3.3.1.3 Zusammenfassende Darstellung und Festlegung der Konstruktdimensionen 105
    3.3.2 Modellierung der Konstruktdimensionen 110
    3.3.3 Zusammenfassung des Konzeptualisierungsmodells der Qualität der Internen Markenführung und Hypothetisierung 117
3.4 Operationalisierung der Qualität der Internen Markenführung 118
    3.4.1 Messung der Konstruktdimensionen 118
    3.4.2 Pretest 124

4. **Entwicklung eines Wirkungsmodells der Qualität der Internen Markenführung unter Berücksichtigung von Mitarbeiterheterogenität** 127
4.1 Vorgehensweise 127
4.2 Theoretische Fundierung des Wirkungsmodells der Qualität der Internen Markenführung 128
    4.2.1 Überblick 128
    4.2.2 Equity-Theorie 131
    4.2.3 Theorie der sozialen Identität 136

	4.2.4	Soziale Austauschtheorie	141
	4.2.5	Zusammenfassende Darstellung der theoretischen Fundierung des Wirkungsmodells der Qualität der Internen Markenführung	144

4.3 Wirkungsgrößen der Qualität der Internen Markenführung 145
    4.3.1 Konzeptualisierung der Wirkungsgrößen und Hypothesenherleitung 145
        4.3.1.1 Überblick 145
        4.3.1.2 Markenarbeitszufriedenheit 146
        4.3.1.3 Markencommitment 151
        4.3.1.4 Markenvertrauen 154
        4.3.1.5 Markenkonformes Mitarbeiterverhalten 159
        4.3.1.6 Zusammenfassung des Wirkungsmodells der Qualität der Internen Markenführung und der Hypothesen 163
    4.3.2 Operationalisierung der Wirkungsgrößen 166
        4.3.2.1 Überblick 166
        4.3.2.2 Markenarbeitszufriedenheit 167
        4.3.2.3 Markencommitment 167
        4.3.2.4 Markenvertrauen 168
        4.3.2.5 Markenkonformes Mitarbeiterverhalten 169

4.4 Berücksichtigung von Mitarbeiterheterogenität 172
    4.4.1 Grundlagen zur Mitarbeiterheterogenität 172
    4.4.2 Auswahl der beschreibenden Segmentvariablen 175

4.5 Darstellung des Wirkungsmodells der Qualität der Internen Markenführung unter Berücksichtigung von Mitarbeiterheterogenität 182

5. Empirische Überprüfung des Mess- und Wirkungsmodells der Qualität der Internen Markenführung unter Berücksichtigung von Mitarbeiterheterogenität 183

    5.1 Vorgehensweise 183

    5.2 Datenerhebung und Datengrundlage 183
        5.2.1 Design der empirischen Untersuchung 183
        5.2.2 Datengrundlage 188

    5.3 Methodische Grundlagen 192
        5.3.1 Strukturgleichungsanalyse 192
            5.3.1.1 Strukturgleichungsanalyse als Messmethodik 192

　　　　　5.3.1.2　Gütebeurteilung von PLS-Struktur-
　　　　　　　　　gleichungsmodellen 197
　　　　　　　5.3.1.2.1　Beurteilung formativer Messmodelle 197
　　　　　　　5.3.1.2.2　Beurteilung reflektiver Messmodelle 201
　　　　　　　5.3.1.2.3　Beurteilung des Strukturmodells 205
　　　5.3.2　Finite-Mixture-Analyse 207
5.4　Empirische Überprüfung des Messmodells der Qualität der
　　　Internen Markenführung 211
　　　5.4.1　Vorgehensweise 211
　　　5.4.2　Analyse des Messmodells auf Dimensionsebene 213
　　　5.4.3　Analyse des Messmodells auf Konstruktebene
　　　　　　 (Strukturmodell) 217
　　　5.4.4　Zusammenfassung und Interpretation der Ergebnisse 220
5.5　Empirische Überprüfung des Wirkungsmodells der Qualität
　　　der Internen Markenführung 227
　　　5.5.1　Vorgehensweise 227
　　　5.5.2　Ergebnisse der Strukturgleichungsanalyse 228
　　　　　　 5.5.2.1　Ergebnisse für das aggregierte Wirkungsmodell 228
　　　　　　　　　　 5.5.2.1.1　Analyse der Messmodelle 228
　　　　　　　　　　 5.5.2.1.2　Analyse des Strukturmodells 232
　　　　　　 5.5.2.2　Ergebnisse für das disaggregierte
　　　　　　　　　　 Wirkungsmodell 235
　　　　　　　　　　 5.5.2.2.1　Analyse der Messmodelle 235
　　　　　　　　　　 5.5.2.2.2　Analyse des Strukturmodells 237
　　　　　　 5.5.2.3　Zusammenfassung und Interpretation der
　　　　　　　　　　 Ergebnisse 239
　　　5.5.3　Ergebnisse der Finite-Mixture-Analyse 252
　　　　　　 5.5.3.1　Bestimmung der optimalen Segmentzahl 252
　　　　　　 5.5.3.2　Segmentspezifische Wirkungsanalyse 256
　　　　　　 5.5.3.3　Post-hoc-Analyse 258
　　　　　　 5.5.3.4　Zusammenfassung und Interpretation der
　　　　　　　　　　 Ergebnisse 262

6. **Fazit, Implikationen und Ableitung von zukünftigem
　　Forschungsbedarf 265**
　　6.1　Fazit 265
　　6.2　Implikationen für die Steuerung von markenkonformem
　　　　 Mitarbeiterverhalten 270
　　　　 6.2.1　Managementprozess der Internen Markenführung 270

6.2.2	Analysephase der Internen Markenführung	272
	6.2.2.1 Messung des Wirkungsmodells der Qualität der Internen Markenführung	272
	6.2.2.2 Dateninterpretation	277
	6.2.2.2.1 Überblick	277
	6.2.2.2.2 Dateninterpretation auf Konstruktebene	280
	6.2.2.2.3 Dateninterpretation auf Indikatorebene	287
6.2.3	Steuerungsphase der Internen Markenführung	294
	6.2.3.1 Strategische Steuerungsphase der Internen Markenführung	294
	6.2.3.1.1 Festlegung von Zielen der Internen Markenführung	294
	6.2.3.1.2 Festlegung von Strategien der Internen Markenführung	296
	6.2.3.2 Operative Steuerungsphase der Internen Markenführung	297
	6.2.3.2.1 Ausgestaltung von Maßnahmen der Internen Markenführung	297
	6.2.3.2.2 Identifikation flankierender Maßnahmen	302
6.2.4	Umsetzungsphase der Internen Markenführung	305
6.2.5	Kontrollphase der Internen Markenführung	309
6.3	Ableitung von zukünftigem Forschungsbedarf	312

Literaturverzeichnis **323**

Anhang **381**

Schaubildverzeichnis

Schaubild 1-1: Grundkonzept der identitätsbasierten Markenführung ... 9

Schaubild 1-2: Ausgewählte Definitionen der Internen Markenführung ... 12

Schaubild 1-3: Analyse der Internen Markenführung und deren Wirkungen im Rahmen der Internen Markenerfolgskette ... 16

Schaubild 1-4: Bezugsrahmen der Untersuchung ... 21

Schaubild 1-5: Gang der Untersuchung ... 26

Schaubild 2-1: Studien zur Messung der Internen Markenführung ... 32

Schaubild 2-2: Maßnahmen der Internen Markenführung im Überblick ... 52

Schaubild 2-3: Studien zu den Wirkungen der Internen Markenführung ... 54

Schaubild 2-4: Mitarbeiterspezifische moderierende Variablen in Studien zur Internen Markenführung ... 78

Schaubild 2-5: Abgeleitetes Wirkungsmodell der Qualität der Internen Markenführung ... 83

Schaubild 3-1: Vorgehensweise bei der Entwicklung des Messmodells der Qualität der Internen Markenführung ... 90

Schaubild 3-2: Ableitung von Mitarbeitererwartungen an die Interne Markenführung aus der Selbstbestimmungstheorie nach *Deci/Ryan* ... 99

Schaubild 3-3: Zusammenfassende Darstellung der identifizierten Erwartungen an die Interne Markenführung ... 105

Schaubild 3-4: Festgelegte Dimensionen des Konstrukts Qualität der Internen Markenführung und ihre Zuordnung ... 108

Schaubild 3-5: Konzeptualisierung des Konstrukts Qualität der Internen Markenführung ... 117

Schaubild 3-6:	Messung der Dimension wahrgenommene Informationsvermittlung	120
Schaubild 3-7:	Messung der Dimension wahrgenommenes Vorleben der Markenidentität	121
Schaubild 3-8:	Messung der Dimension wahrgenommene Wertschätzung	122
Schaubild 3-9:	Messung der Dimension wahrgenommene Partizipation	123
Schaubild 3-10:	Messung der Dimension wahrgenommene Visualisierung der Markenidentität	124
Schaubild 4-1:	Kernaussagen der Equity-Theorie	133
Schaubild 4-2:	Zusammenfassende Darstellung der theoretischen Fundierung des Wirkungsmodells der Qualität der Internen Markenführung	145
Schaubild 4-3:	Aggregiertes (oben) und disaggregiertes (unten) Wirkungsmodell der Qualität der Internen Markenführung	164
Schaubild 4-4:	Überblick über die Hypothesen des Wirkungsmodells der Qualität der Internen Markenführung	165
Schaubild 4-5:	Operationalisierung des Konstrukts Markenarbeitszufriedenheit	167
Schaubild 4-6:	Operationalisierung des Konstrukts Markencommitment	168
Schaubild 4-7:	Operationalisierung des Konstrukts Markenvertrauen	169
Schaubild 4-8:	Operationalisierung des Konstrukts Markenkonformes Mitarbeiterverhalten	171
Schaubild 4-9:	Überblick über die ausgewählten beschreibenden Segmentvariablen	176
Schaubild 4-10:	Operationalisierung des Konstrukts Markeninvolvement	177
Schaubild 4-11:	Operationalisierung des Konstrukts Bedürfnis nach Markenkompetenzerleben	178

Schaubildverzeichnis XVII

Schaubild 4-12: Operationalisierung des Konstrukts Bedürfnis nach Zugehörigkeit zur Markengemeinschaft 178

Schaubild 4-13: Operationalisierung des Konstrukts Bedürfnis nach Autonomie bei der Markenarbeit 178

Schaubild 4-14: Operationalisierung des Konstrukts Beziehungsneigung 180

Schaubild 4-15: Wirkungsmodell der Qualität der Internen Markenführung unter Berücksichtigung von Mitarbeiterheterogenität 182

Schaubild 5-1: Zusammensetzung der Stichprobe 190

Schaubild 5-2: Vollständiges Strukturgleichungsmodell 193

Schaubild 5-3: Gütekriterien formativer Messmodelle 201

Schaubild 5-4: Gütekriterien reflektiver Messmodelle 205

Schaubild 5-5: Gütekriterien des Strukturmodells 207

Schaubild 5-6: Nomologisches Netzwerk zur Abbildung der Qualität der Internen Markenführung in PLS 212

Schaubild 5-7: Reflektive Indikatoren der Referenzvariablen 215

Schaubild 5-8: Schätzergebnisse für das formative Messmodell der Qualität der Internen Markenführung auf Dimensionsebene 216

Schaubild 5-9: Konstruktkorrelationen zur Überprüfung der Diskriminanzvalidität 217

Schaubild 5-10: Schätzergebnisse für das formative Messmodell der Qualität der Internen Markenführung auf Konstruktebene (Strukturmodell) 219

Schaubild 5-11: Grafische Ergebnisdarstellung für das formative Messmodell der Qualität der Internen Markenführung auf Konstruktebene (Strukturmodell) 219

Schaubild 5-12: Schätzergebnisse für das reflektive Messmodell der Qualität der Internen Markenführung 220

Schaubild 5-13: Einflussstärke der Indikatoren auf die Dimensionen der Qualität der Internen Markenführung 221

Schaubild 5-14:	Direkte Einflussstärke der Dimensionen auf das Gesamtkonstrukt der Qualität der Internen Markenführung (links) und indirekte Einflussstärke der Indikatoren auf das Gesamtkonstrukt der Qualität der Internen Markenführung (rechts)	224
Schaubild 5-15:	Schätzergebnisse für das formative Messmodell	229
Schaubild 5-16:	Schätzergebnisse für die reflektiven Messmodelle im Wirkungsmodell der Qualität der Internen Markenführung	231
Schaubild 5-17:	Prüfung der Modellkonstrukte auf Diskriminanzvalidität	232
Schaubild 5-18:	Schätzergebnisse für das Strukturmodell des aggregierten Wirkungsmodells der Qualität der Internen Markenführung	233
Schaubild 5-19:	Grafische Ergebnisdarstellung für das Strukturmodell des aggregierten Wirkungsmodells der Qualität der Internen Markenführung	234
Schaubild 5-20:	Schätzergebnisse für die formativen Messmodelle	236
Schaubild 5-21:	Schätzergebnisse für das Strukturmodell des disaggregierten Wirkungsmodells der Qualität der Internen Markenführung	237
Schaubild 5-22:	Grafische Ergebnisdarstellung für das Strukturmodell des disaggregierten Wirkungsmodells der Qualität der Internen Markenführung	238
Schaubild 5-23:	Einflussstärke der Indikatoren (Dimensionen) auf die Qualität der Internen Markenführung im aggregierten Wirkungsmodell	240
Schaubild 5-24:	Einflussstärke der Indikatoren auf die Dimensionen der Qualität der Internen Markenführung im disaggregierten Wirkungsmodell	241
Schaubild 5-25:	Einflussstärke der Dimensionen der Qualität der Internen Markenführung auf die nachgelagerten Konstrukte	244

Schaubild 5-26:	Ergebnisse des modifizierten Wirkungsmodells der Qualität der Internen Markenführung	250
Schaubild 5-27:	Ergebnisse der Hypothesenprüfung für das Wirkungsmodell der Qualität der Internen Markenführung	251
Schaubild 5-28:	Kriterien zur Bestimmung der optimalen Anzahl an Segmenten	253
Schaubild 5-29:	Größe der Segmente bei unterschiedlicher Segmentzahl	254
Schaubild 5-30:	Segmentspezifische Zugehörigkeitswahrscheinlichkeiten der Befragten	255
Schaubild 5-31:	Überblick über die segmentspezifischen Wirkungszusammenhänge	256
Schaubild 5-32:	Psychografische Variablen im Segmentvergleich	259
Schaubild 5-33:	Soziodemografische Variablen im Segmentvergleich	260
Schaubild 5-34:	Arbeitsplatzbezogene Variablen im Segmentvergleich	261
Schaubild 6-1:	Managementprozess der Internen Markenführung	271
Schaubild 6-2:	Ansatzpunkte zur Interpretation der Messergebnisse	278
Schaubild 6-3:	Indexwerte der Konstrukte im Wirkungsmodell der Qualität der Internen Markenführung	281
Schaubild 6-4:	Absolute und relative Bedeutung der Dimensionen der Qualität der Internen Markenführung für das markenkonforme Mitarbeiterverhalten (Totaleffekte)	283
Schaubild 6-5:	Importance-Performance-Portfolio der Dimensionen der Qualität der Internen Markenführung	286
Schaubild 6-6:	Mittelwerte der QIMF-Indikatoren	288
Schaubild 6-7:	Absolute und relative Bedeutung der Indikatoren der Qualität der Internen Markenführung für das markenkonforme Mitarbeiterverhalten (Totaleffekte)	290
Schaubild 6-8:	Importance-Performance-Portfolio der QIMF-Indikatoren	293

Schaubild 6-9:	Zielsystem im Wirkungsmodell der Qualität der Internen Markenführung (durchschnittliche Indexwerte und Pfadkoeffizienten; Zielwerte in Klammern)	295
Schaubild 6-10:	Beispielhafte Vorschläge zur Ausgestaltung von Maßnahmen der Internen Markenführung	301
Schaubild 6-11:	Wirkung der Qualität der Internen Markenführung im Vergleich zur Qualität der Externen Markenführung	303
Schaubild 6-12:	Beispiele für struktur-, system- und kulturbezogene Maßnahmen zur Umsetzung der Internen Markenführung	305
Schaubild 6-13:	Beispiel eines Tracking-Systems für die Interne Markenführung in Form eines Internen Markenbarometers	311
Schaubild 6-14:	Ansatzpunkte für die zukünftige Forschung	312
Schaubild 6-15:	Konkretisiertes Messmodell der Qualität der Internen Markenführung (am Beispiel der Dimension Informationsvermittlung)	314

Abkürzungsverzeichnis

AIC	Akaike Information Criterion
AMOS	Analysis of MOment Structures
BCB	Brand Citizenship Behavior
BIC	Bayesian Information Criterion
CAIC	Consistent Akaike Information Criterion
CBBE	Customer-Based Brand Equity
CMB	Common-Method-Bias
Csv	Substantive validity coefficient
DEV	Durchschnittlich erfasste Varianz
EBBE	Employee-Based Brand Equity
EFA	Exploratorische Faktorenanalyse
EN	Entropie-Kriterium
EW	Eigenwert
FIMIX-PLS-Ansatz	Finite-Mixture-Partial-Least-Squares-Ansatz
IMF	Interne Markenführung
KMO	Kaiser-Meyer-Olkin
KR	Konstruktreliabilität
K-S-Test	Kolmogorov-Smirnov-Test
LISREL	LInear Structural RELationships
lnL	Log-Likelihood-Wert
MIMIC	Multiple Indicators and Multiple Causes
OCB	Organizational Citizenship Behavior
PLS	Partial-Least-Squares
Psa	Proportion of substantive agreement

QIMF	Qualität der Internen Markenführung
RoI	Return on Investment
RoIBQ	Return on Internal Branding Quality
VIF	Variance Inflation Factor

1. Steuerung von markenkonformem Mitarbeiterverhalten durch Interne Markenführung

1.1 Relevanz der Steuerung eines markenkonformen Mitarbeiterverhaltens

Die Bedeutung der **Marke**[1] **als zentraler Werttreiber** im Unternehmen ist unbestritten.[2] Marken sind für die Erreichung von Unternehmens- und Marketingzielen in erster Linie deshalb entscheidend, da sie die Möglichkeit der Differenzierung gegenüber dem Wettbewerb bieten sowie die Präferenzbildung beim Kunden fördern.[3] Diese Differenzierungs- und Präferenzbildungskraft von Marken ermöglicht es markenführenden Unternehmen, Wettbewerbsvorteile, wie z.B. das Festlegen höherer Preise oder eine Steigerung des Absatzvolumens, zu realisieren.[4] Dies wiederum führt zur Erzielung höherer Gewinne.[5]

---

[1] In Anlehnung an *Bruhn* (2004a, S. 28) wird die Marke in der vorliegenden Arbeit wie folgt definiert: „Als Marke werden Leistungen bezeichnet, die neben einer unterscheidungsfähigen Markierung durch ein systematisches Absatzkonzept im Markt ein Qualitätsversprechen geben, das eine dauerhaft werthaltige, nutzenstiftende Wirkung erzielt und bei der relevanten Zielgruppe in der Erfüllung der Kundenerwartungen einen nachhaltigen Erfolg im Markt realisiert bzw. realisieren kann." Für eine frühere Version dieser Definition vgl. *Bruhn/GEM* 2002, S. 18.

[2] Vgl. z.B. *Aaker* 1992; *Kernstock et al.* 2006, S. 5; *Esch/Brunner/Hartmann* 2008, S. 146. So verweisen zahlreiche Studien auf die Relevanz der Marke für die Erzielung eines hohen Unternehmenswertes (vgl. z.B. *Kricsfalussy/Semlitsch* 2000, S. 28; *Booz Allen Hamilton/Wolff Olins* 2005; *Madden/Fehle/Fournier* 2006, S. 228ff.; *PricewaterhouseCoopers et al.* 2006).

[3] Vgl. hierzu ausführlich sowie zu weiteren Funktionen der Marke *Burmann/Meffert/Koers* 2005, S. 10ff.

[4] Vgl. *Esch* 2012, S. 10. Die Bedeutung der Markendifferenzierung belegt z.B. eine Studie zu den Faktoren des Markenerfolgs. Die Untersuchung mit 34.000 Befragten aus 24 Ländern und 8.500 Marken konnte nachweisen, dass der Markendifferenzierung die größte Bedeutung für den Markenerfolg zukommt (vgl. *Agres/Dubitsky* 1996, S. 21ff.). Für den bestätigten Zusammenhang zwischen der Markendifferenzierung und dem Marktanteil vgl. *Smith/Park* 1992, S. 296ff.

[5] Vgl. *Bruhn* 2004b, S. 29.

Dem Differenzierungs- und Präferenzbildungspotenzial von Marken steht allerdings die Tatsache gegenüber, dass Marken von den Nachfragern vermehrt als wenig differenziert und damit als austauschbar wahrgenommen werden.[6] Dies ist zum einen auf die steigende Anzahl der angebotenen Marken[7] und zunehmende Qualitätsnivellierung von Produkten und Leistungen[8] markenführender Unternehmen zurückzuführen. Zum anderen liegt ein weiterer Grund in der Austauschbarkeit des kommunikativen Auftritts von Marken.[9] Die Folge ist eine **Markenerosion**, die mit einer Verwässerung eines prägnanten Vorstellungsbildes von der Marke einhergeht.[10] Dies wiederum führt dazu, dass die Marke für die Nachfrager nur noch bedingt einen Zusatznutzen[11] repräsentiert, mit dem Resultat, dass Nachfrager eine geringere Markenpräferenz aufweisen, dadurch preissensitiver sind und sich folglich preiswerteren Konkurrenzprodukten bzw. -leistungen zuwenden.[12]

Vor dem Hintergrund der Herausforderungen, mit denen sich markenführende Unternehmen aktuell konfrontiert sehen, stellt sich die Frage, wie es der Markenführung von Unternehmen gelingen kann, eine Differenzierung der Marke gegenüber den Konkurrenzmarken zu erreichen und eine langfristige Markenbindung der Nachfrager zu erzielen. Um diesen Herausforderungen zu begegnen, wird seit einiger Zeit auf die Bedeutung eines **markenkonformen Mitarbeiter-**

---

[6] Gemäß der Brand Parity Studie von *BBDO Consulting* (2009) erleben 64 Prozent der Nachfrager eine Austauschbarkeit von Marken über alle Branchen hinweg.

[7] Vgl. *Esch* 2012, S. 25. *Esch/Wicke/Rempel* (2005, S. 13) sprechen in diesem Zusammenhang von einer „Markeninflation".

[8] Vgl. *Esch/Wicke/Rempel* 2005, S. 18.

[9] Vgl. *Esch* 2012, S. 34. Darauf verweist auch eine Studie, bei der 340 Werbespots untersucht wurden. Es zeigte sich, dass bei lediglich 7 Prozent der Werbespots eine differenzierende Werbebotschaft wahrgenommen wurde (vgl. *Clancy/Trout* 2002, S. 3).

[10] Vgl. *Kirchgeorg/Klante* 2005, S. 332. Zum Begriff der Markenerosion vgl. *Klante* 2004, S. 25.

[11] Die Gesamtheit aller Markenmerkmale wird vom Nachfrager verdichtet und bewertet. Das Resultat hiervon ist der vom Nachfrager wahrgenommene Markennutzen. Unter den Markennutzen lassen sich der funktionale Nutzen und der symbolische Nutzen subsumieren. Während der funktionale Markennutzen die Bewertung der physikalisch-funktionellen Merkmale der Marke darstellt und daher auch als Grundnutzen bezeichnet wird, repräsentiert der symbolische Markennutzen den über den Grundnutzen hinausgehenden Zusatznutzen der Marke. Für das Nachfragerverhalten ist besonders der Zusatznutzen der Marke von Bedeutung (vgl. *Burmann/Blinda/Nitschke* 2003, S. 7f.; vgl. zu den Nutzenarten auch *Vershofen* 1940, S. 71; *Keller* 1993, S. 4).

[12] Vgl. *Kirchgeorg/Klante* 2005, S. 333.

verhaltens für den Erfolg der Marke am Markt aufmerksam gemacht.[13] Dies ist auf die Erkenntnis zurückzuführen, dass die Mitarbeitenden, durch die Bildung der Schnittstelle zwischen Unternehmen und externen Anspruchsgruppen, wesentlichen Einfluss auf die Wahrnehmung der Marke bei den Nachfragern ausüben.[14] Verhalten sich Mitarbeitende markenkonform, richten sie ihr Verhalten konsistent an der Markenidentität und am Markenversprechen aus.[15] Dadurch machen sie die Markenidentität für die Nachfrager erlebbar und vermitteln den funktionalen und symbolischen Nutzen der Marke. Auf diese Weise tragen Mitarbeitende wesentlich zur Differenzierung der Marke und Präferenzbildung bei den Nachfragern bei.[16] Im Gegensatz zu den erwähnten oftmals homogenen Produkten und Leistungen sowie zur häufig austauschbaren Markenkommunikation können Mitarbeitende folglich einen **entscheidenden Wettbewerbsvorteil** generieren.[17]

Dies gilt insbesondere für Mitarbeitende, die im direkten Kontakt mit dem Kunden stehen, da hier das Mitarbeiterverhalten für die Markenwahrnehmung der Nachfrager in besonderem Maße relevant ist.[18] Wichtig ist dabei, dass die Mitarbeitenden durch ihr Verhalten das Markenversprechen gegenüber dem Kunden einlösen, damit die durch die externe Kommunikation erzeugten Kundenerwar-

---

[13] Vgl. *De Chernatony* 2002, S. 116; *Ind* 2003, S. 394; *Esch/Vallaster* 2004, S. 8; *Vallaster* 2005, S. 110; *Harris* 2007, S. 102; *Burmann/Zeplin/Riley* 2009, S. 265; *Devasagayam et al.* 2010, S. 210f.
[14] Vgl. *Balmer/Wilkinson* 1991, S. 30f.; *De Chernatony* 2001, S. 5, 71; *Tomczak/Brexendorf* 2003, S. 58; *Punjaisri/Wilson* 2007, S. 59. So zeigte sich in einer Studie des Schweizer Markeninstituts *Interbrand*, dass die nachfragerseitige Markenwahrnehmung zu über 80 Prozent durch das Verhalten der Mitarbeitenden beeinflusst wird (vgl. *Vallaster* 2005, S. 110). Weitere Studien konnten ebenfalls den Einfluss des Mitarbeiterverhaltens auf die Markenwahrnehmung nachweisen (vgl. *De Chernatony/Drury/Segal-Horn* 2004; *De Chernatony/Cottam/Segal-Horn* 2006), zum Teil übersteigt der Einfluss des Mitarbeiterverhaltens den der externen Markenkommunikation sogar deutlich (vgl. *Berry/Lampo* 2004, S. 25).
[15] Zum Begriff der Markenidentität vgl. Abschnitt 1.2.1. Zum markenkonformen Mitarbeiterverhalten vgl. ausführlich Abschnitt 4.3.1.5.
[16] Vgl. *Brexendorf/Tomczak* 2004, S. 2.
[17] Vgl. ähnlich *Judd* 1987, S. 244; *Ahmed/Rafiq* 1992, S. 49ff.
[18] Vgl. *Berry* 2000, S. 135; *Fassnacht* 2004, S. 2176; *Wallace/De Chernatony* 2010, S. 83.

tungen in die Marke erfüllt werden.¹⁹ Aber auch die im Unternehmen tätigen Mitarbeitenden ohne Kundenkontakt beeinflussen die Markenwahrnehmung der Nachfrager. Zum einen durch ihre Entscheidungen und ihr Verhalten im Unternehmen, z.b. im Hinblick auf die Gestaltung des Leistungsangebots.²⁰ Zum anderen aber auch dadurch, dass sie sich in ihrem privaten Umfeld über die Marke äußern.²¹ Mitarbeitende nehmen durch die Vermittlung der Markenidentität nach außen somit eine Multiplikatorfunktion ein: Sie fungieren als **Markenbotschafter**.²²

Während in einigen Unternehmen ein markenkonformes Mitarbeiterverhalten erfolgreich stattfindet,²³ bestehen in einem Großteil der Unternehmen diesbezüglich erhebliche Defizite. Dies ist darauf zurückzuführen, dass Unternehmen nur unzureichend Maßnahmen ergreifen, die ein markenstützendes Mitarbeiterver-

---

19 Vgl. *De Chernatony/Harris* 2000, S. 269f.; *Brexendorf/Tomczak* 2004, S. 2. Stimmt das über die externe Kommunikation vermittelte Markenversprechen nicht mit dem Markenverhalten der Mitarbeitenden überein, hat dies negative Auswirkungen auf die Markenwahrnehmung der Nachfrager. Nach *Mumby-Croft/Williams* (2002, S. 209) erweisen sich bis zu 40 Prozent der zuvor getätigten Marketinginvestitionen als wirkungslos, wenn es den Mitarbeitenden nicht gelingt, das vom Unternehmen gesetzte Versprechen gegenüber den Kunden einzulösen.

20 Vgl. *Davis* 2000, S. 245; *Wittke-Kothe* 2001, S. 2. Die Beeinflussung von Kunden durch Mitarbeitende, die weder im Marketing tätig sind, noch Kundenkontakt haben, thematisiert auch *Gummesson*. Er bezeichnet diese Mitarbeitenden als „Part-time Marketers" (vgl. *Gummesson* 1987, S. 17).

21 Vgl. *Esch et al.* 2005b, S. 988.

22 Vgl. *Mellor* 1999, S. 26; *Gotsi/Wilson* 2001, S. 103; *Joachimsthaler* 2002, S. 29; *Tomczak/Brexendorf* 2003, S. 58; *Bruhn/Batt* 2010a, S. 327; *Kernstock* 2012, S. 23. Neben dieser direkten Multiplikatorfunktion, können Mitarbeitende zusätzlich die Rolle als indirekte Multiplikatoren einnehmen. Dies ist z.B. der Fall, wenn Mitarbeitende in der persönlichen Interaktion mit Kunden deren Erwartungen an die Marke erfüllen und die Kunden eine Apostelfunktion einnehmen, indem sie die Marke weiterempfehlen. Eine weitere indirekte Multiplikatorwirkung geht von Mitarbeitenden aus, wenn sie durch ihr Markenverhalten die Markenwahrnehmung der anderen Mitarbeitenden im Unternehmen beeinflussen. Dies kann sich wiederum auf deren Markenverhalten, z.B. im Kundenkontakt, auswirken (vgl. *Brexendorf/Tomczak* 2004, S. 2ff.).

23 Als Best-Practice-Beispiele wird in diesem Zusammenhang häufig auf die Fluggesellschaft *Singapore Airlines* (vgl. *Chong* 2007) und den Luftfahrt- und Rüstungskonzern *Saab* (vgl. *Bergstrom/Blumenthal/Crothers* 2002) verwiesen.

halten[24] fördern.[25] Um das Potenzial eines solchen Verhaltens ausschöpfen zu können, ist es daher für Unternehmen von hoher Relevanz, neben den externen Nachfragern auch die Mitarbeitenden als Zielgruppe der Markenführung zu begreifen. Dies ist Aufgabe der **Internen Markenführung**.[26] Das Ziel der Internen Markenführung ist es, die Markenidentität im Mitarbeiterverhalten so zu verankern, dass die Markenwahrnehmung der Nachfrager positiv beeinflusst wird und darüber wiederum die gesetzten Unternehmens- und Marketingziele erreicht werden können.[27] Mit dem Einsatz von Maßnahmen der Internen Markenführung[28] nehmen Mitarbeitende demnach eine Doppelrolle ein. Sie sind Sender, da sie die Marke nach außen transportieren, aber zugleich auch Empfänger der Markenführung des Unternehmens.[29]

Die Relevanz der Internen Markenführung ist nicht für jedes Unternehmen gleich hoch. Für einige Unternehmen besteht eine besondere Notwendigkeit in der Steuerung eines markenkonformen Mitarbeiterverhaltens.

Wie bereits aufgezeigt, ist ein markenförderliches Mitarbeiterverhalten besonders im Rahmen von **Mitarbeiter-Kunden-Interaktionen** von Bedeutung. Demzufolge besteht eine besondere Relevanz der Internen Markenführung für Unternehmen, in denen eine hohe Anzahl an Mitarbeiter-Kunden-Kontaktpunkten, Intensität sowie Häufigkeit von Mitarbeiter-Kunden-Interaktionen vorliegen.[30] Je größer zudem die Anzahl an unterschiedlichen Mitarbeitenden, die im Kontakt mit einem Nachfrager stehen, umso erforderlicher ist für Unternehmen die Steuerung des Mitarbeiterverhaltens, damit die Markenidentität über alle Mitarbeiter-Kunden-Kontakte hinweg einheitlich vermittelt wird.[31]

---

[24] Die Begriffe „markenkonformes Mitarbeiterverhalten" und „markenstützendes Mitarbeiterverhalten" werden in der vorliegenden Arbeit synonym verwendet.
[25] Vgl. *Mitchell* 2002, S. 99f.; *Henkel et al.* 2012, S. 215. So stellte sich in einer Umfrage bei einem Finanzinstitut heraus, dass sich lediglich 44 Prozent der Mitarbeitenden über die Marke informiert fühlen (vgl. *Sinickas* 2002, S. 8). In einer Befragung mit Markenverantwortlichen europäischer Unternehmen gaben lediglich 36 Prozent der Befragten an, dass den Mitarbeitenden im Unternehmen die Markenidentität bekannt ist, sie diese verstehen und an sie glauben (vgl. *Ind* 2001, S. 75).
[26] Zum Begriff der Internen Markenführung vgl. Abschnitt 1.2.2.
[27] Vgl. *Wittke-Kothe* 2001, S. 10f.
[28] Zu den Maßnahmen der Internen Markenführung vgl. Abschnitt 2.3.3.
[29] Vgl. *Gregory/Wiechmann* 1997, S. 55.
[30] Vgl. *Tomczak/Brexendorf/Morhart* 2006, S. 17.
[31] Vgl. *Welling* 2005, S. 508.

Speziell in **Dienstleistungsunternehmen** ist ein markenkonformes Mitarbeiterverhalten von Relevanz.[32] Im Gegensatz zu Sachgütern ist die Qualität von **Dienstleistungen** ex ante nur schwer einzuschätzen. Dies ist auf die inhärenten Merkmale von Dienstleistungen zurückzuführen.[33] Daher orientieren sich Dienstleistungskunden bei der Qualitätsbeurteilung häufig an Ersatzindikatoren, wie z.b. der Marke oder dem Markenverhalten der Mitarbeitenden.[34] Eine Markenführung nach innen ermöglicht es, das Mitarbeiterverhalten so zu beeinflussen, dass der Kunde von einer gewissen Qualität der Dienstleistung ausgeht und Vertrauen in die Marke gewinnt.[35] Aufgrund des zum Teil hohen Dienstleistungsanteils industrieller Güter[36] gilt dies zu einem gewissen Grad auch für **Industriegüterunternehmen**.

Schließlich ist eine Interne Markenführung besonders beim Vorliegen **heterogener Mitarbeiterstrukturen** im Unternehmen von Relevanz.[37] Diese finden sich z.b. durch die räumliche und geografische Trennung häufig in **dezentral organisierten Unternehmen**. Besonders ist dies in **international tätigen Unternehmen** der Fall, da hier Mitarbeitende unterschiedlicher Kulturen aufeinander treffen. Ereignisse, wie z.b. **Mergers & Acquisitions**, begünstigen durch das Zu-Zusammentreffen von Mitarbeitenden unterschiedlicher Unternehmenskulturen ebenfalls die Herausbildung heterogener Mitarbeiterstrukturen. Die Folge ist ein unterschiedliches Markenverständnis bei den Mitarbeitenden und eine unterschiedliche Interpretation von einem markenkonformen Mitarbeiterverhalten. Durch eine Interne Markenführung kann dieser Divergenz im Markenverständnis und im Markenverhalten von Mitarbeitenden begegnet werden.[38]

Zusammenfassend ist zu konstatieren, dass besonders für Dienstleistungsunternehmen die Notwendigkeit einer Internen Markenführung besteht. Vor dem

---

[32] Vgl. *Fassnacht* 2004, S. 2176.
[33] Als konstitutive Merkmale von Dienstleistungen gelten die Intangibilität, Verderblichkeit, Individualität, das wahrgenommene Kaufrisiko sowie die Integration des externen Faktors (vgl. z.B. *Zeithaml/Parasuraman/Berry* 1985, S. 34f.; *Corsten* 1986, S. 17ff.; *Engelhardt/Kleinaltenkamp/Reckenfelderbäumer* 1993, S. 400ff.; *Meffert* 1994, S. 521ff.; *Meffert/Bruhn* 2009, S. 19ff.).
[34] Vgl. ähnlich *Bruhn/Grund* 1999, S. 500.
[35] Vgl. *De Chernatony* 2001, S. 6f., 62; *Esch et al.* 2005b, S. 989f.
[36] Vgl. *Steven* 2007, S. 107. Für ausführliche Informationen zu industriellen Dienstleistungen vgl. z.B. *Homburg/Garbe* 1996.
[37] Vgl. *Esch et al.* 2005b, S. 990ff.
[38] Vgl. *Esch et al.* 2005b, S. 990ff. Für detaillierte Ausführungen zur Internen Markenführung im Kontext von Mergers & Acquisitions vgl. *Esch/Knörle* 2012b, S. 257ff.

Hintergrund der hohen Mitarbeiter-Kunden-Interaktion gilt dies ebenfalls für die in der Regel kontaktintensiven Industriegüter- und Handelsunternehmen. Wie an anderer Stelle aufgezeigt, ist das Verhalten von Mitarbeitenden auch ohne Kundenkontakt für die Markenwahrnehmung der Nachfrager von Bedeutung. Insofern ist die Steuerung eines markenkonformen Mitarbeiterverhaltens auch bei den eher kundenkontaktarmen Konsumgüterunternehmen nicht zu vernachlässigen. Angesichts des steigenden Dienstleistungsanteils, den Konsumgüter aufweisen,[39] wird in Konsumgüterunternehmen eine auf die Mitarbeitenden ausgerichtete Markenführung künftig noch an Bedeutung gewinnen.

Die aufgezeigte Relevanz der Steuerung eines markenkonformen Mitarbeiterverhaltens nimmt die vorliegende Arbeit zum Anlass zu erforschen, wie die Interne Markenführung auszugestalten ist, damit ein der Marke förderliches Verhalten daraus resultiert. Bevor darauf weitergehend eingegangen wird, erfolgt zunächst die Darstellung des der Arbeit zugrunde liegenden Markenführungsansatzes sowie die Auseinandersetzung mit dem Begriff der Internen Markenführung. Damit wird das Ziel verfolgt, ein Grundverständnis für die nachfolgenden Erläuterungen zu schaffen.

1.2 Theoretische und begriffliche Grundlagen zur Internen Markenführung

1.2.1 Identitätsbasierter Markenführungsansatz als theoretische Grundlage

Fragestellungen zur Internen Markenführung werden in der Regel vor dem Hintergrund des identitätsbasierten Markenführungsansatzes diskutiert.[40] Das Forschungsfeld der **identitätsbasierten Markenführung** ist Mitte der 1990er-Jahre entstanden.[41] Der identitätsbasierte Markenführungsansatz trägt der Kritik an den nachfragerorientierten Markenführungsansätzen Rechnung. Diese weisen eine reine Orientierung am Markenimage, d.h. an der Wahrnehmung der Marke auf

---

[39] Vgl. *Meffert/Bruhn* 2009, S. 4.
[40] Vgl. hierzu z.B. die Arbeiten von *Wittke-Kothe* 2001; *Burmann/Zeplin* 2004; *Vallaster* 2007; *Wallström/Karlsson/Salehi-Sangari* 2008; *Kimpakorn/Tocquer* 2009.
[41] Die ersten Vertreter waren *Aaker* (1992, 1996), *Kapferer* (1992) und im deutschsprachigen Raum *Meffert/Burmann* (1996). Das Konzept leitet sich aus der sozialwissenschaftlichen Identitätsforschung ab (vgl. hierzu ausführlich *Burmann/Meffert* 2005, S. 43ff.).

Seiten der Nachfrager, auf. Die Angebotsorientierung, als Voraussetzung für die Erzielung eines positiven Markenimages bei den Nachfragern, wird in diesen Ansätzen vernachlässigt. Der identitätsbasierte Markenführungsansatz setzt hier an und erweitert die nachfragerorientierte um eine angebotsorientierte Perspektive.[42]

Im Gegensatz zu den ausschließlich absatzmarktorientierten Markenführungsansätzen zeichnet sich der identitätsorientierte Markenführungsansatz somit durch eine **ganzheitliche Ausrichtung** aus. Der Ansatz sieht dabei die **Markenidentität** als denjenigen Faktor an, der die Marke von den Konkurrenzmarken nachhaltig differenziert und sie für die Nachfrager authentisch werden lässt.[43] Die Markenidentität wird in diesem Zusammenhang verstanden als „[...] die Ganzheit derjenigen [...] Merkmale der Marke, die aus **Sicht der internen Zielgruppen** in nachhaltiger Weise den Charakter der Marke prägen."[44] Es handelt sich somit um das **Selbstbild** der Marke aus Sicht der internen Anspruchsgruppe (z.B. Management, Mitarbeitende).[45]

Die Markenidentität steht in Wechselbeziehung zum **Markenimage**. Dieses stellt die Wahrnehmung der Markenidentität aus Sicht der externen Zielgruppen dar und ist als **Fremdbild** der Marke zu verstehen.[46] Das Markenimage kann definiert werden als ein mehrdimensionales Einstellungskonstrukt, das „[...] ein in der Psyche relevanter **externer Zielgruppen** fest verankertes, verdichtetes, wer-

---

[42] Vgl. *Burmann/Meffert* 2005, S. 42.
[43] Vgl. *Burmann/Blinda/Nitschke* 2003, S. 1f.
[44] *Burmann/Meffert* 2005, S. 53. Die Markenidentität setzt sich aus sechs Komponenten zusammen: Herkunft der Marke, Markenkompetenzen, Markenwerte, Markenpersönlichkeit, Markenvision, Markenleistungen (vgl. hierzu ausführlich *Burmann/Blinda/Nitschke* 2003, S. 17ff.). Andere Autoren schlagen eine alternative Systematisierung der Markenidentität vor, z.B. die Einteilung der Markenidentität in vier Perspektiven nach *Aaker* (1996, S. 78ff.) oder das Identitätsprisma von *Kapferer* (1992, S. 51ff.).
[45] Vgl. *Burmann/Blinda/Nitschke* 2003, S. 5.
[46] Vgl. *Burmann/Meffert* 2005, S. 42.

tendes **Vorstellungsbild** von einer Marke"[47] wiedergibt. Schaubild 1-1 stellt das Grundkonzept der identitätsbasierten Markenführung grafisch dar.

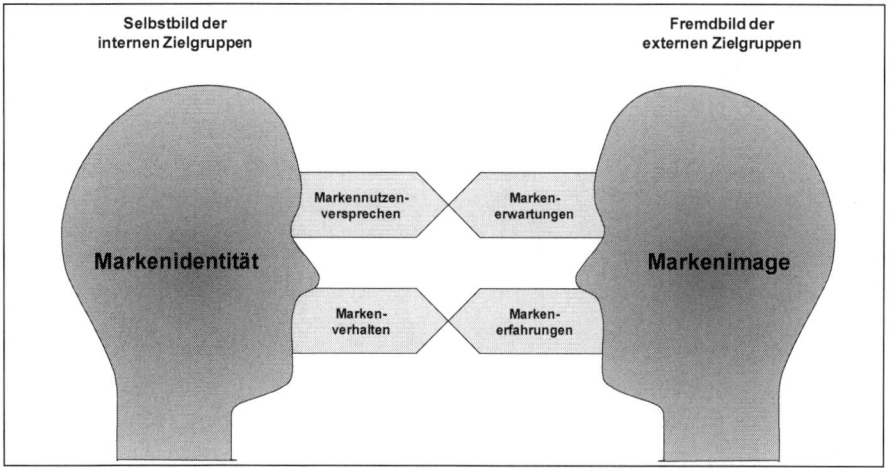

Schaubild 1-1: Grundkonzept der identitätsbasierten Markenführung
(Quelle: In Anlehnung an *Burmann/Blinda/Nitschke* 2003, S. 25; *Blinda* 2007, S. 101)

Wie aus dem Schaubild hervorgeht, leitet sich aus der Markenidentität die Formulierung des Kundennutzens, d.h. das an die Nachfrager kommunizierte **Markennutzenversprechen**, ab.[48] Dem Markennutzenversprechen stehen die **Markenerwartungen** der Nachfrager gegenüber. Diese werden teilweise oder vollständig durch das Markennutzenversprechen determiniert.[49] Das **Markenverhalten** der internen Zielgruppe leitet sich ebenfalls aus der Markenidentität

---

[47] *Burmann/Meffert* 2005, S. 53. Die identitätsbasierte Markenführung unterscheidet drei Komponenten des Markenimages (vgl. *Vershofen* 1940; *Keller* 1993, S. 17): die Markenattribute als sämtliche vom Nachfrager wahrgenommenen Eigenschaften einer Marke, der funktionale Markennutzen sowie der symbolische Markennutzen (vgl. *Burmann/Meffert* 2005, S. 55; vgl. zum funktionalen und symbolischen Markennutzen auch Fußnote 11).
[48] Vgl. *Burmann/Meffert* 2005, S. 52.
[49] Vgl. *Blinda* 2007, S. 101.

ab und bestimmt zu einem Großteil die **Markenerfahrungen** der externen Zielgruppe.⁵⁰

Von zentraler Bedeutung ist das Einlösen des Markennutzenversprechens durch ein markenkonformes Verhalten aller an der Markenführung Beteiligten (d.h. der internen Zielgruppe). Ein solches Verhalten wird durch den Einsatz der **Internen Markenführung** gesteuert.⁵¹ Erfahren Nachfrager, dass das Markennutzenversprechen und die dadurch evozierten Markenerwartungen durch das Markenverhalten der internen Zielgruppe konsistent umgesetzt werden, führt dies zu einer positiven **Markenwahrnehmung**.⁵²

Vor dem Hintergrund der in Abschnitt 1.1 aufgezeigten Herausforderungen, mit denen sich die Markenpolitik aktuell konfrontiert sieht, stellt der identitätsbasierte Markenführungsansatz einen geeigneten Rahmen für die weiterführenden Ausführungen dar. Der Ansatz verdeutlicht, dass für eine erfolgreiche Markenpolitik die klassische Marktorientierung („Outside-in-Perspektive"⁵³) um die Angebotsorientierung („Inside-out-Perspektive"⁵⁴) zu erweitern ist. Die Ursache für den Erfolg einer Marke am Markt wird demnach nicht nur in einer konsequenten Marktorientierung gesehen, sondern es wird überdies die Angebotsorientierung als für den Markenerfolg elementar betrachtet. Zentral ist dabei die konsistente Umsetzung der Markenidentität an allen Marken-Kunden-Kontaktpunkten. Hierfür ist ein Markenverhalten der Mitarbeitenden notwendig, das mit dem an die Nachfrager gerichteten Markennutzenversprechen übereinstimmt. Dieses wird durch Maßnahmen der Internen Markenführung gesteuert.

1.2.2 Begriff der Internen Markenführung

Auf der Grundlage des gewählten Markenführungsansatzes ist ein Verständnis für den **Begriff der Internen Markenführung** zu schaffen. Die nähere Betrachtung der Literatur zur Internen Markenführung zeigt, dass häufig keine intensive Auseinandersetzung mit dem Begriffsverständnis stattfindet. Viele Autoren ver-

---

[50] Vgl. *Burmann/Meffert/Feddersen* 2007, S. 11f. Bei Mitarbeitenden ohne Kundenkontakt geht das Markenverhalten direkt in die Entstehung der Markenidentität ein und wird zusammen mit dem Markenverhalten der Mitarbeitenden mit Kundenkontakt für die Nachfrager an den Markenkontaktpunkten erfahrbar (vgl. *Blinda* 2007, S. 102).
[51] Vgl. *Blinda* 2007, S. 99ff.
[52] Vgl. *Burmann/Zeplin* 2005b, S. 116f.
[53] Vgl. *Burmann/Meffert* 2005, S. 51f.
[54] Vgl. *Burmann/Meffert* 2005, S. 51f.

zichten in ihren Arbeiten auf die Darlegung der zugrunde liegenden Begriffsauffassung[55] oder verweisen auf bestehende Definitionen, ohne eine eigene Begriffsbestimmung vorzunehmen[56]. Diese mangelnde Auseinandersetzung ist angesichts der in den letzten Jahren vertieft stattfindenden Beschäftigung mit Fragestellungen der Internen Markenführung verwunderlich.[57] Einen Überblick über ausgewählte **Definitionen der Internen Markenführung** in der deutsch- und englischsprachigen Literatur gibt Schaubild 1-2.

---

[55] Vgl. z.B. die Beiträge von *Yaniv/Farkas* (2005) und *Judson et al.* (2009), in denen keine explizite Definition der Internen Markenführung erfolgt.
[56] Vgl. z.B. *Berthon/Ewing/Hah* 2005, S. 153.
[57] Vgl. z.B. *Vallaster/De Chernatony* 2005; *Zeplin* 2006; *Henkel/Tomczak/Wentzel* 2007; *Henkel et al.* 2007; *Punjaisri/Wilson/Evanschitzky* 2008; *Morhart/Herzog/Tomczak* 2009; *Hartmann* 2010; *König* 2010; *Piehler* 2011.

Quelle	Begriff	Definition	Mitarbeiterorientierung (psychologisch und verhaltensbezogen)	Orientierung an externen Anspruchsgruppen
Bergstrom/ Blumenthal/ Crothers (2002), S. 13	Internal Branding	„Internal branding (IB) refers to three things: communicating the brand effectively to the employees; convincing them of its relevance and worth; and successfully linking every job in the organization to delivery of the brand essence."		
Vallaster/ De Chernatony (2004), S. 2	Internal Brand Building	„Internal brand building is about aligning employee behaviour with brand values."	(nur verhaltensbezogen)	
Esch et al. (2005b), S. 987	Behavioral Branding	„Behavioral Branding ist [...] die Verankerung der Markenidentität in den Köpfen der Mitarbeiter, damit alle Mitarbeiter die Markeninhalte verstehen, verinnerlichen und schließlich leben."		
Tomczak et al. (2005), S. 29	Behavioral Branding	„Unter Behavioral Branding verstehen wir demnach alle Maßnahmen, die dazu geeignet sind, den Aufbau und die Pflege von Marken durch zielgerichtetes Verhalten und persönliche Kommunikation zu unterstützen."	(nur verhaltensbezogen)	
Gapp/Merilees (2006), S. 164	Internal Branding	„In overall terms, internal branding is about cultural change and therefore is reliant on an effective integration and alignment of marketing and HR principles and practice within the organisation for acceptance by the organisation to occur."	(nur psychologisch)	

Legende: grau markierte Felder = Berücksichtigung in der jeweiligen Definition

Schaubild 1-2:   Ausgewählte Definitionen der Internen Markenführung

Quelle	Begriff	Definition	Mitarbeiter-orientierung (psychologisch und verhaltens-bezogen)	Orientierung an externen Anspruchs-gruppen
Burmann/Maloney (2007), S. 11f.	Innengerichtetes Markenmanagement-konzept	„Dieses innengerichtete Markenmanagementkonzept […] verfolgt das Ziel, dass alle Repräsentanten einer Marke die Identität einer Marke in konsistenter Weise vertreten und umsetzen."		
Punjaisri/Wilson (2007), S. 59f.	Internal Branding	„Internal branding is considered as a means to create powerful corporate brands. It assists the organisation in aligning its internal process and corporate culture with those of the brand."		
Alcorn/ Campanello/ Grossman (2008), S. 11	Internal Branding	„Internal branding builds brand ambassadors who deliver the brand promise and who speak out positively on behalf of the organization. Internal branding is not a logo, a program, or a tag line, and it's not about applying the organization's external brand to internal vehicles. It is the merger of marketing […] and human resources […]."	(nur verhaltens-bezogen)	
Piehler (2011), S. 39	Interne Markenführung	„Dementsprechend soll hier […] unter interner Markenführung die unternehmensinterne Verankerung der Marke und ihrer Identität bei den Mitarbeitern mit dem Ziel der Erzeugung eines mit der Markenidentität und dem Markennutzenversprechen konformen Verhaltens der Mitarbeiter verstanden werden."		

Legende: grau markierte Felder = Berücksichtigung in der jeweiligen Definition

Schaubild 1-2: Ausgewählte Definitionen der Internen Markenführung (Forts.)

Wie aus den Definitionsansätzen zu entnehmen ist, finden neben der Internen Markenführung Begriffe, wie Behavioral Branding oder Internal Brand Building, Verwendung.[58] Trotz dieser begrifflichen Divergenz ist nahezu allen Definitionen die Auffassung gemeinsam, dass die Interne Markenführung auf die Beeinflussung des Markenverhaltens der Mitarbeitenden abzielt.[59] Diesem Verständnis kann insoweit gefolgt werden, als gemäß dem hier verfolgten identitätsbasierten Markenführungsansatz *ein* Ziel der Internen Markenführung die Steuerung eines markenkonformen Verhaltens der Mitarbeitenden darstellt.

Bei genauer Durchsicht offenbaren sich in den Definitionen jedoch zwei **zentrale Schwachstellen** (vgl. Schaubild 1-2):

(1) Wie bereits aufgezeigt, ist bei der Mehrzahl der Definitionen eine explizite **Mitarbeiterorientierung** zu erkennen. Es sind in den Begriffsauffassungen jedoch Unterschiede im Hinblick auf das Ausmaß der Orientierung am Mitarbeitenden zu beobachten. Während einige Autoren darauf verweisen, dass mit der Internen Markenführung das Ziel verbunden ist, bei den Mitarbeitenden eine innere Verankerung der Marke zu erreichen, damit die Marke „gelebt" werden kann,[60] fokussieren andere Forscher lediglich auf die Verhaltensbeeinflussung durch die Interne Markenführung[61]. Die alleinige Bezugnahme auf das Verhalten ist jedoch als kritisch anzusehen. Die Interne Markenführung dient nicht nur der Beeinflussung des Mitarbeiterverhaltens. Damit wäre die Gefahr verbunden, dass Mitarbeitenden gegen ihren Willen ein Markenverhalten aufgezwungen wird, mit der Folge, dass z.B. in der Kundeninteraktion ohne Kontrolle durch Vorgesetzte ein markenschädliches Verhalten gezeigt wird.[62] Insofern ist der Aspekt des Verinnerlichens der Marke durch die Mitarbeitenden in eine Definition von Interner Markenführung einzubinden.

---

[58] Vgl. z.B. *Vallaster/De Chernatony* 2004; *Tomczak et al.* 2005.
[59] Die Ausnahme stellen die Definitionen von *Gapp/Merilees* (2006) und *Punjaisri/Wilson* (2007) dar, in denen die Beeinflussung des Markenverhaltens von Mitarbeitenden nicht explizit aufgeführt wird.
[60] Vgl. z.B. *Esch et al.* 2005b; *Piehler* 2011.
[61] Vgl. *Vallaster/De Chernatony* 2004; *Tomczak et al.* 2005; *Alcorn/Campanello/Grossman* 2006.
[62] Mitarbeitende, die ein markenkonformes Verhalten zeigen, ohne die Marke verinnerlicht zu haben, werden als „verdeckte Markenopponenten" bezeichnet (vgl. *Esch/Fischer/Strödter* 2008, S. 1268).

(2) Die Verankerung der Markenidentität bei den Mitarbeitenden stellt lediglich das unmittelbare Ziel der Internen Markenführung dar. Mittelbar wird dadurch angestrebt, die aus dem Markennutzenversprechen resultierenden Erwartungen der externen Anspruchsgruppen (z.B. der Nachfrager) an die Marke zu erfüllen, um dadurch wiederum die gesetzten Markenziele zu erreichen. Diesem Umstand tragen die bestehenden Definitionen jedoch nicht Rechnung. So findet die mit der Internen Markenführung verbundene **Orientierung an externen Anspruchsgruppen** (insbesondere dem Nachfrager) keinen expliziten Eingang in die Begriffsauffassungen. Dies ist insofern überraschend, als den Arbeiten der identitätsbasierte Markenführungsansatz zugrunde liegt, der sich, wie bereits an anderer Stelle aufgezeigt, für die Integration der angebots- und marktorientierten Sichtweise ausspricht.

Die Kritikpunkte an den bestehenden Definitionsansätzen geben Anlass zur Formulierung einer eigenständigen Definition. Gemäß der Diskussion der verschiedenen Gegenstandsbereiche wird die **Interne Markenführung** in der vorliegenden Arbeit wie folgt definiert:

> Die **Interne Markenführung** umfasst sämtliche Maßnahmen der markenführenden Institution (Hersteller, Handel, Dienstleister, Non-Profit-Organisation), die darauf abzielen, dass die Markenidentität von den Mitarbeitenden verinnerlicht und gelebt wird, damit die aus dem Markennutzenversprechen resultierenden Erwartungen der externen Anspruchsgruppen (insbesondere der Nachfrager) erfüllt werden und dadurch wiederum die Erreichung der gesetzten Markenziele gefördert wird.

1.3 Qualität der Internen Markenführung als Steuerungsgröße eines markenkonformen Mitarbeiterverhaltens

Im Hinblick auf die Steuerung eines markenkonformen Mitarbeiterverhaltens durch den Einsatz der Internen Markenführung existieren intensive Forschungsbemühungen, die dem Konzept der **Internen Markenerfolgskette** zugeordnet werden können. Der Internen Markenerfolgskette liegt die Überlegung zugrunde, dass sich der Einsatz der Internen Markenführung des Unternehmens in positiven psychologischen bzw. Verhaltenswirkungen beim Mitarbeitenden niederschlägt und die Verhaltenswirkungen wiederum – über die Beeinflussung der psychologischen und verhaltensbezogenen Wirkungen der Nachfrager – den ökonomischen Erfolg der Marke determinieren. Zusätzlich sind so genannte moderierende

Variablen zu berücksichtigen, die die Zusammenhänge zwischen den verschiedenen Gliedern der Internen Markenerfolgskette beeinflussen (vgl. Schaubild 1-3).[63]

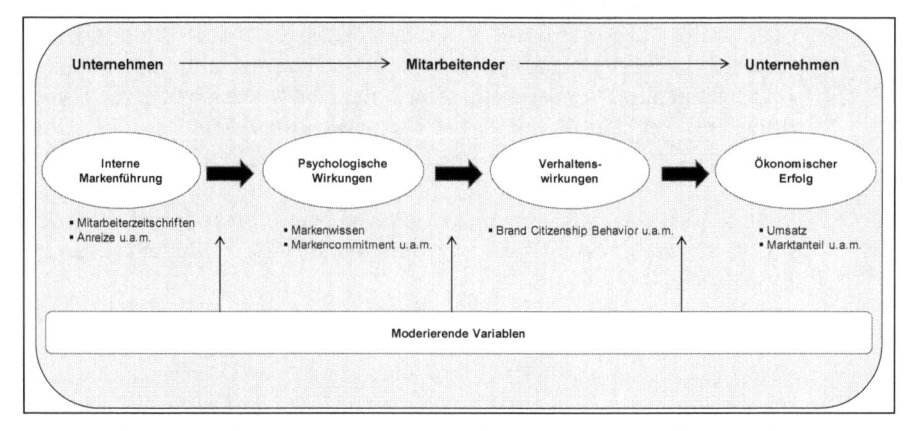

```
┌─────────────────────────────────────────────────────────────────────────┐
│   Unternehmen  ──────▶   Mitarbeitender  ──────▶   Unternehmen          │
│                                                                         │
│  ┌──────────┐    ┌──────────────┐    ┌──────────────┐    ┌────────────┐ │
│  │  Interne │ ▶  │Psychologische│ ▶  │ Verhaltens-  │ ▶  │Ökonomischer│ │
│  │Markenfüh-│    │   Wirkungen  │    │  wirkungen   │    │   Erfolg   │ │
│  │   rung   │    └──────────────┘    └──────────────┘    └────────────┘ │
│  └──────────┘                                                           │
│  • Mitarbeiterzeit-     • Markenwissen       • Brand Citizenship    • Umsatz │
│    schriften            • Markencommitment     Behavior u.a.m.      • Marktanteil │
│  • Anreize u.a.m.         u.a.m.                                    u.a.m.       │
│                                                                         │
│              ┌──────────────────────────────────────────┐               │
│              │        Moderierende Variablen            │               │
│              └──────────────────────────────────────────┘               │
└─────────────────────────────────────────────────────────────────────────┘
```

Schaubild 1-3:   Analyse der Internen Markenführung und deren Wirkungen im Rahmen der Internen Markenerfolgskette

Im Zusammenhang mit der Internen Markenführung widmen sich die bestehenden Studien der Frage, welche mitarbeiterseitig **wahrgenommenen Maßnahmen der Internen Markenführung** (z.B. Mitarbeiterzeitschriften, Anreize) maßgeblich zur Steuerung eines markenkonformen Mitarbeiterverhaltens beitragen. Die Interne Markenführung zielt auf das Generieren psychologischer Wirkungen, und dabei insbesondere auf das Erzielen einer positiven **Markenwahr-**

---

[63] Das Konzept der Internen Markenerfolgskette ist eine Anlehnung an die klassische Erfolgskette des Dienstleistungsmarketing. Für derartige Erfolgsketten vgl. insbesondere *Heskett/Sasser/Schlesinger* 1997, S. 18ff.; *Storbacka/Strandvik/Grönroos* 1994, S. 21ff.; *Bruhn* 1999b, S. 194f.; *Anderson/Mittal* 2000, S. 107ff.; *Kamakura et al.* 2002, S. 296; *Bruhn/Georgi* 2005, S. 16ff.; *Pritchard/Silvestro* 2005, S. 337ff.; *Bruhn* 2009a, S. 66f.; *Bruhn* 2011a, S. 6ff. Zur Internen Markenerfolgskette vgl. *Bruhn* 2005, S. 1042; *Bruhn* 2008a, S. 161f.; *Bruhn/Batt* 2010a, S. 333ff. Streng genommen ist die Interne Markenerfolgskette zu spezifizieren, indem zwischen den Verhaltenswirkungen bei den Mitarbeitenden und dem ökonomischen Erfolg die Wirkungen auf Seiten der Nachfrager mit eingebunden werden. Da jedoch im Folgenden der Fokus auf den Wirkungen bei den Mitarbeitenden liegt, wird zugunsten einer übersichtlichen Darstellung darauf verzichtet.

nehmung⁶⁴, ab.⁶⁵ Im Hinblick auf die psychologischen Wirkungen beschäftigen sich die Forschungsarbeiten demnach mit Konstrukten wie z.B. dem Markenwissen oder Markencommitment. Schließlich werden in Bezug auf die Verhaltenswirkungen Konstrukte behandelt, die das **Markenverhalten der Mitarbeitenden** widerspiegeln. Häufig wird dabei Rückgriff auf das Brand Citizenship Behavior, verstanden als ein freiwilliges Markenverhalten von Mitarbeitenden außerhalb der ihnen vorgeschriebenen Rolle, genommen. Als moderierende Variablen werden bislang primär **unternehmensspezifische Merkmale** berücksichtigt.⁶⁶

Bei Durchsicht der bestehenden Studien zur Internen Markenführung ist auffallend, dass keine explizite Berücksichtigung der Erwartungen der Mitarbeitenden an die Interne Markenführung stattfindet. Durch eine Orientierung der Internen Markenführung an den Mitarbeitererwartungen ist jedoch von positiven Wirkungen auf das Markenverhalten der Mitarbeitenden auszugehen. Darauf verweisen Studien aus anderen Forschungsbereichen, in denen im Zusammenhang mit **Qualitätsmessungen** die Bedeutung von Erwartungen bzw. die Bedeutung der Erwartungserfüllung bereits vielfach nachgewiesen wurde. Im unternehmensexternen Bereich konnte z.B. der Einfluss der kundenseitig wahrgenommenen Dienstleistungsqualität auf psychologische und verhaltensbezogene Größen (psychologisch: z.B. auf Kundenzufriedenheit, Vertrauen, Commitment; verhaltensbezogen: z.B. auf Kundenloyalität) mehrfach empirischen Nachweis finden.⁶⁷ Ähnliche Befunde zeigten sich u.a. auch für die Konstrukte Kommunikationsqualität⁶⁸, Kündigungsqualität⁶⁹, (Marken-)Beziehungsqualität⁷⁰ und Pro-

---

64 Der Begriff der Markenwahrnehmung wird im Folgenden sehr breit ausgelegt. Es wird darunter nicht nur das „Erkennen" und „Aufnehmen", sondern auch die Beurteilung der Marke aus der individuellen Perspektive des Mitarbeitenden verstanden (vgl. hierzu ähnlich in Bezug auf den Begriff der Instrumente- und Konstruktwahrnehmung *Georgi* 2007, S. 25f.).

65 Vgl. *Bruhn* 2008a, S. 161.

66 Vgl. zu den Studien zur Messung der Internen Markenführung, der Wirkung auf Markenwahrnehmung und -verhalten und zu den moderierende Variablen die Literaturbestandsaufnahme in Kapitel 2.

67 Vgl. z.B. *Zeithaml/Berry/Parasuraman* 1996; *Swan/Bowers* 1998; *Cronin/Brady/Hult* 2000; *Wong/Sohal* 2003; *Bell/Auh/Smalley* 2005; *Alén González/Rodríguez Comesaña/Fraiz Brea* 2007; *Davis-Sramek et al.* 2009; *Zhou/Lu/Wang* 2009; *Falk/Hammerschmidt/Schepers* 2010; *Suh/Pedersen* 2010.

68 Vgl. zu den Wirkungen der Kommunikationsqualität z.B. *Mohr/Sohi* 1995; *Frommeyer* 2005; *Prahinsiki/Fan* 2007; *Bruhn/Hadwich/Frommeyer* 2010.

69 Vgl. zu den Wirkungen der Kündigungsqualität *Lucco* 2008.

duktqualität[71]. Im unternehmensinternen Bereich wurde der Einfluss der internen Servicequalität sowie der mitarbeiterseitig wahrgenommenen Kommunikationsqualität auf Größen wie die Arbeitszufriedenheit oder das organisationale Commitment empirisch belegt.[72] Unter der wahrgenommenen Qualität wird dabei gemeinhin der Grad der Erfüllung bestimmter Erwartungen verstanden.[73]

Im Kontext der Internen Markenführung wurde sich bislang nicht mit Qualitätsfragen auseinandergesetzt. So liegt nach Kenntnis der Verfasserin keine Studie vor, die sich der Qualität der Internen Markenführung widmet. In Anlehnung an das obige Qualitätsverständnis stellt die **Qualität der Internen Markenführung** die mitarbeiterseitig wahrgenommene Fähigkeit des Unternehmens dar, die Erwartungen der Mitarbeitenden an die Interne Markenführung zu erfüllen. Sie bestimmt sich aus der Summe von Eigenschaften bzw. Merkmalen der Internen Markenführung, die dazu dienen, den verschiedenen Erwartungen der Mitarbeitenden an die Interne Markenführung gerecht zu werden.[74] Die Ergebnisse der aufgeführten Qualitätskonstrukte lassen die Annahme zu, dass aus der wahrgenommenen Qualität der Internen Markenführung ebenfalls positive Wirkungen resultieren. Nehmen Mitarbeitende einen hohen Erfüllungsgrad ihrer Erwartungen an die Interne Markenführung wahr, so ist, in Anlehnung an die Interne Markenerfolgskette, als Resultat eine positive Markenwahrnehmung und ein markenförderliches Verhalten der Mitarbeitenden zu erwarten. Folglich ist die Qualität der Internen Markenführung als zentrale **Steuerungsgröße** eines markenkonformen Mitarbeiterverhaltens anzusehen.

---

[70] Vgl. zu den Wirkungen der Beziehungsqualität z.B. *Georgi* 2000; *De Wulf/Odekerken-Schröder/Iacobucci* 2001; *Hadwich* 2003; *Čater/Čater* 2010; *Liu/ Guo/Lee* 2011; vgl. zu den Wirkungen der Markenbeziehungsqualität z.B. *Park/ Kim/Kim* 2002; *Smit/Bronner/Tolboom* 2007; *Eichen* 2010.

[71] Vgl. zu den Wirkungen der Produktqualität z.B. *Čater/Čater* 2010; *Wells/Valacich/Hess* 2011.

[72] Vgl. zu den Wirkungen der internen Servicequalität z.B. *Hallowell/Schlesinger/ Zornitsky* 1996; *Jun/Cai* 2010; vgl. zu den Wirkungen der internen Kommunikationsqualität z.B. *Orpen* 1997; *Frone/Major* 1988; *Johlke/Duhan* 2001; *Sinclair/ Leo/Wright* 2005; *Byrne/LeMay* 2006; *Thomas/Zolin/Hartman* 2009.

[73] Dieses Qualitätsverständnis stammt aus dem Dienstleistungsbereich und wurde ursprünglich für Fragestellungen der Dienstleistungsqualität entwickelt (vgl. *Parasuraman/Zeithaml/Berry* 1985, S. 42; *Zeithaml/Berry/Parasuraman* 1988, S. 35ff.; *Parasuraman/Zeithaml/Berry* 1994, S. 111ff.; *Bruhn* 2011a, S. 38), dann jedoch auch auf andere Untersuchungsbereiche übertragen.

[74] Vgl. zum Begriff der Qualität der Internen Markenführung ausführlich Abschnitt 2.2.

Die Relevanz der Qualität der Internen Markenführung als Steuerungsgröße macht eine tiefer gehende Auseinandersetzung mit dem Konstrukt notwendig. Mit der fehlenden Berücksichtigung des Konstrukts besteht zum einen Unklarheit hinsichtlich der dem Konstrukt zugrunde liegenden Inhalte. Dies bezieht sich sowohl auf die Erwartungen, die Mitarbeitende an die Interne Markenführung stellen, als auch auf die Eigenschaften bzw. Merkmale der Internen Markenführung, die zur Erfüllung dieser Erwartungen beitragen. Die Ausführungen zur Internen Markenerfolgskette lassen zum anderen annehmen, dass die Qualität der Internen Markenführung nicht direkt auf das Markenverhalten der Mitarbeitenden wirkt, sondern indirekt über die Größen der Markenwahrnehmung. Letztere sind jedoch im Hinblick auf die Qualität der Internen Markenführung nicht bekannt. Dadurch bleibt unklar, welches Konstrukt als zentrales Bindeglied zwischen der Qualität der Internen Markenführung und dem markenkonformen Mitarbeiterverhalten fungiert. Zur Überwindung des bestehenden Forschungsdefizits besteht somit die **Notwendigkeit einer tiefer gehenden Analyse** in zweierlei Hinsicht:

(1) Entwicklung und empirische Überprüfung eines Messmodells der Qualität der Internen Markenführung

Das fehlende Wissen über die Inhalte des Konstrukts Qualität der Internen Markenführung macht die Entwicklung eines Messmodells notwendig. Diese beinhaltet die Konzeptualisierung und Operationalisierung des Konstrukts. Hierbei gilt es, diejenigen Erwartungen der Mitarbeitenden an die Interne Markenführung zu identifizieren, deren Erfüllung zu einer hohen Qualitätswahrnehmung der Internen Markenführung führt. Diese stellen die Dimensionen des Konstrukts dar. Im Anschluss an die inhaltliche Beschreibung der Konstruktdimensionen sind diese durch geeignete Indikatoren messbar zu machen. Die Eigenschaften bzw. Merkmale der Internen Markenführung spiegeln sich in den Maßnahmen der Internen Markenführung wider. Als Indikatoren werden daher diejenigen Maßnahmen der Internen Markenführung berücksichtigt, die zur Erfüllung der Mitarbeitererwartungen an die Interne Markenführung beitragen. Anschließend gilt es das entwickelte Messmodell empirisch zu überprüfen.

Die Entwicklung und empirische Überprüfung des Messmodells schafft Wissen über die Erwartungen der Mitarbeitenden an die Interne Markenführung und die Maßnahmen, die zur Erfüllung dieser Erwartungen führen. Im Vergleich zu den bisherigen Studien, die sich mit der Internen Markenführung und deren Wirkungen beschäftigt haben, ohne sich explizit Qualitätsfragen zu widmen, hat dies für Unternehmen den Vorteil, dass Aufschluss über die Mitarbeitererwartungen, die für die Erzielung positiver Wahrnehmungs- und Verhaltenswirkungen erfüllt zu sein haben, erbracht sowie Kenntnis geschaffen werden kann über die spezifischen Maßnahmen, die der Erwartungserfüllung dienen. Dies macht für Unternehmen eine effektive und effiziente Steuerung eines markenkonformen Mitarbeiterverhaltens möglich.

(2) Entwicklung und empirische Überprüfung eines Wirkungsmodells der Qualität der Internen Markenführung

Die fehlende Kenntnis über die direkten Wirkungsgrößen der Qualität der Internen Markenführung macht die Entwicklung und empirische Überprüfung eines Wirkungsmodells erforderlich. In diesem Zusammenhang sind auf der Ebene der Markenwahrnehmung jene psychologischen Wirkungsgrößen zu identifizieren, die die zentralen Bestimmungsfaktoren des markenkonformen Mitarbeiterverhaltens darstellen. Mit deren Identifikation können Steuerungsmöglichkeiten für die einzelnen Konstrukte und damit auch für das markenkonforme Mitarbeiterverhalten offengelegt werden.

Mitarbeitende bilden zudem keine homogene Masse, sondern unterscheiden sich hinsichtlich verschiedener Kriterien (z.b. bezüglich Dauer der Unternehmenszugehörigkeit), die sich zu intern homogenen und extern heterogenen Segmenten zusammenfassen lassen.[75] Dies lässt vermuten, dass die Bedeutung der Qualität der Internen Markenführung (bzw. der einzelnen Dimensionen des Konstrukts) für die nachgelagerten Größen je nach Mitarbeitersegment differiert. Es besteht daher die Notwendigkeit, durch eine Segmentbildung die Heterogenität von Mitarbeitenden zu berücksichtigen. Die Identifikation von Mitarbeitersegmenten mit spezifischen Reaktionsprofilen auf die Qualität der Internen Markenführung ermöglicht es, Maßnahmen zur segmentspezifischen Steuerung eines markenkonformen Mitarbeiterverhaltens abzuleiten.

1.4 Ziel und Forschungsfragen der Arbeit

Vor dem Hintergrund des aufgezeigten Forschungsbedarfs besteht die **Zielsetzung** der vorliegenden Arbeit in der Entwicklung und empirischen Überprüfung

---

[75] Vgl. *Noll* 1996, S. 33. Wie in Abschnitt 1.1 aufgeführt, gilt dies besonders für internationale Unternehmen sowie für Firmen im Kontext von Mergers & Acquisitions. Zur personellen Heterogenität („Diversity") in Unternehmen liegen z.B. im Zusammenhang mit dem Diversity Management eine Reihe von Arbeiten vor (vgl. z.B. *Cox* 1991; *Cox/Blake* 1991; *Kochan et al.* 2003; *van Knippenberg/De Dreu/Homan* 2004; *Harrison/Klein* 2007; *Süß* 2008). Vgl. zur Mitarbeiterheterogenität Abschnitt 4.4.

des Konstrukts Qualität der Internen Markenführung aus Mitarbeitersicht und, unter Berücksichtigung von Mitarbeiterheterogenität, der Analyse seiner Bedeutung zur Steuerung eines markenkonformen Mitarbeiterverhaltens.

Aus der Zielsetzung lassen sich folgende **Forschungsfragen** ableiten, die in Schaubild 1-4 miteinander in Beziehung gesetzt werden und den Bezugsrahmen dieser Arbeit bilden:

(1) Welche **Definition** liegt der Qualität der Internen Markenführung zugrunde?

(2) Wie sieht ein **Messmodell der Qualität der Internen Markenführung** aus, d.h., aus welchen Dimensionen und Indikatoren setzt sich das Konstrukt zusammen?

(3) Welchen Einfluss hat die Qualität der Internen Markenführung auf welche **Größen der Markenwahrnehmung von Mitarbeitenden**?

(4) Welchen Einfluss haben die Größen der Markenwahrnehmung auf das **markenkonforme Mitarbeiterverhalten**?

(5) Inwieweit beeinflusst die **Heterogenität unter Mitarbeitenden** die Wirkungszusammenhänge?

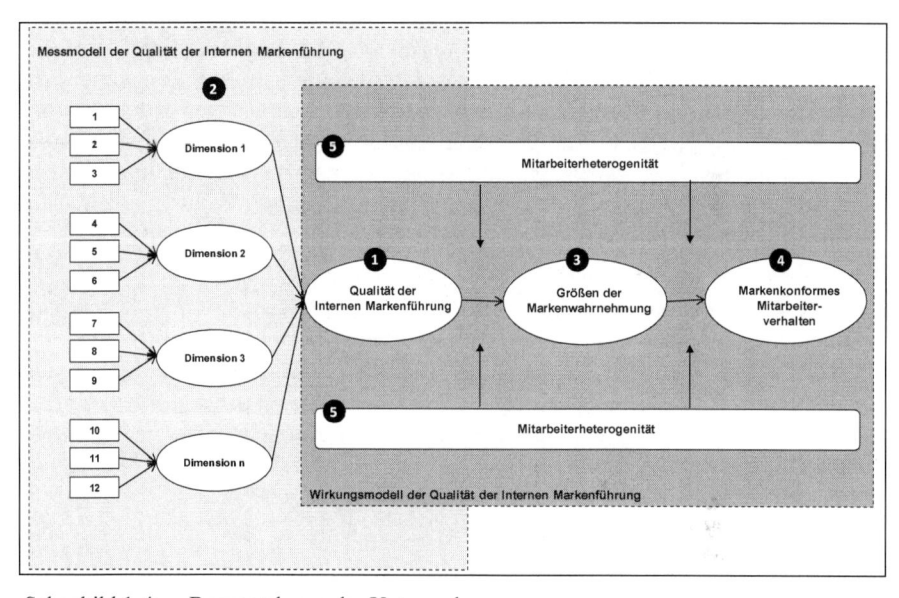

Schaubild 1-4: Bezugsrahmen der Untersuchung

Mit der Beantwortung der genannten Forschungsfragen wird die Erarbeitung mitarbeitersegmentspezifischer Strategien der Internen Markenführung ermöglicht, die der effektiven und effizienten Steuerung eines markenkonformen Mitarbeiterverhaltens dienen. Dem Bestreben, einen gewissen Grad an Allgemeingültigkeit zu erreichen, steht jedoch die Tatsache gegenüber, dass die Anwendbarkeit der Erkenntnisse zu einem gewissen Ausmaß vom betrachteten Unternehmen abhängt, da jedes markenführende Unternehmen hinsichtlich der eingesetzten Maßnahmen der Internen Markenführung differiert. Aus diesem Grund liegt es nahe, im Rahmen der vorliegenden Arbeit eine **unternehmensspezifische Betrachtung** vorzunehmen.

Zur Entwicklung des Konstrukts der Qualität der Internen Markenführung wurden in drei markenführenden Unternehmen, *DHL Express (Schweiz) AG*, *Ricola AG* und *Bell AG*, Mitarbeiterinterviews durchgeführt. Im Unternehmen *Bell AG* erfolgte zusätzlich die Durchführung einer schriftlichen Mitarbeiterbefragung. Jedes der Unternehmen setzt zahlreiche Maßnahmen der Internen Markenführung ein, wodurch sich die Möglichkeit bietet, Informationen zu den inhaltlichen Facetten des Konstrukts der Qualität der Internen Markenführung zu erhalten sowie – bei der *Bell AG* – eine Messung der Qualität der Internen Markenführung und deren Wirkungen vorzunehmen.

Die *DHL Express (Schweiz) AG* bietet unter der gleichnamigen Marke Express- und Paketdienstleistungen im In- und Ausland an. Als Logistik-Dienstleistungsunternehmen ergibt sich die Relevanz der Internen Markenführung insbesondere aus der hohen Anzahl an Mitarbeiter-Kunden-Kontaktpunkten und der damit verbundenen Häufigkeit und Intensität von Mitarbeiter-Kunden-Interaktionen (z.B. im Rahmen der Paketabgabe an den Servicepoints oder im Rahmen von Paketlieferungen durch Kuriere). Durch den persönlichen Kontakt prägen die Mitarbeitenden damit entscheidend das Markenimage der Nachfrager.

Mit der *Ricola AG* wird das Augenmerk auf ein Konsumgüterunternehmen gelegt. Das Unternehmen bietet unter der Marke *Ricola* Produkte, wie z.B. Kräuterbonbons, -pastillen, -kaugummis, Instant- und Beuteltees, an. Der Mitarbeiter-Kundenkontakt weist bei Konsumgüterherstellern eine deutlich geringere Ausprägung auf als bei Dienstleistungsunternehmen. Wie in Abschnitt 1.1 aufgezeigt, beeinflussen aber auch Mitarbeitende ohne Kundenkontakt die Markenwahrnehmung der Nachfrager, indem sie sich z.B. privat über die Marke äußern oder die Kundenkontaktmitarbeitenden durch ihr Markenverhalten beeinflussen. Insofern ist die Interne Markenführung auch für das Unternehmen *Ricola AG* von Bedeutung.

Im Rahmen der empirischen Untersuchung findet mit der *Bell AG* ein Verbrauchsgüterhersteller Berücksichtigung. Unter der Marke *Bell* werden Fleischprodukte, Wurstwaren, Fisch sowie Convenience-Produkte angeboten. Die Relevanz der Internen Markenführung lässt sich aus den vorherigen Ausführungen für die *Ricola AG* ableiten. Durch die stark dezentrale Organisationsstruktur, das unterschiedliche Bildungsniveau der Mitarbeitenden und die Vielzahl unterschiedlicher Nationalitäten im Unternehmen ist zudem von einer ausgeprägten Mitarbeiterheterogenität auszugehen. Dieser Umstand eignet sich für die Überprüfung, inwieweit heterogene Mitarbeiterstrukturen Einfluss auf die zu untersuchenden Wirkungszusammenhänge nehmen.

1.5 Gang der Untersuchung

Vor dem Hintergrund der Zielsetzung und der damit verbundenen Forschungsfragen gliedert sich die **Struktur der Arbeit** in drei Teilbereiche und sechs Kapitel (vgl. Schaubild 1-5). Der erste Teil (Kapitel 2 bis Kapitel 4) dient der Entwicklung des Mess- und Wirkungsmodells der Qualität der Internen Markenführung. Im zweiten Teil (Kapitel 5) erfolgt die Überprüfung der beiden Modelle. Im dritten Teil (Kapitel 6) werden die gewonnenen Erkenntnisse genutzt, um Empfehlungen für die Anwendung des Mess- und Wirkungsmodells in Praxis und Wissenschaft abzugeben.

Im Anschluss an das einleitende Kapitel wird im **zweiten Kapitel** der aktuelle Stand der Forschung zur Internen Markenführung und deren Wirkungen aufgezeigt. Zunächst wird eine Begriffsdefinition der Qualität der Internen Markenführung vorgenommen. Die anschließende Literatursichtung verfolgt das Ziel, erste Ansatzpunkte für das zu entwickelnde Mess- und Wirkungsmodell der Qualität der Internen Markenführung zu gewinnen.

Auf Grundlage der Erkenntnisse des Stands der Forschung widmet sich das **dritte Kapitel** der Entwicklung des Messmodells der Qualität der Internen Markenführung, d.h. der Konstruktkonzeptualisierung und -operationalisierung. Das Kapitel beginnt mit der Darstellung der Grundlagen und Phasen der Konstruktentwicklung. Im Anschluss daran liegt das Augenmerk auf der Konzeptualisierung der Qualität der Internen Markenführung. Hier steht zunächst die Identifikation der Konstruktdimensionen im Mittelpunkt. Die Identifikation der Konstruktfaktoren bezieht sich auf die Identifikation von Mitarbeitererwartungen, deren Erfüllung zu einer hohen Qualitätswahrnehmung der Internen Markenführung führt. Es wird sowohl eine deduktive als auch eine induktive Vorgehensweise gewählt. Im Rahmen der deduktiven Vorgehensweise werden die Dimensionen des Konstrukts theoriebasiert sowie aus den Erkenntnissen der bestehenden Literatur abgeleitet. Die literaturbasierte Identifikation der Konstrukt-dimensionen erfolgt bereits im zweiten Kapitel. In diesem Kapitel wird sich daher der theoriebasierten Identifikation der Konstruktdimensionen gewidmet. Hierbei wird Rückgriff auf die Selbstbestimmungstheorie nach *Deci/Ryan* genommen. Die induktive Entwicklung der Konstruktdimensionen erfolgt durch qualitative Mitarbeiter- bzw. Experteninterviews. Die durch die vorgenommene Literaturanalyse und durch den Rückgriff auf Theorie und Interviews erhaltenen Mitarbeitererwartungen an die Interne Markenführung werden anschließend abgeglichen und auf Unabhängigkeit überprüft. Das Resultat stellt die Festlegung der Dimensionen der Qualität der Internen Markenführung dar. Es zeigt sich, dass die Qualität der Internen Markenführung ein formatives Konstrukt zweiter Ordnung, bestehend aus fünf Dimensionen, darstellt. Im Anschluss daran erfolgt die sukzessive Vorstellung der Dimensionen des Messmodells, die in die Entwicklung der Konzeptualisierungshypothese mündet. Anschließend befasst sich das Kapitel mit der Operationalisierung des Konstrukts. Der Fokus liegt dabei auf der Identifizierung von geeigneten manifesten Variablen für die Messung der Dimensionen. Hierbei wird erneut eine Verknüpfung von deduktiver und induktiver Vorgehensweise vorgenommen. So werden die Messitems auf Basis von Sekundärforschung (deduktiv) als auch auf der Grundlage qualitativer Experteninterviews (induktiv) generiert.

Das **vierte Kapitel** befasst sich mit der Entwicklung des Wirkungsmodells der Qualität der Internen Markenführung. Hierbei stehen die auf der Grundlage der Literatursichtung identifizierten Wirkungsgrößen des Konstrukts im Fokus der Betrachtungen. Zu diesem Zweck wird zunächst auf die theoretischen Bezugspunkte eingegangen. Es wird das Augenmerk auf die Equity-Theorie, die Theorie der sozialen Identität und die soziale Austauschtheorie gelegt. Anschließend erfolgen die Konzeptualisierung der Modellkonstrukte und die Formulierung von Hypothesen, deren Aussagen die Wirkung der Qualität der Internen Markenführung auf die Größen der Markenwahrnehmung und das markenkonforme Verhalten erklären. Im Rahmen der Hypothesenformulierung wird sowohl eine aggregierte als auch eine disaggregierte Sichtweise verfolgt. Bei der aggregierten Betrachtung sind die Wirkungen der Qualität der Internen Markenführung als Ganzes von Interesse, wohingegen aus der disaggregierten Perspektive die Wirkungen der einzelnen Qualitätsdimensionen interessieren. Im Anschluss an die Hypothesenformulierung erfolgt die Operationalisierung der Wirkungsgrößen der Qualität der Internen Markenführung. Schließlich wird auf die Grundlagen zur Mitarbeiterheterogenität eingegangen und es werden Variablen vorgestellt, die der Beschreibung der später zu identifizierenden latenten Mitarbeitersegmente im Rahmen der Heterogenitätsanalyse dienen.

Das entwickelte Mess- und Wirkungsmodell der Qualität der Internen Markenführung sowie die Grundannahme der Mitarbeiterheterogenität werden im **fünften Kapitel** einer empirischen Überprüfung unterzogen. Den dazu herangezogenen Daten liegt eine schriftliche Mitarbeiterbefragung im Unternehmen *Bell AG* zugrunde. Zu Beginn des Kapitels stehen die Beschreibung des Designs der empirischen Untersuchung sowie die deskriptive Auswertung der Daten im Zentrum. Anschließend liegt das Augenmerk auf der Erläuterung der verwendeten Analysemethoden. Für die Überprüfung des Mess- und Wirkungsmodells erfolgt der Rückgriff auf die Strukturgleichungsanalyse. Zur Abbildung der Mitarbeiterheterogenität wird sich für die Anwendung einer Finite-Mixture-Analyse entschieden. Auf die Erläuterung der methodischen Grundlagen folgt die empirische Prüfung des Mess- und Wirkungsmodells. Im Hinblick auf das Messmodell wird aufgezeigt, welche Qualitätsdimensionen für die Wahrnehmung der Qualität der Internen Markenführung von Relevanz sind. Im Zusammenhang mit dem Wirkungsmodell werden Aussagen zur Wirkung des Konstrukts Qualität der Internen Markenführung und seiner Dimensionen getroffen. Anschließend wird die im Datensatz vorliegende Mitarbeiterheterogenität berücksichtigt, indem mit Hilfe der Finite-Mixture-Analyse mehrere Mitarbeitersegmente identifiziert werden. Es wird analysiert, inwieweit sich die Wirkungszusammenhänge je nach Segment unterscheiden. Im Rahmen der darauf folgenden Post-hoc-Analyse wird versucht, die identifizierten Mitarbeitersegmente anhand der beschreibenden Segmentvariablen zu charakterisieren.

Das sechste Kapitel beginnt mit einem Fazit. Ausgehend von den gewonnenen Erkenntnissen erfolgt die sukzessive Beantwortung der in Abschnitt 1.4 aufgestellten Forschungsfragen. Anschließend werden Implikationen für die Praxis abgeleitet. Die vorliegende Arbeit schließt mit der Identifikation des zukünftigen Forschungsbedarfs im Kontext der hier untersuchten Thematik.

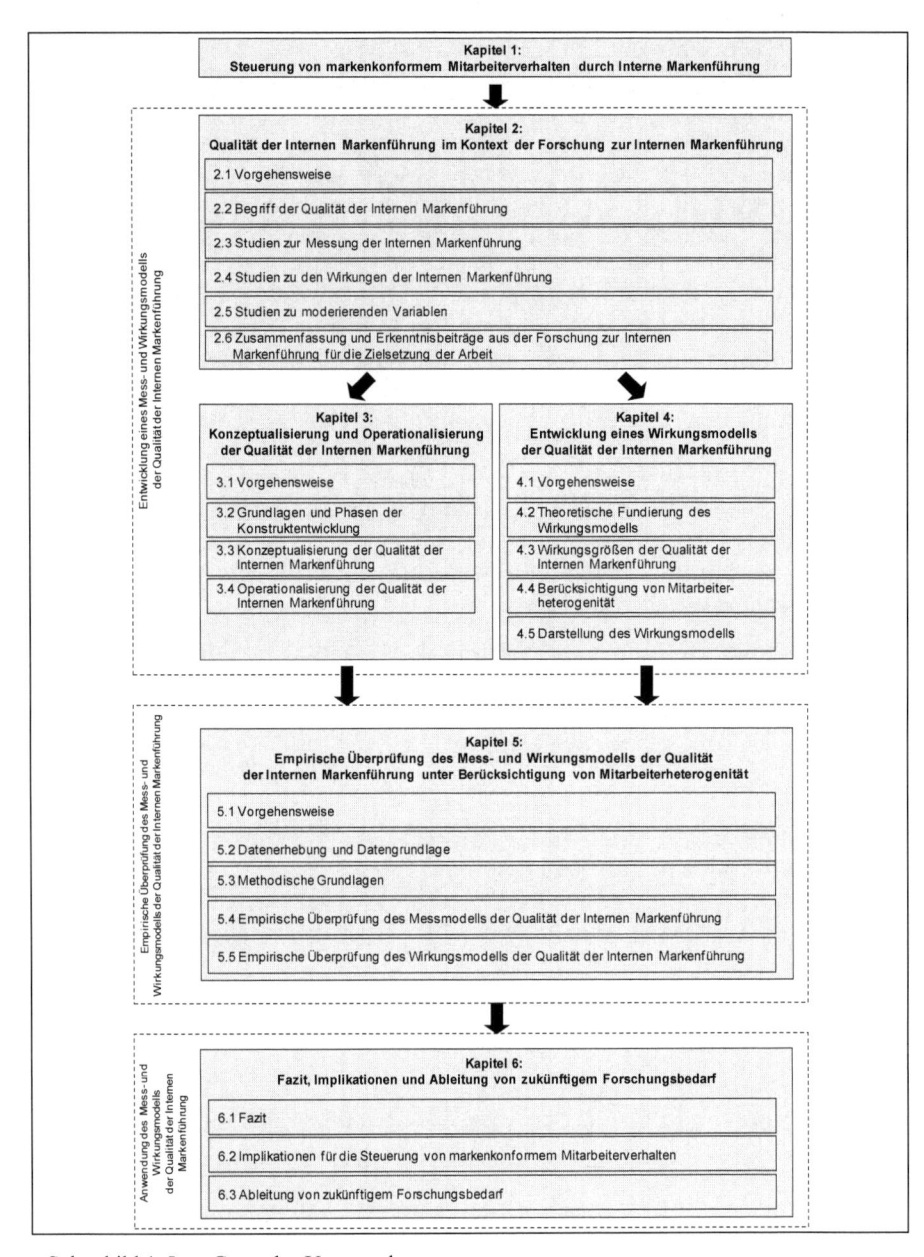

```
┌─────────────────────────────────────────────────────────────────────────────┐
│                          Kapitel 1:                                         │
│     Steuerung von markenkonformem Mitarbeiterverhalten durch Interne        │
│                         Markenführung                                       │
└─────────────────────────────────────────────────────────────────────────────┘
                                    ▼
┌─────────────────────────────────────────────────────────────────────────────┐
│                              Kapitel 2:                                     │
│    Qualität der Internen Markenführung im Kontext der Forschung zur         │
│                       Internen Markenführung                                │
│                                                                             │
│   2.1 Vorgehensweise                                                        │
│   2.2 Begriff der Qualität der Internen Markenführung                       │
│   2.3 Studien zur Messung der Internen Markenführung                        │
│   2.4 Studien zu den Wirkungen der Internen Markenführung                   │
│   2.5 Studien zu moderierenden Variablen                                    │
│   2.6 Zusammenfassung und Erkenntnisbeiträge aus der Forschung zur Internen │
│       Markenführung für die Zielsetzung der Arbeit                          │
└─────────────────────────────────────────────────────────────────────────────┘
              ▼                                          ▼
┌──────────────────────────────────┐  ┌──────────────────────────────────────┐
│         Kapitel 3:               │  │            Kapitel 4:                │
│ Konzeptualisierung und           │  │ Entwicklung eines Wirkungsmodells    │
│ Operationalisierung der Qualität │  │ der Qualität der Internen            │
│ der Internen Markenführung       │  │ Markenführung                        │
│                                  │  │                                      │
│ 3.1 Vorgehensweise               │  │ 4.1 Vorgehensweise                   │
│ 3.2 Grundlagen und Phasen der    │  │ 4.2 Theoretische Fundierung des      │
│     Konstruktentwicklung         │  │     Wirkungsmodells                  │
│ 3.3 Konzeptualisierung der       │  │ 4.3 Wirkungsgrößen der Qualität der  │
│     Qualität der Internen        │  │     Internen Markenführung           │
│     Markenführung                │  │ 4.4 Berücksichtigung von             │
│ 3.4 Operationalisierung der      │  │     Mitarbeiterheterogenität         │
│     Qualität der Internen        │  │ 4.5 Darstellung des Wirkungsmodells  │
│     Markenführung                │  │                                      │
└──────────────────────────────────┘  └──────────────────────────────────────┘
                                    ▼
┌─────────────────────────────────────────────────────────────────────────────┐
│                              Kapitel 5:                                     │
│    Empirische Überprüfung des Mess- und Wirkungsmodells der Qualität        │
│    der Internen Markenführung unter Berücksichtigung von                    │
│    Mitarbeiterheterogenität                                                 │
│                                                                             │
│   5.1 Vorgehensweise                                                        │
│   5.2 Datenerhebung und Datengrundlage                                      │
│   5.3 Methodische Grundlagen                                                │
│   5.4 Empirische Überprüfung des Messmodells der Qualität der Internen      │
│       Markenführung                                                         │
│   5.5 Empirische Überprüfung des Wirkungsmodells der Qualität der Internen  │
│       Markenführung                                                         │
└─────────────────────────────────────────────────────────────────────────────┘
                                    ▼
┌─────────────────────────────────────────────────────────────────────────────┐
│                              Kapitel 6:                                     │
│    Fazit, Implikationen und Ableitung von zukünftigem Forschungsbedarf      │
│                                                                             │
│   6.1 Fazit                                                                 │
│   6.2 Implikationen für die Steuerung von markenkonformem                   │
│       Mitarbeiterverhalten                                                  │
│   6.3 Ableitung von zukünftigem Forschungsbedarf                            │
└─────────────────────────────────────────────────────────────────────────────┘
```

Schaubild 1-5:   Gang der Untersuchung

2. Qualität der Internen Markenführung im Kontext der Forschung zur Internen Markenführung

2.1 Vorgehensweise

Die Entwicklung eines Mess- und Wirkungsmodells der Qualität der Internen Markenführung erfordert die Schaffung eines Begriffsverständnisses sowie die Auseinandersetzung mit bestehenden Messansätzen und Wirkungsgrößen des Konstrukts. Für die Berücksichtigung von Mitarbeiterheterogenität ist zudem die Identifikation mitarbeiterspezifischer Merkmale, die Einfluss auf die Kausalitäten im Wirkungsmodell nehmen, notwendig. Wie in Abschnitt 1.3 dargestellt, bestehen bis zum jetzigen Zeitpunkt keine Forschungsergebnisse zur Qualität der Internen Markenführung. Um erste Hinweise über mögliche Konstruktinhalte und Wirkungsgrößen zu erhalten, ist deshalb auf empirische Forschungsarbeiten zurückzugreifen, die sich der Messung der Internen Markenführung und deren Wirkungen widmen, ohne explizit auf Qualitätsfragen einzugehen. Der Rückgriff auf diese Arbeiten schafft zusätzlich Wissen darüber, inwieweit mitarbeiterspezifische Merkmale – in den Studien als moderierende Variablen berücksichtigt – die Konstruktzusammenhänge im Wirkungsmodell beeinflussen.

Folgender Ablauf wird für die nachfolgenden Ausführungen gewählt:

(1) Schaffung eines **Begriffsverständnisses** der Qualität der Internen Markenführung (Abschnitt 2.2),

(2) Literaturbestandsaufnahme zur **Messung** der Internen Markenführung (Abschnitt 2.3),

(3) Literaturbestandsaufnahme zu den **Wirkungen** der Internen Markenführung (Abschnitt 2.4),

(4) Literaturbestandsaufnahme zu den **moderierenden Variablen** (Abschnitt 2.5),

(5) **Zusammenfassung der Erkenntnisbeiträge** aus der Forschung zur Internen Markenführung für die Zielsetzung der Arbeit (Abschnitt 2.6).

2.2 Begriff der Qualität der Internen Markenführung

Zum Konstrukt Qualität der Internen Markenführung liegt bislang keine Begriffsdefinition vor. Im Folgenden ist es daher das Ziel, die sorgfältige Erarbeitung einer Definition des Konstrukts vorzunehmen, die dem Verständnis für die sich anschließenden Ausführungen dient. *Rossiter* fordert in diesem Zusammenhang die Bestimmung des (1) Beurteilers, des (2) Objekts und des (3) Attributs. Dabei ist die Beantwortung folgender Fragen von Interesse: Von wem soll die Beurteilung erfolgen (Beurteiler)?, was gilt es zu beurteilen (Objekt)?, welche Eigenschaften des Objekts gilt es zu beurteilen (Attribut)?.[76]

(1) Bestimmung des Beurteilers

Im Hinblick auf die Beurteilung der Qualität der Internen Markenführung lassen sich die Unternehmensperspektive und die Mitarbeiterperspektive unterscheiden.[77] Das Unternehmen zeichnet sich für die Interne Markenführung verantwortlich.[78] Die Qualität der Internen Markenführung wird aus Sicht des Unternehmens als Summe bzw. Niveau der vorhandenen Eigenschaften und Merkmale der Internen Markenführung verstanden. Damit erfolgt eine objektive Qualitätsbeurteilung. Bei der Beurteilung der Qualität der Internen Markenführung aus Mitarbeiterperspektive steht hingegen die subjektive Wahrnehmung der Internen Markenführung mit ihren Eigenschaften und Merkmalen aus Mitarbeitersicht im Mittelpunkt.

In dieser Arbeit wird das Ziel verfolgt, die Qualität der Internen Markenführung und deren Wirkung auf die Markenwahrnehmung und das Markenverhalten von Mitarbeitenden zu analysieren. Die Markenwahrnehmung und das Markenverhalten der Mitarbeitenden entstehen weniger auf Basis objektiv vorhandener Qualitätsmerkmale der Internen Markenführung, als vielmehr vor dem Hintergrund eines subjektiven Urteils von Mitarbeitenden über die Eigenschaften der Internen Markenführung. Folglich besteht das Erfordernis, die subjektive Beur-

---

[76] Vgl. *Rossiter* 2002, S. 308f.
[77] Dies zeigen auch Studien zur Wahrnehmung der Internen Markenführung unabhängig von Fragestellungen der Qualität. So finden sich Arbeiten, die die Wahrnehmung der Internen Markenführung aus Unternehmenssicht betrachten (vgl. z.B. *De Chernatony/Cottam/Segal-Horn* 2006; *Henkel et al.* 2007), und solche, die eine mitarbeiterseitige Betrachtung vornehmen (vgl. z.B. *King/Grace* 2010).
[78] Vgl. *Miles/Mangold* 2004, S. 70.

teilung der Internen Markenführung durch die Mitarbeitenden zu erfassen.[79] In der vorliegenden Arbeit stellen demnach die **Mitarbeitenden** die Beurteiler der Qualität der Internen Markenführung dar.

(2) Bestimmung des Objekts

Mitarbeitende haben die Aufgabe, die Interne Markenführung des Unternehmens zu beurteilen. Die **Interne Markenführung** stellt folglich das Objekt der Qualität der Internen Markenführung dar.

(3) Bestimmung des Attributs

Für Mitarbeitende gilt es, die Interne Markenführung hinsichtlich ihrer Qualität zu beurteilen. Somit bildet die **wahrgenommene Qualität**[80] das zu bewertende Attribut. In Anlehnung an das Qualitätsverständnis im Dienstleistungsbereich wird hierunter der Grad der Erfüllung bestimmter Erwartungen verstanden.[81] Übertragen auf den Kontext der Internen Markenführung bedeutet die Qualität der Internen Markenführung die Fähigkeit eines Unternehmens, die Erwartungen der Mitarbeitenden an die Interne Markenführung zu erfüllen. Sie bestimmt sich aus der Summe von Eigenschaften bzw. Merkmalen der Internen Markenführung, die zum Ziel haben, den verschiedenen Anforderungen des Mitarbeitenden an die Interne Markenführung zu entsprechen. Die Qualität der Internen Markenführung ist somit das Ergebnis eines komplexen Vergleichsprozesses der Mitarbeitererwartungen mit den tatsächlichen Ausprägungen der relevanten Qualitätsmerkmalen der Internen Markenführung.

Die Bestimmung des Beurteilers, des Objekts und des Attributs mündet in folgende Definition der Qualität der Internen Markenführung:

---

[79] Für eine ähnliche Argumentation bei der Unterscheidung zwischen der Unternehmens- und Kundenperspektive und im Zusammenhang mit der Kommunikationsqualität in persönlichen Kundenbeziehungen vgl. *Frommeyer* 2005, S. 22.

[80] Zugunsten einer besseren Lesbarkeit wird im Folgenden oftmals nur von der Qualität gesprochen, es ist damit aber die wahrgenommene Qualität gemeint.

[81] Vgl. Abschnitt 1.3.

> Die **Qualität der Internen Markenführung** ist die aus Mitarbeitersicht vorgenommene Beurteilung der Fähigkeit des Unternehmens, die Interne Markenführung gemäß den Mitarbeitererwartungen zu erstellen. Sie bestimmt sich aus der Summe von Eigenschaften bzw. Merkmalen der Internen Markenführung, die dazu dienen, den verschiedenen Anforderungen des Mitarbeitenden an die Interne Markenführung gerecht zu werden.

2.3 Studien zur Messung der Internen Markenführung

2.3.1 Überblick

Aufbauend auf der Definition der Qualität der Internen Markenführung gilt es in diesem Abschnitt, Ansatzpunkte für die Entwicklung des Messmodells der Qualität der Internen Markenführung zu erhalten. Hierzu wird im Folgenden ein Überblick über die bisherigen empirischen Studien zur Messung der mitarbeiterseitig wahrgenommenen Internen Markenführung[82] gegeben.

Die Entwicklung des Messmodells der Qualität der Internen Markenführung erfordert die Kenntnis der **Mitarbeitererwartungen an die Interne Markenführung**. Vor diesem Hintergrund ist es nachfolgend das Ziel, aus den bestehenden Messansätzen zur wahrgenommenen Internen Markenführung die Erwartungen der Mitarbeitenden an die Interne Markenführung abzuleiten. Die Ableitung von Mitarbeitererwartungen aus den bestehenden Messansätzen erscheint zulässig, da davon ausgegangen wird, dass bei der Messung der wahrgenommenen Internen Markenführung die Mitarbeiterwartungen implizit Berücksichtigung fanden. Zur Erfüllung der Mitarbeitererwartungen tragen die **Maßnahmen der Internen Markenführung** bei.[83] Ein weiteres Ziel der Literatursichtung ist folglich die Identifikation von Maßnahmen, die der Internen Markenführung zuzuordnen sind.

Es ist an dieser Stelle anzumerken, dass in der Mehrzahl der bisherigen Forschungsarbeiten keine Messung der wahrgenommenen Internen Markenführung

---

[82] Zugunsten einer besseren Lesbarkeit wird im Folgenden oftmals nur von der Internen Markenführung gesprochen, es ist damit aber die wahrgenommene Interne Markenführung gemeint.

[83] Vgl. hierzu die Ausführungen in Abschnitt 1.3.

als Gesamtkonstrukt erfolgt.[84] Häufig werden in den Studien z.B. einzelne Maßnahmen der Internen Markenführung als Konstrukte behandelt, ohne diese in Bezug zur übergeordneten Wahrnehmung der Internen Markenführung zu setzen.[85]

Schaubild 2-1 gibt einen Überblick über die Messansätze der Internen Markenführung in der Literatur. Es werden sämtliche Studien berücksichtigt, die bis zum Zeitpunkt der Datenerhebung (Juni/Juli 2011) erschienen sind. Die daraus abgeleiteten Mitarbeitererwartungen an die Interne Markenführung finden sich in der rechten Spalte wieder. Gemäß der verfolgten Ziele der Literatursichtung wird nachfolgend auf die abgeleiteten Mitarbeitererwartungen an die Interne Markenführung (Abschnitt 2.3.2) und die identifizierten Maßnahmen der Internen Markenführung (Abschnitt 2.3.3) eingegangen.

---

[84] Die Ausnahme ist die Studie von *Punjaisri/Evanschitzky/Wilson* 2009 bzw. *Punjaisri/Wilson/Evanschitzky* 2009.
[85] Vgl. z.B. *Giersch* 2008; *Morhart* 2008.

Autor(-en)/ Jahr	Branche	Konstrukt	Konstrukt-dimension	Zentrale Messinhalte	Abgeleitete Erwartung
Aurand/Gorchels/ Bishop (2005)	50 Prozent Industriegüter, 50 Prozent Andere, darunter Konsumgüter, Behörden, Medizin	Markenorientierung des Personalmanagements	(eindimensional)	• Bekräftigen der Markenwerte durch den Einsatz interner Markenkommunikation • Markentraining • Berücksichtigung von markenbezogenen Kompetenzen bei der Personalbesetzung	• Vermittlung von Markenwissen • Vermittlung von Markenkompetenz
Zeplin (2006)	Automobil, Finanzdienstleistungen, Konsumgüter, Tourismus, Handel, Telekommunikation	Interne Markenkommunikation	Vermittlung der Markenrelevanz	• Wissen über die Relevanz des Markenimages für den Markenerfolg • Wissen über die eigene Bedeutung für die Erzielung eines positiven Markenimages	
			Operationalisierung der Markenidentität	• Kenntnis der Markenidentität • Verständlichkeit, Einprägsamkeit und Überzeugungskraft der Markenidentität	
			Vermittlung der Markenidentitätskomponenten	• Kenntnis der einzelnen Komponenten der Markenidentität	
			Zentrale Kommunikation	• Erhalt von Markeninformationen über die Zentrale	• Vermittlung von Markeninformationen • Vermittlung von Markenwissen
			Kaskadenkommunikation	• Erhalt von Markeninformationen durch direkte Vorgesetzte	
			Laterale Kommunikation	• Interaktion mit Kollegen über die Marke • Vorliegen von Geschichten/Anekdoten über die Marke	
			Externe Kommunikation	• Stolz bei Werbewahrnehmung • Motivation durch Wahrnehmung von Presseaktivitäten	-

Schaubild 2-1: Studien zur Messung der Internen Markenführung

Autor(-en)/ Jahr	Branche	Konstrukt	Konstrukt-dimension	Zentrale Messinhalte	Abgeleitete Erwartung
Zeplin (2006)	Automobil, Finanzdienstleistungen, Konsumgüter, Tourismus, Handel, Telekommunikation	Markenorientiertes Personalmanagement	Arbeitgebermarketing	• Vermittlung der Markenidentität in Stellenanzeigen/ durch das Personalmarketing • Identifikation mit der Marke bereits vor Unternehmenseintritt	–
			Personalselektion	• Fit zwischen neuen Mitarbeitenden und Marke	–
			Personalintegration	• Vermittlung der Markenidentität bei Unternehmenseintritt	• Vermittlung von Markenwissen
			Personalentwicklung	• Fortbildungen mit Bezug zur Markenidentität	• Vermittlung von Markenwissen • Vermittlung von Markenkompetenz
			Personalbeförderung	• Beförderung bei markenkonformem Verhalten	• Wertschätzung für geleistete Markenanstrengungen
		Markenorientierte Führung	Vorleben der Markenidentität	• Vorbildfunktion der Geschäftsführung • Vorbildfunktion der direkten Vorgesetzten	• Vorleben der Markenidentität
			Markenorientierte transformationale Führung	• Vertrauen in die Markenentscheidungen des Vorgesetzten, zu besonderen Markenanstrengungen zu motivieren • Fähigkeit des Vorgesetzten, zu besonderen Markenanstrengungen zu motivieren • Anregung zu eigenständigen Problemlösungen bezüglich der Marke • Unterstützung durch Vorgesetzte	• Unterstützung durch Vorgesetzte
			Empowerment	• Vorschlagspartizipation • Aufgabenpartizipation	• Partizipation bei der Markenarbeit

Schaubild 2-1: Studien zur Messung der Internen Markenführung (Forts.)

Autor(-en)/ Jahr	Branche	Konstrukt	Konstrukt-dimension	Zentrale Messinhalte	Abgeleitete Erwartung
Maloney (2007)	Handel	Absatzmittler-Marken-identitäts-Fit	(eindimensional)	• Wahrgenommener Fit zwischen Handelsunternehmen und Marke (des Unternehmens)	–
		Markenrelevanz und Markenverständnis	Relevanz der Marke	• Wissen über die Relevanz des Markenimages für den Erfolg des Handelsunternehmens • Wissen über die eigene Bedeutung für die Erzielung eines positiven Markenimages bei Kunden	• Vermittlung von Markenwissen
			Vermittlung der Marke	• Erhalt von Informationen durch das markenführende Unternehmen • Erhalt von Informationen durch den Außendienst des markenführenden Unternehmens	• Vermittlung von Markeninformationen
			Verständnis der Marke	• Kenntnis der Markenidentitätskomponenten	• Vermittlung von Markenwissen
		Markenorientierte Absatzmittlerführung	Partizipative Führung	• Wahrgenommene Möglichkeit der Einflussnahme auf die Markenführung des markenführenden Unternehmens	• Partizipation bei der Markenarbeit
			Vorleben der Markenidentität	• Überzeugendes Vorleben der Marke durch die Geschäftsführung des markenführenden Unternehmens • Überzeugendes Vorleben der Marke durch den Außendienst des markenführenden Unternehmens	• Vorleben der Markenidentität
Punjaisri/ Wilson (2007)	Hotel	Interne Kommunikation	(eindimensional)	k.A.	–
		Schulungen	(eindimensional)	k.A.	–

Schaubild 2-1: Studien zur Messung der Internen Markenführung (Forts.)

Autor(-en)/Jahr	Branche	Konstrukt	Konstrukt-dimension	Zentrale Messinhalte	Abgeleitete Erwartung
Giersch (2008)	Konsumgüter	Marken-orientierte Kommunikation	(eindimensional)	• Kenntnis der Markenidentität • Kenntnis der Markenwerte • Erhalt von Informationen über die Marke • Häufige Interaktion mit Kollegen über die Marke • Stolz bei Werbewahrnehmung	• Vermittlung von Markenwissen • Vermittlung von Marken-informationen
		Marken-orientierte Führung	(eindimensional)	• Vorleben der Markenidentität durch Geschäftsführung und Vorgesetzte • Vertrauen in die Markenentscheidungen des Vorgesetzten • Fähigkeit des Vorgesetzten, zu besonderen Marken-anstrengungen zu motivieren • Anregung zu eigenständigen Problemlösungen bezüglich der Marke • Unterstützung durch Vorgesetzte • Empowerment • Eingehen auf interkulturelle Unterschiede im Marken-verständnis	• Vorleben der Markenidentität • Unterstützung durch Vorgesetzte • Partizipation bei der Markenarbeit
		Marken-orientiertes Personal-management	(eindimensional)	• Beförderung bei markenkonformem Verhalten • Fortbildungen mit Bezug zur Markenidentität	• Wertschätzung für geleistete Marken-anstrengungen • Vermittlung von Markenwissen • Vermittlung von Markenkompetenz

Schaubild 2-1: Studien zur Messung der Internen Markenführung (Forts.)

Autor(-en)/ Jahr	Branche	Konstrukt	Konstrukt-dimension	Zentrale Messinhalte	Abgeleitete Erwartung
Morhart (2008) *Morhart/Herzog/ Tomczak* (2009)	Telekommunikation	Markenorientierte transformationale Führung (TFL)	Anregung und Förderung von kreativem und unabhängigem Denken	• Hilfestellung des Vorgesetzten bei der Interpretation des Markenversprechens vor dem Hintergrund des jeweiligen Jobprofils • Fähigkeit, Mitarbeitende dazu zu bringen, ihren Job aus der Perspektive eines Markenverantwortlichen zu betrachten	
			Motivation durch begeisternde Visionen	• Artikulation einer attraktiven Markenvision durch die Führungskraft • Positive Äußerungen des Vorgesetzten über die Erreichung von Markenzielen/Zukunft der Marke	
			Idealisierter Einfluss* (attribuiert)	• Verhalten der Führungskraft zum Wohle der Marke und über die eigenen Bedürfnisse hinaus • Vermittlung von Stolz, zur Marke dazuzugehören • Respekt gegenüber der Führungskraft aufgrund seines Markenverhaltens	• Unterstützung durch Vorgesetzte • Vorleben der Markenidentität
			Idealisierter Einfluss* (verhaltensbezogen)	• Betonen der Bedeutung einer Verbundenheit mit der Marke • Verdeutlichung der Notwendigkeit einer gemeinsamen Markenbotschaft • Beachten ethischer und moralischer Konsequenzen, die sich aus dem Markenversprechen ergeben	
			Individuelle Unterstützung und Förderung	• Individuelle Unterstützung bei markenbezogenen Themen als Coach und Mentor • Individuelle Unterstützung bei der Entwicklung zur Rolle als Markenrepräsentant	

Legende: * Ein attribuierter Einfluss bedeutet, dass Mitarbeitende ihrer Führungskraft hohe Bewunderung, Respekt und Vertrauen entgegenbringen. Ein verhaltensbezogener Einfluss bezieht sich z.B. darauf, dass die Vorgesetzten die hohen Erwartungen an ihre Mitarbeitenden selbst vorleben und ihr Handeln an werteorientierten Prinzipien ausrichten (vgl. *Dörr* 2006, S. 23).

Schaubild 2-1: Studien zur Messung der Internen Markenführung (Forts.)

QIMF im Kontext der Forschung zur IMF

Autor(-en)/ Jahr	Branche	Konstrukt	Konstruktdimension	Zentrale Messinhalte	Abgeleitete Erwartung
Morhart (2008)	Telekommunikation	Markenorientierte transaktionale Führung (TRL)	Führung durch aktive Kontrolle	• Aktives Überwachen des Mitarbeiterverhaltens im Hinblick auf Konformität mit den vorgegebenen Rollenstandards und Einschreiten bei Abweichungen	-
Morhart/Herzog/ Tomczak (2009)			Leistungsorientierte Belohnung	• Definition von Erwartungen an ein Markenverhalten der Mitarbeitenden mit Aussicht auf Belohnung	• Wertschätzung für geleistete Markenanstrengungen
	Hotel	Interne Markenführung	Schulungen	• Vermittlung von Fähigkeiten durch Schulungen • Fähigkeit des Hotels, die Mitarbeitenden über die Marke zu informieren • Anregung zum Einbringen eigener Vorschläge	• Vermittlung von Markenkompetenz • Vermittlung von Markeninformationen • Partizipation bei der Markenarbeit
Punjaisri/ Evanschitzky/ Wilson (2009)			Einweisungen	• Fähigkeit, sich markenkonform zu verhalten durch Einweisungsprogramme	• Vermittlung von Markenkompetenz
Punjaisri/ Wilson/ Evanschitzky (2009)			Meetings	• Information über die Markenbotschaft in Meetings • Verständnis der eigenen Rolle bei der Vermittlung der Markenbotschaft nach Teilnahme an Meetings	• Vermittlung von Markeninformationen • Vermittlung von Markenkompetenz
			Briefings	• Erhalt relevanter Informationen für ein markenkonformes Verhalten in Briefings • Bekräftigen der Markenbotschaft und des Markenversprechens während der Briefings	• Vermittlung von Markeninformationen • Vermittlung von Markenwissen

Schaubild 2-1: Studien zur Messung der Internen Markenführung (Forts.)

Autor(-en)/ Jahr	Branche	Konstrukt	Konstrukt-dimension	Zentrale Messinhalte	Abgeleitete Erwartung
Hartmann (2010)	k.A.	Persönliche Marken-kommunikation	(eindimensional)	Wahrgenommene Relevanz der folgenden Maßnahmen zur Vermittlung von Markeninformationen: • Information durch Führungskräfte • Gespräche mit Vorgesetzten • Gespräche mit Kollegen • Markenschulungen	• Vermittlung von Marken-informationen
		Mediale Marken-kommunikation	(eindimensional)	Wahrgenommene Relevanz der folgenden Maßnahmen zur Vermittlung von Markeninformationen: • Vorträge • Intranet • Mitarbeiterzeitung • Markenhandbuch • Informationsbroschüren/schriftliche Informationen	• Vermittlung von Marken-informationen
		Vorleben der Marke	(eindimensional)	• Überzeugendes Vorleben der Marke durch Vorgesetzte • Vorgesetzte als Markenbotschafter • Überzeugendes Vorleben der Marke durch Kollegen • Kollegen als Markenbotschafter	• Vorleben der Markenidentität
King (2010)	Gastronomie, Tourismus	Verbreitung von Markenwissen	(eindimensional)	Vermittlung von Markenwissen durch • die Kommunikation des Markenversprechens • regelmäßige Meetings • regelmäßige Berichte von Seiten des Managers • die Vermittlung der Bedeutung eines markenkonsistenten Mitarbeiterverhaltens • nachvollziehbare Anweisungen	• Vermittlung von Markenwissen

Schaubild 2-1: Studien zur Messung der Internen Markenführung (Forts.)

Autor(-en)/Jahr	Branche	Konstrukt	Konstruktdimension	Zentrale Messinhalte	Abgeleitete Erwartung
King/Grace (2010)	Dienstleistung	Verbreitung von Markenwissen	(eindimensional)	Vermittlung von Markenwissen durch • die Kommunikation des Markenversprechens • regelmäßige Meetings • regelmäßige Berichte von Seiten des Managers • die Vermittlung der Bedeutung eines markenkonsistenten Mitarbeiterverhaltens • nachvollziehbare Anweisungen • eine kontinuierliche Weiterentwicklung der Mitarbeitenden • Wissensvermittlung bei Eintritt in das Unternehmen	• Vermittlung von Markenwissen
König (2010) Burmann/König (2011)	Call Center	Direkte Maßnahmen (Maßnahmen des markenführenden Medienunternehmens, für das das Call Center tätig ist)	Internes Event Management	• Markenverständnis durch interne Events • Markennähe durch interne Events	• Vermittlung von Markenwissen • Schaffung von Markennähe
			Informationsmedien	• Markenverständnis durch Informationsmedien • Markennähe durch Informationsmedien	
			Werbemittel	• Markenverständnis durch Werbemittel • Markennähe durch Werbemittel	
			Branding der Call-Center-Räume	• Markenverständnis durch Branding der Call-Center-Räume • Markennähe durch Branding der Call-Center-Räume	
			Externe Kommunikation	• Markenverständnis durch externe Kommunikation • Markennähe durch externe Kommunikation	
			Trainingsmaßnahmen	• Markenverständnis durch Trainingsmaßnahmen • Markennähe durch Trainingsmaßnahmen	
			BCB der Geschäftsführung	• Markenverständnis durch BCB der Geschäftsführung • Markennähe durch BCB der Geschäftsführung	

Schaubild 2-1: Studien zur Messung der Internen Markenführung (Forts.)

Autor(-en)/ Jahr	Branche	Konstrukt	Konstrukt-dimension	Zentrale Messinhalte	Abgeleitete Erwartung
König (2010) *Burmann/König* (2011)	Call Center	Indirekte Maßnahmen (Maßnahmen des Call Centers)	Markenspiele	• Markenverständnis durch Markenspiele • Markennähe durch Markenspiele	
			Empowerment	• Markenverständnis durch Empowerment • Markennähe durch Empowerment	
			Coaching zur Differenzierung von anderen Marken	• Markenverständnis durch Coachings • Markennähe durch Coachings	
			Einstellungs-gespräch/ Projektstart	• Markenverständnis durch das Einstellungsgespräch/Gespräche beim Projektstart • Markennähe durch das Einstellungsgespräch/Gespräche beim Projektstart	• Vermittlung von Markenwissen • Schaffung von Markennähe
			Zeitautonomie und Flexibilität	• Markenverständnis durch Zeitautonomie und Flexibilität • Markennähe durch Zeitautonomie und Flexibilität	
			Karriere-entwicklungs-möglichkeiten	• Markenverständnis durch Karriereentwicklungsmöglichkeiten • Markennähe durch Karriereentwicklungsmöglichkeiten	
			Performance Feedback	• Markenverständnis durch Performance Feedback • Markennähe durch Performance Feedback	
			Abwechslungs-reiche Tätigkeiten	• Markenverständnis durch abwechslungsreiche Tätigkeiten • Markennähe durch abwechslungsreiche Tätigkeiten	

Schaubild 2-1: Studien zur Messung der Internen Markenführung (Forts.)

Autor(-en)/ Jahr	Branche	Konstrukt	Konstrukt-dimension	Zentrale Messinhalte	Abgeleitete Erwartung
Piehler (2011)	Dienstleistung	Nutzungs-häufigkeit der Zentral-kommunikation	(eindimensional)	• Häufigkeit der Nutzung von Informationen der zentralen internen Kommunikation insgesamt (z.B. durch Maßnahmen wie Intranet, Mitarbeiterzeitschrift, Markenworkshop, E-Mails usw.)	-
		Nutzungs-häufigkeit der Kaskaden-kommunikation	(eindimensional)	• Häufigkeit der Nutzung von Informationen von disziplinarischen Vorgesetzten	-
		Nutzungs-häufigkeit der Lateral-kommunikation	(eindimensional)	• Häufigkeit der Nutzung von Informationen von Kollegen	-
		Anzahl der genutzten Markenkommunikations-instrumente	(eindimensional)	• Markenidentitätsworkshop • Printversion der Mitarbeiterzeitschrift • Onlineversion der Mitarbeiterzeitschrift • Mitarbeiternewsletter • Jour Fixe mit Vorgesetzten • Persönliche Gespräche mit Kollegen • Schwarzes Brett • Aktionsnewsletter	-
		Integration der externen und internen Marken-kommunikation	(eindimensional)	• Wahrnehmung von Widersprüchen zwischen interner und externer Kommunikation	-
		Authentizität des Markennutzen-versprechens	(eindimensional)	• Übereinstimmung der in der externen Markenkommunikation versprochenen Leistung mit der tatsächlichen Leistung	-
		Übereinstimmung zwischen dargestellter und gelebter Kultur	(eindimensional)	• Übereinstimmung der in der externen Markenkommunikation kommunizierten Werten mit den tatsächlichen Werten	-

Schaubild 2-1: Studien zur Messung der Internen Markenführung (Forts.)

2.3.2 Erwartungen an die Interne Markenführung

Wie aus Schaubild 2-1 hervorgeht, verweisen die bestehenden Messansätze auf eine Reihe von Erwartungen, die Mitarbeitende an die Interne Markenführung stellen.[86] Folgende Erwartungen lassen sich darunter subsumieren. Die Erwartung nach

- der **Vermittlung von Markenwissen**,
- der **Vermittlung von Markeninformationen**,
- der **Vermittlung von Markenkompetenz** (d.h., nach dem Erhalt der notwendigen Fähigkeiten und Fertigkeiten, um als Botschafter der Marke agieren zu können)[87],
- dem **Vorleben der Markenidentität** (z.B. durch die direkten Vorgesetzten),
- der **Unterstützung durch Vorgesetzte im Rahmen der Arbeit für die Marke**,
- **Wertschätzung für die geleisteten Markenanstrengungen**,

---

[86] Es lassen sich nicht aus jedem Konstrukt Mitarbeitererwartungen an die Interne Markenführung ableiten. Das Personalmarketing wird nicht der Internen Markenführung zugeordnet. Der Fit zwischen neuen Mitarbeitenden und Marke wirkt nicht sozialisierend auf Mitarbeitende und wird in dieser Arbeit ebenfalls nicht unter die Interne Markenführung subsumiert (vgl. Abschnitt 2.3.3). Folglich werden hieraus auch keine Erwartungen an die Interne Markenführung abgeleitet. Ähnliches gilt für den Fit zwischen dem Handelsunternehmen und der Marke des Herstellerunternehmens. In Abschnitt 2.3.3 wird aufgezeigt, dass die Maßnahmen der externen Markenkommunikation nicht der Internen Markenführung zuzuordnen sind, bzw. nur dann, wenn eine explizite Ausrichtung auf interne Zielsetzungen, z.B. in der Form einer direkten Mitarbeiteransprache, erfolgt. In den betrachteten Messansätzen wurde diese Einschränkung nicht vorgenommen. Folglich werden aus den in den Messansätzen betrachteten Konstrukten zur externen Kommunikation, zum Fit zwischen interner und externer Markenkommunikation, zur Authentizität des Markennutzenversprechens und zum Fit zwischen dargestellter und gelebter Kultur keine Erwartungen an die Interne Markenführung abgeleitet. Aus der Nutzungshäufigkeit bzw. der Anzahl der Nutzung von Maßnahmen lassen sich ebenfalls keine Erwartungen an die Interne Markenführung ableiten, da der Mitarbeitende selbst Einfluss auf die Nutzung der Maßnahmen nehmen kann.

[87] Vgl. *Zeplin* 2006, S. 145.

- **Partizipation bei der Markenarbeit** (d.h., nach der aktiven Involvierung des Mitarbeitenden am internen Markenbildungsprozess[88]) und nach
- der **Schaffung von Markennähe** (d.h. nach der Schaffung einer Verbundenheit des Mitarbeitenden zur Marke)[89].

Insgesamt liefern die dargestellten Arbeiten erste Anhaltspunkte für die Entwicklung des Messmodells der Qualität der Internen Markenführung. So verweist die Vielzahl der aus den Messansätzen abgeleiteten Erwartungen an die Interne Markenführung darauf, dass die Qualität der Internen Markenführung aus unterschiedlichen Facetten besteht. Allerdings sind die abgeleiteten Erwartungen zum Teil nicht unabhängig voneinander. So ist z.b. die Erwartung nach der Vermittlung von Markenwissen mit der Erwartung nach der Vermittlung von Markeninformationen verbunden. Ebenfalls ist anzunehmen, dass die Erwartung nach der Vermittlung von Markenkompetenz die Erwartung nach der Vermittlung von Markenwissen beinhaltet. Dieser Umstand macht für die Entwicklung des Messmodells der Qualität der Internen Markenführung eine tiefer gehende Auseinandersetzung mit den abgeleiteten Erwartungen notwendig, um schließlich diejenigen Erwartungen zu identifizieren, die als voneinander unabhängige Dimensionen in das Konstrukt eingehen. Unklar bleibt zudem, inwieweit mit der Literaturanalyse sämtliche Erwartungen von Mitarbeitenden an die Interne Markenführung erfasst wurden. Für die Modellentwicklung ist daher auf weitere Verfahren, die zur Identifikation von Erwartungen beitragen, zurückzugreifen.[90]

2.3.3 Maßnahmen der Internen Markenführung

Wie bereits aus Schaubild 2-1 hervorgeht, verweist die Sichtung der Messansätze auf eine Vielzahl existierender Maßnahmen der Internen Markenführung. Es wird dabei deutlich, dass sich die Maßnahmen auf einem jeweils unterschiedlichen **Aggregationsniveau** befinden können. Dabei lässt sich eine Unterscheidung nach Einzelmaßnahmen, Maßnahmenbereiche und Instrumenten vornehmen. **Einzelmaßnahmen** (z.B. Markenschulungen) sind auf einem niedrigen Aggregationsgrad angesiedelt. Sie ermöglichen eine differenzierte Betrachtung von Aktivitäten der Internen Markenführung. **Maßnahmenbereiche** (z.B. markenorientierte Personalentwicklung) verweisen auf einen mittleren Aggregationsgrad. Sie ergeben sich aus der Aggregation von Einzelmaßnahmen anhand

---

[88] Vgl. *Piehler* 2011, S. 86.
[89] Vgl. ähnlich *König* 2010, S. 115f.
[90] Vgl. hierzu Abschnitt 3.3.1.

ihrer Ähnlichkeit. **Instrumente** (z.B. markenorientiertes Personalmanagement) liegen auf einem hohen Aggregationsniveau. Sie repräsentieren das Ergebnis einer gedanklichen Bündelung von Maßnahmenbereichen nach ihrer Ähnlichkeit.[91]

Es zeigt sich, dass nahezu sämtliche der in den Messansätzen berücksichtigten Einzelmaßnahmen und Maßnahmenbereiche einem der Instrumente **markenorientiertes Personalmanagement** und **personalorientierte Markenkommunikation** zugeordnet werden können. Auf die Instrumente, die dazugehörigen Maßnahmenbereiche und Einzelmaßnahmen wird im Folgenden eingegangen.

(1) Markenorientiertes Personalmanagement

Das **markenorientierte Personalmanagement** bezieht sich auf den Einsatz von Maßnahmen, die in erster Linie zur Erreichung einer markenbezogenen Personalsozialisation beitragen. Unter der markenbezogenen Personalsozialisation ist der Prozess der Vermittlung und Erlernung markenbezogener Fähigkeiten, Kenntnisse und Überzeugungen, Werte, Normen und Verhaltensweisen zu verstehen, die Mitarbeitende dazu befähigen, sich als „Brand Citizen", d.h. Markenbürger bzw. -botschafter zu verhalten.[2] Dem markenorientiertem Personalmanagement lassen sich die **markenorientierten Personalmanagementsysteme** und die **markenorientierte Personalführung** zuordnen.[3] Die in der Literatur diskutierten Maßnahmenbereiche der markenorientierten Personalmanagementsysteme stellen das Arbeitgebermarketing, die markenorientierte Personalselektion, -integration, -entwicklung und die Personalbeförderung dar. Die markenorientierte

---

[91] Vgl. ähnlich für Instrumente der Kommunikationspolitik *Bruhn* 2008d, S. 62. Im Folgenden wird der Begriff „Maßnahme der Internen Markenführung" unabhängig vom jeweiligen Aggregationsgrad und synonym zum Begriff „Aktivitäten der Internen Markenführung" verwendet. Besteht hingegen das Erfordernis einer expliziten Bezugnahme auf ein bestimmtes Aggregationsniveau, so wird der entsprechende Begriff verwendet.

[92] Vgl. *Piehler* 2011, S. 169f. Zur Sozialisation von Mitarbeitenden vgl. z.B. *van Maanen* 1976; *Klatetzki* 2008, S. 353ff.

[93] Personalmanagementsysteme setzen sich aus Mitarbeiterflusssystemen und Belohnungssystemen zusammen. Mitarbeiterflusssysteme bilden die Bewegungen in der Mitarbeiterstruktur eines Unternehmens ab. Es lassen sich darunter z.B. die Personalgewinnung, Personalentwicklung und Personalfreisetzung subsumieren. Belohnungssysteme sind darauf ausgerichtet, Leistungsanreize für Führungskräfte und Mitarbeitende zu schaffen. Sie umfassen z.B. die Personalbeurteilung und die Personalvergütung (vgl. *Stock-Homburg* 2010, S. 17f.).

Personalführung wird in den bisherigen Studien zur Internen Markenführung nicht unter das Personalmanagement subsumiert. In der vorliegenden Arbeit wird hingegen der Auffassung derjenigen Autoren gefolgt, die die Personalführung als dem Personalmanagement zugehörig ansehen.[94] Maßnahmenbereiche der markenorientierten Personalführung stellen in den Forschungsarbeiten die markenorientierte transformationale und transaktionale Personalführung sowie das markenorientierte Empowerment dar.

Markenorientierte Personalmanagementsysteme

Das **Arbeitgebermarketing**[95] beschäftigt sich vorrangig damit, das Markenimage als Arbeitgeber zu steuern. Der Fokus liegt auf der Positionierung der Arbeitgebermarke, mit dem Ziel, den fachlich besten und zum Unternehmen bzw. zur Marke passenden Mitarbeitenden anzuziehen. Mit dem Arbeitgebermarketing richtet das Unternehmen ein Versprechen an die, vornehmlich potenziellen, Mitarbeitenden hinsichtlich der Gestaltung des Arbeitsplatzes. Hingegen zielt die Interne Markenführung gemäß der vorgenommenen Definition in Abschnitt 1.2.2 auf die Steuerung des Markenverhaltens der Mitarbeitenden ab und fordert von seinen Mitarbeitenden ein markenkonformes Mitarbeiterverhalten ein.[96] Das Arbeitgebermarketing und die Interne Markenführung stellen somit verschiedene Konzepte mit unterschiedlichen Zielsetzungen dar. In der vorliegenden Arbeit wird das Arbeitgebermarketing daher nicht der Internen Markenführung zugeordnet.

Die **markenorientierte Personalselektion** konzentriert sich auf die Auswahl von Mitarbeitenden, die zur Markenidentität passen, d.h. deren persönliches

---

[94] Vgl. z.B. *Berthel/Becker* 2010; *Stock-Homburg* 2010. Während in den bisherigen Studien zur Internen Markenführung eine Betrachtung des Personalmanagements aus der rein systembezogenen Perspektive zu konstatieren ist, wird in der vorliegenden Arbeit mit dem Einbezug der Personalführung die integrierte Perspektive des Personalmanagements gewählt. Dieses Vorgehen ist gerechtfertigt, da sowohl die Handhabung der Personalmanagementsysteme als auch die Personalführung auf die Beeinflussung von Einstellungen und Verhaltensweisen von Mitarbeitenden abzielen (vgl. *Berthel/Becker* 2010, S. 15f.).

[95] Das Arbeitgebermarketing wird häufig auch als „Employer Branding" bezeichnet (vgl. *Backhaus/Tikoo* 2004; *Berthon/Ewing/Hah* 2005; *Schulze/Gürntke/Inglsperger* 2005; *Knox/Freeman* 2006; *Davies* 2008; *Moroko/Uncles* 2008; *Petkovic* 2008; *Moroko/Uncles* 2009; *Stotz/Wedel* 2009; *von Walter/Henkel/Heidig* 2012).

[96] Vgl. *Forster/Erz/Jenewein* 2012, S. 279ff.

Wertesystem kongruent zu den Werten der Markenidentität ist.[97] Es wurde an anderer Stelle erwähnt, dass mit dem markenorientierten Personalmanagement eine markenorientierte Personalsozialisation angestrebt wird. Die Personalselektion selbst wirkt nicht sozialisierend, da sie nicht zur Veränderung von Fähigkeiten, Kenntnissen, Verhaltensweisen usw. beiträgt. Sozialisierend wirken hingegen Maßnahmen im Rahmen des Rekrutierungs- und Selektionsprozesses, z.B. die Vermittlung von Markeninformationen im Vorstellungsgespräch, die den Mitarbeitenden auf die potenzielle Rolle als Markenbotschafter vorbereitet.[98] Insofern ist die Personalselektion der Internen Markenführung zuzuordnen.

Im Rahmen der **markenorientierten Personalintegration** besteht die Aufgabe darin, die neuen Mitarbeitenden über die Marke zu informieren und sie mit der Markenidentität vertraut zu machen. Entsprechende Einzelmaßnahmen sind z.B. Einführungsveranstaltungen, Mentoringprogramme oder Schulungen.[99]

In späteren Phasen der Tätigkeit für das Unternehmen erfolgt die Vermittlung der Markenidentität im Rahmen der **markenorientierten Personalentwicklung**. Beispielhafte Einzelmaßnahmen sind Weiterbildungen, Schulungen oder Führungsnachwuchsprogramme mit Bezug zur Markenidentität.[100]

Die **markenorientierte Personalbeförderung** fokussiert sich im Rahmen des markenorientierten Personalmanagements darauf, Positionen mit denjenigen Mitarbeitenden zu besetzen, die sich entsprechend der Markenidentität verhalten.[101]

Markenorientierte Personalführung

---

[97] Vgl. *Zeplin* 2006, S. 105.
[98] Vgl. *Piehler* 2011, S. 170. Es liegen in der Literatur divergierende Ansichten darüber vor, ob auch Maßnahmen vor dem Eintritt in das Unternehmen sozialisierend sein können. Autoren, die sich für eine antizipatorische Sozialisation aussprechen, sind z.B. *Porter/Lawler/Hackman* 1975, S. 162ff.; *von Rosenstiel/Molt/Rüttinger* 2005, S. 191ff.; *Noe et al.* 2008, S. 326f.; *Nerdinger* 2011, S. 72f. Zu den Autoren, die die Vor-Eintritts-Phase nicht miteinbeziehen, zählen z.B. *Buchanan II* 1974, S. 534ff.; *Schein* 1978; *Wanous* 1980, S. 180. In der vorliegenden Arbeit wird die Ansicht vertreten, dass bereits Maßnahmen im Rahmen der Personalselektion zur Vermittlung und Erlernung markenbezogener Fähigkeiten, Kenntnisse, Werte, Normen und Verhaltensweisen beitragen.
[99] Vgl. *Zeplin*, S. 110; *Piehler* 2011, S. 172.
[100] Vgl. *Zeplin* 2006, S. 110.
[101] Vgl. *Zeplin* 2006, S. 110.

Die **markenorientierte transformationale Führung** bezieht sich auf Führungsverhaltensweisen, die die Bedürfnisse, Motive und Ziele der Mitarbeitenden so beeinflussen bzw. verändern, dass diese – auch ohne belohnt zu werden – im Interesse des Unternehmens bzw. der Marke handeln. Einzelne Verhaltensweisen einer transformationalen Führung sind z.b. die individuelle Unterstützung von Mitarbeitenden als Coach oder das Vorleben der Markenidentität durch die Führungskraft.[102]

Die **markenorientierte transaktionale Führung** bedeutet, dass die Führungskraft die Beziehung zum Mitarbeitenden im Sinne eines Austauschprozesses gestaltet, d.h. für seine Leistung erhält der Mitarbeitende eine Gegenleistung. Spezifische Verhaltensweisen einer transaktionalen Führung sind z.b. das aktive Überwachen des Markenverhaltens von Mitarbeitenden oder die Belohnung von Mitarbeitenden bei einem adäquaten Markenverhalten.[103]

Unter dem **markenorientierten Empowerment** ist die Übertragung verhaltensbezogener Freiheitsgrade auf den Mitarbeitenden zu verstehen.[104] In den gesichteten Studien werden darunter die Vorschlags- und Aufgabenpartizipation subsumiert. Vorschlagspartizipation bezieht sich auf die Möglichkeit von Mitarbeitenden, in ihrem Aufgabenbereich Vorschläge zur Umsetzung der Markenidentität einzubringen, die Entscheidung darüber, ob die Vorschläge realisiert werden, liegt jedoch beim Vorgesetzten. Die Aufgabenpartizipation räumt den Mitarbeitenden hingegen in ihrem Aufgabenbereich eine weitgehende Entscheidungsfreiheit ein.[105]

(2) Personalorientierte Markenkommunikation

In den gesichteten Studien werden der personalorientierten Markenkommunikation die interne und die nach innen wirkende externe Markenkommunikation zugeordnet, wobei der Schwerpunkt in der Literatur auf der internen Markenkommunikation liegt. Die **interne Markenkommunikation** umfasst alle Aktivitäten

---

[102] Vgl. *Morhart/Herzog/Tomczak* 2009, S. 395. Das Vorleben der Führungskraft wird in der Literatur der transformationalen Führung zugeordnet (vgl. z.B. *Bass* 1985, S. 210; *Avolio/Bass* 1999, S. 450). Folglich wird in der vorliegenden Arbeit das Vorleben der Markenidentität, entgegen dem Vorgehen von *Zeplin* (2006), nicht als eigenständiger Maßnahmenbereich angesehen.
[103] Vgl. *Morhart* 2008, S. 9, 33.
[104] Vgl. *Henkel et al.* 2012, S. 219f.
[105] *Zeplin* (2006, S. 129) nimmt hierbei Rückgriff auf die von *Bowen/Lawler* (1992, 2003) vorgenommene Unterscheidung verschiedener Grade des Empowerment.

der Übermittlung markenbezogener Botschaften zwischen den Mitarbeitenden einer Organisation auf unterschiedlichen hierarchischen Ebenen.[106] Aus Durchsicht der Arbeiten können als Maßnahmenbereiche die zentrale, Kaskaden- und laterale Kommunikation sowie die persönliche und massenmediale Markenkommunikation abgeleitet werden. Die **externe Markenkommunikation** umfasst alle Aktivitäten der Übermittlung markenbezogener Botschaften an die externen Zielgruppen (z.B. Kunden, Öffentlichkeit usw.).[107] In den vorliegenden Studien wird die mitarbeiterseitige Wahrnehmung der Mediawerbung und der Public Relations untersucht.

Interne Markenkommunikation

Die **zentrale Kommunikation** geht von einer zentralen Abteilung, zumeist der Kommunikationsabteilung aus. Folgt die zentrale Kommunikation dem Push-Prinzip, werden Markeninformationen zumeist durch schriftliche Medien, wie z.B. Mitarbeiterzeitschriften, Newsletter oder Rundschreiben, übermittelt. Es handelt sich dabei um eine Einweginformation, die nicht auf die individuellen Bedürfnisse der Mitarbeitenden ausgerichtet ist.[108] Erfolgt die zentrale Kommunikation nach dem Pull-Prinzip suchen Mitarbeitende selbst aktiv nach Informationen über die Marke, die abrufbereit vorhanden sind (z.B. über das Intranet). Die zentrale Kommunikation kann schließlich auch interaktiv gestaltet sein. Eine dazugehörige Maßnahme stellt z.B. die Durchführung von Markenworkshops dar.[109]

Die **Kaskadenkommunikation** beginnt weit oben im Unternehmen, idealerweise auf Ebene der Geschäftsführung. Markeninformationen werden bei dieser Form der Kommunikation top-down durch die Hierarchie weitergegeben.[110]

Unter der **lateralen Kommunikation** ist die informelle Kommunikation zwischen Mitarbeitenden zu verstehen. Darunter ist z.B. das Vorliegen von Geschichten bzw. Anekdoten über die Marke zu subsumieren.[111]

Die **persönliche Markenkommunikation** erfolgt von Person zu Person und zeichnet sich durch eine direkte Interaktion, ohne zwischengeschaltetes Medium,

---

[106] Vgl. ähnlich *Bruhn* 2011b, S. 1159.
[107] Vgl. ähnlich *Bruhn* 2008d, S. 32.
[108] Vgl. *Zeplin* 2006, S. 116f.
[109] Vgl. *Piehler* 2011, S. 440.
[110] Vgl. *Zeplin* 2006, S. 118.
[111] Vgl. *Zeplin* 2006, S. 119ff.

aus. Zu den Einzelmaßnahmen der persönlichen Markenkommunikation zählen z.b. direkte Informationen durch Führungskräfte oder Gespräche mit Vorgesetzten und Kollegen.[112]

Die **massenmediale Markenkommunikation** richtet sich im Gegensatz zur persönlichen Markenkommunikation an viele Personen, wobei die Kommunikation zumeist einweggerichtet ist und sich dadurch wenige Interaktionsmöglichkeiten ergeben. Die Vermittlung von Markeninformationen erfolgt in der Regel durch die Unterstützung von (technischen) Medien, wie z.b. Zeitungen, Fernsehen oder Internet. Einzelmaßnahmen der massenmedialen Markenkommunikation sind z.b. das Verteilen von Mitarbeiterzeitungen oder das Bereitstellen von Informationsbroschüren.[113]

Externe Markenkommunikation

Die **Mediawerbung** „[…] ist eine Form der unpersönlichen, mehrstufigen und indirekten Kommunikation, die sich öffentlich und ausschließlich über technische Verbreitungsmittel, vielfach einseitig […] an ein disperses Publikum richtet."[114] Der Einbezug der Mediawerbung erfolgt auf aggregierter Ebene. So wird in den Studien keine weitere Unterteilung in Maßnahmenbereiche (z.b. Insertions- und Printmedien) bzw. Einzelmaßnahmen (z.b. Werbespot) vorgenommen.[115]

Public Relations bezeichnet ein Instrument zur „[…] Analyse, Planung, Durchführung und Kontrolle aller Aktivitäten eines Unternehmens, um bei ausgewählten Zielgruppen (extern und intern) um Verständnis sowie Vertrauen zu werben und damit gleichzeitig kommunikative Ziele des Unternehmens zu erreichen."[116] Die Untersuchung der Innenwirkung der Public Relations konzentriert sich in den Arbeiten auf den Maßnahmenbereich der Pressearbeit.[117]

---

[112] Vgl. *Hartmann* 2010, S. 96, 148.
[113] Vgl. *Hartmann* 2010, S. 96.
[114] *Bruhn* 2008d, S. 89.
[115] Zur Klassifikation der Aktivitäten der Mediawerbung in Maßnahmenbereiche und Einzelmaßnahmen vgl. *Pfefferkorn* 2009, S. 97ff.
[116] *Bruhn* 2008d, S. 114.
[117] Zur Klassifikation der Aktivitäten der Public Relations in Maßnahmenbereiche und Einzelmaßnahmen vgl. *Pfefferkorn* 2009, S. 97ff.

Mitarbeitende sind als „Second Audience" Rezipienten der externen Markenkommunikation.[118] Mit der externen Markenkommunikation werden jedoch primär externe Zielsetzungen verfolgt. In der vorliegenden Arbeit wird die externe Markenkommunikation daher nur dann als der personalorientierten Markenkommunikation, und damit der Internen Markenführung, zugehörig angesehen, wenn die Maßnahmen explizit auch auf die Erreichung interner Zielsetzungen ausgerichtet sind. Dies ist z.b. im Falle der Darstellung von Mitarbeitenden in Printanzeigen oder TV-Spots gegeben.

Zusammenfassend ist zu konstatieren, dass zur Steuerung eines markenkonformen Mitarbeiterverhaltens vielfältige Maßnahmen der Internen Markenführung zur Verfügung stehen. Besonders deutlich tritt die Schnittstellenposition hervor, die die Interne Markenführung zwischen dem Personalmanagement und der Externen Markenführung, und dabei insbesondere der externen Markenkommunikation, einnimmt.[119] Diese beiden in der Internen Markenführung enthaltenen Perspektiven verweisen auf eine interne Heterogenität des Forschungsbereichs. Die Interne Markenführung kann deshalb auch als **umbrella concept** bezeichnet werden.

Schaubild 2-2 zeigt die identifizierten Maßnahmen der Internen Markenführung, systematisiert nach ihrem Aggregationsniveau, im Überblick. Die markenorientierten Personalmanagementsysteme und die markenorientierte Personalführung als dem markenorientierten Personalmanagement zugehörig sowie die interne und externe Markenkommunikation als dem Instrument der personalorientierten Markenkommunikation zuzuordnend, werden dabei als Subinstrumente der Internen Markenführung bezeichnet, die sich jeweils aus den zuvor aufgezeigten

---

[118] Vgl. ähnlich *Firestone* 1983, S. 87f.; *Berry* 1984, S. 275f.; *George/Berry* 1984, S. 408; *Barnes* 1989, S. 19; *Bruhn* 1999a, S. 30.

[119] Die in den Studien zu beobachtende alleinige Fokussierung auf die Markenkommunikation wird auch in den weiteren Ausführungen der vorliegenden Arbeit vorgenommen. Der Grund dafür ist, dass eine Übertragung des Instrumentariums der Markenführung auf unternehmensinterne Zusammenhänge zwar grundsätzlich möglich ist (z.B. Mitarbeiterrabatte auf den Kauf von Markenprodukten im Rahmen des Preismanagement oder Brand Innovation Labs für Mitarbeitende im Rahmen des Produktmanagements), dies aber nur in einem begrenzten Ausmaß.

Maßnahmenbereichen und Einzelmaßnahmen zusammensetzen.[120] Um bei den erläuterten Maßnahmenbereichen der internen Markenkommunikation Überschneidungen zu vermeiden, wird sich der Einfachheit wegen auf die Differenzierung zwischen der persönlichen und massenmedialen Markenkommunikation konzentriert. Die komplexere Unterscheidung zwischen der zentralen, Kaskaden- und lateralen Markenkommunikation findet nicht statt. Zudem wird an dieser Stelle angemerkt, dass die an die Mitarbeitenden gerichtete Markenkommunikation nicht nur verbal (schriftlich bzw. mündlich), sondern – beispielsweise durch eine markenbezogene Gestaltung der Büroräume – auch nonverbal stattfinden kann.[121] Darüber hinaus wird der Maßnahmenbereich Personalbeförderung umbenannt in Anreize und Vergütung. Dadurch werden neben der Personalbeförderung als immaterielle Anreizform auch materielle Anreizarten (z.B. finanziell in der Form von Geldleistungen, nicht-finanziell etwa durch Sachleistungen) berücksichtigt.[122]

---

[120] Die in Schaubild 2-2 gestrichelten Pfeile zur externen Markenkommunikation bzw. von dieser ausgehend verdeutlichen, dass diese, gemäß der obigen Argumentation, nur dann der Internen Markenführung zuzuordnen ist, wenn diese explizit auf die Mitarbeitenden ausgerichtet ist. Aus diesem Grund wird im Schaubild auf die ausführliche Darstellung von Instrumenten, Maßnahmenbereichen und Einzelmaßnahmen der externen Markenkommunikation verzichtet und an dieser Stelle auf die Übersicht und Darstellung von *Pfefferkorn* (2009, S. 97) verwiesen.

[121] Vgl. *Wittke-Kothe* 2001, S. 11f.; *Bruhn* 2011b, S. 1224f.

[122] Für eine Kategorisierung von Anreizen nach materiellen und immateriellen Elementen vgl. *Hentze/Lindert* 1998, S. 1019f.; *Tuzovic* 2004, S. 32f. Für eine Übersicht über verschiedene Anreizarten vgl. z.B. *Bruhn* 2002, S. 224.

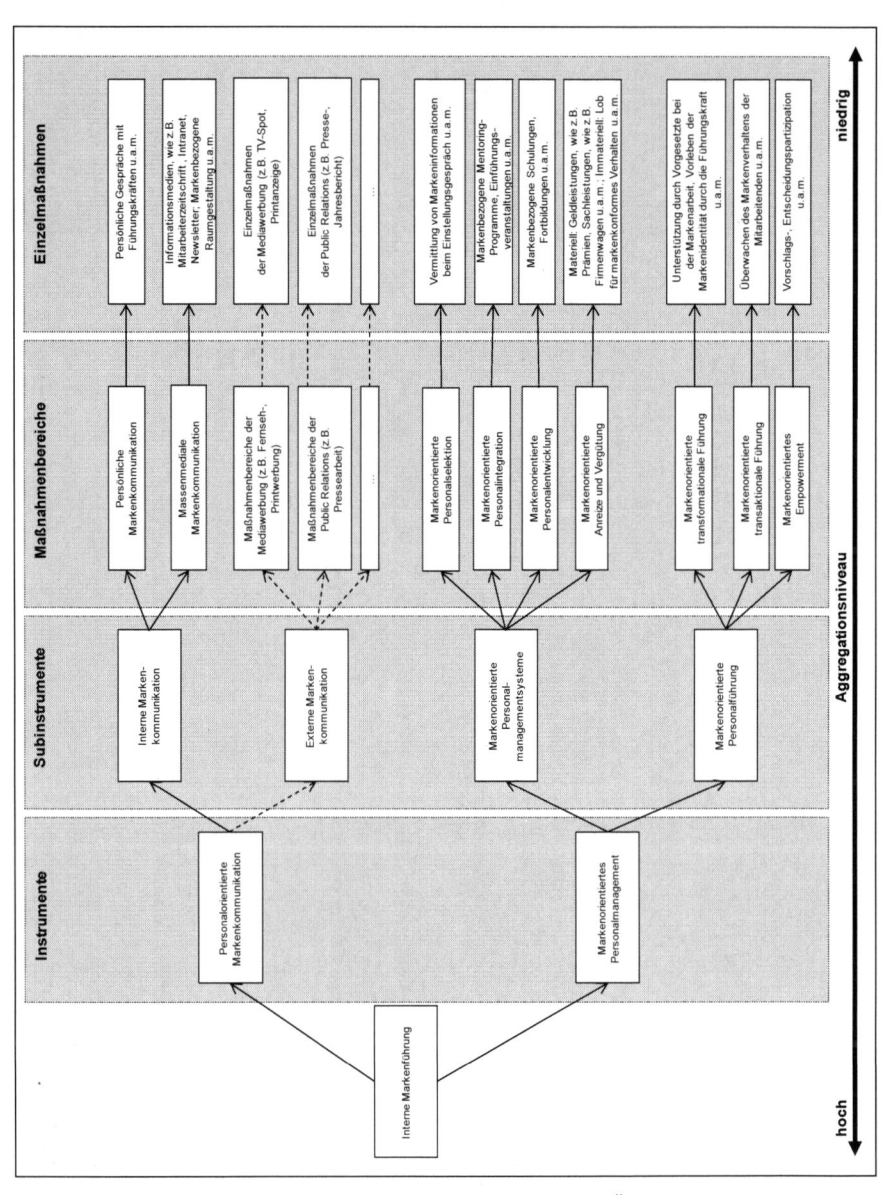

Schaubild 2-2: Maßnahmen der Internen Markenführung im Überblick

2.4 Studien zu den Wirkungen der Internen Markenführung

2.4.1 Überblick

Für die Entwicklung des Wirkungsmodells der Qualität der Internen Markenführung ist im Folgenden eine Analyse der in der Literatur bereits untersuchten Wirkungsgrößen vorzunehmen. Das Ziel der Literatursichtung ist die Identifikation der zentralen Wirkungsgrößen des Konstrukts. Aufgrund des bereits erwähnten Mangels an Untersuchungen zur Qualität der Internen Markenführung wird hierbei erneut der Rückgriff auf die in Abschnitt 2.3 erwähnten Studien notwendig, die sich zwar der Internen Markenführung widmen, nicht aber direkt auf Qualitätsfragen eingehen. Dieses Vorgehen erscheint jedoch zulässig, da die Annahme besteht, dass in den bestehenden Studien zur Internen Markenführung – wenn auch implizit – die Mitarbeitererwartungen, genauer gesagt, deren Erfüllung, z.B. die wahrgenommene Möglichkeit der Partizipation bei der Markenarbeit, gemessen wurde (vgl. Abschnitt 2.3.1). Somit besteht eine inhaltliche Nähe zwischen den bislang berücksichtigten Konstrukten und der Qualität der Internen Markenführung.

Schaubild 2-3 zeigt die Wirkungen der Wahrnehmung der Internen Markenführung im Überblick. Dabei erfolgt eine Strukturierung nach dem in Abschnitt 1.4 vorgestellten Bezugsrahmen der vorliegenden Arbeit. So werden zum einen diejenigen Wirkungsgrößen berücksichtigt, die der **Markenwahrnehmung** zu subsumieren sind, und es finden zum anderen die dem **Markenverhalten** zuzuordnenden Wirkungsgrößen Berücksichtigung. Die wahrnehmungs- und verhaltensbezogenen Wirkungsgrößen erfahren zudem eine weitere Strukturierung, indem jeweils nach direkten und indirekten Wirkungen der wahrgenommenen Internen Markenführung unterschieden wird. Dies ermöglicht es, dem Bezugsrahmen der vorliegenden Arbeit Rechnung zu tragen, nach dem das markenkonforme Mitarbeiterverhalten aufgrund der zwischengeschalteten Wahrnehmungsebene eine indirekte Wirkungsgröße der Qualität der Internen Markenführung darstellt.

An die grafische Darstellung schließt sich in den folgenden Abschnitten eine Diskussion und kritische Würdigung der empirischen Erkenntnisse zu den Wirkungen der wahrgenommenen Internen Markenführung an. Es erfolgt die Unterscheidung nach Wirkungsgrößen auf Ebene der Markenwahrnehmung (Abschnitt 2.4.2) und nach solchen auf Ebene des Markenverhaltens (Abschnitt 2.4.3).

Autor(-en)/ Jahr	Stichprobe (Branche) [Land]	Methode	Wahrnehmung der IMF*	Überprüfte Wirkungsgrößen					Zentrale Ergebnisse der untersuchten Wirkungszusammenhänge
				WG auf Ebene der MW*			WG auf Ebene des MV*		
				D.WG*	I.WG*		D.WG*	I.WG*	
Aurand/ Gorchels/ Bishop (2005)	n = 201 Mitarbeitende mehrerer Unternehmen (50 Prozent Industriegüter, 50 Prozent Sonstige, darunter Konsumgüter, Behörden, Medizin) [USA]	Varianzanalyse	Markenorientierung des Personalmanagements	Markeneinstellung	-		Einbezug der Markenwerte in Arbeitsaktivitäten		• Die Markenorientierung des Personalbereichs wirkt sich positiv auf die Markeneinstellung der Mitarbeitenden aus. • Die Markenorientierung des Personalbereichs wirkt sich positiv auf den Einbezug der Markenwerte in Arbeitsaktivitäten aus.
Zeplin (2006)	n = 1.783 Mitarbeitende mehrerer Unternehmen (Automobil, Finanzdienstleistungen, Konsumgüter, Tourismus, Handel, Telekommunikation) [Deutschland]	Strukturgleichungsanalyse	Interne Markenkommunikation Markenorientiertes Personalmanagement Markenorientierte Führung	Markencommitment (ID/IN)*	-		-	BCB*	• Die interne Markenkommunikation, das markenorientierte Personalmanagement und die markenorientierte Führung beeinflussen das Markencommitment positiv. Den stärksten Effekt weist die interne Markenkommunikation auf. • Das Markencommitment übt einen positiven Einfluss auf das Brand Citizenship Behavior aus.

Legende: * IMF = Interne Markenführung, WG = Wirkungsgrößen, D.WG = Direkte Wirkungsgröße, I.WG = Indirekte Wirkungsgröße, MW = Markenwahrnehmung, MV = Markenverhalten, BCB = Brand Citizenship Behavior, Markencommitment (ID/IN) = Markencommitment bestehend aus den Komponenten Identifikation und Internalisierung

Schaubild 2-3: Studien zu den Wirkungen der Internen Markenführung

Autor(-en)/ Jahr	Stichprobe (Branche) [Land]	Methode	Wahrnehmung der IMF*	Überprüfte Wirkungsgrößen					Zentrale Ergebnisse der untersuchten Wirkungszusammenhänge
				WG auf Ebene der MW*		WG auf Ebene des MV*			
				D.WG*	I.WG*	D.WG*	I.WG*		
Maloney (2007)	n = 75 Absatzmittler eines Markenherstellers (Handel) [Deutschland, Schweiz, Österreich]	Strukturgleichungsanalyse	Absatzmittler-Markenidentitäts-Fit						• Der Absatzmittler-Markenidentitäts-Fit wirkt sich negativ auf das instrumentelle Commitment aus; es kann jedoch ein positiver Zusammenhang zwischen dem Fit und dem normativen Commitment nachgewiesen werden.
			Markenrelevanz und Markenverständnis	Normatives Markencommitment (ID/IN)*	-	-	BCB*		• Das Konstrukt Markenrelevanz/Markenverständnis determiniert das instrumentelle Commitment positiv; in Bezug auf das normative Commitment kann hingegen kein signifikanter Wirkungszusammenhang nachgewiesen werden.
			Markenorientierte Absatzmittlerführung	Instrumentelles Markencommitment					• Der Zusammenhang zwischen dem Grad der markenorientierten Absatzmittlerführung und dem instrumentellen bzw. normativen Commitment findet keinen empirischen Nachweis.
• Zwischen dem instrumentellen Markencommitment und dem BCB kann kein signifikanter Wirkungszusammenhang nachgewiesen werden.
• Das normative Markencommitment beeinflusst das BCB positiv.
Punjaisri/ Wilson (2007)	n = 699 Mitarbeitende mehrerer Unternehmen (Hotel) [Thailand]	Regressionsanalyse	Interne Kommunikation	Markenidentifikation	-	Markenloyalität	Markenperformance		• Die interne Kommunikation bzw. Schulungen haben einen positiven Einfluss auf die Markenidentifikation, das Markencommitment, die Markenloyalität und die Markenperformance.
			Schulungen	Affektives Markencommitment					• Neben dem direkten Einfluss der internen Kommunikation bzw. der Schulungen auf die Markenperformance üben die beiden Konstrukte über die Variablen Markenidentifikation, -commitment und -loyalität einen indirekten Einfluss auf die Markenperformance aus.

Legende: * IMF = Interne Markenführung, WG = Wirkungsgrößen, D.WG = Direkte Wirkungsgröße, I.WG = Indirekte Wirkungsgröße, MV =Markenverhalten, BCB = Brand Citizenship Behavior, Markencommitment (ID/IN) = Markencommitment bestehend aus den Komponenten Identifikation und Internalisierung

Schaubild 2-3: Studien zu den Wirkungen der Internen Markenführung (Forts.)

Autor(-en)/ Jahr	Stichprobe (Branche) [Land]	Methode	Wahrnehmung der IMF*	Überprüfte Wirkungsgrößen				Zentrale Ergebnisse der untersuchten Wirkungszusammenhänge
				WG auf Ebene der MW*		WG auf Ebene des MV*		
				D.WG*	I.WG*	D.WG*	I.WG*	
Giersch (2008)	n = 310 Mitarbeitende eines Unternehmens (Konsumgüter) [4 Regionen: Deutschland, Europa, Amerika, Asien]	Multiple und hierarchische Regressionsanalyse	Markenorientierte Kommunikation	Corporate Image			Verhaltensorientierte Markentreue	• Die interne Kommunikation und Führung beeinflussen das Corporate Image positiv. Zwischen dem Personalmanagements und dem Image kann kein Wirkungszusammenhang nachgewiesen werden.
			Markenorientierte Führung	Commitment (ID/IN)*			Markenunterstützendes Mitarbeiterverhalten	• Der Zusammenhang zwischen der internen Kommunikation, der Führung, dem Personalmanagement und dem Commitment findet empirischen Nachweis.
			Markenorientiertes Personalmanagement	Corporate Reputation	-			• Ein positiver Einfluss auf die Corporate Reputation kann lediglich für die Führung bestätigt werden.
								• Sämtliche Größen der Markenwahrnehmung determinieren die verhaltensorientierte Markentreue der Mitarbeitenden positiv.
								• Das Commitment und die Corporate Reputation beeinflussen das markenunterstützende Mitarbeiterverhalten positiv, das Image beeinflusst das Konstrukt negativ.
Morhart (2008) Morhart/ Herzog/ Tomczak (2009)	n = 269 Kundenkontaktmitarbeitende eines Unternehmens (Telekommunikation) [Schweiz]	Strukturgleichungsanalyse	Markenorientierte transformationale Führung (TFL)	-**	Internalisierung der Rollenidentität	-	I-RV* Partizipation (E-RV)	• Die Wahrnehmung einer markenorientierten TFL wirkt über die wahrgenommene Kompetenz, Autonomie und Verbundenheit mit den Mitgliedern der Markengemeinschaft positiv auf die Internalisierung der Rollenidentität.
			Markenorientierte transaktionale Führung (TRL)		Fügsamkeit		Weiterempfehlung (E-RV) Markenbindung	• Die Wahrnehmung einer markenorientierten TRL wirkt über die wahrgenommene Kompetenz und Autonomie negativ auf die Fügsamkeit.
								• Die Internalisierung der Rollenidentität wirkt positiv auf sämtliche Größen des Markenverhaltens.
								• Die Fügsamkeit wirkt nicht auf die Partizipation bzw. negativ auf die anderen Größen des Markenverhaltens.

Legende: * IMF = Interne Markenführung, WG = Wirkungsgrößen, D.WG/I.WG = Direkte/Indirekte Wirkungsgröße, MW = Markenwahrnehmung, MV = Markenverhalten, Commitment (ID/IN) = Commitment bestehend aus den Komponenten Identifikation und Internalisierung, I-RV = Markenorientiertes Intra-Rollenverhalten, E-RV = Markenorientiertes Extra-Rollenverhalten; ** Die direkten Wirkungsgrößen stellen die wahrgenommene Kompetenz, Autonomie und Verbundenheit mit der Markengemeinschaft dar. Da sie keine Größen der Markenwahrnehmung darstellen, finden sie in der Tabelle und in den nachfolgenden Ausführungen nicht explizit Berücksichtigung.

Schaubild 2-3: Studien zu den Wirkungen der Internen Markenführung (Forts.)

QIMF im Kontext der Forschung zur IMF

Autor(-en)/ Jahr	Stichprobe (Branche) [Land]	Methode	Wahrnehmung der IMF*	Überprüfte Wirkungsgrößen					Zentrale Ergebnisse der untersuchten Wirkungszusammenhänge
				WG auf Ebene der MW*		WG auf Ebene des MV*		
				D.WG*	I.WG*	D.WG*	I.WG*	
Punjaisri/ Evanschitzky/ Wilson (2009)	n = 699 Mitarbeitende mehrerer Unternehmen (Hotel) [Thailand]	Strukturgleichungsanalyse	Interne Markenführung	Markenidentifikation		Markenloyalität	Markenperformance	• Die Interne Markenführung wirkt positiv auf Markenidentifikation, -commitment und -loyalität.
Punjaisri/ Wilson/ Evanschitzky (2009)				Affektives Markencommitment				• Zwischen der Markenidentifikation bzw. -loyalität und der Markenperformance besteht ein positiver Zusammenhang. • Der Einfluss des Markencommitment auf die Markenperformance findet keinen empirischen Nachweis.
Hartmann (2010)	n = 1.194 Mitarbeitende eines Unternehmens (k.A.) [Deutschland]	Regressionsanalyse	Persönliche Markenkommunikation	Affektives Markencommitment	–	–	–	• Persönliche Gespräche mit Kollegen/ Vorgesetzten wirken positiv auf das affektive Markencommitment. Markenschulungen und Informationen durch Führungskräfte erweisen sich als nicht signifikant.
			Mediale Markenkommunikation	Fortsetzungsbezogenes Markencommitment				• Das Intranet bzw. schriftliche Informationen wirken positiv auf das affektive Markencommitment, Markenzeitungen, Markenhandbücher und Vorträge nehmen keinen Einfluss auf das Konstrukt.
			Vorleben der Marke	Normatives Markencommitment				• Das Vorleben der Marke beeinflusst das affektive und das normative Markencommitment positiv und das fortsetzungsbezogene Markencommitment negativ.
King (2010)	n = 137 Mitarbeitende mehrerer Unternehmen (Gastronomie/ Tourismus) [Australien]	Strukturgleichungsanalyse	Verbreitung von Markenwissen	Affektives Markencommitment	–	–	Markenunterstützendes Mitarbeiterverhalten	• Zwischen der Verbreitung von Markenwissen und dem Markencommitment besteht ein positiver Wirkungszusammenhang. • Das Markencommitment wirkt positiv auf das markenunterstützende Mitarbeiterverhalten.

Legende: * IMF = Interne Markenführung, WG = Wirkungsgröße, D.WG/I.WG = Direkte/Indirekte Wirkungsgröße, MW = Markenwahrnehmung, MV = Markenverhalten

Schaubild 2-3: Studien zu den Wirkungen der Internen Markenführung (Forts.)

Autor(-en)/ Jahr	Stichprobe (Branche) [Land]	Methode	Wahrnehmung der IMF*	Überprüfte Wirkungsgrößen				Zentrale Ergebnisse der untersuchten Wirkungszusammenhänge
				WG auf Ebene der MW*		WG auf Ebene des MV*		
				D.WG*	I.WG*	D.WG*	I.WG*	
King/ Grace (2010)	n = 371 Mitarbeitende *mehrerer* Unternehmen (Dienstleistung) [Australien]	Strukturgleichungsanalyse	Verbreitung von Markenwissen	Affektives Markencommitment	-	-	Nutzen des mitarbeiterbasierten Markenwerts	• Zwischen der Verbreitung von Markenwissen und dem Markencommitment besteht ein positiver Wirkungszusammenhang. • Das Markencommitment wirkt positiv auf den Nutzen des mitarbeiterbasierten Markenwerts.
König (2010) *Burmann/König* (2011)	n = 657 Call-Center-Mitarbeitende, tätig für *ein* markenführendes Unternehmen (Call Center) [Deutschland]	Strukturgleichungsanalyse	Direkte Maßnahmen (Maßnahmen des Medienunternehmens) Indirekte Maßnahmen (Maßnahmen des Call Centers)	Markencommitment (NC/IC)*	-	-	BCB*	• Beide unabhängigen Variablen weisen einen positiven Einfluss auf das Markencommitment auf, wobei der Einfluss der (vom Medienunternehmen eingesetzten) direkten Maßnahmen stärker ist. • Für die Entstehung des Commitment kommen bei den direkten Maßnahmen interne Kommunikationsaktivitäten eine besondere Bedeutung zu (v.a. den Informationsmedien, Trainingsmaßnahmen, dem Branding der Räume sowie der externen Kommunikation); bei den indirekten Maßnahmen sind dies abwechslungsreiche Tätigkeiten, Zeitautonomie und Flexibilität. • Das Markencommitment wirkt positiv auf das BCB.

Legende: * IMF = Interne Markenführung, WG = Wirkungsgrößen, D.WG = Direkte Wirkungsgröße, I.WG = Indirekte Wirkungsgröße, MW = Markenwahrnehmung, MV = Markenverhalten, BCB = Brand Citizenship Behavior, Markencommitment (NC/IC) = Markencommitment bestehend aus den Komponenten normatives und instrumentelles Commitment

Schaubild 2-3: Studien zu den Wirkungen der Internen Markenführung (Forts.)

QIMF im Kontext der Forschung zur IMF

Autor(-en)/ Jahr	Stichprobe (Branche) [Land]	Methode	Wahrnehmung der IMF*	Überprüfte Wirkungsgrößen					Zentrale Ergebnisse der untersuchten Wirkungszusammenhänge
				WG auf Ebene der MW*		WG auf Ebene des MV*			
				D.WG*	I.WG*	D.WG*	I.WG*		
Piehler (2011)	n = 740 Mitarbeitende eines Unternehmens (Dienstleistung) [Deutschland]	Strukturgleichungsanalyse	Nutzungshäufigkeit der Zentralkommunikation						• Die Nutzungshäufigkeit der Zentral- und Kaskadenkommunikation wirkt positiv auf das Markenwissen; die Nutzungshäufigkeit der Lateralkommunikation hat keinen signifikanten Einfluss auf das Konstrukt.
			Nutzungshäufigkeit der Kaskadenkommunikation						• Die Anzahl der genutzten internen Markenkommunikationsinstrumente und der Grad der Integration zwischen interner und externer Markenkommunikation wirken positiv auf das Markenwissen.
			Nutzungshäufigkeit der Lateralkommunikation						• Die Nutzungshäufigkeit der Kommunikation sowie die Anzahl der genutzten Markenkommunikationsinstrumente haben keinen signifikanten Einfluss auf das Markencommitment.
			Anzahl genutzter Interner Markenkommunikationsinstrumente	Markenwissen					• Die Übereinstimmung zwischen der extern dargestellten und intern gelebten Kultur wirkt positiv auf das Markencommitment. Keinen signifikanten Einfluss auf das Konstrukt haben die Authentizität des Markennutzenversprechens und die Integration von interner und externer Markenkommunikation.
			Integration der externen und internen Markenkommunikation	Markencommitment (ID/IN)*				BCB*	• Das Markenwissen und Markencommitment wirken positiv auf das BCB.
			Authentizität des Markennutzenversprechens						
			Übereinstimmung zwischen dargestellter und gelebter Kultur						

Legende: * IMF = Interne Markenführung, WG = Wirkungsgrößen, D.WG = Direkte Wirkungsgröße, I.WG = Indirekte Wirkungsgröße, MW = Markenwahrnehmung, MV = Markenverhalten, BCB = Brand Citizenship Behavior, Markencommitment (ID/IN) = Markencommitment bestehend aus den Komponenten Identifikation und Internalisierung

Schaubild 2-3: Studien zu den Wirkungen der Internen Markenführung (Forts.)

2.4.2 Wirkungsgrößen auf Ebene der Markenwahrnehmung

Den Wirkungsgrößen auf Ebene der Markenwahrnehmung sind diejenigen Konstrukte zuzuordnen, die sich auf intern ablaufende psychische Prozesse als Ergebnis der wahrgenommenen Internen Markenführung beziehen und deren Bezugsobjekt die Marke darstellt. Wie aus dem Schaubild hervorgeht, gehören dazu die Markeneinstellung, das Markencommitment, die Markenidentifikation, die Internalisierung der Rollenidentität, das Corporate Image, die Corporate Reputation und das Markenwissen.

(1) Markeneinstellung

Aurand/Bishop/Gorchels weisen in ihrer Studie die Wirkung der wahrgenommenen Markenorientierung des Personalbereichs auf die **Markeneinstellung** von Mitarbeitenden nach.[123] Es geht aus ihren Ausführungen jedoch hervor, dass unter dem Begriff der Markeneinstellung vielmehr das Markeninvolvement von Mitarbeitenden verstanden wird.[124] Die Messung des Konstrukts lässt ebenfalls auf die Nähe zum Involvement schließen. So lehnen sich die Autoren an die Skala von *Zaichkowsky* zur Operationalisierung des Involvements an.[125] Nach *Zaichkowsky* beschreibt das Involvement die persönliche Relevanz eines Stimulus (z.B. einer Marke) für ein Individuum.[126] Diese Sichtweise legt eine dauerhafte, schwer zu beeinflussende Beziehung zwischen Stimulus und Involvement zugrunde.[127] Folglich wird das Involvement nach diesem Verständnis als Persönlichkeitsvariable interpretiert.[128] Die in der Studie von *Aurand/Bishop/Gorchels* gemessene Markeneinstellung der Mitarbeitenden ist dementsprechend als dauerhafte Persönlichkeitsvariable anzusehen, die durch die Qualität der Internen Markenführung eher schwer zu manipulieren ist. Es ist daher in Frage zu stellen, ob die Markeneinstellung, verstanden als Markeninvolvement, eine Wirkungsgröße der Qualität der Internen Markenführung darstellt. Oftmals werden Persönlichkeitsvariablen, auch das Markeninvolvement, als moderierende Variable, die

---

[123] Vgl. *Aurand/Bishop/Gorchels* 2005.
[124] So wird an einigen Stellen im Artikel auch der Begriff Involvement verwendet.
[125] Vgl. *Aurand/Bishop/Gorchels* 2005, S. 165.
[126] Vgl. *Zaichkowsky* 1985, S. 342.
[127] Vgl. *Costley* 1988, S. 554.
[128] Vgl. hierzu auch *Baumgarth* 2003, S. 177. Neben diesem kognitiv-orientierten Verständnis des Involvement wird in der Literatur auch eine zustandsorientierte sowie response-orientierte Interpretation des Involvement thematisiert. Vgl. hierzu ausführlich *Costley* 1998, S. 554ff.

die Zusammenhänge zwischen Konstrukten beeinflussen, untersucht.[129] Es wird auch im Rahmen der vorliegenden Arbeit angenommen, dass mit der Ausprägung des Markeninvolvement, die Stärke der Konstruktbeziehungen variiert. Infolgedessen wird das Konstrukt in dieser Arbeit nicht als Wirkungsgröße der Qualität der Internen Markenführung, sondern, in seiner Eigenschaft als Persönlichkeitsmerkmal, im Rahmen der Untersuchung der Mitarbeiterheterogenität berücksichtigt.[130]

(2) Markencommitment

Eine zentrale, direkte Wirkungsgröße der wahrgenommenen Internen Markenführung stellt das **Markencommitment** dar. Mit Ausnahme der Studie von *Aurand/Bishop/Gorchels* findet das Konstrukt in sämtlichen Untersuchungen Berücksichtigung. Das Markencommitment wird allgemein als psychologische Bindung des Mitarbeitenden an die Marke verstanden.[131] Die existierenden Konzeptualisierungen differieren jedoch im Hinblick darauf, ob sie auf den Konzeptualisierungsansatz nach *O'Reilly III/Chatman*[132] oder auf den Ansatz von *Meyer/Allen*[133] zurückgreifen. Beide aus der Organisationspsychologie stammenden Commitment-Konzeptualisierungen beinhalten mehrere Komponenten, die unterschiedliche Beweggründe wiedergeben, weshalb eine psychologische Bindung des Mitarbeitenden an die Marke besteht. Da sich das Markencommitment, je nach gewähltem Konzeptualisierungsansatz, inhaltlich z.T. unterscheidet, wird das in den Studien untersuchte Konstrukt im Folgenden jeweils vor dem Hintergrund des zugrunde liegenden Ansatzes vorgestellt.

Markencommitment nach *O'ReillyIII/Chatman*

In den mehrheitlichen Studien zum Markencommitment wird der Bezug zur Commitment-Konzeptualisierung nach *O'Reilly III/Chatman* deutlich.[134] Diese unterscheidet die Komponenten Internalisierung, Identifikation und Fügsamkeit.

---

[129] Vgl. z.B. *Agarwal/Prasad* 1998; *De Wulf/Odekerken-Schröder/Iacobucci* 2001; *Dabholkar/Bagozzi* 2002.
[130] Vgl. hierzu Abschnitt 4.4.
[131] Vgl. z.B. *Esch/Strödter* 2008, S. 58; *Burmann/Zeplin/Riley* 2009, S. 266; *King* 2010, S. 520.
[132] Vgl. *O'Reilly III/Chatman* 1986.
[133] Vgl. *Meyer/Allen* 1991, 1997.
[134] Vgl. *Zeplin* 2006; *Maloney* 2007; *Giersch* 2008; *Morhart* 2008; *König* 2010; *Piehler* 2011.

Die Komponenten Internalisierung und Identifikation werden in den bestehenden Studien nicht separat betrachtet, sondern finden gemeinsam in einem einzigen Konstrukt Berücksichtigung. Dieses wird in den Arbeiten als Markencommitment[135] bezeichnet. Die Komponente Fügsamkeit[136], auch als instrumentelles Commitment[137] bezeichnet, wird in der Regel als eigenständiges Konstrukt modelliert.[138]

Das Konstrukt **Markencommitment** basiert durch die Komponente Internalisierung zum einen auf der Integration der Markenidentität in das eigene Selbstkonzept[139]. Ein hoher Internalisierungsgrad drückt sich z.B. in der Übereinstimmung zwischen der persönlichen Identität und der Markenidentität des Mitarbeitenden aus. Durch die Komponente Identifikation ist das Markencommitment zum anderen im Wunsch des Mitarbeitenden nach Zugehörigkeit zur die Markenidentität prägenden Gruppe begründet.[140] Liegt eine hohe Identifikation des Mitarbeitenden mit der Marke vor, äußert sich dies z.b. im Stolz, für die Marke zu arbeiten. In den Arbeiten offenbart sich die zentrale Bedeutung des Markencommitment als direkte Wirkungsgröße der wahrgenommenen Internen Markenführung. So üben in einigen der Studien sämtliche wahrgenommenen Maßnahmen der Internen Markenführung einen positiven Einfluss auf das Markencommitment der Mitarbeitenden aus.[141] Den Ergebnissen zufolge sind es vor allem eine interne markenorientierte Kommunikation und markenorientierte Personalführung, die ein Commitment des Mitarbeitenden an die Marke fördern.[142] Es wurde bereits erwähnt, dass bei den existierenden Konstrukten zur Wahrnehmung der Internen Markenführung die Erwartungen der Mitarbeitenden implizit berücksichtigt sind.

---

[135] Vgl. *Zeplin* 2006; *Giersch* 2008; *Piehler* 2011. In Anlehnung an *Caldwell/Chatman/O'Reilly* (1990) verwendet *Maloney* (2007) für das Konstrukt den Begriff normatives Markencommitment.

[136] Vgl. *Morhart* 2008.

[137] Vgl. *Maloney* 2007.

[138] Die Ausnahme stellt die Arbeit von *König* (2010) dar, in der das normative Markencommitment, bestehend aus den Komponenten Internalisierung und Identifikation, und das instrumentelle Markencommitment in einem einzigen Konstrukt berücksichtigt werden.

[139] Unter dem Selbstkonzept ist die Gesamtheit der Gedanken und Gefühle zu verstehen, die ein Individuum in Bezug auf sich selbst hat (vgl. *Rosenberg* 1979, S. 7).

[140] Vgl. ähnlich *Zeplin* 2006, S. 91f.; *Hartmann* 2010, S. 28.

[141] Vgl. *Zeplin* 2006; *Giersch* 2008; *König* 2010.

[142] Vgl. *Zeplin* 2006, S. 223; *Giersch* 2008, S. 270. Die z.T. fehlenden Wirkungszusammenhänge bei *Maloney* (2007) und *Piehler* (2011) sind zu relativieren, da sie von den Autoren auf die Stichprobe zurückgeführt werden.

Aufgrund der dadurch bestehenden inhaltlichen Nähe zur Qualität der Internen Markenführung ist demzufolge anzunehmen, dass das Markencommitment auch eine direkte Wirkungsgröße der Qualität der Internen Markenführung darstellt. Das Konstrukt **Fügsamkeit/instrumentelles Commitment**[143] drückt sich in einer psychologischen Bindung des Mitarbeitenden auf Basis eines kognitiven Nutzenkalküls aus.[144] Die Bindung an die Marke basiert hierbei auf der Erwartung nach extrinsischen Belohnungen für ein markenkonformes Verhalten.[145] Im Gegensatz zur Internalisierung und Identifikation, die ausschließlich intrinsisch motiviert sind und eine eher emotionale Verbundenheit mit der Marke darstellen, ist ein Commitment, das auf der Komponente Fügsamkeit beruht, extrinsisch bedingt und spiegelt durch die Kosten-Nutzen-Abwägungen eine rationale Verbundenheit mit der Marke wider.[146] Die Ergebnisse weisen darauf hin, dass die Fügsamkeit keine Wirkungsgröße der Qualität der Internen Markenführung, darstellt. So kann in den Arbeiten lediglich ein positiver Wirkungszusammenhang zwischen dem Konstrukt Markenrelevanz/Markenverständnis und der Fügsamkeit nachgewiesen werden.[147] Die fehlenden Wirkungszusammenhänge sind darauf zurückzuführen, dass z.B. das Vorleben der Marke durch Führungskräfte oder die Vermittlung von Markeninformationen an Mitarbeitende, nicht an den Erhalt extrinsischer Belohnungen geknüpft sind und daher grundsätzlich kein Zusammenhang mit der rationalen Markenverbundenheit besteht.[148]

---

[143] Für eine bessere Lesbarkeit wird im Folgenden lediglich der Begriff Fügsamkeit verwendet.
[144] Vgl. *Maloney* 2007, S. 355; *Morhart* 2008, S. 25.
[145] Vgl. *O'Reilly III/Chatman* 1986, S. 493; *Hartmann* 2010, S. 29.
[146] Vgl. *Brown/Lusch/Nicholson* 1995, S. 366. Vgl. ähnlich *Piehler* 2011, S. 204ff. Die intrinsische Motivation stellt eine aus einem inneren Antrieb herrührende Motivation dar, etwas zu tun, weil ein persönliches Interesse daran besteht. Unter der extrinsischen Motivation ist eine von außen kommende Motivation, sich in einer bestimmten Weise zu verhalten, zu verstehen, weil daraus Vorteile, z.B. eine höhere Vergütung, erwartet werden. Vgl. *Davis/Bagozzi/Warshaw* 1992, S. 1112; *Ryan/Deci* 2000a, S. 70f.
[147] Vgl. *Maloney* 2007.
[148] Vgl. ähnlich *Maloney* 2007, S. 327f. Die Ausnahme stellt die Wertschätzung für geleistete Markenanstrengungen in der Form extrinsischer Belohnungen dar. Hier ist eine positive Wirkung auf die Fügsamkeit denkbar. Da angenommen wird, dass die Qualität der Internen Markenführung nicht nur aus dem Aspekt der extrinsischen Belohnung für geleistete Markenanstrengungen besteht, erfährt die Fügsamkeit als Wirkungsgröße der Qualität der Internen Markenführung jedoch keine Berücksichtigung.

Markencommitment nach *Meyer/Allen*

Die Commitmentkonzeptualisierung nach *Meyer/Allen* unterscheidet die Komponenten affektives, normatives und fortsetzungsbezogenes Commitment. Die bestehenden Studien zum Markencommitment, die diesen Ansatz wählen, konzeptualisieren die einzelnen Commitment-Komponenten als eigenständige Konstrukte.

Das **affektive Markencommitment** stellt die emotional begründete Bindung an die Marke dar.[149] Dies äußert sich z.B. in einem Zugehörigkeitsgefühl zur Marke oder einer emotionalen Verbundenheit mit der Marke.[150] Das affektive Markencommitment ist der Konzeptualisierung nach *O'Reilly III/Chatman*, bestehend lediglich aus den Komponenten Internalisierung und Identifikation, sehr ähnlich.[151] Dies offenbaren auch die Ergebnisse. Es zeigt sich, dass die Wahrnehmung innengerichteter markenorientierter Maßnahmen zu einer emotionalen Bindung an die Marke führt. In besonderem Maße gilt dies für Maßnahmen der internen Kommunikation, die eine Interaktion mit dem Mitarbeitenden fördern (z.B. Gespräche mit Kollegen und Führungskräften oder das Intranet) und für das Vorleben der Markenidentität durch Vorgesetzte und Kollegen.[152] Entsprechend der Ausführungen zur Commitment-Konzeptualisierung nach *O'Reilly III/Chatman* ist anzunehmen, dass das affektive Markencommitment ebenfalls eine direkte Wirkungsgröße der Qualität der Internen Markenführung darstellt.

Das **normative Markencommitment** basiert auf einem Gefühl der moralischen Verpflichtung. Der Mitarbeitende fühlt sich aus einem Loyalitäts- bzw. Pflichtbewusstsein heraus der Marke verbunden.[153] Liegt ein hohes normatives Markencommitment vor, empfindet der Mitarbeitende es z.B. als moralisch falsch, zu einer anderen Marke zu wechseln. *Hartmann* erbringt den empirischen Nachweis, dass das Vorleben der Marke durch Vorgesetzte und Kollegen das norma-

---

[149] Vgl. *Punjaisri/Wilson* 2007; *Punjaisri/Evanschitzky/Wilson* 2009, S. 214; *Punjaisri/Wilson/Evanschitzky* 2009, S. 567; *Hartmann* 2010, S. 20; *King/Grace* 2010, S. 949.

[150] Vgl. *King/Grace* 2010, S. 947.

[151] Vgl. *Piehler* 2011, S. 207. *Meyer/Allen* (1997, S. 15) und *Meyer/Herscovitch* (2001, S. 316f.) verweisen ebenfalls auf die Nähe von Internalisierung/Identifikation und affektivem Commitment.

[152] Vgl. *Hartmann* 2010, S. 206.

[153] Vgl. *Hartmann* 2010, S. 24. Wie aus den Ausführungen hervorgeht, unterscheidet sich das normative Commitment nach *Meyer/Allen* vom normativen Commitment nach *Caldwell/Chatman/O'Reilly* (1990).

tive Markencommitment positiv beeinflusst.¹⁵⁴ Durch das Markenverhalten anderer Personen empfinden Mitarbeitende offensichtlich eine innere Verpflichtung, der Marke gegenüber ebenfalls loyal zu sein und nicht für eine andere Marke zu arbeiten. Da die empirische Überprüfung weiterer Wirkungszusammenhänge ausbleibt, kann das normative Markencommitment an dieser Stelle jedoch nicht als allgemein gültige Wirkungsgröße der Qualität der Internen Markenführung angesehen werden.

Das **fortsetzungsbezogene Markencommitment** beruht auf rationalen Kosten-Nutzen-Überlegungen des Mitarbeitenden. Die Bindung an die Marke begründet sich durch die bei einem Wechsel zu einer anderen Marke entstehenden Kosten.¹⁵⁵ Diese Kosten können verschiedener Art sein, z.b. soziale Kosten im Sinne eines Verlusts von Ansehen bei anderen Personen oder ökonomische Kosten, die bei einem Wechsel zu einer anderen Marke verloren gehen. Mit dem Fokus auf rationalen Kosten-Nutzen-Überlegungen ist eine gewisse Nähe zur Komponente Fügsamkeit nach dem Konzeptualisierungsansatz von *O'Reilly III/Chatman* zu erkennen. Im Gegensatz zur Fügsamkeit bindet sich der Mitarbeitende mit einem hohen fortsetzungsbezogenen Markencommitment jedoch nicht wegen des Erhalts bestimmter Belohnungen an die Marke, sondern aus dem wahrgenommenen Mangel an alternativen, stärker nutzenversprechenden Marken heraus sowie aufgrund der mit einem Wechsel zu einer anderen Marke entstehenden Kosten.¹⁵⁶ Im Gegensatz zur Fügsamkeit beschreibt das fortsetzungsbezogene Markencommitment folglich eine „unfreiwillige" Bindung an die Marke und drückt sich in einer *Ge*bundenheit an die Marke aus.¹⁵⁷ Es wird der empirische Nachweis erbracht, dass das Vorleben der Marke durch Vorgesetzte und Kollegen das fortsetzungsbezogene Markencommitment negativ beeinflusst.¹⁵⁸ Dieses Ergebnis deutet darauf hin, dass eine positive Wahrnehmung der Internen Markenführung die Markengebundenheit zugunsten einer freiwilligen Bindung an die Marke schwächt. Dies lässt sich auch für die wahrgenommene

---

¹⁵⁴ Vgl. *Hartmann* 2010, S. 178.
¹⁵⁵ Vgl. *Hartmann* 2010, S. 22.
¹⁵⁶ Vgl. *Hartmann*, S. 22f. Das fortsetzungsbezogene Commitment basiert auf der Seitenwetten-Theorie, nach der Mitarbeitende Kosten-Nutzen-Abwägungen hinsichtlich der Bindung an das Unternehmen vornehmen. Den Ausschlag für den Verbleib im Unternehmen geben die Anzahl der möglichen Alternativen und die bereits in der Organisation getätigten Investitionen. Vgl. *Becker* 1960, S. 32ff.
¹⁵⁷ Vgl. zur Unterscheidung der beiden Komponenten auch die Ausführungen von *Meyer/ Herscovitch* (2001, S. 306).
¹⁵⁸ Vgl. *Hartmann*, S. 178.

Qualität der Internen Markenführung annehmen. Das fortsetzungsbezogene Markencommitment ist demnach nicht als Wirkungsgröße der Qualität der Internen Markenführung anzusehen.

(3) Markenidentifikation

Als weitere direkte Wirkungsgröße findet in den Studien die Markenidentifikation Berücksichtigung. Es wird der positive Einfluss einer wahrgenommenen Internen Markenführung, internen Kommunikation sowie von wahrgenommenen Schulungen auf die Identifikation des Mitarbeitenden mit der Marke belegt.[159] Die **Markenidentifikation** wird definiert als das vom Mitarbeitenden wahrgenommene Gefühl der Zugehörigkeit zu einer Marke und der mitarbeiterseitigen Auffassung, mit dem Erfolg und den Niederlagen der Marke eng verbunden zu sein.[160] Damit wird deutlich, dass das Konstrukt mit der Komponente Identifikation aus der Commitment-Konzeptualisierung nach *O'Reilly III/Chatman* eine sehr starke Ähnlichkeit aufweist. Gemäß der obigen Argumentation zum Markencommitment, das sich aus den Komponenten Internalisierung und Identifikation zusammensetzt, stellt die Markenidentifikation als Bestandteil des Markencommitment eine direkte Wirkungsgröße der Qualität der Internen Markenführung dar.

(4) Internalisierung der Rollenidentität

Das Konstrukt Internalisierung der Rollenidentität wird als indirekte Wirkungsgröße einer wahrgenommenen markenorientierten transaktionalen und transformationalen Führung untersucht.[161] Es wird der Nachweis erbracht, dass die Wahrnehmung einer markenorientierten transformationalen Führung über die Beeinflussung einer Verbundenheit des Mitarbeitenden zur Markengemeinschaft sowie über die mitarbeiterseitig wahrgenommenen Kompetenz und Autonomie, als Markenbotschafter zu agieren, positiv auf das Konstrukt wirkt. Unter der **Internalisierung der Rollenidentität** ist die Internalisierung der einem Individuum zugeschriebenen Identität zu verstehen. Im vorliegenden Kontext bedeutet dies die von den Mitarbeitenden vorgenommene Integration ihrer Rolle[162] als

---

[159] Vgl. *Punjaisri/Wilson* 2007; *Punjaisri/Evanschitzky/Wilson* 2009; *Punjaisri/Wilson/Evanschitzky* 2009.
[160] Vgl. *Punjaisri/Wilson/Evanschitzky* 2009, S. 567.
[161] Vgl. *Morhart* 2008.
[162] Zum Begriff der Rolle vgl. Abschnitt 4.3.1.5.

Markenbotschafter in das eigene Selbstkonzept. Die Internalisierung der Rolle als Markenrepräsentant basiert zum einen auf der Übereinstimmung zwischen den Markenwerten und den persönlichen Werten des Mitarbeitenden und zum anderen auf der so genannten Role Identity Salience. Die Role Identity Salience stellt die Bedeutung dar, die Mitarbeitende – im Vergleich zu anderen Rollen – ihrer Rolle als Markenbotschafter zuschreiben[163] und ist als Bestandteil der Markenidentifikation anzusehen. Ist einem Mitarbeitenden die Rolle als Markenbotschafter wichtig, so identifiziert er sich mit der Marke.[164] Darauf verweist auch die Messung der Role Identity Salience, die über Items zur Messung der Identifikation mit der Marke erfasst wird.[165] Die im Konstrukt enthaltene Kongruenz zwischen Markenwerten und persönlichen Werten zeigt die Nähe zur Komponente Internalisierung des Markencommitment nach *O'Reilly III/Chatman* auf. Somit weist die Internalisierung der Rollenidentität eine weitgehende Übereinstimmung mit dem zuvor aufgezeigten Markencommitment, bestehend aus den Komponenten Internalisierung und Identifikation, auf. Das Konstrukt wird demnach ebenfalls als direkte Wirkungsgröße der Qualität der Internen Markenführung angesehen.

(5) Corporate Image

Das Corporate Image stellt eine weitere untersuchte direkte Wirkungsgröße der wahrgenommenen Internen Markenführung dar. Unter dem **Corporate Image** wird der ganzheitliche Eindruck, den sich ein Individuum von einer Corporate Brand, d.h. Unternehmensmarke, bildet, verstanden. Dies beinhaltet die Gesamtheit aller Assoziationen, die Individuen, in diesem Kontext Mitarbeitende, in Bezug auf die Marke haben. Ein positives Corporate Image äußert sich z.B. darin, dass Mitarbeitende die Marke als sympathisch einschätzen, ihr vertrauen, sich mit ihr identifizieren und sich ihr verbunden fühlen sowie gerne für sie arbeiten.[166] Es kann der empirische Nachweis erbracht werden, dass sich die Wahrnehmung einer markenorientierten internen Kommunikation und markenorientierten Führung positiv auf das Corporate Image auswirkt.[167] Dies ist darauf zurückzuführen, dass eine positive Beurteilung markenbezogener Maßnahmen (hier z.B. der Erhalt von Markeninformationen durch Kommunikationsmaßnah-

---

[163] Vgl. *Morhart/Herzog/Tomczak* 2009, S. 126.
[164] Zur Nähe zwischen Identifikation und Identity Salience vgl. *Beyer* 2005, S. 67.
[165] Vgl. *Morhart/Herzog/Tomczak* 2009, S. 128, 140.
[166] Vgl. *Giersch* 2008, S. 43, 117ff.; *Swoboda/Meierer/Giersch* 2008, S. 155.
[167] Vgl. *Giersch* 2008.

men) zu einer positiven Markenwahrnehmung führt.[168] Mit der Qualitätswahrnehmung der Internen Markenführung ist ebenfalls eine positive Beurteilung verbunden. Folglich besteht die Annahme, dass sich die Qualität der Internen Markenführung auch in einem positiven Corporate Image niederschlägt. Allerdings sind durch die im Konstrukt enthaltenen Elemente der Markenidentifikation und Verbundenheit mit der Marke Überschneidungen mit dem Markencommitment zu konstatieren. Insbesondere im Hinblick auf die Vermeidung möglicher Redundanzen zwischen einzelnen Konstrukten gilt es daher bei der Ableitung des zu entwickelnden Wirkungsmodells zu prüfen, inwieweit das Konstrukt in dieser Arbeit Berücksichtigung findet.[169]

(6) Corporate Reputation

Als weitere direkte Wirkungsgröße der wahrgenommenen Internen Markenführung wird die Corporate Reputation untersucht. Unter der **Corporate Reputation** ist ein wertendes Urteil über die Eigenschaften und Charakteristika einer Unternehmensmarke zu verstehen. Sie entwickelt sich über längere Zeit hinweg als das Ergebnis konsistenter Unternehmensleistungen.[170] Als aggregierte, evaluative Größe stellt die Corporate Reputation das langfristig stabile Ergebnis einer Aggregation von Corporate Images dar.[171] Im Gegensatz zum unternehmensspezifischen Image umfasst die Corporate Reputation dabei eher allgemeine Aspekte, wie z.B. die Glaubwürdigkeit, die Leistungsfähigkeit oder das Verantwortungsbewusstsein der Unternehmensmarke, die grundsätzlich für jedes Unternehmen gültig sein können.[172] Liegt eine hohe Corporate Reputation vor, wird das Unternehmen von den Mitarbeitenden z.B. als attraktiver Arbeitgeber oder als Unternehmen mit erfolgversprechenden Zielen und Strategien wahrgenommen.[173] Die Corporate Reputation findet im zu modellierenden Wirkungsmodell der Qualität der Internen Markenführung jedoch keine Berücksichtigung. Wie aus den Ausführungen hervorgeht, leitet sich die Corporate Reputation aus den gebildeten Corporate Images ab. Demzufolge stellt die Reputation der Marke eine direkte Wirkungsgröße des Images, nicht jedoch der Qualität der Internen

---

[168] Vgl. ähnlich *MacKenzie/Lutz/Belch* 1986; *Brown/Stayman* 1992.
[169] Vgl. Abschnitt 2.6.
[170] Vgl. *Giersch* 2008, S. 43; *Swoboda/Meierer/Giersch* 2008, S. 133; vgl. hierzu auch *Gray/Balmer* 1998, S. 697; *Walsh/Beatty* 2007, S. 129.
[171] Vgl. *Fombrun* 1996, S. 59; *Stuart* 1999, S. 205; *Bick/Jacobsen/Abratt* 2003, S. 841.
[172] Vgl. *Fombrun* 1996, S. 72; *Esch et al.* 2005a, S. 421; *Kernstock/Schubinger* 2006, S. 296.
[173] Vgl. *Giersch* 2008, S. 132. *Swoboda/Meierer/Giersch* 2008, S. 156.

Markenführung, dar.[174] Als Größe, die sich über einen längeren Zeitraum hinweg bildet, ist sie demnach lediglich indirekt, über das Image, durch die Qualität der Internen Markenführung zu beeinflussen. Darauf weist auch die empirische Untersuchung von *Giersch* hin. So findet lediglich ein einziger postulierter Zusammenhang zwischen der Wahrnehmung markenorientierter Maßnahmen und der Corporate Reputation empirischen Nachweis.

(7) Markenwissen

Das Markenwissen von Mitarbeitenden wird ebenfalls als direkte Wirkungsgröße der wahrgenommenen Internen Markenführung untersucht. Unter dem **Markenwissen** ist die Kenntnis spezifischer markenbezogener Informationen, die für ein markenkonformes Verhalten der Mitarbeitenden von Relevanz sind, zu verstehen.[175] Weist ein Mitarbeitender ein hohes Markenwissen auf, ist er sich über die Bedeutung der Marke für den Markenerfolg und über die Relevanz seines eigenen Verhaltens für den Erfolg der Marke bewusst.[176] Es kann nachgewiesen werden, dass die wahrgenommene Quantität von Maßnahmen der Internen Markenführung das Markenwissen beeinflusst. So steigt das Markenwissen mit zunehmender Nutzungshäufigkeit der Zentral- und Kaskadenkommunikation sowie mit zunehmender Anzahl genutzter interner Kommunikationsinstrumente.[177] Es ist anzunehmen, dass die Erfüllung der Erwartungen an die Interne Markenführung, wie z.B. die in Abschnitt 2.3 abgeleitete Erwartung nach dem Erhalt von Markeninformationen, das Markenwissen ebenfalls positiv beeinflussen kann. Hierzu liegen jedoch keine Ergebnisse vor. Aufgrund fehlender empirischer Belege wird das Markenwissen daher nicht als zentrale Wirkungsgröße der Qualität der Internen Markenführung angesehen.

---

[174] Vgl. hierzu auch die Ausführungen von *Fombrun* (1996, S. 37) und *Esch et al.* (2005b, S. 422), die darauf verweisen, dass der Aufbau des angestrebten Markenimages bei den Anspruchsgruppen durch den Einsatz von (Kommunikations-)maßnahmen erfolgt. Aus dem Markenimage leiten Anspruchsgruppen schließlich die Reputation der Marke ab.

[175] *Piehler* (2011, S. 131) entwickelt damit eine spezifisch auf Mitarbeitende ausgerichtete Konzeptualisierung des Markenwissens und nimmt Abstand von der nachfragerbezogenen Konzeptualisierung nach *Keller* (1993), nach der sich das Markenwissen aus der Markenbekanntheit und dem Markenimage zusammensetzt.

[176] Vgl. *Piehler* 2011, S. 131ff.

[177] Vgl. *Piehler* 2011.

Zusammenfassend ist festzuhalten, dass in Bezug auf das Wirkungsmodell der Qualität der Internen Markenführung das Markencommitment, basierend auf einer emotionalen Verbundenheit mit der Marke, als zentrale direkte Wirkungsgröße von Bedeutung ist. Die emotionale Verbundenheit mit der Marke zeigt sich im Markencommitment nach *O'Reilly III/Chatman*, bestehend aus den Komponenten Internalisierung und Identifikation, im affektiven Markencommitment nach *Meyer/Allen* sowie bei den Größen Markenidentifikation und Internalisierung der Rollenidentität, wobei zwischen den Konstrukten starke Überschneidungen bestehen. Das Corporate Image wird ebenfalls als Wirkungsgröße angesehen. Auch hier sind jedoch Überschneidungen zum Markencommitment zu konstatieren. Weitere Konstrukte, die direkte Wirkungsgrößen einer Qualität der Internen Markenführung darstellen, werden durch die Literatursichtung nicht identifiziert. Die Auswahl bzw. Bereinigung der Redundanzen zwischen den ermittelten Wirkungsgrößen sowie die Prüfung, inwieweit das Corporate Image im Wirkungsmodell dieser Arbeit zu berücksichtigen ist, wird in Abschnitt 2.6, im Rahmen der Ableitung des Wirkungsmodells, aufgezeigt.

2.4.3 Wirkungsgrößen auf Ebene des Markenverhaltens

Wirkungsgrößen auf Ebene des Markenverhaltens stellen das Resultat der intern ablaufenden psychischen Prozesse dar und äußern sich in Form eines gezeigten Verhaltens der Mitarbeitenden gegenüber der Marke. In einigen Arbeiten wird das Markenverhalten jedoch sowohl durch das faktische, d.h. tatsächlich gezeigte Verhalten, als auch durch das intentionale Markenverhalten, d.h. die Absicht des Mitarbeitenden, sich in einer bestimmten Weise gegenüber der Marke zu verhalten, erfasst. Aus diesem Grund wird im Folgenden auch auf Konstrukte eingegangen, die zwar den zuvor besprochenen Wahrnehmungswirkungen nachgelagert sind, streng genommen aber ebenfalls den psychologischen Prozessen zuzuordnen sind. Folgende Konstrukte gehören der Ebene des Markenverhaltens an: Brand Citizenship Behavior, Einbezug der Markenwerte in Arbeitsaktivitäten, Markenloyalität/Markenbindung/Markentreue, markenorientiertes Intra-Rollenverhalten, markenorientiertes Extra-Rollenverhalten, Nutzen des mitarbeiterbasierten Markenwerts.

(1) Brand Citizenship Behavior

Das **Brand Citizenship Behavior (BCB)** stellt durch das in der Regel zwischengeschaltete Markencommitment eine zentrale indirekte Wirkungsgröße der wahrgenommenen Internen Markenführung dar.[178] Das von *Burmann* und *Zeplin* entwickelte BCB lässt sich definieren als die Intention des Mitarbeitenden, bestimmte Verhaltensweisen freiwillig und außerhalb von formalisierten Rollenerwartungen zu zeigen (Extra-Rollenverhalten), die einen Beitrag zur Stärkung der Markenidentität leisten.[179] Das BCB besteht aus den Dimensionen Hilfsbereitschaft, Markenenthusiasmus und Entwicklungsbereitschaft.[180] Hilfsbereitschaft umfasst die positive Einstellung, Freundlichkeit, Unterstützung und Empathie gegenüber Kunden und Kollegen sowie die Übernahme von Verantwortung für Aufgaben auch außerhalb des eigenen Verantwortungsbereichs. Unter Markenenthusiasmus ist ein besonderes Engagement bei markenbezogenen Tätigkeiten zu verstehen. Dies äußert sich z.B. darin, auch privat die Marke zu kaufen oder die Marke im privaten Umfeld weiterzuempfehlen. Entwicklungsbereitschaft umfasst die Absicht, sich aktiv an der Weiterentwicklung der Marke zu beteiligen, z.B. durch das Lesen von Fachzeitschriften und das Generieren von neuen Ideen.[181] *Giersch* und *King* greifen in verkürzter, leicht veränderter Form und unter dem Begriff **markenunterstützendes Mitarbeiterverhalten** ebenfalls auf das BCB zurück.[182] *Maloney* entwickelt das Konstrukt weiter und führt zusätzlich zum Extra-Rollenverhalten das „einfache" Rollenverhalten in die Konzeptualisierung mit ein. Dem BCB werden demnach *alle* markenrelevanten Verhaltensweisen eines Mitarbeitenden zugeordnet, die in der Summe die Markenidentität stärken.[183] Das Konstrukt besteht ebenfalls aus drei Dimensionen. Die Dimension Markenmissionierung entspricht weitgehend der Dimension Markenenthusiasmus nach *Burmann/Zeplin* und äußert sich in einem bewussten Eintreten des Mitarbeitenden für die Belange der Marke (z.B. Weiterempfehlung der Marke in privaten Gesprächen). Die Dimension Markenentwicklung verfügt über eine Ähnlichkeit zur Dimension Entwicklungsbereitschaft und umfasst Ver-

---

[178] Vgl. *Zeplin* 2006; *Maloney* 2007; *Giersch* 2008; *König* 2010; *Piehler* 2011.
[179] Vgl. *Burmann/Zeplin* 2005a, S. 282; *Zeplin* 2006, S. 77.
[180] Das Konstrukt wurde zunächst über sieben Dimensionen konzeptualisiert, dann jedoch zu drei Dimensionen verdichtet. Vgl. *Zeplin* 2006, S. 191ff.; *Burmann/Zeplin/ Riley* 2009, S. 272ff.
[181] Vgl. *Zeplin* 2006, S. 190f.
[182] Vgl. *Giersch* 2008, S. 145f; *King* 2010, S. 522.
[183] Vgl. *Maloney* 2007, S. 198. Im Gegensatz zu *Zeplin* versteht *Maloney* unter dem BCB nicht Verhaltensintentionen, sondern Verhaltensweisen von Mitarbeitenden.

haltensweisen, die darauf ausgerichtet sind, aktiven Einfluss auf die Weiterentwicklung der Marke zu nehmen sowie sich selbst im Sinne der Marke fortzubilden. Die Dimension Hilfsbereitschaft wird aufgrund des fehlenden Markenbezugs durch die Dimension Markenakzeptanz ersetzt. Sie spiegelt das „einfache" Rollenverhalten des Mitarbeitenden wider und umfasst die Akzeptanz von Regeln und Verhaltensrichtlinien, die den Umgang des Mitarbeitenden mit der Marke betreffen.[184] Die Ergebnisse sämtlicher Studien zeigen, dass ein hohes Markencommitment von Mitarbeitenden zu einer stärkeren Ausprägung des BCB führt.[185] Dies gilt jedoch lediglich für das Markencommitment, das auf einer emotionalen Verbundenheit mit der Marke basiert. Der Zusammenhang zwischen der Fügsamkeit und dem BCB findet keinen empirischen Nachweis. Zu erklären ist dies damit, dass die emotionale Verbundenheit mit der Marke intrinsisch motiviert, die rationale Verbundenheit an die Marke hingegen extrinsisch bedingt ist. Das BCB umfasst mit dem Einbezug des Extra-Rollenverhaltens Verhaltensweisen, die nicht an eine Belohnung geknüpft ist. Folglich ist für die Entstehung eines BCB eine mit der extrinsischen Motivation zusammenhängende Bindung nicht ausreichend, vielmehr ist hierfür eine intrinsisch motivierte Verbundenheit mit der Marke notwendig.

(2) Einbezug der Markenwerte in Arbeitsaktivitäten

Aurand/Bishop/Gorchels führen das Konstrukt **Einbezug der Markenwerte in Arbeitsaktivitäten** als direkte Wirkungsgröße eines markenorientierten Personalmanagements ein. Konkret nimmt das Konstrukt Bezug auf die Berücksichtigung der Markenwerte im Rahmen von Aktivitäten des Managements wie z.B. Personalentscheidungen oder Personalschulungen. Es kann ein positiver Wirkungszusammenhang zwischen dem markenorientierten Personalmanagement und dem Einbezug der Markenwerte im Rahmen von Arbeitsaktivitäten ermittelt werden.[186] Allerdings bezieht sich das Konstrukt lediglich auf das Markenverhalten von Managern, in der vorliegenden Arbeit interessiert hingegen das Markenverhalten aller Mitarbeitenden. Folglich findet das Konstrukt in dieser Arbeit keine Berücksichtigung.

---

[184] Vgl. *Maloney* 2007, S. 202ff.
[185] Vgl. *Zeplin* 2006; *Maloney* 2007; *König* 2010; *Piehler* 2011.
[186] Vgl. *Aurand/Bishop/Gorchels* 2005.

(3) Markenloyalität/Markenbindung/verhaltensorientierte Markentreue

Die **Markenloyalität**, **Markenbindung** und **verhaltensorientierte Markentreue** werden in den bestehenden Studien synonym verwendet und stellen eine weitere Wirkungsgröße der wahrgenommenen Internen Markenführung dar.[187] Unter dem Konstrukt wird die Absicht von Mitarbeitenden verstanden, bei der Marke zu bleiben und weiterhin für sie zu arbeiten.[188] *Giersch* bezieht zusätzlich die (Wieder-)Kauf- und Weiterempfehlungsabsicht von Mitarbeitenden im Hinblick auf die Markenprodukte in das Konstrukt mit ein.[189] Dadurch werden Indikatoren einbezogen, die ähnlich im zuvor erläuterten BCB enthalten sind. Die Markenloyalität wird sowohl als direkte als auch als indirekte Wirkungsgröße der wahrgenommenen Internen Markenführung modelliert. In der Eigenschaft als direkte Wirkungsgröße kann ein positiver Effekt der wahrgenommenen Internen Markenführung und der Markenloyalität nachgewiesen werden. Fühlen sich Mitarbeitende z.b. durch interne Kommunikationsmaßnahmen oder Schulungen gut über die Marke informiert, sinkt die Absicht, für eine andere Marke zu arbeiten.[190] In Studien, in denen die Markenloyalität eine indirekte Wirkungsgröße der wahrgenommenen Internen Markenführung darstellt, kann ein positiver Wirkungszusammenhang zwischen dem Markencommitment, dem Corporate Image, der Corporate Reputation und der Markenloyalität nachgewiesen werden.[191] Im Hinblick auf das Markencommitment gilt dies jedoch nur dann, wenn dieses auf einer emotionalen Verbundenheit mit der Marke basiert. Hier stellt ein hohes Markencommitment eine emotionale Wechselbarriere für die Mitarbeitenden dar. Die Ausführungen zeigen, dass die Markenloyalität eine sehr starke Orientierung am Verbleib im Unternehmen aufweist. In der vorliegenden Arbeit interessieren jedoch Verhaltensweisen von Mitarbeitenden, die konkret dazu beitragen, dass das nach außen kommunizierte Markennutzenversprechen eingelöst wird.[192] Das Konstrukt wird demnach nicht in das zu entwickelnde Wirkungsmodell einbezogen.

---

[187] Vgl. *Punjaisri/Wilson* 2007; *Giersch* 2008; *Morhart* 2008; *Punjaisri/Evanschitzky/Wilson* 2009; *Punjaisri/Wilson/Evanschitzky* 2009. Der Einfachheit halber wird das Konstrukt im Folgenden als Markenloyalität bezeichnet.

[188] Vgl. *Punjaisri/Wilson* 2007; *Giersch* 2008, S. 144f.; *Morhart* 2008, S. 32; *Punjasri/Evanschitzky/Wilson* 2009, S. 213; *Punjaisri/Wilson/Evanschitzky* 2009, S. 567.

[189] Vgl. *Giersch* 2008.

[190] Vgl. *Punjaisri/Wilson* 2007; *Punjaisri/Evanschitzky/Wilson* 2009; *Punjaisri/Wilson/Evanschitzky* 2009.

[191] Vgl. *Giersch* 2008; *Morhart* 2008.

[192] Vgl. Abschnitt 1.2.2.

(4) Markenorientiertes Intra-Rollenverhalten

Ein weiteres Konstrukt, das empirisch als indirekte Wirkungsgröße der wahrgenommenen Internen Markenführung untersucht wurde, ist das **markenorientierte Intra-Rollenverhalten**.[193] Darunter ist ein Markenverhalten zu verstehen, das von Mitarbeitenden erwartet wird bzw. vorgegeben ist. Dies beinhaltet Verhaltensweisen gemäß den gesetzten Standards, wie es die Rolle der Mitarbeitenden als Markenrepräsentanten vorgibt, z.B. die Generierung eines zum Markenversprechen konsistenten Markenerlebnisses beim Kunden und die auf diese Weise gewährleistete Erfüllung der durch die Werbung evozierten Erwartungen.[194] *Punjaisri/Evanschitzky/Wilson* verwenden für das Konstrukt den Begriff **Markenperformance**.[195] Mit der Orientierung an den gesetzten Standards wird die inhaltliche Nähe zur Dimension Markenakzeptanz des BCB offenbar. Es kann mehrheitlich der Nachweis erbracht werden, dass die Markenloyalität, das affektive Markencommitment und die Markenidentifikation die Markenperformance positiv beeinflussen.[196] Die empirische Untersuchung weist zudem einen positiven Einfluss des Konstrukts Internalisierung der Rollenidentität auf das markenorientierte Intra-Rollenverhalten nach, hingegen einen negativen Einfluss des Konstrukts Fügsamkeit auf das Konstrukt.[197] Für die Ausrichtung des Verhaltens an gesetzten Standards ist offenbar ebenfalls von der Notwendigkeit einer intrinsisch motivierten Verbundenheit mit der Marke auszugehen.

(5) Markenorientiertes Extra-Rollenverhalten

Unter dem Konstrukt **markenorientiertes Extra-Rollenverhalten** wird das freiwillige Verhalten der Mitarbeitenden zum Wohle der Marke verstanden, das über die ihnen vorgeschriebene Rolle hinausgeht.[198] Mit der Partizipation und der positiven Mund-zu-Mund-Kommunikation werden zwei Arten des markenorientierten Extra-Rollenverhaltens unterschieden. Die Partizipation umfasst z.B.

---

[193] Vgl. *Morhart* 2008.
[194] Vgl. *Morhart* 2008, S. 8; *Tomczak/Morhart/Jenewein* 2008, S. 181; *Morhart/Jenewein/Tomczak* 2009, S. 392.
[195] Vgl. *Punjaisri/Wilson* 2007; *Punjaisri/Evanschitzky/Wilson* 2009; *Punjaisri/Wilson/Evanschitzky* 2009.
[196] Vgl. *Punjaisri/Wilson* 2007; *Punjaisri/Evanschitzky/Wilson* 2009; *Punjaisri/Wilson/Evanschitzky* 2009.
[197] Vgl. *Morhart* 2008.
[198] Vgl. *Morhart* 2008, S. 8f.; *Tomczak/Morhart/Jenewein* 2008, S. 181; *Morhart/Jenewein/Tomczak* 2009, S. 392.

das Einbringen eigener Ideen, die der Verbesserung des Markenauftritts dienen. Die positive-Mund-zu-Mund-Kommunikation bezieht sich auf die vom Mitarbeitenden initiierte Weiterempfehlungen der Marke in dessen privaten Umfeld.[199] Wie daraus hervorgeht, ist das Extra-Rollenverhalten ein Teil des BCB. Empirisch kann der positive Einfluss der Internalisierung der Rollenidentität auf die Partizipation und Mund-zu-Mund-Kommunikation belegt werden. Das Konstrukt Fügsamkeit beeinflusst das Weiterempfehlungsverhalten von Mitarbeitenden negativ, im Hinblick auf die Partizipation kann kein signifikanter Effekt nachgewiesen werden.[200]

(6) Nutzen des mitarbeiterbasierten Markenwerts

Der **Nutzen des mitarbeiterbasierten Markenwerts** bezieht sich auf die Vorteile für Unternehmen, die sich aus dem Einsatz der Internen Markenführung ergeben.[201] Mit dem mitarbeiterbasierten Markenwert, d.h. Employee-Based Brand Equity (EBBE), erfolgt eine Anlehnung an den konsumentenbasierten Markenwert, d.h. Customer-Based Brand Equity (CBBE), als einstellungsbezogener Markenwertansatz.[202] Der Nutzen des mitarbeiterbasierten Markenwerts besteht aus vier Dimensionen und wird mehrheitlich durch Indikatoren erfasst, die sich auf nutzenbringende Verhaltensweisen von Mitarbeitenden beziehen. Die enthaltenen Dimensionen stellen das BCB, die positive Mund-zu-Mund-Kommunikation über das Unternehmen, die Mitarbeiterbindung an das Unternehmen und, als eigentlich nicht verhaltensbezogene Größe, die Arbeitszufriedenheit der Mitarbeitenden, dar.[203] Wie daraus hervorgeht, ist das Bezugsobjekt der Dimensionen, mit Ausnahme des BCB, das Unternehmen bzw. die Arbeit im Unternehmen. Lediglich das BCB weist einen Markenbezug auf. Streng genommen stellt der Nutzen des mitarbeiterbasierten Markenwerts demnach lediglich über die

---

[199] Vgl. *Morhart* 2008, S. 8f.; *Morhart/Herzog/Tomczak* 2009, S. 140.
[200] Vgl. *Morhart* 2008.
[201] Vgl. *King/Grace* 2010, S. 947.
[202] Vgl. *King/Grace* 2010, S. 940f. Der einstellungsbezogene Markenwert bezieht sich auf die Erreichung von Zielen, die dem Verhalten von Konsumenten, in diesem Kontext dem Verhalten von Mitarbeitenden, vorgelagert sind (vgl. *Rust et al.* 2004, S. 78; *Kapferer* 2008, S. 14). Er erfasst die Stärke der Verankerung einer Marke im Gedächtnis von Konsumenten bzw. Mitarbeitenden sowie die Vorteilhaftigkeit, Art bzw. Richtung dieser Assoziationen und lässt sich folglich durch Größen wie Markenbekanntheit und Markenimage erfassen (vgl. *Ambler et al.* 2002, S. 15; *Kapferer* 2008, S. 14; *Keller* 2008, S. 51).
[203] Vgl. *King/Grace* 2010, S. 947.

Dimension BCB eine Wirkungsgröße auf Ebene des in dieser Arbeit interessierenden Markenverhaltens von Mitarbeitenden dar. Aufgrund des unzureichenden Markenbezugs wird der Nutzen des mitarbeiterbasierten Markenwerts nicht weiter berücksichtigt.

Zusammenfassend bleibt zum Stand der Forschung hinsichtlich der Wirkungen der Internen Markenführung auf das Markenverhalten festzuhalten, dass diese meist indirekter Art sind. Mehrheitlich fungiert das Markencommitment als Bindeglied zwischen der Wahrnehmung der Internen Markenführung und dem Markenverhalten der Mitarbeitenden. Auffallend ist die Bedeutung eines Markencommitment, im Sinne einer emotionalen Bindung an die Marke, zur Erzeugung eines positiven Markenverhaltens von Mitarbeitenden. Die untersuchten Größen des Markenverhaltens scheinen zudem weniger eigenständige Konstrukte, als vielmehr Elemente des BCB zu sein. So erweisen sich das markenorientierte Intra- und Extra-Rollenverhalten als Bestandteile des BCB.[204] Weitere Wirkungsgrößen werden auf Ebene des Markenverhaltens von Mitarbeitenden durch die Sichtung der Literatur nicht identifiziert. Das BCB ist somit als zentrale indirekte Wirkungsgröße der Qualität der Internen Markenführung anzusehen.

2.5 Studien zu moderierenden Variablen

Eine Variable übt dann einen **moderierenden Effekt** aus, wenn die Richtung und/oder Stärke des Zusammenhangs zwischen einer unabhängigen und einer abhängigen Variable vom Wert dieser (moderierenden) Variable abhängt.[205] In den bestehenden Studien zur Wirkung der Internen Markenführung auf das Markenverhalten der Mitarbeitenden findet eine Berücksichtigung moderierender Variablen und ihrer Effekte bislang kaum statt. Werden diese in die Analyse miteinbezogen, so liegt der Fokus auf unternehmensspezifischen Merkmalen, wie dem Kultur-Fit, dem Struktur-Fit und der Verfügbarkeit markenbezogener Res-

---

[204] Vgl. *Maloney* 2007; *König* 2010; *Piehler* 2011.
[205] Vgl. *Sharma/Durand/Gur-Arie* 1981, S. 291; *Baron/Kenny* 1986, S. 1174.

sourcen.²⁰⁶ Lediglich die beiden in Schaubild 2-4 aufgeführten **mitarbeiterspezifischen Merkmale** werden bis zum jetzigen Zeitpunkt auf einen moderierenden Effekt hin untersucht. Auf diese wird im Folgenden eingegangen. Das Ziel ist es, Aussagen darüber treffen zu können, bei welcher Ausprägung mitarbeiterspezifischer Merkmale ein kausaler Zusammenhang von geringerer oder größerer Bedeutung ist, um daraus Hinweise für eine Segmentbildung von Mitarbeitenden und eine segmentspezifische Steuerung des Mitarbeiterverhaltens zu erlangen. Auf die Darstellung der untersuchten moderierenden Variablen, die auf unternehmensspezifische Merkmale Bezug nehmen, wird hingegen verzichtet, da diese nicht zur Beantwortung der Forschungsfragen der vorliegenden Arbeit beitragen.

Zeplin untersucht die **Mitarbeiterkompetenzen** auf einen moderierenden Effekt hin.²⁰⁷ Diese beziehen sich auf die Qualifikation des Mitarbeitenden, die ihn in die Lage versetzen, sich markenkonform verhalten zu können.²⁰⁸ Es wird nachgewiesen, dass stark ausgeprägte markenrelevante Kompetenzen des Mitarbeitenden die Wirkung des Markencommitment auf die BCB-Dimensionen Hilfsbereitschaft und Markenenthusiasmus verstärken, die Wirkung auf die BCB-Dimension Entwicklungsbereitschaft hingegen verringern. Letzteres ist darauf zurückzuführen, dass Mitarbeitende, die über ein hohes Markencommitment verfügen und sich kompetent fühlen, weniger die Notwendigkeit sehen, sich weiterzubilden, als Mitarbeitende, die Know-how-Defizite verspüren.²⁰⁹

---

²⁰⁶ Der Kultur-Fit wird definiert als die Übereinstimmung der Markenidentität mit der Unternehmenskultur. Der Struktur-Fit bezieht sich auf die Markenidentität unterstützende Unternehmensstrukturen. Die Verfügbarkeit markenbezogener Ressourcen nimmt Bezug auf das Vorhandensein ausreichender finanzieller Ressourcen, z.B. die Verfügungsberechtigung über ein bestimmtes Budget, und Arbeitsmittel, um sich markenkonform verhalten zu können (vgl. *Zeplin* 2006, S. 131ff.; *Maloney* 2007, S. 87f.; *Piehler* 2011, S. 48f.).

²⁰⁷ Die Analyse erfolgt mithilfe der Mehrgruppenkausalanalyse, bei der auf Basis der Ausprägung der moderierenden Variable eine Unterteilung des Datensatzes in mehrere Gruppen (hier z.B. stark ausgeprägte und wenig ausgeprägte Mitarbeiterkompetenzen) vorgenommen wird. Anschließend wird das Modell für jede Gruppe geschätzt und, z.B. mittels Identitätsrestriktion von Modellparametern, auf signifikante Unterschiede der Pfadstärke hin analysiert (vgl. *Bollen* 1989; *Weiber/Mühlhaus* 2010, S. 228ff.).

²⁰⁸ Vgl. *Zeplin* 2006, S. 144f.

²⁰⁹ Vgl. *Zeplin* 2006, S. 223f.

King untersucht den moderierenden Einfluss der **Mitarbeitergruppe** auf den Zusammenhang zwischen der Verbreitung von Markenwissen und dem Markencommitment sowie zwischen dem Markencommitment und einem markenstützendem Mitarbeiterverhalten. Es wird der Nachweis erbracht, dass der Einfluss der Verbreitung von Markenwissen auf das Markencommitment bei Mitarbeitenden des oberen Managements höher ist als bei Mitarbeitenden des unteren Managements. Im Gegensatz dazu ist der Zusammenhang zwischen dem Markencommitment und dem markenstützendem Mitarbeiterverhalten bei Mitarbeitenden des oberen Managements geringer als bei Mitarbeitenden auf einer unteren Hierarchiestufe.[210]

Quelle	Moderierende Variable	Beeinflusster Zusammenhang	Art der moderierenden Wirkung	Auswertungsmethode
Zeplin (2006)	• Wahrgenommene Mitarbeiterkompetenzen	Zusammenhang zwischen Markencommitment und Dimensionen des BCB	Positiv und negativ	Mehrgruppenkausalanalyse
King (2010)	• Mitarbeitergruppe	Zusammenhang zwischen Verbreitung von Markenwissen und Markencommitment und zwischen Markencommitment und markenstützendem Mitarbeiterverhalten	Positiv und negativ	Mehrgruppenkausalanalyse

Schaubild 2-4: Mitarbeiterspezifische moderierende Variablen in Studien zur Internen Markenführung

Zusammenfassend ist festzuhalten, dass in den bisherigen Forschungsarbeiten die Heterogenität von Mitarbeitenden weitgehend vernachlässigt wurde. Die Ergebnisse der beiden Studien verweisen jedoch darauf, dass mitarbeiterspezifische Merkmale Einfluss auf die Kausalitäten zwischen den Konstrukten, z.B. zwischen der Qualität der Internen Markenführung und den direkt nachgelagerten Größen, nehmen.

---

[210] Vgl. *King* 2010, S. 527f.

2.6 Zusammenfassung der Erkenntnisbeiträge aus der Forschung zur Internen Markenführung für die Zielsetzung der Arbeit

In den vorangegangenen Abschnitten wurde neben der Entwicklung einer Definition für das Konstrukt Qualität der Internen Markenführung eine Literaturbestandsaufnahme zur Messung der Internen Markenführung und deren Wirkungen vorgenommen. Zudem erfolgte die Sichtung der Literatur im Hinblick auf die Identifikation mitarbeiterspezifischer Merkmale, die als moderierende Variablen die Kausalitäten zwischen den Konstrukten beeinflussen. Das Ziel war es, Ansatzpunkte für die Entwicklung eines Messmodells und, unter Berücksichtigung von Mitarbeiterheterogenität, eines Wirkungsmodells der Qualität der Internen Markenführung zu erhalten. Als Ergebnis der Literatursichtung lassen sich folgende Erkenntnisbeiträge festhalten.

(1) Erkenntnisbeiträge für das Messmodell der Qualität der Internen Markenführung

Im Hinblick auf die Entwicklung des Messmodells der Qualität der Internen Markenführung liefern die bestehenden Messansätze erste Anhaltspunkte zu den Erwartungen, die Mitarbeitende an die Interne Markenführung stellen sowie zu den Maßnahmen, die der Internen Markenführung zuzuordnen sind. Die aus den Messansätzen abgeleiteten **Mitarbeitererwartungen an die Interne Markenführung** stellen die Erwartung nach der Vermittlung von Markenwissen, -informationen und -kompetenz dar sowie die Erwartung nach dem Vorleben der Markenidentität, der Unterstützung durch Vorgesetzte, Wertschätzung für geleistete Markenanstrengungen, Partizipationsmöglichkeiten sowie nach der Schaffung von Markennähe. Es ist jedoch zu erkennen, dass die abgeleiteten Erwartungen nicht unabhängig voneinander sind. Zudem bleibt unklar, inwieweit sämtliche Mitarbeitererwartungen an die Interne Markenführung identifiziert wurden. Dies zeigt, dass es in dieser Hinsicht weiterer Forschungsbemühungen bedarf.[211]

Im Zusammenhang mit der Identifikation von **Maßnahmen der Internen Markenführung** wurde die Schnittstellenposition deutlich, die die Interne Markenführung zwischen dem Personalmanagement und der Externen Markenführung, und dabei primär der externen Markenkommunikation, einnimmt. So lassen sich

---

[211] Vgl. hierzu Kapitel 3.

die Maßnahmen der Internen Markenführung dem markenorientierten Personalmanagement und der personalorientierten Markenkommunikation zuordnen.

(2) Erkenntnisbeiträge für das Wirkungsmodell der Qualität der Internen Markenführung

Im Hinblick auf die Entwicklung des Wirkungsmodells der Qualität der Internen Markenführung leisten die betrachteten Forschungsarbeiten einen hohen Erkenntnisbeitrag. So lassen die aus der Literaturanalyse gewonnenen Erkenntnisse an dieser Stelle die Ableitung des Wirkungsmodells der Qualität der Internen Markenführung zu.

Als zentrale direkte Wirkungsgröße der Qualität der Internen Markenführung wurde das **Markencommitment**, als emotionale Verbundenheit des Mitarbeitenden mit der Marke, identifiziert. Das Konstrukt findet im Wirkungsmodell der Qualität der Internen Markenführung auf der Ebene der Markenwahrnehmung Berücksichtigung. Es wird die Commitment-Konzeptualisierung nach *O'Reilly III/Chatman* gewählt, da sie im Vergleich zum affektiven Commitment nach *Meyer/Allen* eine höhere Relevanz für das Markenverhalten von Mitarbeitenden aufweist.[212] Die ebenfalls als Wirkungsgrößen identifizierten Konstrukte Markenidentifikation und Internalisierung der Rollenidentität sind in dieser Konzeptualisierung weitgehend enthalten. Auf deren separaten Einbezug in das Modell wird daher verzichtet. Das BCB erweist sich als zentrale indirekte Wirkungsgröße der Qualität der Internen Markenführung. Das Konstrukt wird in dieser Arbeit mit dem **markenkonformen Mitarbeiterverhalten** gleichgesetzt und auf der Ebene des Markenverhaltens in das Wirkungsmodell einbezogen. Das markenkonforme Mitarbeiterverhalten berücksichtigt mit dem „einfachen" Rollenverhalten (Markenakzeptanz) und dem Extra-Rollenverhalten (Markenmissionierung und Markenentwicklung) sämtliche Verhaltensweisen von Mitarbeitenden zum Wohle der Marke.

Die nachgewiesene Bedeutung des Markencommitment (als emotionale Verbundenheit) verdeutlicht die Relevanz einer positiv wahrgenommenen Beziehung

---

[212] Vgl. hierzu der empirische Vergleich von *Piehler* 2011.

des Mitarbeitenden zur Marke.[213] Dies unterstreicht auch eine Studie, in der ein positiver Zusammenhang zwischen der Markenliebe von Mitarbeitenden, als höchste Ausprägung einer psychologischen Bindung des Mitarbeitenden an die Marke, und dem markenorientierten Mitarbeiterverhalten nachgewiesen wird.[214] Außer dem Commitment bzw. Commitment-ähnlichen Konstrukten sowie der Markenliebe sind im Mitarbeiter-Marken-Kontext bislang keine weiteren beziehungsorientierten Konstrukte untersucht worden. Dies steht im Gegensatz zur Forschung zum Markenverhalten von Konsumenten. Hier erfolgt seit einigen Jahren eine Auseinandersetzung mit dem Konstrukt der **Markenbeziehungsqualität**.[215] Darunter ist die Beurteilung der Stärke einer Beziehung zwischen Marke und Konsument zu verstehen. Die Markenbeziehungsqualität stellt eine aggregierte Form der Beziehungsbeurteilung dar, die Inhalte von Konstrukten, wie z.B. Markencommitment, Markenzufriedenheit und Markenvertrauen, umfasst.[216] Letztere bringen jeweils unterschiedliche Beziehungsaspekte zum Ausdruck.[217] Der Markenbeziehungsqualität wird eine hohe Verhaltensrelevanz zugesprochen.[218] Die Ergebnisse für das Markencommitment von Mitarbeitenden lassen dies auch für die Markenbeziehungsqualität von Mitarbeitenden annehmen. Zudem besteht die Annahme, dass eine Interne Markenführung, die sich an den Erwartungen der Mitarbeitenden orientiert (Qualität der Internen Markenfüh-

---

[213] Unter der Beziehung eines Mitarbeitenden zur Marke ist eine psychologische Bindung des Mitarbeitenden an die Marke zu verstehen (vgl. Abschnitt 4.2.1). Es wurde an anderer Stelle dargelegt, dass das Markencommitment allgemein ebenfalls als psychologische Bindung verstanden wird (vgl. Abschnitt 2.4.2). Dies ist nicht als Widerspruch anzusehen. Das Markencommitment kann als psychologische Bindung im engeren Sinne verstanden werden, die Mitarbeiter-Marken-Beziehung als psychologische Bindung des Mitarbeitenden an die Marke im weiteren Sinne. Letztere umfasst nicht nur das Markencommitment, sondern beinhaltet weitere Aspekte, z.B. das Markenvertrauen oder die Markenzufriedenheit des Mitarbeitenden.

[214] Vgl. *Bruhn/Batt* 2010b.

[215] Vgl. z.B. *Fournier* 1994; *Hayes/Capella/Alford* 2000; *Monga* 2002; *Park/Kim/Kim* 2002; *Kressmann et al.* 2003; *Algesheimer* 2004; *Aaker/Fournier/Brasel* 2004; *Chang/Chieng* 2006; *Smit/Bronner/Tolboom* 2007; *Veloutsou* 2007; *Wenske* 2008; *Lorenz* 2009; *Eichen* 2010.

[216] Vgl. *Pfefferkorn* 2009, S. 119.

[217] Vgl. z.B. *Crosby/Evans/Cowles* 1990; *Kumar/Scheer/Steenkamp* 1995; *Georgi* 2007; *Eichen* 2010.

[218] Vgl. z.B. *Eichen* 2010.

rung) zu einer positiven Beziehungsbeurteilung führt.[219] Für die Entwicklung des Wirkungsmodells wird sich daher für die Einbindung von Konstrukten entschieden, die die Qualität der Mitarbeiter-Marken-Beziehung widerspiegeln. In Anlehnung an bestehende Studien in der Literatur werden hierfür die Konstrukte **Markencommitment, Markenzufriedenheit** sowie das **Markenvertrauen** ausgewählt.[220] Da sich die Markenzufriedenheit bei Mitarbeitenden in erster Linie auf die Arbeitszufriedenheit bezieht,[221] wird das Konstrukt im Folgenden als **Markenarbeitszufriedenheit** bezeichnet. Diese drei Konstrukte werden als die zentralen Wirkungsgrößen der Qualität der Internen Markenführung und Bestimmungsfaktoren des markenkonformen Mitarbeiterverhaltens angesehen. Sie werden in der vorliegenden Arbeit nicht zu einem Gesamtkonstrukt Qualität der Mitarbeiter-Marken-Beziehung aggregiert, sondern als separate Konstrukte behandelt. Dies erlaubt eine differenzierte Betrachtung von deren Ursachen und Wirkungen. Mit dem Einbezug der drei Größen werden zudem die wesentlichen Elemente des in Abschnitt 2.4.2 vorgestellten Konstrukts Corporate Images berücksichtigt. Dies rechtfertigt es, auf den Einbezug des Corporate Images in das Wirkungsmodell zu verzichten.

In Schaubild 2-5 ist das abgeleitete Wirkungsmodell der Qualität der Internen Markenführung grafisch dargestellt. Die Konstrukte können drei Ebenen (Ebene der Internen Markenführung, Ebene der Mitarbeiter-Marken-Beziehung, Ebene des Markenverhaltens von Mitarbeitenden) zugeordnet werden. Es wird deutlich, dass mit der Einführung der Ebene der Mitarbeiter-Marken-Beziehung eine Konkretisierung der Ebene der Markenwahrnehmung erfolgt.

---

[219] Hierauf verweisen z.B. Studien zur internen Kommunikationsqualität, in denen die Wirkung des Konstrukts auf beziehungsorientierte Größen, wie Commitment oder Vertrauen, nachgewiesen werden konnte (vgl. *Sinclair/Leo/Wright* 2005; *Thomas/Zolin/Hartman* 2009; vgl. hierzu auch Abschnitt 1.3).

[220] Zur Zusammensetzung der Beziehungsqualität aus Commitment, Zufriedenheit und Vertrauen vgl. *Walter et al.* 2003; *Farrelly/Quester* 2005; *Minouni-Chaabane/Volle* 2010; zur Zusammensetzung der Markenbeziehungsqualität aus den drei Größen vgl. *Bruhn* 2008c.

[221] Vgl. *Giersch* 2008, S. 122.

QIMF im Kontext der Forschung zur IMF 83

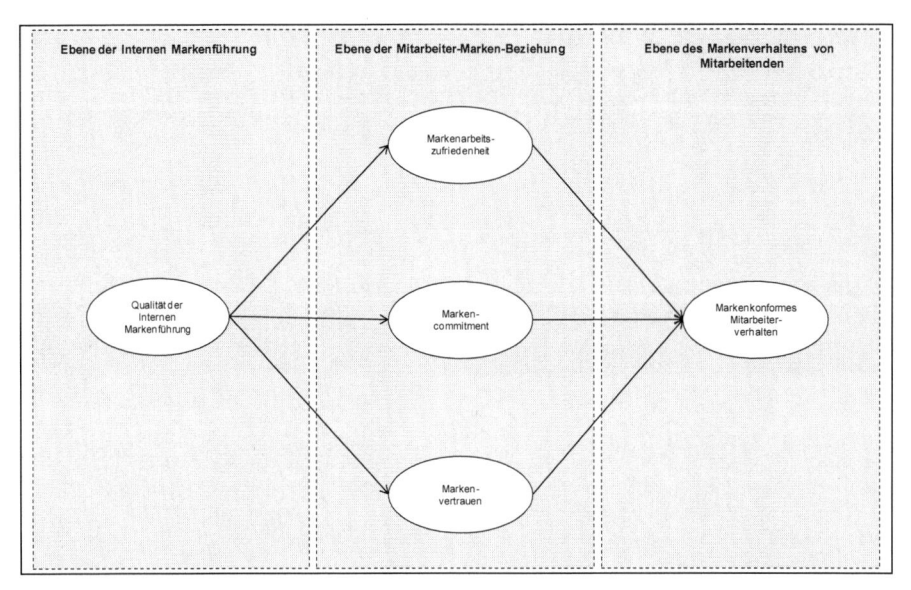

Schaubild 2-5: Abgeleitetes Wirkungsmodell der Qualität der Internen Markenführung

Abschließend ist darauf hinzuweisen, dass hinsichtlich der **Berücksichtigung von Mitarbeiterheterogenität** im Wirkungsmodell der Qualität der Internen Markenführung ein unzureichender Kenntnisstand vorliegt. So zeigte die Analyse der moderierenden Variablen, dass mitarbeiterspezifische Merkmale bislang kaum berücksichtigt wurden. Um mitarbeitersegmentspezifische Steuerungsmöglichkeiten eines markenkonformen Mitarbeiterverhaltens entwickeln zu können, ist daher im Hinblick auf die Wirkungen der Qualität der Internen Markenführung eine tiefer gehende Prüfung auf Mitarbeiterheterogenität vorzunehmen.

3. Konzeptualisierung und Operationalisierung der Qualität der Internen Markenführung

3.1 Vorgehensweise

Wie bereits dargelegt wurde, besteht ein wesentliches Ziel der vorliegenden Arbeit in der Entwicklung eines Messmodells für die Qualität der Internen Markenführung. Die Zielsetzung dieses Kapitels besteht zum einen in der Schaffung eines Grundverständnisses für das Konstrukt der Qualität der Internen Markenführung (Konzeptualisierung). Zum anderen gilt es, das Konstrukt – aufbauend auf der Konzeptualisierung – mittels eines geeigneten Instrumentariums messbar zu machen (Operationalisierung)

Folgender Ablauf wird für die nachfolgenden Ausführungen gewählt:

(1) Darstellung der **Grundlagen und Phasen der Konstruktentwicklung** (Abschnitt 3.2),

(2) **Konzeptualisierung** der Qualität der Internen Markenführung (Abschnitt 3.3),

(3) **Operationalisierung** der Qualität der Internen Markenführung (Abschnitt 3.4).

3.2 Grundlagen und Phasen der Konstruktentwicklung

Bei der Qualität der Internen Markenführung handelt es sich um ein **hypothetisches Konstrukt**. Dieses wird auch als **theoretisches Konstrukt** bzw. **latente Variable** bezeichnet. *Bagozzi* und *Fornell* definieren ein Konstrukt als „[...] an abstract entity which represents the ‚true', nonobservable state of nature of a phenomenon."[222] Wie aus der Definition hervorgeht, sind Konstrukte nicht direkt

---

[222] *Bagozzi/Fornell* 1982, S. 24.

beobachtbar und entziehen sich somit einer direkten Messung.[223] Für die empirische Messbarkeit eines Konstrukts wird daher seine Konzeptualisierung und Operationalisierung notwendig.

Das Ziel der **Konzeptualisierung** ist die Erarbeitung eines umfassenden Konstruktverständnisses. Diese beinhaltet die Identifikation der dem Konstrukt zugrunde liegenden Faktorenstruktur bzw. Dimensionalität.[224] Die Konzeptualisierung eines Konstrukts mündet in dessen **Operationalisierung**. Darunter ist die Entwicklung eines Messinstruments bzw. einer Messskala für das Konstrukt zu verstehen.[225] Im Rahmen der Skalenentwicklung werden Indikatorvariablen – auch als Indikatoren, manifeste Variablen oder Items bezeichnet – generiert. Diese stellen beobachtbare Größen dar und ermöglichen dadurch eine indirekte Messung des nicht direkt erfassbaren Konstrukts.[226]

Konstrukte können sich hinsichtlich ihrer Komplexität unterscheiden. So ist zwischen **ein- und mehrfaktoriellen Konstrukten** zu differenzieren. Bei einfaktoriellen Konstrukten entspricht das Konstrukt genau einem Faktor. Bei dieser geringsten Form von Konstruktkomplexität lassen sich die beobachtbaren Variablen direkt auf der Konstruktebene zusammenfassen. Bei einem mehrfaktoriellen Konstrukt liegt ein höherer Komplexitätsgrad vor. Mehrfaktorielle Konstrukte bestehen aus mindestens zwei Faktoren. Hier messen die Indikatorvariablen das Konstrukt über die zwischengeschalteten Faktoren. Es lässt sich eine Unterteilung in mehrfaktorielle, eindimensionale und mehrfaktorielle, mehrdimensionale Konstrukte vornehmen. Erstere liegen vor, wenn alle Faktoren einer einzigen theoretischen Dimension des Konstrukts zugeordnet werden können. Letztere bestehen hingegen dann, wenn die Faktoren mehreren Dimensionen zuzuordnen sind.[227]

Neben ihrer Komplexität lassen sich Konstrukte hinsichtlich der Richtung der Kausal- bzw. Korrespondenzbeziehungen zwischen einem Konstrukt und seinen Indikatoren unterscheiden.[228] Hierbei wird zwischen **formativen und reflektiven Kausalbeziehungen** differenziert.[229] Diese unterscheiden sich im Hinblick

---

[223] Vgl. *Bagozzi/Fornell* 1982, S. 24; *Bagozzi/Phillips* 1982, S. 465; *Long* 1983, S. 11.
[224] Vgl. *Homburg/Giering* 1996, S. 11.
[225] Vgl. *Homburg* 2000, S. 13; *Hair et al.* 2010, S. 655.
[226] Vgl. *Churchill* 1979, S. 66; *Homburg/Giering* 1996, S. 6.
[227] Vgl. *Homburg/Giering* 1996, S. 6.
[228] Vgl. *Homburg/Giering* 1996, S. 6.
[229] Vgl. *Diamantopoulos/Winklhofer* 2001, S. 269ff.; *MacKenzie/Podsakoff/Podsakoff* 2001, S. 302f.

auf vier Kriterien voneinander: hinsichtlich der Richtung der Kausalität zwischen dem Konstrukt und seinen Indikatoren, der Austauschbarkeit der Indikatoren, der Kovariation zwischen den Indikatoren und der Einbindung der Indikatoren in ein gemeinsames nomologisches Netz.[230]

Bei **formativen Konstrukten** werden die zugrunde liegenden Indikatoren als Ursachen des Konstrukts verstanden. So bewirkt die Änderung in der Ausprägung eines Indikators eine Veränderung in der Ausprägung des Konstrukts. Da die Indikatoren definierende Merkmale des Konstrukts darstellen, liegt ihnen nicht unbedingt ein gemeinsames Thema zugrunde. Die Elimination eines Indikators kann daher eine Veränderung des Konstruktinhaltes zur Folge haben. Dadurch ist eine Austauschbarkeit der Indikatoren nicht unbedingt immer der Fall. Damit verbunden ist, dass die Indikatoren nicht zwingendermaßen miteinander kovariieren. Folglich geht mit der Veränderung in der Ausprägung eines Indikators nicht notwendigerweise eine Änderung in der Ausprägung der übrigen Konstruktindikatoren einher. Die Nicht-Austauschbarkeit und geringe Kovariation der Indikatoren eines formativen Konstrukts haben zur Folge, dass die Indikatoren einen unterschiedlichen Erklärungsbeitrag zum Konstrukt leisten. Dadurch unterscheidet sich das nomologische Netz der Indikatoren. Dies bedeutet, dass den Indikatoren unterschiedliche Antezedenzien und Konsequenzen zugrunde liegen.[231]

Bei **reflektiven Konstrukten** liegt der inverse Fall vor. Die Indikatoren eines reflektiv spezifizierten Konstruktes stellen das Ergebnis bzw. die Ausprägung des Konstruktes dar. Dies hat zur Folge, dass eine Veränderung in der Ausprägung des Konstruktes zu einer Veränderung in der Ausprägung der Indikatoren führt. Da den Indikatoren ähnliche Inhalte bzw. ein gemeinsames Thema zugrunde liegen, sind sie untereinander austauschbar. Die Elimination eines Indikators führt folglich zu keiner Veränderung des Konstruktinhaltes. Mit der inhaltlichen Ähnlichkeit ist die Kovariation zwischen den Indikatoren verbunden. Eine Änderung der Ausprägung eines Indikators geht demnach mit der Veränderung in der Ausprägung aller übrigen Indikatoren einher. Aufgrund der Austauschbarkeit und der starken Kovariation liegt den Indikatoren reflektiv spezifizierter Konstrukte zudem ein gemeinsames nomologisches Netz zugrunde, d.h. die Antezedenzien und Konsequenzen der Indikatoren sind dieselben.[232]

---

[230] Vgl. *Jarvis/MacKenzie/Podsakoff* 2003, S. 203.
[231] Vgl. *Jarvis/MacKenzie/Podsakoff* 2003, S. 203.
[232] Vgl. *Jarvis/MacKenzie/Podsakoff* 2003, S. 203.

Es stellt sich an dieser Stelle die Frage nach der Konzeptualisierung und Operationalisierung des hier interessierenden Konstrukts Qualität der Internen Markenführung. Das Konstrukt Qualität der Internen Markenführung steht im Fokus der vorliegenden Arbeit. Zudem verweist die Vielzahl der in Abschnitt 2.3.1 abgeleiteten Mitarbeitererwartungen an die Interne Markenführung darauf, dass es sich bei der Qualität der Internen Markenführung um ein komplexes Phänomen handelt, das unterschiedliche Facetten beinhaltet. Im Folgenden wird daher eine differenzierte Betrachtung des Konstrukts, und damit eine **mehr-faktorielle Konzeptualisierung der Qualität der Internen Markenführung**, vorgenommen.[233]

Aufgrund der mehrfaktoriellen Konzeptualisierung des Konstrukts Qualität der Internen Markenführung ist eine Entscheidung über die Art der Spezifikation bereits im Rahmen der Konzeptualisierung des Konstrukts zu treffen. Das bedeutet, es ist zu entscheiden, ob die Dimensionen[234] der Qualität der Internen Markenführung als Einflussfaktoren der Qualität der Internen Markenführung zu interpretieren sind oder ob sie als Erscheinungsformen des Konstrukts gelten.[235] Es wurde bereits mehrfach dargelegt, dass es in der vorliegenden Arbeit gilt, diejenigen Erwartungen der Mitarbeitenden an die Interne Markenführung zu identifizieren, deren Erfüllung zu einer hohen Qualitätswahrnehmung der Internen Markenführung führt. Dieses Forschungsinteresse führt zu einer **mehrfaktoriellen, formativen Konzeptualisierung der Qualität der Internen Markenführung**, d.h. die Dimensionen der Qualität der Internen Markenführung werden als Einflussfaktoren der Qualität der Internen Markenführung angesehen.

---

[233] Die Fokuslegung bzw. die Komplexität des Konstrukts nennen einige Forscher als Gründe, einer mehrfaktoriellen Konstruktkonzeptualisierung den Vorzug zu geben. Vgl. z.B. *Jarvis/MacKenzie/Podsakoff* 2003, S. 204; *MacKenzie/Podsakoff/Jarvis* 2005, S. 713f.; *Albers/Götz* 2006, S. 672; *Giere/Wirtz/Schilke* 2006, S. 679.

[234] In der vorliegenden Arbeit werden die Begriffe Faktoren und Dimensionen synonym verwendet.

[235] Grundsätzlich ist im Rahmen der Konstruktentwicklung nicht nur die Kausalbeziehung zwischen Konstrukt und Indikator festzulegen, sondern, im Falle mehrfaktorieller Konstrukte, auch die Richtung der Kausalität zwischen Faktor und übergeordnetem Konstrukt. Ersteres findet im Rahmen der Operationalisierung statt, Letzteres bereits im Rahmen der Konzeptualisierung. Die Ausführungen zu formativen und reflektiven Korrespondenzbeziehungen zwischen Konstrukten und Indikatoren gelten analog für die Beziehung zwischen einem Faktor und den ihm übergeordneten Konstrukt. Vgl. hierzu *Jarvis/MacKenzie/Podsakoff* 2003, S. 204f.; *Albers/Götz* 2006, S. 670ff.; *Giere/Wirtz/Schilke* 2006, S. 680ff.

Im Rahmen der Operationalisierung der Qualität der Internen Markenführung interessiert die Korrespondenzbeziehung zwischen den Konstruktfaktoren und den dazugehörigen Indikatoren. Es wurde an anderer Stelle bereits erläutert, dass als Indikatoren diejenigen Maßnahmen der Internen Markenführung berücksichtigt werden, die zur Erfüllung der Mitarbeitererwartungen an die Interne Markenführung beitragen. Durch das Wissen über die Bedeutung von Maßnahmen zur Erfüllung der Mitarbeitererwartungen an die Interne Markenführung wird die Ableitung von spezifischen Implikationen für Unternehmen ermöglicht. Dieses Vorhaben verweist auf eine **formative Operationalisierung der Qualität der Internen Markenführung**, d.h. die Indikatoren werden als definierende Merkmale der Konstruktdimensionen betrachtet.

In Schaubild 3-1 wird die in dieser Arbeit gewählte **Vorgehensweise zur Entwicklung des Messmodells der Qualität der Internen Markenführung** grafisch dargestellt. Es wird sich dabei am Prozess der Konstruktentwicklung nach *MacKenzie/Podsakoff/Podsakoff*[236] orientiert. Dieser eignet sich insbesondere für die Entwicklung formativ spezifizierter Konstrukte, da hier auf die Sicherstellung einer hohen Inhaltsvalidität besonderen Wert gelegt wird und dadurch eine Distanzierung von primär kennzahlenorientierten Verfahren, wie sie z.B. *Churchill* oder *Malhotra* vornehmen, erfolgt.[237]

---

[236] Vgl. *MacKenzie/Podsakoff/Podsakoff* 2011.

[237] Vgl. *Churchill* 1979; *Malhotra* 1981. Eine im Rahmen der Konstruktentwicklung vorzunehmende Reliabilitätsprüfung mithilfe der für reflektive Konstrukte festgelegten Kennzahlen ist bei formativen Konstrukten nicht möglich, da diese Kennzahlen auf die Korrelationen zwischen den Indikatoren abstellen, formative Indikatoren aber möglichst wenig korrelieren sollten. Bei formativen Konstrukten erfolgt die Güteprüfung zumeist anhand anderer Kriterien. Dabei kommt der Inhaltsvalidität eine besondere Bedeutung zu: „Breadth of definition is extremely important to causal indicators" (*Nunnally/Bernstein* 1994, S. 484). Vgl. zur Güteprüfung formativer und reflektiver Konstrukte Abschnitt 5.3.1.2.

Schritt 1: Konzeptualisierung

- Erarbeitung einer Definition für das Konstrukt Qualität der Internen Markenführung (Abschnitt 2.2)
- Identifikation der Konstruktdimensionen mittels
  - Literaturrecherche und -analyse (Abschnitt 2.3.2)
  - theoretischer Überlegungen (Abschnitt 3.3.1.1)
  - qualitativer Interviews (Abschnitt 3.3.1.2)
- Festlegung der Konstruktdimensionen (Abschnitt 3.3.1.3)
- Modellierung der Konstruktdimensionen (Abschnitt 3.3.2)

⬇

Schritt 2: Operationalisierung

- Generierung von Indikatoren zur Messung der Konstruktdimensionen mittels Literaturauswertung und qualitativer Marktforschung (Abschnitt 3.4.1)
- Pretests zur Optimierung der Messmodelle und Sicherstellung der Inhaltsvalidität (Abschnitt 3.4.2)

⬇

Schritt 3: Empirische Überprüfung

- Empirische Überprüfung des vollständigen Messmodells der Qualität der Internen Markenführung auf Basis einer schriftlichen Mitarbeiterbefragung (n = 226) (Abschnitt 5.4)

Schaubild 3-1: Vorgehensweise bei der Entwicklung des Messmodells der Qualität der Internen Markenführung

Aus obigem Schaubild geht hervor, dass die Entwicklung des Messmodells der Qualität der Internen Markenführung in **drei Schritten** erfolgt:

Die **Konzeptualisierung** stellt der erste Schritt dar und hat die Erarbeitung eines umfassenden Konstruktverständnisses zum Ziel. Diese beinhaltet die sorgfältige Entwicklung einer Konstruktdefinition sowie die Identifikation der Konstruktdimensionen. Erstere wurde in Abschnitt 2.2 vorgenommen. Die Identifikation der Konstruktfaktoren bezieht sich auf die Identifikation von Mitarbeitererwartungen, deren Erfüllung zu einer hohen Qualitätswahrnehmung der Internen Markenführung führt. Im Rahmen der Literaturanalyse in Abschnitt 2.3.2 wurden bereits Mitarbeitererwartungen an die Interne Markenführung, deren Erfüllung mögliche Konstruktdimensionen darstellen, ermittelt. Da festgestellt wurde, dass die Erkenntnisse aus der Literaturanalyse nicht ausreichen, gilt es, für die Identifikation der Konstruktdimensionen auf weitere Verfahren zurückzugreifen. Im Folgenden wird dabei der parallele Einsatz deduktiver und induktiver Methoden gewählt. Durch den Rückgriff auf eine geeignete Theorie erfolgt die Generierung der Konstruktdimensionen auf deduktive Weise (vgl. Abschnitt 3.3.1.1).[238] Die Durchführung qualitativer Interviews führt hingegen zur induktiven Ermittlung der Konstruktdimensionen (vgl. Abschnitt 3.3.1.2).[239] Die Kombination einer theoretisch-deduktiven und empirisch-induktiven Generierung von Konstruktdimensionen bietet den Vorteil, dass zum einen bereits vorhandenes theoretisches Wissen bezüglich des hier interessierenden Kontexts berücksichtigt werden kann, zum anderen jedoch die Exploration von weiteren, bislang noch nicht erfassten, Mitarbeitererwartungen an die Interne Markenführung möglich ist.[240] Die durch die Literaturanalyse und durch den Rückgriff auf Theorie und Interviews erhaltenen Mitarbeitererwartungen an die Interne Markenführung werden anschließend abgeglichen und auf Unabhängigkeit überprüft. Das Resultat stellt die Festlegung der Dimensionen der Qualität der Internen Markenführung dar (vgl. Abschnitt 3.3.1.3). Im Anschluss daran erfolgt die Modellierung der festgelegten Konstruktdimensionen (vgl. Abschnitt 3.3.2).

Im Anschluss an die Konzeptualisierung wird sich der **Operationalisierung** der Qualität der Internen Markenführung gewidmet. Hier steht die Generierung geeigneter Indikatoren zur Messung der Konstruktdimensionen im Vordergrund. Es erfolgt dabei der Rückgriff auf bereits in der Literatur verwendete Indikatoren und auf Erkenntnisse qualitativer Marktforschung (vgl. Abschnitt 3.4.1). Die entwickelten Messmodelle werden sodann einem Pretest unterzogen, um sie im Hinblick auf die durchzuführenden Untersuchungen zu optimieren. Zudem wird

---

[238] Im Rahmen einer deduktiven Vorgehensweise erfolgt die Ableitung des Besonderen aus dem Allgemeinen. Das bedeutet, dass Aussagen aus anderen Aussagen mittels logischer Schlussregeln abgeleitet werden (vgl. *Duden* 2010, S. 225).

[239] Im Rahmen einer induktiven Vorgehensweise wird versucht, auf der Basis vieler Einzelbeobachtungen zu wissenschaftlichen Gesetzmäßigkeiten zu kommen (vgl. *Raffée* 1984, S. 15; *Chmielewicz* 1994, S. 216f.).

[240] Zu den Vorteilen einer parallelen deduktiven und induktiven Vorgehensweise vgl. *Carson et al.* 2001, S. 99.

MacKenzie/Podsakoff/Podsakoff gefolgt, die im Vorfeld einer empirischen Untersuchung die Überprüfung der Messmodelle auf Inhaltsvalidität empfehlen (vgl. Abschnitt 3.4.2).[241]

Die **empirische Überprüfung** des Messmodells erfolgt auf Basis einer schriftlichen Befragung im Unternehmen *Bell AG*. Zur Beurteilung des Messmodells kommen verschiedene Gütemaße zur Anwendung (vgl. Abschnitt 5.4).

3.3 Konzeptualisierung der Qualität der Internen Markenführung

3.3.1 Identifikation der Konstruktdimensionen

3.3.1.1 Theoriebasierte Identifikation der Konstruktdimensionen

3.3.1.1.1 Auswahl einer geeigneten Theorie

Erwartungen von Individuen sind unter anderem das Resultat individueller Bedürfnisse.[242] Für die Identifikation von Mitarbeitererwartungen an die Interne Markenführung, deren Erfüllung die Dimensionen des Konstrukts Qualität der Internen Markenführung darstellen, eignet sich daher der Rückgriff auf Theorien, die sich mit den Bedürfnissen von Mitarbeitenden beschäftigen. Durch die Kenntnis der Bedürfnisse ist es möglich, die Erwartungen, die Mitarbeitende an die Interne Markenführung haben, zu deduzieren.[243]

---

[241] Vgl. *MacKenzie/Podsakoff/Podsakoff* 2011, S. 304ff.

[242] Vgl. z.B. *Zeithaml/Berry/Parasuraman* 1993, S. 5.

[243] Grundsätzlich werden Erwartungen an die Interne Markenführung nicht ausschließlich durch Bedürfnisse bestimmt, sondern z.b. auch durch bisherige Erfahrungen mit der Internen Markenführung im aktuellen Unternehmen oder in früheren Unternehmen, in denen der Mitarbeitende tätig war. Vgl. hierzu z.b. die Übersicht über die Determinanten der Erwartungsbildung im Servicekontext bei *Zeithaml/Berry/Parasuraman* (1993, S. 5), die sich auch auf die Interne Markenführung übertragen lässt. Erwartungen an die Interne Markenführung, die nicht nur durch Bedürfnisse, sondern auch durch frühere Erfahrungen eines Mitarbeitenden mit der Internen Markenführung entstanden sind, werden jedoch im Rahmen der qualitativen Interviews in Abschnitt 3.3.1.2 berücksichtigt. Folglich besteht keine Gefahr, dass durch die Fokussierung auf Theorien, die sich rein den Bedürfnissen von Mitarbeitenden widmen, relevante Dimensionen der Qualität der Internen Markenführung nicht identifiziert werden.

Bedürfnisse sind zentraler Bestandteil von Motivationstheorien.[244] Im Folgenden wird daher die **Ableitung von Mitarbeitererwartungen an die Interne Markenführung auf motivationstheoretischer Basis** vorgenommen. Für den vorliegenden Kontext ist der Rückgriff auf Motivationstheorien sinnvoll, die den Fokus auf den Motivationsinhalt, d.h. auf die konkreten Bedürfnisse von Mitarbeitenden legen.[245] Dies trifft auf die ERG-Theorie nach *Alderfer*[246], die Zwei-Faktoren-Theorie nach *Herzberg*[247], die Theorie der gelernten Bedürfnisse nach *McClell*and[248] und die Selbstbestimmungstheorie nach *Deci/Ryan*[249] zu. Im Folgenden wird ein kurzer Überblick über die Theorien gegeben. Darauf aufbauend wird diejenige Theorie ausgewählt, die Anknüpfungspunkte für die Ableitung von Mitarbeitererwartungen an die Interne Markenführung liefert.

Das Ziel von *Alderfer* ist es, mit der **ERG-Theorie** eine Überarbeitung der Bedürfnispyramide von *Maslow*[250] vorzunehmen und diese stärker auf den organisationalen Kontext auszurichten. Aufbauend auf der *maslowschen* Bedürfnishierarchie unterscheidet er zwischen drei Kategorien von Bedürfnissen, deren Erfüllung bzw. Nicht-Erfüllung Einfluss auf das Arbeitsverhalten nehmen. Die Kategorie der Grundbedürfnisse (Existence) beinhaltet die physiologische Bedürfnisse (z.B. Hunger, Schlaf) und Sicherheitsbedürfnisse (z.B. angemessene Bezahlung, Vorsorge, Angstfreiheit) von Individuen. Die sozialen Bedürfnisse

---

[244] Unter einem Bedürfnis ist ein „internal state of tension caused by disequilibrium from an ideal/desired physical or psychological state" (*Hoyer/MacInnis* 2010, S. 50) zu verstehen. Ein Bedürfnis stellt demnach ein Zustand dar, in dem ein Mangel empfunden wird (vgl. *Kotler et al.* 2011, S. 43). Aus dem Verlangen von Individuen, diesen Mangelzustand zu beseitigen, resultieren Verhaltensbereitschaften, die so genannten Motive (vgl. *Jung* 2010, S. 954).

[245] In diesem Zusammenhang wird von Inhaltstheorien gesprochen. Diese beschäftigen sich mit der Frage, *was* motiviert (d.h. welche Bedürfnisse bzw. Motive bestimmte Handlungen erzeugen). Sie stehen im Gegensatz zu Prozesstheorien, die sich mit der Frage auseinandersetzen, *wie* Verhalten entsteht, d.h. in welcher Weise Motivation auf Verhalten wirkt. Theorien, die sowohl den Inhalts- als auch den Prozessaspekt beinhalten, werden als gemischte Theorien bezeichnet (vgl. *Mayer* 2009, S. 230).

[246] Vgl. *Alderfer* 1969, 1972.

[247] Vgl. *Herzberg/Mausner/Snyderman* 1959; *Herzberg* 1968.

[248] Vgl. *McClelland* 1953, 1971, 1987.

[249] Vgl. *Deci* 1975; *Deci/Ryan* 1985a, 1990, 2000, 2002; *Ryan/Deci* 2000a, 2002. Im Unterschied zu den übrigen erwähnten Theorien handelt es sich bei der Selbstbestimmungstheorie um eine gemischte Theorie, da hier sowohl der Motivinhalt als auch der Prozess der Handlung von Interesse sind (vgl. *Mayer* 2009).

[250] Vgl. *Maslow* 1943, 1954, 1970.

(Relatedness) umfassen die Bedürfnisse nach Zugehörigkeit und Anerkennung durch Dritte. Zur Kategorie der Entfaltungsbedürfnisse (Growth) gehört das Streben nach Selbstachtung und Selbstverwirklichung.[251]

Herzberg differenziert im Rahmen der **Zwei-Faktoren-Theorie** zwischen Hygienefaktoren und Motivatoren und deren Einfluss auf die Arbeitszufriedenheit. Faktoren, die bei Nicht-Vorhandensein zu Arbeitsunzufriedenheit führen, jedoch bei Existenz keine Arbeitszufriedenheit auslösen, werden als Hygienefaktoren bezeichnet. Hygienefaktoren stehen in keiner unmittelbaren Beziehung zur Arbeitsdurchführung, sondern sind eher an die Begleitumstände der Arbeit geknüpft. So gelten z.b. eine zufriedenstellende Unternehmenspolitik, ein angemessenes Gehalt oder gute Beziehungen zu den Kollegen als Hygienefaktoren. Faktoren, die bei Vorhandensein zu Zufriedenheit führen, bei Nicht-Existenz jedoch keine Unzufriedenheit zur Folge haben, sind so genannte Motivatoren. Im Gegensatz zu den Hygienefaktoren stehen Motivatoren in direkter Beziehung zur Arbeitsdurchführung. Darunter sind z.b. interessante Arbeitsinhalte, Anerkennung oder das Zugeständnis von Verantwortung zu subsumieren.[252]

Die **Theorie der gelernten Bedürfnisse** nach *McClelland* konzentriert sich auf die Bestimmung der zentralen Einflussfaktoren der Leistungsmotivation von Mitarbeitenden. Nach der Theorie sind es das Leistungs-, Bindungs-, Macht- und Vermeidungsbedürfnis, die Mitarbeitende zur Erbringung von Leistungen motivieren. Diese sind nicht angeboren, sondern werden im Laufe der Sozialisation erlernt. Das Leistungsbedürfnis drückt sich im Streben nach Leistung und Erfolg aus. Das Bindungs- bzw. Affiliationsbedürfnis bezieht sich auf den Wunsch nach sozialem Anschluss. Das Machtbedürfnis nimmt Bezug auf das Verlangen, eine überlegene Position einzunehmen und die Einstellungen und das Verhalten anderer Menschen zu beeinflussen. Das Vermeidungsbedürfnis steht im Zusammenhang mit der Vermeidung von Ablehnung und Misserfolg.[253]

Der **Selbstbestimmungstheorie** nach *Deci/Ryan* liegt die Annahme zugrunde, dass Individuen über drei angeborene, psychologische Grundbedürfnisse verfügen, nach deren Erfüllung sie streben. Es handelt sich dabei um das Bedürfnis nach Kompetenzerleben, sozialer Zugehörigkeit und Autonomie, d.h. Selbstbe-

---

[251] Vgl. zur ERG-Theorie ausführlich, insbesondere auch zu den Prinzipien nach denen die Bedeutung verschiedener Bedürfnisse zu- bzw. abnimmt, *Alderfer* 1972, S. 6ff.
[252] Vgl. zur Zwei-Faktorentheorie ausführlich *Herzberg* 1968, S. 56ff.
[253] Vgl. zu den Bedürfnissen ausführlich *McClelland* 1987, S. 221ff.

stimmtheit.²⁵⁴ Das Bedürfnis nach Kompetenzerleben bezieht sich auf das Verlangen von Individuen, sich selbst als fähig wahrzunehmen. Das Bedürfnis nach sozialer Zugehörigkeit drückt sich im Wunsch aus, in eine soziale Gemeinschaft eingebunden zu sein. Das Autonomiebedürfnis äußert sich im Streben von Individuen, selbstbestimmt handeln zu können.²⁵⁵ Die von *Deci/Ryan* eingeführten Bedürfnisse wurden nicht explizit für den arbeitsorganisatorischen Bereich entwickelt, sie haben vielmehr allgemeingültigen Charakter. Im organisatorischen Kontext, unter anderem auch im Bereich der Internen Markenführung, wurde deren Gültigkeit jedoch bereits vielfach nachgewiesen. So spricht für die Existenz der Bedürfnisse bei Mitarbeitenden der Nachweis, dass deren Erfüllung im Arbeitsumfeld positive Auswirkungen zur Folge hat, wie z.b. eine Steigerung der Arbeitszufriedenheit und des Mitarbeiterengagements, eine höhere Ausdauer, eine größere Akzeptanz hinsichtlich Veränderungen in der Organisation, eine bessere Leistungsevaluation und eine Steigerung des Wohlbefindens der Mitarbeitenden.²⁵⁶ Im Kontext der Internen Markenführung wurde der positive Einfluss der Bedürfniserfüllung auf die Internalisierung der Rollenidentität und darüber wiederum auf das markenorientierte Intra- und Extramarkenverhalten sowie auf die Markenbindung empirisch belegt.²⁵⁷

Die Durchsicht der Theorien führt zur Entscheidung, die Erwartungen von Mitarbeitenden an die Interne Markenführung auf Basis der **Selbstbestimmungstheorie** abzuleiten. Für die Theorie wurde sich vor allem deshalb entschieden, da hier, im Gegensatz zu den anderen Theorien, der Abstraktionsgrad der Bedürfnisse geringer ist.²⁵⁸ Dadurch ist es möglich, aus den Bedürfnissen spezifische Erwartungen von Mitarbeitenden an die Interne Markenführung abzuleiten. Darüber hinaus sind die Bedürfnisse bei *Deci* und *Ryan* nicht auf die Beeinflussung einzelner Größen (wie z.B. bei *Herzberg* die Arbeitszufriedenheit, oder bei *McClellan*d das Leistungsverhalten) ausgerichtet, sondern grundlegender Art. Zusätzlich sprechen die Schwächen der übrigen Theorien gegen deren Verwendung, da sich hieraus erhebliche Probleme bei der Ableitung von Erwartungen an

---

[254] Vgl. *Deci/Ryan* 1990, S. 26ff., 2000, S. 228ff.; *Reis et al.* 2000, S. 420; *Ryan/Deci* 2002, S. 6ff.
[255] Vgl. *Ryan/Deci* 2002, S. 7f.
[256] Vgl. *Kasser/Davey/Ryan* 1992; *Ilardi et al.* 1993; *Gagné/Koestner/Zuckerman* 2000; *Deci et al.* 2001; *Baard/Deci/Ryan* 2004; *van den Broeck et al.* 2008.
[257] Vgl. *Morhart* 2008; *Morhart/Herzog/Tomczak* 2009.
[258] Dies gilt im Besonderen für *Herzbergs* Hygienefaktoren und Motivatoren (Zwei-Faktoren-Theorie), aus denen sich schwer konkrete Erwartungen an die Interne Markenführung ableiten lassen.

die Interne Markenführung ergeben würden. Ein wesentlicher Kritikpunkt an der ERG-Theorie ist die Zuordnung einzelner Bedürfnisse auf bestimmte Bedürfnisklassen. So wird angemerkt, dass die einzelnen Bedürfnisse mehreren Bedürfniskategorien zurechenbar sein können.[259] Die Ableitung von Erwartungen an die Interne Markenführung auf Basis der ERG-Theorie würde zur ungenauen Bildung von Erwartungskategorien führen. Auch bei der Zwei-Faktoren-Theorie ist oftmals eine eindeutige Zuordnung von Faktoren − zu Motivatoren oder Hygienefaktoren − nicht möglich.[260] Darüber hinaus fehlt eine weitreichende empirische Bestätigung der Theorie.[261] Die von *McClelland* vorgestellten Bedürfnisse werden als unvollständig angesehen.[262] Ferner gelten sie als sich gegenseitig beschränkend − insbesondere im Hinblick auf das Bedürfnis nach Macht und Vermeidung. Mit der Entscheidung für diese Theorie wäre folglich eine Ableitung von sich widersprechenden Erwartungen an die Interne Markenführung verbunden. Zudem ist an der Theorie nach *McClelland* zu bezweifeln, dass das Streben nach Macht von sämtlichen Menschen in gleicher Weise durch Sozialisation erlernt wird und sie dieses für sich beanspruchen.[263]

3.3.1.1.2 Erkenntnisbeitrag

Im vorherigen Abschnitt wurde die Selbstbestimmungstheorie als theoretische Basis zur Ableitung von Mitarbeitererwartungen an die Interne Markenführung gewählt. Bevor diese erfolgt, wird zwecks eines besseren Verständnisses zunächst detailliert auf die einzelnen Bedürfnisse (Kompetenzerleben, soziale Zugehörigkeit, Autonomie) eingegangen. Diese werden dabei in Relation zum Mitarbeiter-Marken-Kontext gesetzt.

Das **Bedürfnis nach Kompetenzerleben** nimmt Bezug auf die Fähigkeiten und Fertigkeiten, ein bestimmtes Ziel erreichen bzw. bestimmte Aufgaben durchfüh-

---

[259] Vgl. *Drumm* 2008, S. 394.
[260] Vgl. *Nerdinger* 1995, S. 45.
[261] Vgl. *Mayer* 2009, S. 234.
[262] Vgl. *Drumm* 2008, S. 398. Der Selbstbestimmungstheorie wurde ebenfalls die Unvollständigkeit bei der Auflistung grundlegender menschlicher Bedürfnisse vorgeworfen (vgl. z.B. *Andersen/Chen/Carter* 2000, S. 270). *Ryan* und *Deci* konnten jedoch diesen Vorwurf erfolgreich entkräften, indem sie z.B. zwischen grundlegenden Bedürfnissen, abgeleiteten Motiven und Ersatzhandlungen differenzieren. Die den Kritikern zufolge fehlenden Bedürfnisse stellen demnach Motive oder Ersatzhandlungen dar (vgl. *Ryan/Deci* 2000b, S. 324ff.; vgl. hierzu auch *Bonus* 2009, S. 288).
[263] Vgl. *Drumm* 2008, S. 398.

ren zu können.[264] Dabei sind nicht die tatsächlichen Fähigkeiten und Fertigkeiten von Relevanz. Vielmehr geht es um die subjektive Beurteilung des Individuums hinsichtlich der eigenen Fähigkeiten und Fertigkeiten.[265] Das Kompetenzerleben von Individuen wird z.b. durch positives Feedback nach erbrachter Leistung gefördert.[266] Das Bedürfnis lässt sich auf den Mitarbeiter-Marken-Kontext übertragen. Unter dem **Bedürfnis nach Markenkompetenzerleben** ist das Verlangen von Mitarbeitenden, sich als fähiger Markenrepräsentant wahrzunehmen, zu verstehen.[267] Dies drückt sich z.b. im Wunsch aus, über die Markenidentität im Bilde zu sein und zu wissen, wie ein markenkonformes Verhalten auszusehen hat.

Das **Bedürfnis nach sozialer Zugehörigkeit** bezieht sich auf das Verlangen, in eine soziale Gemeinschaft eingebunden zu sein. Dies schließt den Wunsch von Individuen ein, von anderen umsorgt und akzeptiert zu werden.[268] Das Bedürfnis wird erfüllt, wenn sich z.b. Individuen von relevanten Bezugspersonen fair behandelt fühlen.[269] Übertragen auf den vorliegenden Kontext ist unter diesem Verlangen das **Bedürfnis nach der Zugehörigkeit zur Markengemeinschaft** zu verstehen.[270] Das bedeutet, dass Mitarbeitende danach streben, in die Markengemeinschaft integriert zu sein und dort z.B. einen respektvollen Umgang zu erfahren. Unter der Markengemeinschaft ist in diesem Zusammenhang die Gesamtheit der Mitarbeitenden zu verstehen, die für die Marke arbeiten.

Das **Streben nach Autonomie** sehen *Deci* und *Ryan* als das zentrale Grundbedürfnis an. Unter dem Autonomiestreben ist das Verlangen von Individuen zu verstehen, nach ihren eigenen Vorlieben und Überzeugungen handeln zu können.[271] Es besteht somit der Wunsch, nicht kontrolliert und fremdbestimmt, sondern autonom bzw. selbstbestimmt und damit eigenverantwortlich zu leben.[272] Das Autonomiebestreben von Individuen kann z.B. durch die Möglichkeit, ei-

---

[264] Vgl. *Bles* 2002, S. 235; *Dietz* 2006, S. 65.
[265] Vgl. *Ryan/Deci* 2002, S. 7. Damit ist eine Nähe des Bedürfnisses nach Kompetenzerleben zum Konzept der Selbstwirksamkeit nach *Bandura* erkennbar (zum Konzept der Selbstwirksamkeit vgl. *Bandura* 1986).
[266] Vgl. *Bonus* 2009, S. 287.
[267] Vgl. *Morhart/Herzog/Tomczak* 2009, S. 139.
[268] Vgl. *Ryan/Deci* 2002, S. 7.
[269] Vgl. *Wrase* 2010, S. 93.
[270] Vgl. *Morhart* 2008, S. 19.
[271] Vgl. *Ryan/Deci* 2002, S. 8.
[272] Vgl. *Williams* 2002, S. 235.

geninitiativ zu handeln, unterstützt werden.[273] Im Mitarbeiter-Marken-Bereich ist unter dem Verlangen das **Bedürfnis nach Autonomie bei der Markenarbeit** zu verstehen. Dies äußert sich z.b. im Wunsch von Mitarbeitenden, eigene Ideen oder Meinungen (z.b. hinsichtlich der Planung und Umsetzung markenbezogener Maßnahmen) einbringen zu können.[274]

Die Ausführungen machen deutlich, dass im Mitarbeiter-Marken-Kontext gemäß der Selbstbestimmungstheorie das Bedürfnis nach Markenkompetenzerleben, nach Zugehörigkeit zur Markengemeinschaft und nach Autonomie bei der Markenarbeit besteht. Aus diesen Bedürfnissen lassen sich entsprechend die Erwartungen der Mitarbeitenden an die Interne Markenführung ableiten. Diese stellen die Erwartung nach der Vermittlung von Markenkompetenzerleben, nach der Vermittlung eines Zugehörigkeitsgefühls zur Markengemeinschaft und die Erwartung nach dem Verleihen von Autonomie bei der Markenarbeit dar (vgl. Schaubild 3-2):

- Die Erwartung nach der **Vermittlung von Markenkompetenzerleben** trägt dem mitarbeiterseitigen Wunsch Rechnung, sich als kompetent wahrzunehmen. Sie ist der im Rahmen der Literaturanalyse abgeleiteten Erwartung nach Kompetenzvermittlung sehr ähnlich. Der Unterschied besteht jedoch darin, dass darunter, in Anlehnung an *Deci/Ryan*, nicht die Vermittlung der tatsächlichen, sondern der erlebten Kompetenz verstanden wird. Zum Markenkompetenzerleben von Mitarbeitenden trägt z.B. eine positive Rückmeldung des Vorgesetzten für das gezeigte Markenverhalten im Kundenkontakt bei.

- Die Erwartung nach der **Vermittlung eines Gefühls von Zugehörigkeit zur Markengemeinschaft** begegnet dem mitarbeiterseitigen Verlangen nach sozialer Eingebundenheit. Das Zugehörigkeitsgefühl der Mitarbeitenden wird z.B. durch eine faire Behandlung durch wichtige Bezugspersonen gefördert. Dies kann z.B. durch den regelmäßigen Erhalt relevanter Markeninformationen erfolgen. Ebenfalls trägt die Wertschätzung des Mitarbeitenden für die geleisteten Markenanstrengungen dazu bei, sich fair behandelt und damit in die Markengemeinschaft eingebunden zu fühlen.[275]

---

[273] Vgl. *Deci/Ryan* 1993, S. 230.
[274] Vgl. ähnlich *Morhart* 2008, S. 21; *Morhart/Herzog/Tomczak* 2009, S. 139.
[275] Vgl. ähnlich *Tyler/Blader* 2001, S. 216ff.

Konzeptualisierung und Operationalisierung der QIMF

- Die Erwartung nach der **Verleihung von Autonomie bei der Markenarbeit** kann als identisch zur im Rahmen der Literaturanalyse identifizierten Erwartung nach Partizipation (vgl. Abschnitt 2.3.2) angesehen werden. Sie antwortet auf das Autonomiebestreben des Mitarbeitenden. Die Verleihung von Autonomie erfolgt z.B. durch das Einräumen von Partizipationsmöglichkeiten bei markenbezogenen Projekten.

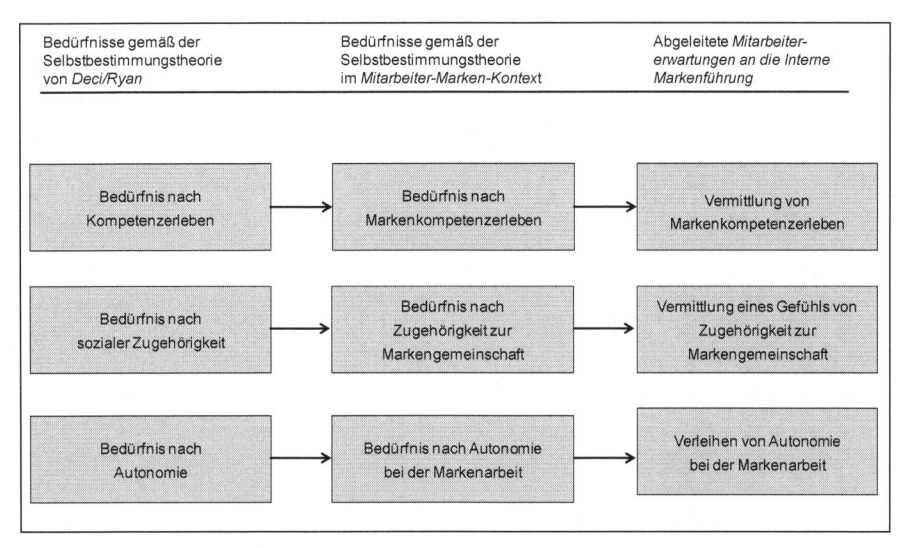

Bedürfnisse gemäß der Selbstbestimmungstheorie von *Deci/Ryan*	Bedürfnisse gemäß der Selbstbestimmungstheorie im *Mitarbeiter-Marken-Kontext*	Abgeleitete *Mitarbeitererwartungen an die Interne Markenführung*
Bedürfnis nach Kompetenzerleben	Bedürfnis nach Markenkompetenzerleben	Vermittlung von Markenkompetenzerleben
Bedürfnis nach sozialer Zugehörigkeit	Bedürfnis nach Zugehörigkeit zur Markengemeinschaft	Vermittlung eines Gefühls von Zugehörigkeit zur Markengemeinschaft
Bedürfnis nach Autonomie	Bedürfnis nach Autonomie bei der Markenarbeit	Verleihen von Autonomie bei der Markenarbeit

Schaubild 3-2: Ableitung von Mitarbeitererwartungen an die Interne Markenführung aus der Selbstbestimmungstheorie nach *Deci/Ryan*

3.3.1.2 Identifikation der Konstruktdimensionen auf Basis qualitativer Interviews

3.3.1.2.1 Aufbau der Interviews

Mit dem Rückgriff auf die Selbstbestimmungstheorie wurden, neben den im Rahmen der Literaturanalyse ermittelten Anforderungen (vgl. Abschnitt 2.3.2), weitere Mitarbeitererwartungen an die Interne Markenführung identifiziert. In diesem Abschnitt wird die Zielsetzung verfolgt, die Identifikation von Erwartungen auf Basis **qualitativer Interviews** vorzunehmen.

Qualitative Interviews stellen eine mündliche und persönliche (face-to-face) Form der Befragung zu einem interessierenden Untersuchungsgegenstand dar.[276] Es lassen sich mit dem explorativen Interview, dem Tiefeninterview und dem fokussierten Interview verschiedene Formen qualitativer Interviews unterscheiden.[277] Um Mitarbeitererwartungen an die Interne Markenführung zu identifizieren, wurde sich für die Durchführung von **Tiefeninterviews** entschieden.[278] Bei Tiefeninterviews handelt es sich um ein langes und intensives Gespräch zwischen Interviewer und Befragtem über ein vom Interviewer vorgegebenes Thema. Im Laufe des Gesprächs versucht der Interviewer möglichst alle relevanten Einstellungen und Meinungen des Befragten herauszufinden. Er zielt dabei auch auf Aspekte ab, über die sich die befragte Person bis zu diesem Zeitpunkt selbst nicht bewusst war.[279] Tiefeninterviews sind daher zur Analyse komplexer, unbewusster und schwer erfassbarer Phänomene, wie sie auch die Qualität der Internen Markenführung darstellt, besonders geeignet.[280]

Insgesamt konnten **45 Mitarbeitende aus drei Unternehmen** für die Teilnahme an den Interviews gewonnen werden. Zehn Mitarbeitende waren für das Unternehmen *DHL Express (Schweiz) AG* tätig, elf Mitarbeitende arbeiteten für die *Ricola AG*, 24 Mitarbeitende gehörten der *Bell AG* an. Von den Befragten wurden zwölf Mitarbeitende als **Experten** angesehen (vier Mitarbeitende von *DHL Express*, zwei von *Ricola*, sechs von *Bell*). Es handelt sich dabei um Mitarbeitende, die in den Bereichen Marketing und Personalwesen arbeiten. Diese Personen sind mit marken- bzw. mitarbeiterbezogenen Fragestellungen vertraut und dadurch in der Lage, Auskunft zu Qualitätsaspekten der Internen Markenführung zu geben. Mit der Einbindung von Experten wird der Empfehlung von *Rossiter* zur Sicherstellung einer hohen Inhaltsvalidität des Konstrukts gefolgt.[281]

---

[276] Vgl. *Morrison et al.* 2002, S. 45ff.; *Lamnek* 2005, S. 55ff.
[277] Vgl. *Fantapié/Altobelli* 2011, S. 68ff.
[278] Es wurden bewusst Einzelinterviews gewählt. Mit der Durchführung von Gruppendiskussionen ist die Gefahr verbunden, dass durch „dominante" Diskussionsteilnehmer (so genannte Meinungsführer bzw. Opinion Leader) der Gesprächsverlauf gestört wird und sich die gesamte Gruppe mit der Meinung des Opinion Leader solidarisiert (vgl. *Kepper* 2008, S. 187). Die Folge ist, dass die vom Meinungsführer nicht genannten, in der Realität aber bestehenden Erwartungen an die Interne Markenführung nicht identifiziert werden können.
[279] Vgl. *Salcher* 1995, S. 34.
[280] Vgl. *Kepper* 2008, S. 183.
[281] Vgl. *Rossiter* 2002, S. 319.

Die Interviews wurden im März/April 2010 (*DHL Express*), Juni/Juli 2010 (*Ricola*) und im April/Mai 2011 (*Bell*) durchgeführt. Es wurden bewusst **Mitarbeitende aus unterschiedlichen Arbeitsbereichen** und **Hierarchiestufen** ausgewählt. So arbeiteten die Befragten in den Bereichen Produktion, Marketing/Vertrieb, Personalwesen, Rechnungswesen/Controlling, Qualitätsmanagement, Organisation, Logistik, Produktentwicklung, Administration und Support (z.b. Betriebsrestaurant, Reinigung). Die befragten Personen gehörten vom unteren Management bis hin zur Betriebsleitung verschiedenen Mitarbeitergruppen an. Mit der Berücksichtigung von Mitarbeitenden unterschiedlicher Unternehmen sowie verschiedener Funktionsbereiche und Hierarchiestufen wird der Entstehung eines Key Informant Bias entgegengetreten. Die Erwartungen an die Interne Markenführung können z.b. je nach Arbeitsbereich der befragten Person, d.h. des Key Informant, variieren, so dass mit einer Befragung von Mitarbeitenden aus dem gleichen Funktionsbereich die Gefahr einer systematischen Verzerrung der Ergebnisse (Key Informant Bias) verbunden wäre.[282] Durch die Gewährleistung maximaler Variation in den Antworten wird sichergestellt, dass sämtliche Erwartungen von Mitarbeitenden an die Interne Markenführung identifiziert werden.

Die Interviews dauerten zwischen 45 und 75 Minuten und erfolgten halbstrukturiert auf der Grundlage eines **Interviewleitfadens**. Es kamen ausschließlich offene Fragen zum Einsatz. Die Befragung sah folgenden Ablauf vor: Zu **Beginn** wurden für ein besseres Verständnis der Begriff der Internen Markenführung und beispielhafte Maßnahmen der Internen Markenführung vorgestellt. Zudem wurden Fragen zu besonders positiven oder negativen Erfahrungen, so genannten „Critical Incidents", mit der Internen Markenführung gestellt. Diese dienten als „Eisbrecherfragen" und hatten die Aufgabe, die Probanden gedanklich auf die nachfolgenden Fragen vorzubereiten. **Anschließend** standen Fragen zum eigentlichen Untersuchungsgegenstand im Vordergrund. Hier wurden die Interviewten

---

[282] Vgl. zum Key Informant Bias ausführlich *Kumar/Stern/Anderson* 1993, S. 1636ff.; *Ernst* 2003, S. 1250; *Söhnchen* 2009, S. 138.

nach ihren Erwartungen an die Interne Markenführung befragt.[283] Die Frage nach den Erwartungen wurde mehrmals gestellt, die Formulierung aber jeweils variiert, um dadurch aus verschiedenen Perspektiven heraus Hinweise zu den Erwartungen von Mitarbeitenden an die Interne Markenführung zu erhalten. Als Fragetechnik wurde hierbei auf das Laddering-Verfahren, das häufig zur Rekonstruktion von Werteketten im Rahmen der Means-End-Theorie Verwendung findet[284], Rückgriff genommen. So wurden die Befragten mittels nacheinander folgender Warum-Fragen zur Aussage weiterer Details aufgefordert.[285]

Die Protokollierung der Interviews erfolgte durch die Verfasserin der vorliegenden Arbeit und mithilfe von Notizen. Nach Abschluss der Befragungen wurde eine Zusammenfassung gleicher bzw. ähnlicher Aussagen der Probanden vorgenommen, um die wesentlichen Inhalte zu ermitteln und ein repräsentatives Abbild der Interviews zu erhalten.[286]

3.3.1.2.2 Erkenntnisbeitrag

In Übereinstimmung mit den Erkenntnissen aus der Literaturanalyse und dem Rückgriff auf die Selbstbestimmungstheorie verweisen die durchgeführten Interviews darauf, dass sich die Qualität der Internen Markenführung aus mehreren Dimensionen zusammensetzt. So konnten im Rahmen der Interviews verschiedene Erwartungen an die Interne Markenführung identifiziert werden.[287] Diese stellen die **Vermittlung von Markeninformationen**, das **Vorleben der Markenidentität**, die **Unterstützung durch Vorgesetzte im Rahmen der Arbeit für die Marke**, die **Wertschätzung für geleistete Markenanstrengungen**, die **Partizipation bei der Markenarbeit**, die **Schaffung von Markennähe** und die

---

[283] Der verwendete Leitfaden für die Durchführung der Interviews mit den Mitarbeitenden findet sich in Anhang 1. Der Interviewleitfaden für die Experten war nahezu identisch. Im Unterschied zu den Mitarbeitenden wurden die Experten jedoch nicht nach ihren persönlichen Erwartungen an die Interne Markenführung befragt. Die Experten hatten vielmehr die Aufgabe ihre Meinung bzw. Erfahrung dahingehend kundzutun, welche Anforderungen Mitarbeitende an die Interne Markenführung stellen. Ebenfalls galt es für die Experten, die von den Mitarbeitenden identifizierten Erwartungen an die Interne Markenführung auf ihre Gültigkeit für die Entstehung der Qualität der Internen Markenführung hin kritisch zu würdigen.

[284] Vgl. z.B. *Reynolds/Gutman* 1988; *Herrmann* 1996; *Kepper* 1996.

[285] Vgl. *Homburg* 2012, S. 35, 257f.

[286] Vgl. *Mayring* 2010, S. 58.

[287] Die identifizierten Erwartungen der Internen Markenführung wurden von den befragten Experten bestätigt.

Visualisierung der Markenidentität dar. Im Folgenden wird sich den identifizierten Erwartungen gewidmet. Aus Gründen der Übersichtlichkeit erfolgt eine komprimierte Darstellung der individuellen Antworten der Probanden.

- Die Frage nach den Erwartungen an die Interne Markenführung beantworteten die Befragten ausnahmslos mit der Erwartung nach der **Vermittlung von Markeninformationen**. Dies wurde z.b. durch folgende Aussagen deutlich: *„Ich möchte, dass man uns Mitarbeitern mitteilt, was die Ziele und Visionen der Marke sind"*; *„Ich möchte vermittelt bekommen, wie die Marke sein soll, für was die Marke steht"*; *„Die Interne Markenführung ist für mich gelungen, wenn ich gut über die Marke informiert werde, wenn ich z.b. regelmäßig und rechtzeitig über Neuerungen betreffend der Marke erfahre, z.B. durch die Mitarbeiterzeitschrift, im Intranet, durch unseren Newsletter oder im persönlichen Gespräch"*.

- Als weitere Erwartung an die Interne Markenführung wurde das **Vorleben der Markenidentität** im Unternehmen genannt. Dies offenbarte sich durch folgende Statements: *„Es ist für mich sehr wichtig, dass meine Vorgesetzten die Marke vorleben. Dadurch lerne ich, wie ich mich, z.B. im Kontakt mit Kunden, verhalten soll"*; *„Ich erwarte, dass meine Vorgesetzten, aber auch die Geschäftsleitung, ein Vorbild in ihrem Markenverhalten sind"*; *„Führungskräfte fungieren im Unternehmen als Rollenmodell. Sie sollten dementsprechend die Marke leben, da sich Mitarbeiter an deren Verhalten orientieren"*.

- Des Weiteren wurde die **Unterstützung durch Vorgesetzte im Rahmen der Arbeit für die Marke** als Anforderung an die Interne Markenführung deutlich. Dies zeigen folgende Aussagen: *„Ich möchte, dass mir mein Vorgesetzter hilft, meine Arbeit für unsere Marke gut erfüllen zu können"*; *„Ich erwarte von meinem Chef, dass er mich motiviert, damit ich gerne für die Marke arbeite"*; *„Ich möchte, dass mir mein Vorgesetzter dabei hilft, mein Markenverständnis zu verbessern"*.

- Die **Wertschätzung für geleistete Markenanstrengungen** wurde ebenfalls von der Mehrheit der Befragten als Anforderung an die Interne Markenführung genannt. Darauf verweisen die folgenden Aussagen: *„Ich möchte für das, was ich für die Marke leiste, Anerkennung erhalten, insbesondere möchte ich für meine Arbeit gelobt werden"*; *„Ich finde es wichtig, dass wir Mitarbeiter Prämien erhalten, wenn wir uns besonders für die Marke angestrengt haben. Dadurch zeigt uns die Geschäftsleitung, dass sie uns wertschätzt"*; *„Ich finde es von zentraler Wichtigkeit, dass meine Anstrengungen für die Marke gewürdigt werden"*.

- Des Weiteren wurde die **Partizipation bei der Markenarbeit** als Erwartung an die Interne Markenführung deutlich. Dies geht aus den folgenden Statements hervor: *„Ich wünsche mir, dass im Unternehmen nicht nur die Führungskräfte Entscheidungen zur Marke treffen, sondern auch wir Mitarbeiter uns einbringen können"*; *„Es sollten auch die Vorschläge von Mitarbeitern unterer Hierarchiestufen willkommen sein, z.B. hinsichtlich der Gestaltung neuer Produktverpackungen"*; *„Wir Mitarbeiter möchten keine Marionette sein, sondern die Marke mitgestalten können"*.

- Die **Schaffung von Markennähe** stellt für die Befragten eine weitere Erwartung an die Interne Markenführung dar. Dies manifestiert sich in den folgenden Aussagen: *„Die Interne Markenführung muss meine Identifikation mit der Marke fördern"*; *„Die Interne Markenführung sollte bei den Mitarbeitern das „feu sacré" entfachen, das heißt, die Interne Markenführung sollte bewirken, dass die Mitarbeiter für die Marke brennen und stolz sind, für diese arbeiten zu dürfen"*; *„Ich möchte durch die Interne Markenführung das Gefühl vermittelt bekommen, ein Teil unserer Marke zu sein"*.

- Ebenfalls wurde die **Visualisierung der Markenidentität** als Erwartung an die Interne Markenführung aufgeführt. Darauf verweisen die folgenden Statements: *„Um sich besser vorstellen können, wofür unsere Marke steht, sollten die Markenwerte sichtbar gemacht werden. Die Dienstbekleidung unserer Produktionsmitarbeiter drückt z.B. deutlich aus, dass unsere Marke für Hygiene steht"*; *„Im Rahmen der Internen Markenführung darf die nonverbale Kommunikation nicht vergessen werden. Eine markenbezogene Gestaltung der Räume und Flure, bei der sich z.B. unsere Logofarben wiederfinden, sorgt dafür, dass die Marke für uns Mitarbeiter stets präsent und sichtbar ist"*; *„Die Marke an sich ist sehr abstrakt. Sie sollte für die Mitarbeiter greifbar gemacht werden. Dies gelingt durch die Visualisierung der Marke, z.B. durch eine Berufsbekleidung, die sich an den Markenwerten orientiert"*.

Insgesamt zeigt sich, dass die identifizierten Erwartungen mehrheitlich bereits im Rahmen der Literaturanalyse und des Theorierückgriffs ermittelt wurden. Lediglich mit der Visualisierung der Markenidentität wurde eine neue Anforderung an die Interne Markenführung ermittelt. Der nachfolgende Abschnitt widmet sich der zusammenfassenden Darstellung sämtlicher identifzierter Erwartungen und legt fest, welche davon als Dimensionen im Konstrukt Qualität der Internen Markenführung Berücksichtigung finden.

3.3.1.3 Zusammenfassende Darstellung und Festlegung der Konstruktdimensionen

Die in den vergangenen Abschnitten sowie im Rahmen der Literatursichtung (Abschnitt 2.3.2) identifizierten Erwartungen an die Interne Markenführung bilden die Grundlage für die Konzeptualisierung der Qualität der Internen Markenführung. Schaubild 3-3 stellt die identifizierten Anforderungen zusammenfassend dar.

Identifikation von Erwartungen an die Interne Markenführung		
Literaturbasierte Identifikation	Theoriebasierte Identifikation	Interviewbasierte Identifikation
• Vermittlung von Markenwissen • Vermittlung von Markeninformationen • Vermittlung von Markenkompetenz • Vorleben der Markenidentität • Unterstützung durch Vorgesetzte im Rahmen der Arbeit für die Marke • Wertschätzung für geleistete Markenanstrengungen • Partizipation bei der Markenarbeit • Schaffung von Markennähe	• Vermittlung von Markenkompetenzerleben • Vermittlung eines Gefühls von Zugehörigkeit zur Markengemeinschaft • Verleihen von Autonomie bei der Markenarbeit (Partizipation bei der Markenarbeit)	• Vermittlung von Markeninformationen • Vorleben der Markenidentität • Unterstützung durch Vorgesetzte im Rahmen der Arbeit für die Marke • Wertschätzung für geleistete Markenanstrengungen • Partizipation bei der Markenarbeit • Schaffung von Markennähe • Visualisierung der Markenidentität

Schaubild 3-3: Zusammenfassende Darstellung der identifizierten Erwartungen an die Interne Markenführung

Aus dem Schaubild geht hervor, dass aus der Literatur, der gewählten Theorie und den durchgeführten Interviews eine Vielzahl von Erwartungen an die Interne Markenführung ermittelt werden konnte. Wie jedoch bereits die Literaturanalyse gezeigt hat, sind die identifizierten Erwartungen oftmals nicht voneinander unabhängig (vgl. Abschnitt 2.3.2). Es besteht jedoch das Erfordernis, dass die Dimensionen der Qualität der Internen Markenführung ausreichend diskriminieren.[288] Damit dies sichergestellt wird, ist eine Bereinigung der gewonnenen Basis an potenziellen Konstruktdimensionen vorzunehmen.

Im Folgenden finden diejenigen Erwartungen, bzw. deren Erfüllung, als Dimensionen des Konstrukts Qualität der Internen Markenführung Berücksichtigung, die sich auf dem **niedrigsten Aggregationsniveau** befinden. Dadurch wird zum einen eine ausreichende Trennschärfe zwischen den Konstruktdimensionen gewährleistet. Mit dem geringen Aggregationsgrad ist zum anderen der Vorteil verbunden, dass die Messindikatoren der Faktoren ebenfalls gering aggregiert sind. Das bedeutet, dass konkrete Maßnahmen, die zur Erfüllung der Mitarbeitererwartungen an die Interne Markenführung beitragen, im Messmodell berücksichtigt werden können und dadurch die Ableitung von spezifischen Implikationen für Unternehmen möglich wird.

Das gewählte Vorgehen führt zur Auswahl folgender Erwartungen: die Erwartung nach der **Vermittlung von Markeninformationen**, dem **Vorleben der Markenidentität**, der **Wertschätzung für geleistete Markenanstrengungen**, der **Partizipation bei der Markenarbeit** und der **Visualisierung der Markenidentität**. Es ist an dieser Stelle anzumerken, dass nicht die Mitarbeiterwartungen selbst als Dimensionen der Qualität der Internen Markenführung fungieren, sondern deren Erfüllung. Das bedeutet, dass z.B. nicht die Erwartung nach der Vermittlung von Markeninformationen eine Dimension der Qualität der Internen Markenführung darstellt, sondern die von den Mitarbeitenden wahrgenommene Vermittlung von Markeninformationen. Die fünf Dimensionen der Qualität der Internen Markenführung sind demnach

- die **wahrgenommene Vermittlung von Markeninformationen**,
- das **wahrgenommene Vorleben der Markenidentität**,
- die **wahrgenommene Wertschätzung für geleistete Markenanstrengungen**,
- die **wahrgenommene Partizipation bei der Markenarbeit** und
- die **wahrgenommene Visualisierung der Markenidentität**.

Zugunsten einer besseren Lesbarkeit wird die wahrgenommene Vermittlung von Markeninformationen in **wahrgenommene Informationsvermittlung** umbe-

---

[288] Grundsätzlich wird verlangt, dass ausreichende Diskriminanz zwischen den Dimensionen eines Konstrukts besteht. Vgl. *Bagozzi/Phillipps* 1982, S. 468f.

nannt, die wahrgenommene Wertschätzung für geleistete Markenanstrengungen in **wahrgenommene Wertschätzung** und die wahrgenommene Partizipation bei der Markenarbeit in **wahrgenommene Partizipation**.[289] In Schaubild 3-4 finden sich in der linken Spalte die festgelegten Dimensionen der Qualität der Internen Markenführung. Zugleich macht das Schaubild deutlich, dass mit dem Ausschluss der weiteren, zuvor identifizierten Erwartungen keine relevante Konstruktfacette unberücksichtigt bleibt. Darauf wird im Folgenden eingegangen.

---

[289] Aus Gründen einer besseren Lesbarkeit wird zudem an einigen Stellen dieser Arbeit bei den Dimensionen auf die Verwendung des Begriffs der Wahrnehmung verzichtet, es ist jedoch jeweils die wahrgenommene Informationsvermittlung, die wahrgenommene Partizipation usw. gemeint.

Festgelegte Konstruktdimensionen... / ...und deren Zuordnung	Vermittlung von Markenwissen	Vermittlung von Markenkompetenz	Unterstützung durch Vorgesetzte	Schaffung von Markennähe	Vermittlung von Markenkompetenzerleben	Vermittlung eines Zugehörigkeitsgefühls zur Markengemeinschaft
Informationsvermittlung	X	X	X	X	X	X
Vorleben der Markenidentität	X	X	X	X	X	
Wertschätzung			X	X	X	X
Partizipation			X	X	X	X
Visualisierung der Markenidentität	X	X		X	X	X

Schaubild 3-4: Festgelegte Dimensionen des Konstrukts Qualität der Internen Markenführung und ihre Zuordnung

Auf den Einbezug der Erwartung nach der Vermittlung von Markenwissen wurde verzichtet, da die Vermittlung von Markeninformationen, das Vorleben der Markenidentität und die Visualisierung der Markenidentität zur Erfüllung dieser Erwartung beitragen.[290] Infolgedessen findet die Erwartung nach der Vermittlung von Markenwissen im zu entwickelnden Konstrukt keine Berücksichtigung. Ähnliches gilt für die weiteren nicht berücksichtigten Erwartungen. Die Vermittlung von Markenkompetenz erfolgt durch die Vermittlung von Markenwissen.[291] Demzufolge tragen hierzu ebenfalls die Vermittlung von Markeninformationen, das Vorleben und die Visualisierung der Markenidentität bei. Es ist davon auszugehen, dass die Vermittlung von Markeninformationen (z.B. im persönlichen Gespräch), das Vorleben der Markenidentität (z.B. durch den direkten Vorgesetzten), die Wertschätzung für die geleisteten Anstrengungen (z.B. durch Lob) und das Zugeständnis von Partizipationsmöglichkeiten das Gefühl von Mitarbeitenden fördert, von ihren Vorgesetzten in ihrer Arbeit für die Marke unterstützt zu werden. Zudem ist anzunehmen, dass durch die festgelegten Dimensionen der Qualität der Internen Markenführung die Entstehung von Nähe zwischen dem Mitarbeitenden und der Marke gefördert wird.[292] Bereits die Vermittlung von Markenwissen und -kompetenz (durch die Vermittlung von Markeninformationen sowie das Vorleben und die Visualisierung der Markenidentität) trägt dazu bei, dass sich Mitarbeitende als markenkompetent erleben.[293] Darüber hinaus nehmen sich Mitarbeitende als kompetent wahr, wenn sie Wertschätzung für die geleistete Arbeit erfahren und Partizipationsmöglichkeiten eingeräumt bekommen.[294] Werden Mitarbeitende über die Marke informiert, trägt dies dazu bei, dass sie sich nicht ausgeschlossen, sondern als der Markengemeinschaft zugehörig fühlen. Die Möglichkeit zur Partizipation und die erfahrene Wertschätzung für die geleisteten Anstrengungen fördern ebenso die Wahrnehmung von Mitar-

---

[290] Darauf verweisen die Ausführungen von *Wrase* 2010, S. 74 (in Bezug auf die Vermittlung von Markeninformationen), *Vallaster/De Chernatony* 2005, S. 197 (in Bezug auf das Vorleben) und *Raffelt/Littich/Meyer* 2011, S. 249 (in Bezug auf die Visualisierung). Die Zusammenhänge werden im Schaubild durch die Kreuze in den Zellen deutlich gemacht.
[291] Vgl. *von Walter/Tomczak/Henkel* 2011, S. 382; *Wentzel et al.* 2012, S. 84.
[292] Anhaltspunkte hierzu liefert z.B. die Abbildung von *Brexendorf et al.* 2012, S. 344.
[293] Anhaltspunkte hierzu liefern *Berry/West* 1993, S. 254 und *Dietz* 2006, S. 74ff.
[294] Darauf verweisen die Ausführungen von *Bonus* 2009, S. 287 (in Bezug auf die Wertschätzung) und *Bhatnagar* 2007, S. 1791f. (in Bezug auf die Partizipation).

beitenden, zur Markengemeinschaft dazuzugehören.[295] Schließlich kann auch die Visualisierung der Markenidentität, insbesondere durch die Dienstbekleidung (z.B. bei Fluggesellschaften) dazu führen, dass sich Mitarbeitende mit der Markengemeinschaft verbunden fühlen.

Aus den Ausführungen geht hervor, dass nach der vorgenommenen Bereinigung fünf Dimensionen des Konstrukts Qualität der Internen Markenführung vorliegen. Im Folgenden wird sich der Modellierung der Konstruktdimensionen gewidmet.

3.3.2 Modellierung der Konstruktdimensionen

In diesem Abschnitt erfolgt die sukzessive Modellierung der einzelnen Konstruktdimensionen. Zunächst wird dabei jeweils auf die Relevanz der Dimension als Facette der Qualität der Internen Markenführung eingegangen. Im Anschluss daran steht die inhaltliche Konkretisierung und Definition der Dimension im Mittelpunkt.

(1) Wahrgenommene Informationsvermittlung

Die in den vorangegangenen Abschnitten vorgenommene Literaturanalyse sowie die durchgeführten Mitarbeiterinterviews verweisen auf die wahrgenommene Informationsvermittlung als definierendes Element der Qualität der Internen Markenführung.[296] Die wahrgenommene Informationsvermittlung als Facette der Qualität der Internen Markenführung lässt sich auch durch den Rückgriff auf die Selbstbestimmungstheorie ableiten. Die Qualität der Internen Markenführung wurde definiert als die Fähigkeit eines Unternehmens, die Erwartungen der Mitarbeitenden an die Interne Markenführung zu erfüllen.[297] Auf Basis der Selbstbestimmungstheorie wurden die Vermittlung eines Markenkompetenzerlebens und eines Zugehörigkeitsgefühls zur Markengemeinschaft sowie das Verleihen von Autonomie bei der Markenarbeit als Mitarbeitererwartungen an die Interne Markenführung abgeleitet. Die wahrgenommene Informationsvermittlung trägt zur Erfüllung der aus der Selbstbestimmungstheorie abgeleiteten Mitarbeitererwartungen nach der Vermittlung von Markenkompetenzerleben und sozialer Zuge-

---

[295] Darauf verweisen die Ausführungen von *Tyler/Blader* 2001, S. 311ff. und *Smidts/Pruyn/van Riel* 2001, S. 1053.
[296] Vgl. Abschnitt 2.3.2 und 3.3.1.2.2.
[297] Vgl. Abschnitt 2.2.

hörigkeit bei.[298] Sie dient somit der Entstehung der mitarbeiterseitigen Wahrnehmung der Qualität der Internen Markenführung und ist daher als Dimension in das Konstrukt zu integrieren.

Arbeiten, die sich mit der mitarbeiterseitig wahrgenommenen Vermittlung von Informationen beschäftigen, greifen häufig auf das Konstrukt Informationsqualität zurück.[299] Die Informationsqualität basiert auf folgendem Verständnis: „Quality of information refers to whether the communication is relevant, accurate, reliable and timely."[300] Als Merkmale der Informationsqualität gelten z.b. die Genauigkeit, Relevanz, Vollständigkeit und Aktualität von Informationen.[301] Die hier betrachtete Dimension wahrgenommene Informationsvermittlung weist eine inhaltliche Nähe zur Informationsqualität auf, sie wird jedoch globaler gefasst. So wird unter der wahrgenommenen Informationsvermittlung das Ausmaß verstanden, zu dem sich Mitarbeitende durch Maßnahmen der Internen Markenführung gut über die Marke informiert fühlen. Im Unterschied zur Informationsqualität wird somit nicht zwischen den verschiedenen Merkmalen, die die Güte der Information widerspiegeln, differenziert, vielmehr werden die Maßnahmen, die dazu beitragen, dass sich Mitarbeitende gut über die Marke informiert fühlen, betrachtet. Zu den Maßnahmen der Informationsvermittlung zählen z.B. der Einsatz von Informationsmedien, wie Newsletter oder Intranet, oder persönliche Gespräche.

Folgende **Definition** liegt somit der Dimension wahrgenommene Informationsvermittlung zugrunde:

> Die **wahrgenommene Informationsvermittlung** beschreibt das Ausmaß, zu dem sich Mitarbeitende durch Maßnahmen der Internen Markenführung gut über die Marke informiert fühlen.

---

[298] Vgl. Abschnitt 3.3.1.1.2.
[299] Vgl. z.B. *O'Reilly* 1982; *Maltz* 2000; *Sperka* 2000; *Byrne/LeMay* 2006; *Thomas/Zolin/Hartman* 2009.
[300] *Byrne/LeMay* 2006, S. 151.
[301] Vgl. *Zmud* 1978; *Mohr/Spekman* 1996, S. 37; *Maltz* 2000, S. 114f.; *Sperka* 2000, S. 3; *Thomas/Zolin/Hartman* 2009, S. 290.

(2) Wahrgenommenes Vorleben der Markenidentität

Aus der Literaturanalyse und den qualitativen Interviews lässt sich entnehmen, dass das wahrgenommene Vorleben der Markenidentität eine weitere Facette der Qualität der Internen Markenführung darstellt.[302] Darauf verweisen auch die Erkenntnisse aus der Selbstbestimmungstheorie. Das Vorleben der Markenidentität, z.B. durch Vorgesetzte, trägt zum Modelllernen von Mitarbeitenden bei.[303] Durch das „Lernen am Modell" erfahren Mitarbeitende, wie ein markenkonformes Verhalten auszusehen hat.[304] Dies wiederum fördert die Erfüllung der Mitarbeiterwartung nach der Vermittlung von Markenkompetenzerleben.[305] Durch den Beitrag zur Erwartungserfüllung ist das wahrgenommene Vorleben der Markenidentität folglich auch aus der Perspektive der Selbstbestimmungstheorie als Dimension der Qualität der Internen Markenführung anzusehen.

Die Dimension wahrgenommenes Vorleben der Markenidentität bezieht sich auf das überzeugende Vorleben der Markenidentität durch die für einen Mitarbeitenden relevanten Personen. Dies ist dann gegeben, wenn Mitarbeitende wahrnehmen, dass im Unternehmen ein markenkonformes Verhalten gezeigt wird.[306] Indem das Verhalten überzeugend an der Markenidentität ausgerichtet wird, können die betreffenden Personen zum Role Model für den Mitarbeitenden werden.[307] Dadurch lernt der Mitarbeitende, wie er sich selbst zu verhalten hat.[308] Zugleich führt dies zur intrinsischen Motivation des Mitarbeitenden, sich ebenfalls markenkonform zu verhalten.[309] Die für einen Mitarbeitenden im Unter-

---

[302] Vgl. Abschnitt 2.3.2 und 3.3.1.2.2.
[303] Der Ansatz des Modelllernens geht auf *Bandura* zurück. Die Grundaussage ist, dass Individuen nicht nur durch persönliche Erfahrungen, sondern auch durch die Beobachtung Anderer lernen (vgl. *Wiswede* 2007, S. 72; vgl. zum Modelllernen ausführlich *Bandura* 1969, 1979, 1986, 1997).
[304] Vgl. *Brexendorf et al.* 2012, S. 348.
[305] Vgl. Abschnitt 3.3.1.1.2.
[306] Vgl. *Piehler* 2011, S. 180.
[307] Vgl. ähnlich *Nerdinger/Neumann* 2008, S. 227f. Role Models sind Personen, die bei einem Individuum den Wunsch auslösen, deren Eigenschaften und Verhaltensweisen nachzuahmen (vgl. *Gibson/Barron* 2003, S. 199).
[308] Vgl. *Brexendorf et al.* 2012, S. 348; *Esch/Knörle* 2012a, S. 380.
[309] Vgl. ähnlich *Morhart/Jenewein/Tomczak* 2012, S. 395ff.

nehmen relevanten Personen stellen die Geschäftsführung, die direkten Vorgesetzten, aber auch die Kollegen dar.[310]

Die Ausführungen führen zu folgender **Definition** der Dimension wahrgenommenes Vorleben der Markenidentität:

> Das **wahrgenommene Vorleben der Markenidentität** beschreibt das Ausmaß, zu dem Mitarbeitende wahrnehmen, dass ihnen die Markenidentität von für sie relevanten Personen im Unternehmen (Geschäftsführung, direkte Vorgesetzte, Kollegen) überzeugend vorgelebt wird.

(3) Wahrgenommene Wertschätzung

Neben der wahrgenommenen Informationsvermittlung und dem wahrgenommenen Vorleben der Markenidentität konnte aus der Literaturanalyse und den Interviews die wahrgenommene Wertschätzung als weitere Dimension der Qualität der Internen Markenführung bestimmt werden.[311] Es wurde bereits im Rahmen der theoretischen Ausführungen erwähnt, dass die Wertschätzung zur Erfüllung der Mitarbeitererwartung nach der Vermittlung eines Zugehörigkeitsgefühls zur Markengemeinschaft beiträgt.[312] Analog zur Argumentation im Hinblick auf die obigen Dimensionen, wird die Relevanz der Dimension für die Qualität der Internen Markenführung folglich auch aus dem Blickwinkel der Selbstbestimmungstheorie deutlich.

Unter der wahrgenommenen Wertschätzung wird das Ausmaß verstanden, zu dem Mitarbeitende wahrnehmen, dass ihnen mithilfe von Maßnahmen der Internen Markenführung Anerkennung für die geleistete Arbeit für die Marke entgegengebracht wird. In der Literatur ist der Aspekt der Wertschätzung für erbrachte Leistungen im Konstrukt Respekt integriert.[313] Das Konstrukt Respekt spiegelt den Status eines Individuums (hier: eines Mitarbeitenden) in einer Gruppe (hier:

---

[310] Die direkten Vorgesetzten und Kollegen können dabei als „close role models" fungieren, da hier eine direkte und regelmäßige Interaktion des Mitarbeitenden mit diesen besteht; die Geschäftsführung, aufgrund des seltenen direkten Kontaktes, als „distant role models" (vgl. *Moberg* 2000, S. 685; *Gibson* 2003, S. D4).
[311] Vgl. Abschnitt 2.3.2 und 3.3.1.2.2.
[312] Vgl. Abschnitt 3.3.1.1.2.
[313] Vgl. *Blader/Tyler* 2009, S. 462.

Unternehmen) wider.[314] Dies manifestiert sich darin, dass die Gruppe das Individuum und seine Arbeit respektiert.[315] Der Respekt gegenüber der Arbeit äußert sich dabei in der Anerkennung für die erbrachten Anstrengungen und Leistungen.[316] Ebenfalls ist die wahrgenommene Wertschätzung ein Bestandteil des Konstrukts wahrgenommene organisationale Unterstützung (perceived organizational support).[317] Dies zeigt sich bereits in der Definition des Konstrukts. So wird die wahrgenommene organisationale Unterstützung definiert als „[…] an employee's global beliefs about the extent to which the organisation values employees' contribution and cares about their well-being."[318] Es sind für diese Dimension diejenigen Maßnahmen der Internen Markenführung von Interesse, die dazu beitragen, dass Mitarbeitende Anerkennung für ihre Arbeit erfahren. Hierzu zählen z.B. materielle und immaterielle Anreiz- bzw. Belohnungsarten.[319]

Zusammenfassend lässt sich die Dimension wahrgenommene Wertschätzung wie folgt **definieren**:

> Die **wahrgenommene Wertschätzung** beschreibt das Ausmaß, zu dem Mitarbeitende wahrnehmen, dass sie durch Maßnahmen der Internen Markenführung Anerkennung für ihre Arbeit für die Marke erfahren.

(4) Wahrgenommene Partizipation

Die wahrgenommene Partizipation wurde auf Basis der Literatursichtung und den Mitarbeiterinterviews als weitere Dimension der Qualität der Internen Markenführung identifiziert.[320] Zudem wurde unter Rückgriff auf die Selbstbestimmungstheorie das Verleihen von Autonomie, d.h. die Möglichkeit der Partizipation bei der Markenarbeit, als Mitarbeitererwartung an die Interne Markenführung abgeleitet.[321] Dies rechtfertigt es ebenfalls, die wahrgenommene Partizipation als Facette der Qualität der Internen Markenführung anzusehen.

---

[314] Vgl. *Tyler/Blader* 2001, S. 211.
[315] Vgl. *Tyler/Blader* 2000, S. 155f.
[316] Vgl. *Tyler/Blader* 2000, S. 156.
[317] Vgl. *Farrell/Oczkowski* 2009, S. 152, 167.
[318] *Farrell/Oczkowski* 2009, S. 152; vgl. hierzu auch *Eisenberger et al.* 1986, S. 500.
[319] Vgl. Abschnitt 2.3.3.
[320] Vgl. Abschnitt 2.3.2 und 3.3.1.2.2.
[321] Vgl. Abschnitt 3.3.1.1.2.

Die wahrgenommene Partizipation bezieht sich auf das Ausmaß, zu dem Mitarbeitende durch den Einsatz von Maßnahmen der Internen Markenführung wahrnehmen, dass sie die Möglichkeit haben, auf die Umsetzung und Weiterentwicklung der Marke aktiv Einfluss zu nehmen. Erleben Mitarbeitende, dass sie selbst aktiv, z.B. durch das Einbringen eigener Vorschläge, zur Umsetzung und Weiterentwicklung der Marke beitragen können, fühlen sie sich selbstbestimmt und nehmen sich dadurch als Verursacher ihrer Handlungen wahr.[322] In solch einem Falle liegt ein „internaler locus of causality" vor, d.h. die Mitarbeitenden sind davon überzeugt, dass sie ihre Handlungen zur Umsetzung und Weiterentwicklung der Marke selbst beeinflussen können.[323] Es sind die Maßnahmen des markenorientierten Empowerment, die im Rahmen der Internen Markenführung dazu beitragen, dass Mitarbeitende Möglichkeiten der Partizipation wahrnehmen. Hierunter lassen sich das Einbringen eigener Ideen und Meinungen im Zusammenhang mit der Vorschlagspartizipation subsumieren und, in Verbindung mit der Aufgabenpartizipation, die Möglichkeit, eigene Entscheidungen zu treffen.[324]

Die Dimension **wahrgenommene Partizipation** basiert somit auf folgender Definition:

> Die **wahrgenommene Partizipation** beschreibt das Ausmaß, zu dem Mitarbeitende wahrnehmen, dass es ihnen durch Maßnahmen der Internen Markenführung ermöglicht wird, auf die Umsetzung und Weiterentwicklung der Marke aktiv Einfluss zu nehmen.

(5)   **Wahrgenommene Visualisierung der Markenidentität**

Aus den Interviews ging hervor, dass von Seiten der Mitarbeitenden und im Zusammenhang mit der Internen Markenführung die Erwartung nach der Visualisierung der Markenidentität besteht.[325] In Abschnitt 3.3.1.3 wurde zudem darauf

---

[322] Vgl. *Deci/Ryan* 1993, S. 225.
[323] Im Gegensatz dazu steht der externale locus of causality, d.h. die externale Handlungsverursachung. Im vorliegenden Kontext liegt diese vor, wenn die Mitarbeitenden der Überzeugung sind, dass ihre Tätigkeiten zur Umsetzung und Weiterentwicklung der Marke jenseits ihrer Kontroll- und Beeinflussungsmöglichkeiten stehen (vgl. *Deci/Ryan* 1993, S. 225). Der Begriff „locus of causality" wurde erstmals von *DeCharms* (1968) verwendet.
[324] Vgl. Abschnitt 2.3.3.
[325] Vgl. 3.3.1.2.2.

verwiesen, dass die wahrgenommene Visualisierung der Markenidentität dazu beitragen kann, dass sich Mitarbeitende markenkompetent und sich der Markengemeinschaft verbunden fühlen. Somit dient die Dimension der Erfüllung der aus der Selbstbestimmungstheorie abgeleiteten Erwartungen nach Markenkompetenzerleben und nach sozialer Zugehörigkeit. Sowohl die Erkenntnisse aus den Mitarbeiterinterviews als auch die Schlussfolgerungen aus der Selbstbestimmungstheorie führen somit zum Einbezug der wahrgenommenen Visualisierung der Markenidentität als Facette der Qualität der Internen Markenführung.

Die Dimension wahrgenommene Visualisierung der Markenidentität bezieht sich auf das von den Mitarbeitenden wahrgenommene Ausmaß, zu dem die Markenidentität durch Maßnahmen der Internen Markenführung sichtbar gemacht wird. Durch die mit der Visualisierung verbundene Ansprache des Sehsinns wird es möglich, die Abstraktheit der Markenidentität zu überwinden. So wird die Markenidentität auf diese Weise für die Mitarbeitenden veranschaulicht sowie vorstellbar und erfahrbar gemacht.[326] Zur Visualisierung der Markenidentität im Unternehmen tragen Maßnahmen der nonverbalen Markenkommunikation, und dabei Maßnahmen der markenorientierten Objektkommunikation, bei.[327] Hierzu zählen z.B. eine an der Markenidentität ausgerichtete Dienstbekleidung, Inneneinrichtung oder Gestaltung des Firmengeländes.

Die Dimension **wahrgenommene Visualisierung der Markenidentität** basiert somit auf folgender Definition:

> Die **wahrgenommene Visualisierung der Markenidentität** beschreibt das Ausmaß, zu dem Mitarbeitende wahrnehmen, dass ihnen durch Maßnahmen der Internen Markenführung die Markenidentität sichtbar gemacht wird.

---

[326] Vgl. ähnlich *Herbst* 2005, S. 121. *Herbst* (2004, S. 18) nennt als Beispiel für die Überwindung der Abstraktheit durch Visualisierung die Marke Marlboro, die den abstrakten Wert der Freiheit mithilfe eines reitenden Cowboys in freier Natur veranschaulicht.

[327] Nonverbale Kommunikationselemente lassen sich nach vokalen (z.B. Sprechgeschwindigkeit, Lautstärke) und nonvokalen Ausdrucksformen differenzieren. Nonvokale Kommunikationselemente können körperlicher (z.B. Mimik, Gestik) oder materieller Art sein. Letztere wird auch als Objektkommunikation bezeichnet (vgl. hierzu *Weinberg* 1986, S. 85; *Görgen* 2005, S. 22).

3.3.3 Zusammenfassung des Konzeptualisierungsmodells der Qualität der Internen Markenführung und Hypothetisierung

Mit der Identifikation und Modellierung der Konstruktdimensionen ist die Konzeptualisierung der Qualität der Internen Markenführung abgeschlossen. Aus den Ausführungen der vorherigen Abschnitte lässt sich folgende **Konzeptualisierungshypothese** für das Konstrukt Qualität der Internen Markenführung ableiten:

> H_1: Die Qualität der Internen Markenführung besteht aus den Dimensionen wahrgenommene Informationsvermittlung, wahrgenommenes Vorleben der Markenidentität, wahrgenommene Wertschätzung, wahrgenommene Partizipation und wahrgenommene Visualisierung der Markenidentität.

In Schaubild 3-5 ist das konzeptualisierte Modell der Qualität der Internen Markenführung grafisch dargestellt. Gegenstand des folgenden Abschnitts ist die Operationalisierung des Konstrukts, d.h. die Festlegung von Indikatoren zur Messung der Konstruktdimensionen.

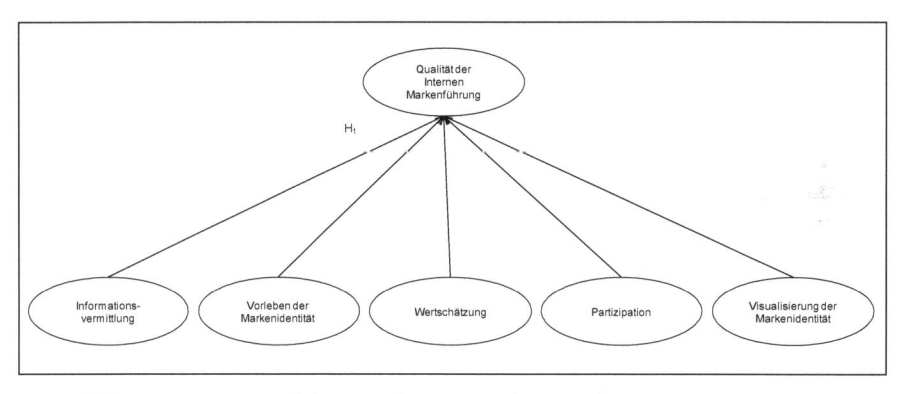

Schaubild 3-5: Konzeptualisierung des Konstrukts Qualität der Internen Markenführung

3.4 Operationalisierung der Qualität der Internen Markenführung

3.4.1 Messung der Konstruktdimensionen

In diesem Abschnitt erfolgt die sukzessive Operationalisierung der einzelnen Konstruktdimensionen. Es besteht hierbei das Erfordernis, geeignete Indikatorvariablen zu bestimmen, die mit der jeweiligen Konstruktdimension inhaltlich-semantisch übereinstimmen. Es wurde bereits dargelegt, dass die Konstruktdimensionen formativ operationalisiert werden. Im Rahmen der Bestimmung von Messitems sind daher die an anderer Stelle aufgeführten Anforderungskriterien an eine formative Operationalisierung zu beachten.[328]

Die Generierung von Messindikatoren bezieht sich zum einen auf die Formulierung der Messitems und zum anderen auf die Bestimmung von Maßnahmen der Internen Markenführung, die zu einer Veränderung in der Ausprägung der jeweiligen Konstruktdimension führen. Für die Formulierung der Messindikatoren wird, soweit möglich, auf bereits in früheren Studien verwendete Items zurückgegriffen. Zusätzlich erfolgt der Rekurs auf die Erkenntnisse qualitativer Mitarbeiter- und Expertenbefragungen. Als Grundlage dienen hierzu die durchgeführten Interviews mit Mitarbeitenden und Experten aus den drei Unternehmen, die bereits für die Identifikation der Konstruktdimensionen berücksichtigt wurden.[329] Für die Auswahl von Maßnahmen der Internen Markenführung wurden acht Wissenschaftler gebeten in einer Liste anzukreuzen, welche Maßnahmen der Internen Markenführung es sind, die die Ausprägung der jeweiligen Konstruktdimension determinieren.[330] Des Weiteren wurde für die Bestimmung der Maßnahmen wiederum Rückgriff auf Sekundärforschung und die durchgeführten Interviews genommen.

Nachfolgend wird auf die Messung der einzelnen Konstruktdimensionen eingegangen. Wie daraus ersichtlich wird, werden die Maßnahmen der Internen Markenführung mehrheitlich auf dem geringsten Aggregationsniveau, d.h. auf Ebene

---

[328] Vgl. Abschnitt 3.2. Vgl. *Jarvis/MacKenzie/Podsakoff* 2003, S. 203.
[329] Vgl. Abschnitt 3.3.1.2.1.
[330] Es handelt sich bei den Wissenschaftlern um Doktoranden des Lehrstuhls für Marketing und Unternehmensführung an der Universität Basel sowie des Lehrstuhls für Marketing an der Universität Kassel und der Universität Hamburg.

der Einzelmaßnahmen, erfasst.[331] Dies ermöglicht die Analyse der Bedeutung einzelner, spezifischer Maßnahmen für die jeweilige Konstruktdimension. Des Weiteren ist darauf hinzuweisen, sich die Skalen auf die Messung der Qualität der Internen Markenführung beim Unternehmen *Bell AG* beziehen.[332] Schließlich sei an dieser Stelle erwähnt, dass sich im Hinblick auf die Skalierungsart für eine 7-stufige Likertskala entschieden wird. Die beiden Extrempunkte werden verbalisiert, wobei die erste Stufe mit „stimme gar nicht zu" und die letzte Stufe mit „stimme voll zu" bezeichnet wird.

(1) Wahrgenommene Informationsvermittlung

Bei den Items zur Messung der Dimension wahrgenommene Informationsvermittlung erfolgt eine Anlehnung an die verwendeten Indikatoren von *Zeplin*, *Giersch* und *Maloney* zur Messung der wahrgenommenen Vermittlung von Markeninformationen. Mitarbeitende haben hierbei zu beurteilen, wie gut sie sich durch Maßnahmen der Internen Markenführung über die Marke informiert fühlen.[333]

Als Maßnahmen, die zur wahrgenommenen Informationsvermittlung von Mitarbeitenden beitragen, kristallisieren sich auf Basis der Angaben der Wissenschaftler, der Interviews sowie der Literaturanalyse Maßnahmen der internen Markenkommunikation und der markenorientierten Personalentwicklung heraus. Entgegen der obigen Darstellung finden bei der Messung dieser Dimension keine Einzelmaßnahmen Berücksichtigung. Vielmehr wird Rückgriff auf die Maßnahmenbereiche genommen. Der Grund liegt darin, dass sich insbesondere der massenmedialen Markenkommunikation sehr viele, gleichbedeutende Einzelmaßnahmen (z.B. Intranet, Newsletter, Mitarbeiterzeitschrift) zuordnen lassen. Mit der Erfassung auf einem höheren Aggregationsniveau werden diese gesamthaft in die empirische Untersuchung integriert, ohne dass ein Informationsverlust zu erwarten ist. Zugleich ist damit der Vorteil verbunden, dass die Anzahl an State-

---

[331] Dies gilt für die Dimensionen Vorleben der Markenidentität, Partizipation und Visualisierung der Markenidentität. Bei den Dimensionen Informationsvermittlung und Wertschätzung wurden die Maßnahmen auf einem höheren Aggregationsniveau erfasst. Vgl. hierzu die Ausführungen im Rahmen der Operationalisierung der beiden Dimensionen. Vgl. für die Kategorisierung von Maßnahmen der Internen Markenführung Schaubild 2-2.

[332] Dies gilt auch für die vorgenommenen Konstruktoperationalisierungen im vierten Kapitel. Für eine Operationalisierung der Modellgrößen am Beispiel anderer Unternehmen sind unter Umständen Anpassungen notwendig (vgl. Abschnitt 6.2.2.1).

[333] Vgl. *Zeplin* 2006, S. 210; *Maloney* 2007, S. 307; *Giersch* 2008, S. 179.

ments, zu denen die Befragten ihr Urteil abzugeben haben, gering gehalten wird. Dies wirkt Ermüdungserscheinungen bei der späteren Beantwortung des Fragebogens entgegen.[334] Als Maßnahmen werden daher die wahrgenommene Informationsvermittlung durch Informationsmedien, Schulungsmaßnahmen und persönliche Gespräche gewählt.[335] In Schaubild 3-6 sind die Items aufgeführt.

Dimension	Indikator	Indikatorformulierung/Item	Quelle(n)
Informationsvermittlung	Info_1	Über Medien, wie z.B. **Mitarbeiterzeitschrift, Aushänge, Intranet, Emails**, usw., werde ich gut über die Marke Bell informiert.	In Anlehnung an *Zeplin (2006); Maloney (2007); Giersch (2008)*
	Info_2	Durch **Schulungsmaßnahmen** (z.B. Seminare, Workshops, Einführungsveranstaltungen) werde ich gut über die Marke Bell informiert.	
	Info_3	In **persönlichen Gesprächen** (z.B. Meetings, Sitzungen) werde ich gut über die Marke Bell informiert.	

Schaubild 3-6: Messung der Dimension wahrgenommene Informationsvermittlung

(2) Wahrgenommenes Vorleben der Markenidentität

Die Indikatoren zur Messung der Dimension wahrgenommenes Vorleben der Markenidentität orientieren sich an den Skalen von *Zeplin, Giersch, Maloney* und *Hartmann*. Es wird erfasst, inwieweit die Markenidentität von den für Mitarbeitende relevanten Personen im Unternehmen überzeugend vorgelebt wird.[336]

Hinsichtlich der relevanten Personen wird auf Basis der Interviews und der Literatursichtung zwischen dem wahrgenommenen Vorleben durch die Geschäfts-

---

[334] Vgl. zur Gestaltung des Fragebogens Abschnitt 5.2.1.
[335] Für ein besseres Verständnis der Statements wurden in Klammer jeweils Beispiele für Informationsmedien, Schulungsmaßnahmen usw. genannt. Zugunsten einer besseren Verständlichkeit wurden auch in den Statements der anderen Konstruktdimensionen in Klammer weitere Informationen gegeben.
[336] Vgl. *Zeplin* 2006, S. 210; *Maloney* 2007, S. 312; *Giersch* 2008, S. 179; *Hartmann* 2010, S. 148. Bei der Itemformulierung wurde bewusst auf den Begriff der Markenidentität verzichtet, um Verständnisproblemen auf Seiten der Mitarbeitenden zu begegnen.

führung, die direkten Vorgesetzten und den Kollegen differenziert.[337] Schaubild 3-7 gibt einen Überblick über die verwendeten Items.

Dimension	Indikator	Indikatorformulierung/Item	Quelle(n)
Vorleben der Markenidentität	Vor_1	Unsere **Geschäftsführung** lebt (z.B. in Reden, Gesprächen) die Marke Bell überzeugend vor.	In Anlehnung an *Zeplin* (2006); *Maloney* (2007); *Giersch* (2008); *Hartmann* (2010)
	Vor_2	Meine **direkten Vorgesetzten** leben (z.B. in Reden, Gesprächen) die Marke Bell überzeugend vor.	
	Vor_3	Meine **Kollegen** leben (z.B. in Gesprächen) die Marke Bell überzeugend vor.	

Schaubild 3-7: Messung der Dimension wahrgenommenes Vorleben der Markenidentität

(3) Wahrgenommene Wertschätzung

Die Indikatoren für die Dimension wahrgenommene Wertschätzung orientieren sich an den verwendeten Items von *Zeplin* zur Messung der Existenz markenorientierter Anreizsysteme. Es gilt zu beurteilen, inwieweit Mitarbeitende wahrnehmen, dass ihre Anstrengungen für die Marke durch bestimmte Leistungen seitens des Unternehmens honoriert werden.[338]

Aus der vorgenommenen Zuordnung der Maßnahmen durch die Wissenschaftler, der Literatursichtung und den Interviews geht hervor, dass es markenorientierte Anreize sind, die als Leistungen bzw. Belohnungen dazu beitragen, dass sich Mitarbeitende für die gezeigten Markenanstrengungen wertgeschätzt fühlen. Im Rahmen der vorliegenden Operationalisierung wird zwischen Geldleistungen, Sachleistungen und immateriellen Leistungen differenziert.[339] Wie bei der wahrgenommenen Informationsvermittlung liegt der Fokus damit nicht auf den Einzelmaßnahmen. Dieses Vorgehen wird dadurch gerechtfertigt, dass es in Unternehmen z.B. vielfältige Arten von Geldleistungen gibt, die jedoch an sich gleichbedeutend sind (z.B. Prämien, Boni). Die Aggregation ist darüber hinaus notwendig, da nicht jeder Mitarbeitende für seine Anstrengungen die gleichen Leistungen erhält. So führen die Interviews zur Erkenntnis, dass die erhaltenen

---

[337] Vgl. *Zeplin* 2006, S. 210; *Hartmann* 2010, S. 148. Vgl. hierzu auch die Ausführungen in Abschnitt 3.3.2 zu den für Mitarbeitende relevanten Personen im Unternehmen.
[338] Vgl. *Zeplin* 2006, S. 211.
[339] Vgl. Abschnitt 2.3.3.

Leistungen unter anderem vom Arbeitsbereich und der Mitarbeitergruppe abhängig sind. Eine Erfassung der einzelnen Leistungen würde daher einer Befragung von Mitarbeitenden über alle Arbeitsbereiche und Hierarchiestufen (Mitarbeitergruppen) hinweg entgegenstehen. Einen Überblick über die Items gibt Schaubild 3-8.

Dimension	Indikator	Indikatorformulierung/Item	Quelle(n)
Wertschätzung	Wert_1	Meine Anstrengungen für die Marke Bell werden durch **Geldleistungen** honoriert (z.b. durch Erfolgsbeteiligungen, Prämien).	In Anlehnung an *Zeplin* (2006)
	Wert_2	Meine Anstrengungen für die Marke Bell werden durch **Sachleistungen** honoriert (z.b. Geschenke wie der Erhalt von Bell Jacken).	
	Wert_3	Meine Anstrengungen für die Marke Bell werden **immateriell** honoriert (z.B. Lob durch den Vorgesetzten).	

Schaubild 3-8: Messung der Dimension wahrgenommene Wertschätzung

(4) Wahrgenommene Partizipation

Für die Messung der Dimension wahrgenommene Partizipation liegen keine für den vorliegenden Kontext adäquaten Messitems vor. Es besteht daher die Notwendigkeit, eine eigene Skala zu entwickeln. In Analogie zur erfolgten Konzeptualisierung nimmt die Dimension Bezug auf das Ausmaß, zu dem Mitarbeitende durch den Einsatz von Maßnahmen der Internen Markenführung wahrnehmen, dass sie die Möglichkeit haben, auf die Umsetzung und Weiterentwicklung der Marke aktiv Einfluss zu nehmen.

Aus den Angaben der Wissenschaftler, den Interviews und der Literatursichtung geht hervor, dass Mitarbeitende durch Maßnahmen des markenorientierten Empowerment die Möglichkeit wahrnehmen, an der Umsetzung und Weiterentwicklung der Marke partizipieren zu können. Auf Basis der Erkenntnisse wird daher je ein Item zur Vorschlagspartizipation (die Möglichkeit, eigene Vorschläge einzubringen) und zur Aufgabenpartizipation (die Möglichkeit, eigene Entscheidungen zu treffen) generiert.[340] Schaubild 3-9 gibt einen Überblick über die verwendeten Items.

---

[340] Zur Vorschlags- und Aufgabenpartizipation vgl. Abschnitt 2.3.3.

Konzeptualisierung und Operationalisierung der QIMF 123

Dimension	Indikator	Indikatorformulierung/Item	Quelle(n)
Partizipation	Par_1	Ich habe in meinem Aufgabenbereich die Möglichkeit, **eigene Vorschläge** zur Umsetzung und Weiterentwicklung der Marke Bell einzubringen (z.B. hinsichtlich neuer Produkte, Strategien).	Eigene Skala
	Par_2	Ich habe in meinem Aufgabenbereich die Möglichkeit, **eigene Entscheidungen** zur Umsetzung und Weiterentwicklung der Marke Bell zu treffen (z.B. hinsichtlich neuer Produkte, Strategien).	

Schaubild 3-9: Messung der Dimension wahrgenommene Partizipation

(5) Wahrgenommene Visualisierung der Markenidentität

Für die Messung der Dimension wahrgenommene Visualisierung der Markenidentität liegen ebenfalls keine geeigneten Operationalisierungen vor. Die Items sind daher selbst zu konstruieren. Entsprechend der vorgenommenen Konzeptualisierung beziehen sich die Items darauf, wie deutlich den Mitarbeitenden die Markenidentität durch Maßnahmen der Internen Markenführung sichtbar gemacht wird.[341]

An anderer Stelle wurde bereits erwähnt, dass es Maßnahmen der markenbezogenen Objektkommunikation sind, die zur Visualisierung der Markenidentität im Unternehmen beitragen.[342] Darauf verweisen auch die Angaben der Wissenschaftler und die durchgeführten Interviews. Aus den Interviews mit den *Bell*-Mitarbeitenden geht hervor, dass den Mitarbeitenden die Identität der Marke *Bell* durch Reize in der Umwelt (die Gestaltung der Räume und das Firmengelände), die Dienstbekleidung und durch Arbeitshilfsmittel/-utensilien (die den Mitarbeitenden kostenlos zur Verfügung gestellten Artikel) sichtbar gemacht wird.[343] Schaubild 3-10 zeigt die generierten Items.

---

[341] Wie bei der Dimension Vorleben der Markenidentität wurde bei der Itemformulierung aus Gründen der leichteren Beurteilung der Statements auf den Begriff Markenidentität verzichtet. Der Begriff wird durch die Formulierung „wofür die Marke steht" umschrieben.

[342] Vgl. Abschnitt 3.3.2.

[343] Zur Unterscheidung der Objektkommunikation nach Reizen in der Umwelt (wie Firmengebäude, Büro), Gegenständen und Accessoires (wie Kleidung, Brille) und Arbeitshilfsmittel/-utensilien (Federhalter, Visitenkarten) vgl. *Görgen* 2005, S. 22. Vgl. hierzu auch *Weinberg* 1992, S. 104; *Knapp/Hall* 2002, S. 8.

Dimension	Indikator	Indikatorformulierung/Item	Quelle(n)
Visualisierung der Markenidentität	Vis_1	Die **Gestaltung unserer Räume** (z.B. mit Bell Poster, Bell Kalendern usw.) macht deutlich sichtbar, wofür die Marke Bell steht.	Eigene Skala
	Vis_2	Unser **Firmengelände** (z.B. Gebäude) macht deutlich sichtbar, wofür die Marke Bell steht.	
	Vis_3	Unsere **Dienstbekleidung** macht deutlich sichtbar, wofür die Marke Bell steht.	
	Vis_4	Die zur Verfügung gestellten **Artikel** (z.B. Bell Kulis, Post-its, Schlüsselbänder usw.) machen deutlich sichtbar, wofür die Marke Bell steht.	

Schaubild 3-10: Messung der Dimension wahrgenommene Visualisierung der Markenidentität

3.4.2 Pretest

Der Operationalisierung des Konstrukts Qualität der Internen Markenführung schließt sich ein qualitativer Pretest an. Das Ziel des Pretests ist es, die generierten Indikatorvariablen auf Verständlichkeit und leichte Beantwortbarkeit zu prüfen. Ebenfalls dient er der Sicherstellung einer inhaltsvaliden Messung des Konstrukts. Für den Pretest wurde auf Wissenschaftler sowie Mitarbeitende des Unternehmens *Bell AG* zurückgegriffen.

(1) Pretest mit Wissenschaftlern

Für die Überprüfung der Inhaltsvalidität des Konstrukts erfolgte die Berechnung des **psa- und csv-Indexes**. Die Ermittlung der beiden Indizes geht auf den Vorschlag von *Anderson* und *Gerbing* zur Sicherstellung der Inhaltsvalidität von Konstrukten zurück.[344] Für die Berechnung wurde vier Wissenschaftlern eine Liste mit zufällig angeordneten Indikatoren (den in Abschnitt 3.4.1 entwickelten Indikatoren) vorgelegt mit der Bitte, diese den fünf Dimensionen der Qualität der Internen Markenführung zuzuordnen.[345] Der **psa-Index** stellt dabei ein Maß für die Eindeutigkeit der Indikatorenzuweisung dar. Er berechnet sich als Quotient

---

[344] Psa = proportion of substantive agreement; csv = substantive validity coefficient. Vgl. *Anderson/Gerbing* 1991, S. 734.
[345] Bei den Wissenschaftlern handelt es sich um Doktoranden der Universität Basel, die mit Fragestellungen der Konstruktmessung bzw. des Marketing und Personalwesens vertraut sind.

aus der Anzahl der richtigen Zuweisungen und der Anzahl der Teilnehmer und kann Werte zwischen 0 und +1 annehmen. Höhere Werte verweisen auf einen höheren Grad an Übereinstimmung. Der **csv-Index** stellt ein Maß für die inhaltliche Relevanz eines Indikators dar. Er errechnet sich als Quotient aus der Differenz zwischen der Anzahl der „korrekten" und der am häufigsten genannten „falschen" Zuweisungen und der Anzahl der Teilnehmer. Der csv-Index nimmt Werte zwischen +1 und -1 an, wobei höhere positive Werte auf eine größere inhaltliche Relevanz verweisen. Wie im vorherigen Abschnitt deutlich wurde, erfolgte eine globale Messung der Dimensionen. Die Indikatoren einer Dimension unterscheiden sich nur im Hinblick auf die jeweilige Maßnahme voneinander. Daher ergaben die auf Basis der Angaben durch die Wissenschaftler errechneten Indizes erwartungsgemäß für jeden Indikator einen psa- und csv-Wert von +1. Somit sind eine eindeutige Zuweisung der Indikatoren zu den Dimensionen und eine hohe inhaltliche Relevanz der Indikatoren für die jeweilige Dimension gegeben.

Darüber hinaus wurden die für die Messung der Konstruktdimensionen generierten Itemformulierungen acht Wissenschaftlern vorgelegt mit der Bitte, ein **Item-Paraphrasing** vorzunehmen.[346] Das bedeutet, dass die Probanden aufgefordert wurden, für jede Konstruktdimension drei alternative Items zu formulieren, die aus ihrer Sicht den gleichen Inhalt darstellen wie das für die Dimension ursprünglich entwickelte Statement.[347] Das Vorgehen macht die Interpretation des jeweiligen Statements durch die Befragten ersichtlich und dient somit dazu, die Inhaltsvalidität der Messinstrumente zu stützen. Die alternativ formulierten Statements der Pretest-Probanden entsprachen inhaltlich-semantisch durchgehend den zuvor formulierten Items (Abschnitt 3.4.1) und gaben somit ebenfalls keinen Anlass, an der inhaltsvaliden Messung des Konstrukts bzw. der Konstruktdimensionen zu zweifeln.

Im Anschluss an das Item-Paraphrasing wurden die Wissenschaftler um ein **Item-Rating** gebeten. Hierbei wurde den Probanden eine Liste vorgelegt, in der die ursprünglich entwickelten Indikatorvariablen und die im Rahmen des Item-Paraphrasing generierten Items enthalten waren. Die Probanden hatten die Auf-

---

[346] Es handelt sich bei den Wissenschaftlern um die gleichen Personen, die bereits im Rahmen der Operationalisierung der Konstruktdimensionen zum Einsatz kamen. Diese sind für die Durchführung des Pretests als geeignet anzusehen, da sie einschlägige Kenntnisse und Erfahrungen mit der Messung von Konstrukten aufweisen.

[347] Die Pretest-Probanden wurden dabei explizit darauf hingewiesen, dass im Rahmen des Item-Paraphrasing nicht die einzelnen Maßnahmen, die im Statement integriert sind, zu paraphrasieren sind, sondern lediglich die Statement-Formulierungen.

gabe, die Items hinsichtlich ihrer Verständlichkeit und leichten Beantwortbarkeit in eine Rangfolge zu bringen. Die Angaben der Probanden führten zu durchweg positiven Ergebnissen. So wurden die ursprünglich generierten Statements durchweg hoch gerankt. Zudem wurde der Verfasserin der vorliegenden Arbeit bestätigt, dass diese leicht verständlich und beantwortbar sind.

(2) Pretest mit Mitarbeitenden des Unternehmens

Der Pretest mit den Wissenschaftlern verweist darauf, dass die im Rahmen der Operationalisierung entwickelten Items für die Messung der Konstruktdimensionen geeignet sind und somit für die empirische Überprüfung des Messmodells der Qualität der Internen Markenführung verwendet werden können. Um sicherzustellen, dass die Statements auch für die späteren Befragten angebracht sind, wurden diese zusätzlich zwei **Mitarbeitenden des Unternehmens** *Bell AG* vorgelegt. In diesem Zusammenhang galt es zudem zu gewährleisten, dass den späteren Befragten die in den Statements enthaltenen Maßnahmen bekannt sind.[348] Die beiden Mitarbeitenden bescheinigten den Statements, auch im Hinblick auf Mitarbeitende niedrigerer Bildungsstufen, ebenfalls eine leichte Verständlichkeit und Beantwortbarkeit. Den beiden Mitarbeitenden zufolge sind die in den Items aufgeführten Maßnahmen zudem sämtlichen *Bell*-Mitarbeitenden bekannt.

Durch den Pretest wurde deutlich, dass kein Änderungs- bzw. Optimierungsbedarf hinsichtlich der im Rahmen der Messung der Konstruktdimensionen generierten Indikatorvariablen besteht. Die in Abschnitt 3.4.1 aufgeführten Statements konnten somit als Messindikatoren in der empirischen Untersuchung Verwendung finden.

---

[348] Es handelt sich dabei um Mitarbeitende aus den Bereichen Marketing/ Kommunikation und Personalwesen.

4. Entwicklung eines Wirkungsmodells der Qualität der Internen Markenführung unter Berücksichtigung von Mitarbeiterheterogenität

4.1 Vorgehensweise

Neben der Entwicklung des Messmodells der Qualität der Internen Markenführung wird mit dem vorliegenden Forschungsvorhaben die Entwicklung eines Wirkungsmodells der Qualität der Internen Markenführung – unter Berücksichtigung von Mitarbeiterheterogenität – angestrebt. Die Einbindung des Konstrukts in einen theoretischen Rahmen und die damit verbundene Analyse der das Konstrukt umgebenden Dependenzstruktur dient zudem der Überprüfung der nomologischen Validität des Konstrukts Qualität der Internen Markenführung.[349]

Die Zielsetzung dieses Kapitels besteht zum einen darin, das Wirkungsmodell der Qualität der Internen Markenführung zu konkretisieren, indem die Zusammenhänge zwischen den auf Basis der Literaturanalyse identifizierten Modellvariablen bestimmt werden. Zum anderen liegt ein weiteres Ziel in der Auswahl, inhaltlichen Konkretisierung und Messung von mitarbeiterspezifischen Variablen, die der Beschreibung der im Rahmen der empirischen Analyse zu identifizierenden Mitarbeitersegmente dienen. Damit wird der verfolgten Zielsetzung nach der Berücksichtigung von Mitarbeiterheterogenität Rechnung getragen.

Folgender Ablauf wird für die nachfolgenden Ausführungen gewählt:

(1) **Theoretische Fundierung des Wirkungsmodells** der Qualität der Internen Markenführung (Abschnitt 4.2),

---

[349] Vgl. *Ruekert/Churchill* 1984, S. 231; *Homburg/Giering* 1996, S. 13. Die nomologische Validität stellt ein Maß für die Übereinstimmung von theoretisch abgeleiteten Beziehungen mit empirischen Erkenntnissen dar (vgl. *Peter/Churchill* 1986, S. 4f.; *Homburg* 2000, S. 70). Nomologische Validität hat vorzuliegen, um von einer validen Konstruktmessung auszugehen (vgl. *Homburg/Giering* 1996, S. 7f.).

(2) **Konzeptualisierung und Operationalisierung der Wirkungsgrößen** der Qualität der Internen Markenführung und **Hypothesenherleitung** (Abschnitt 4.3),

(3) Auswahl, Beschreibung und Messung der Segmentvariablen für die **Berücksichtigung von Mitarbeiterheterogenität** (Abschnitt 4.4),

(4) **Darstellung des Wirkungsmodells** der Qualität der Internen Markenführung unter Berücksichtigung von Mitarbeiterheterogenität (Abschnitt 4.5).

4.2 Theoretische Fundierung des Wirkungsmodells der Qualität der Internen Markenführung

4.2.1 Überblick

Auf Basis der Literatursichtung wurden die Markenarbeitszufriedenheit, das Markencommitment und das Markenvertrauen als direkte Wirkungsgrößen sowie das markenkonforme Mitarbeiterverhalten als indirekte Wirkungsgröße der Qualität der Internen Markenführung identifiziert. Aufbauend auf den Erkenntnissen der Literaturanalyse gilt es im Folgenden die **theoretische Fundierung** der Konstruktzusammenhänge vorzunehmen.

Wie bereits in Abschnitt 2.6 dargestellt, wurde sich mit der Berücksichtigung der Konstrukte Markenarbeitszufriedenheit, Markencommitment und Markenvertrauen für die Einbindung von Größen entschieden, die die Qualität der Mitarbeiter-Marken-Beziehung widerspiegeln. Eine **Mitarbeiter-Marken-Beziehung** stellt eine psychologische Bindung des Mitarbeitenden an eine Marke dar. Sie ist das Resultat einer Folge von nicht zufälligen und reziproken Interaktionen zwischen dem Mitarbeitenden und der Marke, die über einen längeren Zeitraum hinweg stattgefunden haben.[350] Vor diesem Hintergrund wird zur theoretischen Begründung der Zusammenhänge zwischen der Qualität der Internen Markenführung und den Konstrukten Markenarbeitszufriedenheit, Markencommitment und Markenvertrauen sowie zur theoretischen Fundierung der Zusammenhänge zwischen letzteren Konstrukten und dem markenkonformen Mitarbeiterverhalten in **Interaktionstheorien** ein besonderer Erklärungsbeitrag gesehen.

Interaktionstheorien beschäftigen sich mit dem Prozess der Interaktion zwischen Interaktionspartnern. Zentral ist somit der Austausch zwischen den Interaktionspartnern, wobei dem Gedanken der Reziprozität (Wechselseitigkeit)[351] und der distributiven Gerechtigkeit[352] eine besondere Rolle zukommt. Interaktionstheorien lassen sich unterteilen nach Gerechtigkeitstheorien[353], Austauschtheorien[354], Gruppentheorien[355] sowie nach der Rollentheorie[356] und Theorie der

---

[350] Das hier verfolgte Verständnis einer Mitarbeiter-Marken-Beziehung lehnt sich an die von *Eichen* (2010, S. 27) entwickelte Definition einer Marken-Konsumenten-Beziehung an. Unter Interaktion ist das Verhalten von Individuen zu verstehen, das auf die vermuteten Reaktionen Anderer abgestimmt ist (vgl. *Wiswede* 2007, S. 98). Eine Interaktion von Individuen (hier: Mitarbeitenden) ist auch mit nicht-lebenden Objekten (hier: Marke) möglich. Darauf verweist die Animismustheorie von *Gilmore* (1919). Diese postuliert, dass Individuen dazu neigen, nicht-lebenden Objekten menschliche Persönlichkeitsmerkmale zuzuweisen, „um Interaktionen mit der nichtmateriellen Welt zu vereinfachen" (*Fournier* 2005, S. 213). Die Interaktion zwischen Mitarbeitendem und Marke erfolgt durch das Markenverhalten des Mitarbeitenden und das „Verhalten der Marke". *Fournier* (2005, S. 214) weist darauf hin, dass das „Verhalten der Marke" für den Nachfrager durch Marketingaktionen mit Bezug zur Marke ersichtlich wird. Übertragen auf den vorliegenden Kontext bedeutet dies, dass für Mitarbeitende das „Verhalten der Marke" ebenfalls durch solche Steuerungsmechanismen deutlich wird. Darunter zählt z.B. die Interne Markenführung. Diese trägt demnach zur Interaktion zwischen Mitarbeitendem und Marke bei.

[351] Vgl. *Gouldner* 1960.

[352] Vgl. *Homans* 1958. Vgl. zur distributiven Gerechtigkeit Abschnitt 4.2.2.

[353] Vgl. z.B. die Resource Theory von *Foa/Foa* (1980), die Equity-Theorie von *Adams* (1965), das Deontological Model von *Folger* (1998, 2001) oder das Moral Stages Model von *Kohlberg* (1969, 1981).

[354] Vgl. z.B. die Austauschtheorien nach *Homans* (1958) und *Thibaut/Kelley* (1959, 1986).

[355] Vgl. z.B. die Bezugsgruppentheorie von *Hyman/Singer* (1968), die Theorie der informellen Kommunikation von *Festinger* (1950), die Konformitätstheorie von *Nord* (1969) oder die Social-Impact-Theorie von *Latané* (1981).

[356] Vgl. *Wiswede* 1977.

sozialen Identität[357].[358] Zur theoretischen Fundierung des Wirkungsmodells wird sich in den nächsten Abschnitten den folgenden Theorien gewidmet:

- Für die theoretische Fundierung der Wirkung der Qualität der Internen Markenführung auf die Markenarbeitszufriedenheit und darüber wiederum auf das markenkonforme Mitarbeiterverhalten wird in der vorliegenden Arbeit die **Equity-Theorie** als spezifische Form der Gerechtigkeitstheorien gewählt.

- Einen Erklärungsbeitrag für die Wirkung der Qualität der Internen Markenführung auf das Markencommitment und darüber wiederum auf das markenkonforme Mitarbeiterverhalten liefert die **Theorie der sozialen Identität**.

- Der Rückgriff auf die **soziale Austauschtheorie** eignet sich schließlich für die theoretische Fundierung der Wirkung der Qualität der Internen Markenführung auf das Markenvertrauen und darüber auf das markenkonforme Mitarbeiterverhalten.[359]

Bevor der Fokus auf die Darstellung der Theorien gelegt wird, ist an dieser Stelle anzumerken, dass mit der Verwendung von drei Theorien ein theoretischer Pluralismus vorliegt. Vor dem Hintergrund der angestrebten Betrachtung verschiedener Aspekte der Qualität der Mitarbeiter-Marken-Beziehung (Markenarbeitszufriedenheit, Markencommitment, Markenvertrauen) als Wirkungsgrößen der Qualität der Internen Markenführung wird die Berücksichtigung mehrerer Theorien jedoch als notwendig betrachtet. Da die gewählten Theorien ausnahmslos den Interaktionstheorien zuzuordnen sind, gelten sie zudem als nicht konkurrierend, sondern stehen, da sie die Interaktion zwischen den Austauschpartnern aus verschiedenen Perspektiven betrachten, vielmehr in komplementärer Beziehung zueinander. Insofern wird dieses Vorgehen als zulässig angesehen.[360]

---

[357] Vgl. *Tajfel/Turner* 1979.
[358] Vgl. *Wiswede* 2007, S. 59, 98ff.
[359] Für eine Begründung im Hinblick auf die Auswahl der jeweiligen Theorien vgl. Abschnitt 4.2.2 zur Equity-Theorie, Abschnitt 4.2.3 zur Theorie der sozialen Identität und Abschnitt 4.2.4 zur sozialen Austauschtheorie.
[360] Vgl. zur Idee des theoretischen Pluralismus *Feyerabend* 1970, S. 315ff.; vgl. zum konkurrenzorientierten und komplementären Theorienpluralismus *Mann* 2004, S. 150f.

4.2.2 Equity-Theorie

Die Equity-Theorie geht auf *Adams* zurück und wurde ursprünglich zur Erklärung von Einkommensgerechtigkeit entwickelt.[361] Im Zentrum der Theorie steht die Gerechtigkeit in Austauschbeziehungen.[362]

Gemäß der **Equity-Theorie** tendieren Individuen dazu, erhaltene Erträge (Outcome) und geleistete Einsätze (Input) mit der Input-Outcome-Relation Anderer zu vergleichen.[363] Beim Vergleichsobjekt kann es sich dabei sowohl um Individuen als auch um Personengruppen bzw. Organisationen handeln.[364] Einsätze von Seiten des Individuums (Input) umfassen all jene Dinge, die das Individuum in das Austauschverhältnis einbringt, und für die es eine Gegenleistung erwartet. Dies beinhaltet z.B. die Erfahrungen, Fähigkeiten und persönlichen Anstrengungen des Individuums.[365] Unter den Erträgen (Outcome) lassen sich all jene Aspekte subsumieren, die das Individuum aufgrund der Austauschbeziehung erhält. Darunter zählen z.B. Anerkennung, Geld oder Zufriedenheit mit der Arbeit.[366]

Stimmt das eigene Input-Outcome-Verhältnis in der Wahrnehmung des Individuums mit dem des Vergleichsobjekts überein, nimmt das Individuum die Austauschbeziehung als gerecht wahr. Es liegt aus seiner Sicht somit **Verteilungs- bzw. distributive Gerechtigkeit** vor.[367] Liegt hingegen der inverse Fall vor, d.h. entspricht das Input-Outcome-Verhältnis in der Wahrnehmung des Individuums nicht dem des Vergleichsobjekts, empfindet das Individuum **Ungerechtigkeit**.[368] Die Wahrnehmung von Ungerechtigkeit liegt dabei nicht nur bei empfunder Benachteiligung vor, sondern auch dann, wenn sich Individuen übervorteilt füh-

---

[361] Vgl. *Adams/Rosenbaum* 1962; *Adams/Jacobsen* 1964; *Adams* 1965.
[362] Vgl. *Homans* 1961; *Adams* 1963, 1965; *Homburg/Stock-Homburg* 2012, S. 36.
[363] Vgl. *Adams* 1963, S. 422ff.; *Adams* 1965, S. 276ff.; *Mowday* 1996, S. 54ff.; *Gollwitzer/Schmitt* 2006, S. 45.
[364] Vgl. *Adams* 1963, S. 424ff.
[365] Vgl. *Adams* 1965, S. 281.
[366] Vgl. *Adams* 1965, S. 278. In einigen neueren Arbeiten wird die Zufriedenheit des Individuums als Ergebnis der Input-Outcome-Relation verstanden (vgl. z.B. *Oliver/De Sarbo* 1988, S. 496). Es wird sich hier jedoch an der ursprünglichen Interpretation der Equity-Theorie orientiert, nach der die Zufriedenheit des Individuums dessen Outcome im Rahmen der Beziehung mit dem Austauschpartner darstellt (vgl. *Adams* 1965, S. 281; vgl. hierzu auch *Stock-Homburg* 2012, S. 71).
[367] Vgl. *Homans* 1968, S. 30.
[368] Vgl. *Adams* 1963, S. 424; *Huseman/Hatfield/Miles* 1987, S. 222.

len.[369] Aus der wahrgenommenen Ungerechtigkeit resultieren bei Individuen psychische Spannungen.[370] Diese können mithilfe der folgenden Strategien reduziert werden:[371]

- Gerechtigkeit kann durch eine **kognitive Umbewertung**, d.h. eine Veränderung der gedanklichen Elemente bzw. Wissensstrukturen, im Hinblick auf die geleisteten Einsätze und erhaltenen Erträge wiederhergestellt werden. Dies erfolgt z.B. durch die Aufwertung der eigenen Anstrengungen bei wahrgenommener Übervorteilung oder der Abwertung der eigenen Leistungen bei empfundener Benachteiligung.

- Eine weitere Strategie ist die **Veränderung des Inputs**. Beispiele hierfür sind Überstunden (bei wahrgenommener Übervorteilung) oder erhöhte Fehlzeiten (bei wahrgenommener Benachteiligung).

- Die **Beeinflussung des Austauschpartners** stellt ebenfalls eine Strategie zur Wiederherstellung von Gerechtigkeit dar. Ein Beispiel hierfür ist das Einfordern eines höheren Outputs beim Austauschpartner.

- Psychische Spannungen infolge wahrgenommener Ungerechtigkeit können zudem durch die **Beendigung der Austauschbeziehung** abgebaut werden. Beim Mitarbeitenden drückt sich dies z.B. im Verlassen der konkreten Arbeitssituation oder in der Kündigung der Tätigkeit im Unternehmen aus.

Schaubild 4-1 gibt einen Überblick über die Kernaussagen der Equity-Theorie.

---

[369] Vgl. *Adams* 1965, S. 281; *Austin/Walster* 1975, S. 475; vgl. hierzu auch *Piontkowski* 2011, S. 34.
[370] Vgl. *Austin/Walster* 1975, S. 475; *Huseman/Hatfield/Miles* 1987, S. 222.
[371] Vgl. *Adams* 1965, S. 283ff.; *Carrell/Dittrich* 1978, S. 203; vgl. hierzu auch *Wittke-Kothe* 2001, S. 78; *Weinert* 2004, S. 213; *Stock-Homburg* 2012, S. 68.

Entwicklung eines Wirkungsmodells der QIMF

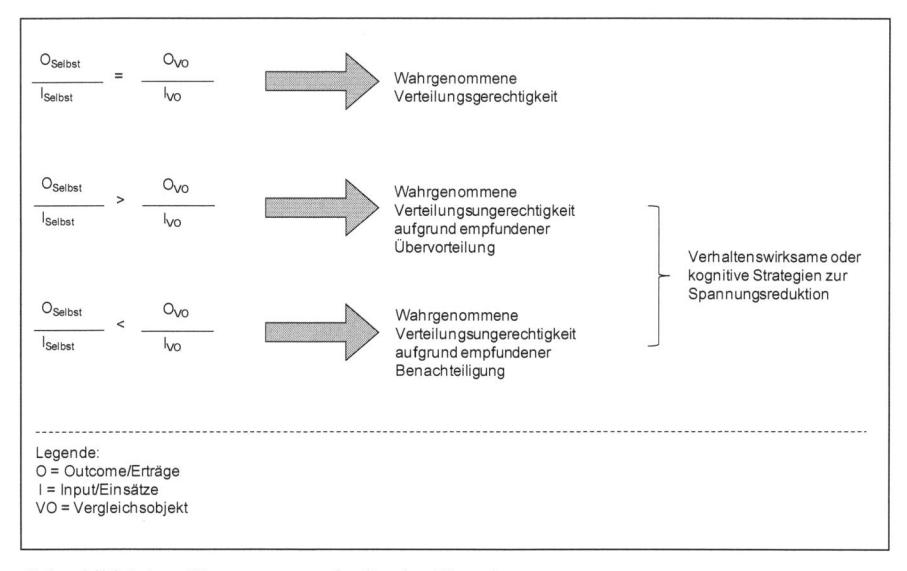

$\dfrac{O_{Selbst}}{I_{Selbst}} = \dfrac{O_{VO}}{I_{VO}}$ ⟹ Wahrgenommene Verteilungsgerechtigkeit

$\dfrac{O_{Selbst}}{I_{Selbst}} > \dfrac{O_{VO}}{I_{VO}}$ ⟹ Wahrgenommene Verteilungsungerechtigkeit aufgrund empfundener Übervorteilung

$\dfrac{O_{Selbst}}{I_{Selbst}} < \dfrac{O_{VO}}{I_{VO}}$ ⟹ Wahrgenommene Verteilungsungerechtigkeit aufgrund empfundener Benachteiligung

} Verhaltenswirksame oder kognitive Strategien zur Spannungsreduktion

Legende:
O = Outcome/Erträge
I = Input/Einsätze
VO = Vergleichsobjekt

Schaubild 4-1: Kernaussagen der Equity-Theorie
(Quelle: In Anlehnung an *Wittke-Kothe* 2001, S. 77)

Wie bereits erwähnt, kommt die Equity-Theorie **in der vorliegenden Arbeit** zum Einsatz, um den Zusammenhang zwischen der Qualität der Internen Markenführung und der Markenarbeitszufriedenheit sowie den Zusammenhang zwischen der Markenarbeitszufriedenheit und dem markenkonformen Mitarbeiterverhalten zu erklären. Die Theorie wird für die Fundierung der Zusammenhänge vor allem deshalb als besonders geeignet angesehen, da sie im organisationalen Kontext entwickelt wurde und dort bereits breite Anwendung erfahren hat.[372] Dabei wurde vielfach im Zusammenhang mit der Erklärung von Determinanten und Konsequenzen der Zufriedenheit von Mitarbeitenden Rückgriff auf die Theorie genommen.[373]

Bei der Bestimmung des Inputs bzw. Outcomes seitens der Mitarbeitenden bzw. der Marke wird sich im Folgenden an den ursprünglichen Arbeiten von *Adams*

---

[372] Vgl. z.B. *Greenberg/Cropanzano* 2001; *Konopaske/Werner* 2002; *Paik/Parboteeah/Shim* 2007; *Thompson* 2009.

[373] Vgl. z.B. *Watson et al.* 1996; *Griffeth/Gaertner* 2001; *Stock-Homburg* 2012.

orientiert, da hier eine Ausrichtung am Mitarbeitenden erfolgte.[374] Dies trägt zu einer korrekten Festlegung des Inputs und Outcomes bei.

In Anlehnung an *Adams* drückt sich der Input des Mitarbeitenden in dessen markenkonformen Mitarbeiterverhalten (Input$_{Selbst}$) aus. Dieses stellt zugleich der Outcome der Marke dar (Outcome$_{VO}$).[375] Der Outcome des Mitarbeitenden manifestiert sich in der Markenarbeitszufriedenheit (Outcome$_{Selbst}$). Die Aufwendungen des Unternehmens für die Entstehung von Markenarbeitszufriedenheit beim Mitarbeitenden stellen den Input der Marke dar (Input$_{VO}$).[376] Die Leistungen des Unternehmens spiegeln sich z.B. im Einsatz einer Internen Markenführung, die sich an den Erwartungen der Mitarbeitenden orientieren (Qualität der Internen Markenführung), wider.

Gerechtigkeit innerhalb der Austauschbeziehung zwischen Mitarbeitendem und Marke besteht, wenn die Markenarbeitszufriedenheit des Mitarbeitenden und sein Markenverhalten in einer angemessenen Relation zum Input-Outcome-Verhältnis der Marke stehen. Entspricht die Input-Outcome-Relation des Mitarbeitenden nicht der der Marke, liegt **Ungerechtigkeit** vor. Ungerechtigkeit besteht z.B., wenn sich Mitarbeitende sehr stark für die Marke engagieren (Input$_{Selbst}$), und die Marke dadurch von der Austauschbeziehung mit dem Mitarbeitenden profitiert (Outcome$_{VO}$), die Leistungen von Seiten des Unternehmens, d.h. der Input der Marke (Input$_{VO}$), für die Markenarbeitszufriedenheit jedoch sehr gering sind. Dies ist z.B. der Fall, wenn sich Mitarbeitende nicht ausreichend über die Marke informiert fühlen, für ihre Anstrengungen keine Wertschätzung erfahren oder nicht an der Umsetzung der Markenidentität partizipie-

---

[374] Vgl. *Adams* 1963, 1965.
[375] Wie daraus ersichtlich wird, ist das Vergleichsobjekt im hier interessierenden Kontext nicht, wie von *Adams* angedacht, eine Person bzw. Organisation, sondern eine Marke. Die Übertragung der Equity-Theorie auf den Mitarbeiter-Marken-Kontext wird jedoch dadurch gerechtfertigt, dass Marken, gemäß der Animismustheorie, mit menschlichen Eigenschaften assoziiert werden können (vgl. Abschnitt 4.2.1).
[376] Es wurde an anderer Stelle bereits angemerkt, dass sich im Austauschprozess zwischen Mitarbeitendem und Marke das „Verhalten der Marke" in deren Steuerungsmechanismen, d.h. z.B. in der Internen Markenführung des Unternehmens, ausdrückt (vgl. Abschnitt 4.2.1). Wird die Interne Markenführung als Input angesehen, ist der Input der Marke in die Austauschbeziehung mit dem Mitarbeitenden identisch mit dem Input des Unternehmens, da die Interne Markenführung durch Letzteres beschlossen wird. Es ist in diesem Falle somit zulässig, den Input der Marke mit den Leistungen des Unternehmens gleichzusetzen.

ren können (niedrige Qualität der Internen Markenführung). Dies mündet in eine geringe Markenarbeitszufriedenheit (Outcome$_{Selbst}$).[377]

Zur Reduktion von Ungerechtigkeit kann der Mitarbeitende unterschiedliche **Strategien** anwenden. Bei geringer Markenarbeitszufriedenheit kann er z.B. sein markenkonformes Mitarbeiterverhalten verringern. Ferner ist eine kognitive Umbewertung möglich, indem der Mitarbeitende z.B. seine Anstrengungen für die Marke relativiert bzw. die Leistungen des Unternehmens aufwertet. Ebenfalls ist eine Beeinflussung des Austauschpartners denkbar, indem mehr Input von der Marke (z.b. nach dem Erhalt von mehr Wertschätzung) eingefordert wird. Eine weitere Option ist der Abbruch der Austauschbeziehung. Dies äußert sich z.B. im Verlassen des Unternehmens, um für eine andere Marke zu arbeiten.

Zusammenfassend liefert die Equity-Theorie für das Wirkungsmodell der Qualität der Internen Markenführung folgenden Erkenntnisbeitrag:

- Nehmen Mitarbeitende wahr, dass die Marke, im Gegenzug für die eigenen erbrachten Markenanstrengungen, ebenfalls Leistungen erbringt, z.B. durch den Einsatz einer Internen Markenführung, die sich an den Erwartungen des Mitarbeitenden orientiert (Qualität der Internen Markenführung), entsteht auf Seiten des Mitarbeitenden Markenarbeitszufriedenheit. Um die dadurch entstandene Gerechtigkeit aufrechtzuerhalten, werden sich die Mitarbeitenden markenkonform verhalten.

- Nehmen Mitarbeitende hingegen keine Bemühungen von Seiten der Marke wahr, resultiert daraus eine geringe Markenarbeitszufriedenheit des Mitarbeitenden. Um die entstandene Ungerechtigkeit zu reduzieren, werden die Mitarbeitenden entsprechend geringere Leistungen erbringen, indem sie sich weniger markenkonform verhalten.

- Aus der Equity-Theorie lässt sich somit schließen, dass eine an den Mitarbeitererwartungen ausgerichtete Interne Markenführung (Qualität der Internen Markenführung) als Input der Marke die Markenarbeitszufriedenheit positiv beeinflusst. Zudem lässt sich schlussfolgern, dass die Markenarbeitszufriedenheit eine positive Wirkung auf das markenkonforme Mitarbeiterverhalten ausübt.

---

[377] Vgl. für eine ähnliche Argumentation *Stock-Homburg* 2012, S. 71f.

4.2.3 Theorie der sozialen Identität

Die **Theorie der sozialen Identität** geht auf die Arbeiten von *Tajfel* und *Turner* zurück.[378] Im Zentrum der Theorie stehen die Beziehungen zwischen Gruppen sowie die stattfindenden Prozesse innerhalb von Gruppen und dem sozialen Selbst.[379] Die Theorie stützt sich auf **vier miteinander verknüpfte Elemente**: die soziale Kategorisierung, die soziale Identität, den sozialen Vergleich und die soziale Distinktheit.[380]

Die **soziale Kategorisierung** bezieht sich auf die Klassifizierung des sozialen Umfelds von Personen und trägt der Neigung von Individuen Rechnung, nach bestimmten Mustern Kategorien zu bilden.[381] Sie stellt einen Prozess dar, „[...] in dem die Umwelt nach Kategorien, also Personen, Objekten und Ereignissen (oder deren ausgewählten Attributen) geordnet wird, die in Bezug auf ihre Relevanz für die Handlungen, Absichten oder Einstellungen eines Individuums ähnlich oder äquivalent sind."[382] Die Kategorisierung dient, durch die Unterscheidung, ob Individuen einer Gruppe angehören oder nicht, zum einen der Ordnung der sozialen Umwelt. Zum anderen wird mit der Kategorisierung auch die eigene Position des Individuums in der sozialen Umwelt festgelegt.[383] Individuen differenzieren zudem zwischen Kategorien, denen sie selbst angehören, den so genannten Ingroups, und Kategorien, denen sie nicht angehören, den so genannten Outgroups.[384]

Die Zugehörigkeit zu einer Kategorie stellt die Grundlage für die soziale Identität des Individuums dar.[385] Diese bildet zusammen mit der persönlichen Identität das Selbstkonzept einer Person.[386] Die **soziale Identität** eines Individuums wird verstanden als der „part of an individual's self-concept which derives from his knowledge of his membership of a social group (or groups) together with the value and emotional significance attached to that membership."[387] Im Gegensatz zur persönlichen Identität, die sich aus den individuellen Eigenschaften einer

---

[378] Vgl. *Tajfel* 1959, 1963, 1970, 1972, 1978a, b; *Tajfel/Turner* 1979, 1986; *Turner* 1975.
[379] Vgl. *Tajfel/Turner* 1986.
[380] Vgl. *Tajfel* 1978b, S. 61.
[381] Vgl. *Tajfel* 1978b, S. 62.
[382] *Tajfel* 1975, S. 345.
[383] Vgl. *Tajfel* 1978b, S. 61ff.
[384] Vgl. *Tajfel* 1978c, S. 77f.
[385] Vgl. *Röder* 2001, S. 44f.; *Bryant* 2010, S. 71.
[386] Vgl. *Fischer/Wiswede* 2009, S. 731.
[387] *Tajfel* 1981, S. 255; *Tajfel* 1978b, S. 63.

Person zusammensetzt, bezieht sich die soziale Identität somit auf diejenigen Aspekte des Selbstkonzepts eines Individuums, die sich aus dem Wissen der Person um ihre Zugehörigkeit zur Gruppe sowie dem Wert und der emotionalen Bedeutung, die mit dieser Gruppenzugehörigkeit verbunden sind, ableiten.[388] Während der persönlichen Identität somit die Selbst-Interpretation als singuläres, eigenes Individuum zugrunde liegt, basiert die soziale Identität auf einer sozialen Erweiterung der Selbst-Interpretation, da hier die Mitglieder der eigenen Gruppe in die eigene Selbst-Interpretation integriert werden.[389] Die psychologische Verschmelzung des Selbst und der Gruppe erfolgt durch die soziale Identifikation, d.h. durch die Identifikation des Individuums mit der Gruppe.[390] Mit der Identifikation geht eine Internalisierung der Werte der sozialen Gruppe einher.[391]

Gemäß der Theorie der sozialen Identität haben Individuen das Bedürfnis nach einer positiven sozialen Identität.[392] Eine positive soziale Identität dient der Erhöhung des Selbstwertgefühls von Individuen.[393] Sie liegt vor, wenn sich die eigene Gruppe im **sozialen Vergleich** zu anderen Gruppen positiv abhebt.[394] Aus dem Wunsch nach der Erhöhung des Selbstwertgefühls heraus ist es folglich das Ziel des sozialen Vergleichs, mit der Eigengruppe eine möglichst hohe positive Differenz zur Fremdgruppe zu identifizieren.[395] Dabei erfolgt kein Vergleich mit jeder beliebigen Fremdgruppe. Lediglich die als relevant betrachteten Gruppen werden für einen Vergleich herangezogen.[396] Des Weiteren wird für den Vergleich nur auf diejenigen Gruppenattribute Rückgriff genommen, die zu einer hohen positiven Diskrepanz zu einer anderen Gruppe führen. Da Mitglieder aller Gruppen Interesse an einer positiven sozialen Identität haben und diese nur zu

---

[388] Das Selbstkonzept einer Person besteht dabei nicht nur aus einer sozialen Identität, sondern aus einer Vielzahl an Identitäten, die das Ergebnis der Zugehörigkeit zu verschiedenen sozialen Gruppen sind (vgl. *Breakwell* 1986, S. 14f.; *Hartmann* 2010, S. 76).

[389] Vgl. *Simon/Mummendey* 1997, S. 20; *Piehler* 2011, S. 216.

[390] Vgl. *Hartmann* 2010, S. 68. Im Zusammenhang mit der Identifikation wird vielfach von einem „feeling of oneness", d.h. einem Gefühl der Einheit einer Person mit einem Bezugsobjekt, gesprochen (vgl. *Michalski/Helmig* 2008, S. 239).

[391] Vgl. *Tajfel* 1981; *Ashforth/Mael* 1989, S. 26; *Hartmann* 2010, S. 71f.

[392] Vgl. *Tajfel/Turner* 1986, S. 16.

[393] Vgl. *Hartmann* 2010, S. 83.

[394] Vgl. *Tajfel/Turner* 1986, S. 16.

[395] Vgl. *Tajfel/Turner* 1979, S. 41; *Turner* 1982, S. 33.

[396] Die Ähnlichkeit, Proximität, d.h. Nähe, und situative Salienz werden in der Literatur als Variablen, die für die Wahrnehmung als relevante Fremdgruppe von Bedeutung sind, genannt (vgl. *Tajfel/Turner* 1986, S. 16f.).

Lasten der Mitglieder anderer Gruppen entstehen kann, ist das Verhältnis zwischen den Gruppen zudem kompetitiv. Daraus können Intergruppenkonflikte resultieren, die die Abgrenzung gegenüber der jeweils anderen Gruppe weiter verstärken.[397] Das Resultat sozialer Vergleiche stellt die **soziale Distinktheit** dar. Unter der sozialen Distinktheit ist die psychologische Eigenart einer Gruppe zu verstehen.[398] Eine positive soziale Distinktheit besteht, wenn durch soziale Vergleiche eine positive soziale Identität entwickelt wurde. Stellen die Gruppenmitglieder hingegen fest, dass sie im relevanten Gruppenvergleich schlecht abschneiden, mündet dies in eine weniger positive soziale Identität.[399] Eine Möglichkeit, um in einem solchen Falle wieder eine positive Distinktheit und positive soziale Identität zu erlangen, ist der Vergleich mit einer anderen Fremdgruppe oder das Heranziehen von Attributen, bei denen die Gruppe im Vergleich besser abschneidet.[400]

In der vorliegenden Arbeit wird die Auffassung vertreten, dass die Theorie der sozialen Identität einen wertvollen Beitrag zur Erklärung des Zusammenhangs zwischen der Qualität der Internen Markenführung und dem Markencommitment sowie den Zusammenhang zwischen dem Markencommitment und dem markenkonformen Mitarbeiterverhalten leistet. Diese Auffassung wird durch die Vielzahl an Studien gestützt, die die Theorie für die Fundierung der Antezedenzien und Konsequenzen der organisationalen Identifikation, als Commitmentähnlichem Konstrukt, heranziehen.[401] Unter Rückgriff auf die Theorie der sozialen Identität wurde z.B. der Zusammenhang zwischen dem organisationalen

---

[397] Vgl. *Tajfel/Turner* 1986, S. 16f.; *Bryant* 2010, S. 72.
[398] Vgl. *Tajfel* 1978c, S. 83.
[399] Vgl. *Tajfel* 1978c, S. 86ff.; *Bryant* 2010, S. 73.
[400] Vgl. *Tajfel/Turner* 1986, S. 17; *Hartmann* 2010, S. 81.
[401] Wie bereits aufgezeigt, beinhaltet das Markencommitment in der vorliegenden Arbeit die Identifikation des Mitarbeitenden mit der Marke und die Internalisierung der Markenwerte in das Selbstkonzept des Mitarbeitenden (vgl. Abschnitt 2.4.2, 2.6). *Tajfel* (1981) selbst weist explizit darauf hin, dass die Identifikation mit einer sozialen Gruppe immer auch mit einer Internalisierung der Werte der Gruppe verbunden ist. Aus diesem Grund wird es als zulässig angesehen, die Theorie im Folgenden für die Antezedenzien und Konsequenzen des Markencommitment, und nicht wie in den meisten Studien üblich, lediglich für die Entstehung und Wirkung der Identifikation, heranzuziehen. Für den Rückgriff auf die Theorie der sozialen Identität im Zusammenhang mit dem Commitment sprechen sich auch *Riketta* (2005, S. 378) und *Hartmann* (2010, S. 73f.) aus.

Prestige oder dem organisationalen Image und der organisationalen Identifikation erklärt.[402] Die Theorie wurde zudem verwendet, um den Einfluss der organisationalen Identifikation auf verhaltensorientierte Größen, wie z.b. das Organizational Citizenship Behavior oder das Leistungsverhalten von Mitarbeitenden, zu fundieren.[403] Auch im Mitarbeiter-Marken-Kontext hat sich die Theorie der sozialen Identität bereits bewährt. *Hartmann* greift z.b. für die Erklärung des Zusammenhangs zwischen dem perceived external prestige und dem Markencommitment von Mitarbeitenden unter anderem auf sie zurück.[404] *Morhart/Herzog/Tomczak* erklären damit den Zusammenhang zwischen der Internalisierung der Rollenidentität, als Commitment-nahem Konstrukt, und dem Markenverhalten der Mitarbeitenden.[405]

Übertragen auf den Mitarbeiter-Marken-Kontext bezieht sich die **soziale Kategorisierung** auf die von Mitarbeitenden vorgenommene Zuordnung von Personen zu den Marken, für die diese arbeiten. In Anlehnung an die obigen Ausführungen unterscheiden Mitarbeitende dabei zwischen der Eigengruppe, d.h. z.B. der Marke X, für die sie arbeiten und der sie angehören und den relevanten Fremdgruppen, denen sie nicht angehören (z.B. der Marke Y). Die Zugehörigkeit zur Marke X bildet die Grundlage für die **soziale Identität** der Mitarbeitenden. Die soziale Identität stellt im vorliegenden Kontext die Identität der Marke, für die die Mitarbeitenden arbeiten, bzw. die Identität der die Marke prägenden Gruppe, dar.[406] Im Rahmen der Markenidentifikation erfolgt die psychologische Verschmelzung der Mitarbeitenden mit der Marke. Damit einher geht die Integration der Markenidentität in das Selbstkonzept der Mitarbeitenden. Da auf Seiten der Mitarbeitenden ein Bedürfnis nach einer positiven sozialen Identität besteht, nehmen diese einen **sozialen Vergleich** der Marke X, für die sie arbeiten, mit anderen von ihnen als relevant erachteten Marken, für die sie nicht tätig sind, vor. Aus dem sozialen Vergleich resultiert die **soziale Distinktheit**. Im vorliegenden Kontext stellt diese die psychologische Eigenart der Marke dar. Eine

---

[402] Vgl. z.B. *Mael/Ashforth* 1992; *Dutton/Dukerich/Harquail* 1994; *Bergami/Bagozzi* 2000.
[403] Vgl. z.B. *Haslam/Powell/Turner* 2000; *van Knippenberg* 2000; *Walumbwa et al.* 2011.
[404] Vgl. *Hartmann* 2010, S. 116ff. Das perceived external prestige enspricht dem Bild, das Außenstehende von der Organisation bzw. der Marke aus Sicht der Arbeitnehmer haben (vgl. *Smidts/Pruyn/van Riel* 2001, S. 1052; *Hartmann* 2010, S. 114).
[405] Vgl. *Morhart/Herzog/Tomczak* 2009, S. 124ff. Zur Internalisierung der Rollenidentität vgl. Abschnitt 2.4.2.
[406] Vgl. zum Begriff der Markenidentität Abschnitt 1.2.1.

positive soziale Distinktheit liegt vor, wenn durch die sozialen Vergleiche eine positive Markenidentität entwickelt werden konnte. Ein schlechtes Abschneiden der Marke X im Rahmen des sozialen Vergleichs führt hingegen zu einer weniger positiven Markenidentität. Mögliche Strategien, um wieder eine positive Distinktheit und positive soziale Identität zu erlangen, stellen der Vergleich mit einer anderen Marke dar oder das Heranziehen von Attributen, bei denen die Marke im Vergleich besser abschneidet.

Unter Zuhilfenahme der Theorie der sozialen Identität und in Anlehnung an *Dutton/Dukerich/Harquail* ist anzunehmen, dass sich eine positive Wahrnehmung der Marke durch Mitarbeitende positiv auf das Markencommitment von Mitarbeitenden auswirkt.[407] Die positive Markenwahrnehmung fördert im Rahmen des sozialen Vergleichs die Entstehung einer positiven Distinktheit der Marke gegenüber anderen Marken. Die Folge ist, dass sich Mitarbeitende mit der Marke identifizieren und die Identität der Marke in ihr Selbstkonzept integrieren, d.h. ein Markencommitment entwickeln.[408] In Anlehnung an *Edell/Burke* trägt eine positive Wahrnehmung der Internen Markenführung zu einer positiven Wahrnehmung der Marke bei.[409] Daraus folgt, dass die obigen Überlegungen nicht nur für die positive Wahrnehmung der Marke gelten, sondern auch für die positive Wahrnehmung der Internen Markenführung. Die **Qualität der Internen Markenführung** kann dabei als positive Wahrnehmung der Internen Markenführung durch Mitarbeitende interpretiert werden. Der obigen Argumentation zufolge fördert somit die Wahrnehmung einer hohen Qualität der Internen Markenführung, über die Generierung einer positiven Markenwahrnehmung, eine positive Distinktheit der Marke gegenüber anderen Marken. Dies führt zur Identifikation mit der Marke und Integration der Markenidentität in das Selbstkonzept der Mitarbeitenden, d.h. zu einem hohen Markencommitment der Mitarbeitenden.

Mitarbeitende, die über ein hohes Markencommitment verfügen, können sich mit der Marke identifizieren und leiten daraus ihre soziale Identität ab. Sie sind daher daran interessiert, dass die Marke auch in der Zukunft erfolgreich ist.[410] Eine wenig erfolgreiche Marke kann die mitarbeiterseitige Wahrnehmung der Marke

---

[407] *Dutton/Dukerich/Harquail* (1994, S. 244ff.) beziehen sich in ihren Ausführungen auf die Wahrnehmung und Identifikation mit der Organisation, ohne Bezug zur Marke zu nehmen.
[408] Für eine ähnliche Argumentation, jedoch auf den Kundenkontext bezogen, vgl. *Bryant* 2010, S. 99.
[409] *Edell/Burke* (1984, S. 645) beziehen sich in ihren Ausführungen auf die Werbung und auf Konsumenten, nicht auf die Interne Markenführung und Mitarbeitende.
[410] Vgl. *Dutton/Dukerich/Harquail* 1994, S. 254.

und somit auch die soziale Identität des Mitarbeitenden beschädigen. Daraus ist zu schlussfolgern, dass sich Mitarbeitende, die über ein hohes Markencommitment verfügen, für die Marke engagieren, d.h. ein **markenkonformes Mitarbeiterverhalten** zeigen, um die Marke zu unterstützen und damit auch ihre eigene soziale Identität zu schützen.[411]

Zusammenfassend liefert die Theorie der sozialen Identität für das Wirkungsmodell der Qualität der Internen Markenführung folgenden Erkenntnisbeitrag:

- Die Wahrnehmung einer hohen Qualität der Internen Markenführung fördert eine positive Distinktheit der Marke gegenüber anderen Marken. Dies führt zur Identifikation der Mitarbeitenden mit der Marke und zur Integration der Markenidentität in das Selbstkonzept des Mitarbeitenden. Die Qualität der Internen Markenführung hat demzufolge einen positiven Einfluss auf das Markencommitment von Mitarbeitenden.

- Mitarbeitende mit einem hohen Markencommitment verhalten sich markenkonform, um der Marke zu helfen und damit auch ihre eigene aus der Identifikation mit der Marke abgeleitete soziale Identität zu schützen. Somit verweist die Theorie der sozialen Identität auf einen positiven Zusammenhang zwischen dem Markencommitment von Mitarbeitenden und dem markenkonformen Mitarbeiterverhalten.

4.2.4 Soziale Austauschtheorie

Die **soziale Austauschtheorie** beschäftigt sich mit der Erklärung der Entstehung bzw. Fortbestehung sozialer Beziehungen.[412] Letztere werden dabei aus einer Kosten-Nutzen-Perspektive betrachtet. So liegt der Theorie die Annahme zugrunde, dass soziale Beziehungen durch das Austauschverhältnis von Nutzen und Kosten bewertet werden. Beziehungen zwischen den involvierten Personen bleiben so lange bestehen, wie sich das Ergebnis als Differenz zwischen Nutzen und Kosten der Beziehung als positiv herausstellt.[413]

Bei der sozialen Austauschtheorie handelt es sich um kein in sich geschlossenes Theoriegebäude. Die Theorie stellt vielmehr eine Sammlung von Erklärungsan-

---

[411] Vgl. ähnlich, jedoch auf den Kundenkontext bezogen, *Auh* 2007, S. 362; *Bryant* 2010, S. 115. Vgl. ähnlich *Dutton/Dukerich/Harquail* 1994, S. 256.
[412] Vgl. *Bruhn/Hennig-Thurau/Hadwich* 2004, S. 395.
[413] Vgl. *Thibaut/Kelley* 1959, S. 12f.; *Heußler* 2011, S. 102.

sätzen, die sich teilweise stark voneinander unterscheiden, dar.[414] Es sind insbesondere die Ansätze von *Homans*[415], *Blau*[416] und *Thibaut/Kelley*[417], die mit der sozialen Austauschtheorie in Verbindung gebracht werden. Nachfolgend wird sich dem **Erklärungsansatz von *Blau*** , der auf den Arbeiten von *Homans* aufbaut, gewidmet, da bei diesem das Vertrauenskonstrukt eine besondere Rolle einnimmt.

Blau differenziert in seinen Arbeiten explizit zwischen ökonomischen und sozialen Austauschbeziehungen. Während der **ökonomische Austausch** zumeist finanzielle und tangible Elemente umfasst, stehen im Rahmen des **sozialen Austauschs** primär die sozioemotionalen Aspekte einer Austauschbeziehung im Zentrum.[418] Darüber hinaus unterscheiden sich ökonomische von sozialen Austauschbeziehungen insbesondere durch die Spezifität der gegenseitigen Verpflichtungen der Austauschpartner.[419] „"Social Exchange" […] refers to voluntary actions of individuals that are motivated by the returns they are expected to bring and typically do in fact bring from others."[420] Wie aus dieser Definition hervorgeht, sind mit einem sozialen Austausch nicht genauer spezifizierte Verpflichtungen verbunden. Das bedeutet, dass eine Person, die ihrem Gegenüber eine Leistung liefert, erwartet, dass dieses in der Zukunft eine Gegenleistung erbringt. Dabei ist jedoch unklar, wann und in welcher Form diese Gegenleistung erbracht wird. Dies steht im Gegensatz zu ökonomischen Austauschbeziehungen. Diese beruhen auf zwischen den Austauschpartnern geschlossenen Verträgen, in denen genau die Menge des Gutes, das transferiert wird, und die entsprechenden Kompensationsverpflichtungen festgelegt sind.[421] Aufgrund der nicht genau spezifizierten Verpflichtungen benötigt die leistungserbringende Person im Rahmen sozialer Austauschbeziehungen folglich ein Mindestmaß an Vertrauen, dass der Leistungsempfänger seinen Verpflichtungen nachkommt. Erhält die ursprünglich leistungserbringende Person durch den Leistungsempfänger eine entsprechende Gegenleistung wird ihr Vertrauen nicht enttäuscht. Vielmehr steigt das Vertrauen mit der Folge, dass weitere Transaktionen durchgeführt werden.[422] Dies macht

---

[414] Vgl. *Chadwick-Jones* 1976, S. 1.
[415] Vgl. *Homans* 1961.
[416] Vgl. *Blau* 1964.
[417] Vgl. *Thibaut/Kelley* 1959.
[418] Vgl. *Blau* 1964, S. 93f.; *Shore et al.* 2006, S. 839.
[419] Vgl. *Blau* 1964, S. 93; vgl. hierzu auch *Bieling* 2011, S. 76.
[420] *Blau* 1964, S. 91.
[421] Vgl. *Blau* 1964, S. 93.
[422] Vgl. *Blau* 1964, S. 315.

deutlich, dass das **Vertrauen** die Grundlage für das Entstehen und Aufrechterhalten sozialer Austauschbeziehungen darstellt.[423]

Des Weiteren liegt der sozialen Austauschtheorie die zentrale Annahme zugrunde, dass sich Austauschpartner in einer sozialen Austauschbeziehung entsprechend der **Reziprozitätsnorm** verhalten.[424] Gemäß der Reziprozitätsnorm fühlen sich Individuen, die von ihrem Austauschpartner eine Leistung erhalten haben, verpflichtet, eine entsprechende Gegenleistung zu erbringen.[425]

Da im Rahmen der sozialen Austauschtheorie das Vertrauen eine zentrale Rolle einnimmt, leistet sie einen wertvollen Beitrag für die theoretische Fundierung des Wirkungsmodells der Qualität der Internen Markenführung. Wie bereits an anderer Stelle erwähnt, kommt die Theorie **in der vorliegenden Arbeit** zur Anwendung, um den Zusammenhang zwischen der Qualität der Internen Markenführung und dem Markenvertrauen sowie den Zusammenhang zwischen dem Markenvertrauen und dem markenkonformen Mitarbeiterverhalten zu erklären. Die Eignung der Theorie wird durch eine Vielzahl an Studien aus dem organisationalen Kontext gestützt, die für die Erklärung der Determinanten und Konsequenzen des Vertrauens von Mitarbeitenden auf die Theorie zurückgreifen.[426] So führt ein wohlwollendes Verhalten des Unternehmens gegenüber seinen Mitarbeitenden dazu, dass sich eine von gegenseitigem Vertrauen und Verpflichtungen geprägte soziale Austauschbeziehung entwickelt.[427] Dies mündet in das Bemühen der Mitarbeitenden die Reziprozitätsnorm zu erfüllen, indem sie sich im Gegenzug für die erhaltenen Leistungen des Unternehmens entsprechend für die Organisation engagieren.[428]

In der vorliegenden Arbeit steht die soziale Austauschbeziehung zwischen Mitarbeitenden und Marke im Mittelpunkt. Im Rahmen dieses Austauschverhältnisses drücken sich die Leistungen bzw. Kosten des Mitarbeitenden im markenkonformen Mitarbeiterverhalten aus. Die Leistungen bzw. Kosten der Marke manifestieren sich im vorliegenden Kontext im Einsatz einer Internen Markenführung, die sich an den Erwartungen der Mitarbeitenden orientiert (Qualität der Internen Markenführung). Die Qualität der Internen Markenführung stellt wiede-

---

[423] Vgl. *Shore et al.* 2006, S. 839; *Bieling* 2011, S. 76.
[424] Vgl. zur „norm of reciprocity" *Gouldner* 1960, S. 171.
[425] Vgl. *Wayne et al.* 2002, S. 590.
[426] Vgl. *Konovsky/Pugh* 1994; *Aryee/Budhwar/Chen* 2002; *Mayer/Gavin* 2005; *Lavelle/Rupp/Brockner* 2007; *Khazanchi/Masterson* 2011.
[427] Vgl. *Settoon/Bennett/Liden* 1996, S. 219; *Bieling* 2011, S. 77.
[428] Vgl. *Bieling* 2011, S. 77; *Khazanchi/Masterson* 2011, S. 92.

rum der Nutzen für die Mitarbeitenden dar. Der Nutzen für die Marke bildet das markenkonforme Mitarbeiterverhalten.

Nehmen Mitarbeitende wahr, dass sich die Marke ihnen gegenüber wohlwollend verhält z.b. durch eine Interne Markenführung, die an ihren Erwartungen ausgerichtet ist (**Qualität der Internen Markenführung**), erfahren sie, dass die Marke ihren Verpflichtungen im Rahmen der sozialen Austauschbeziehung nachkommt. Auf diese Weise wird den Mitarbeitenden bewusst, dass sie für die eigenen erbrachten Leistungen von Seiten der Marke eine Gegenleistung erhalten. Die Folge ist, dass das Vertrauen der Mitarbeitenden in die Marke steigt.

Das durch die Leistungen der Marke gestiegene Markenvertrauen von Mitarbeitenden führt wiederum dazu, dass sich die Mitarbeitenden, gemäß der Reziprozitätsnorm, verpflichtet fühlen, eine Gegenleistung zu erbringen. Dies äußert sich z.B. in einem **markenkonformen Mitarbeiterverhalten**, d.h. in einem Verhalten, das die Marke unterstützt und aus dem die Marke Nutzen zieht.

Zusammenfassend liefert die soziale Austauschtheorie für das Wirkungsmodell der Qualität der Internen Markenführung folgenden Erkenntnisbeitrag:

- Durch die Wahrnehmung einer hohen Qualität der Internen Markenführung erfahren Mitarbeitende, dass die Marke ihren Austauschverpflichtungen nachkommt. Dies führt zu einem steigenden Vertrauen der Mitarbeitenden in die Marke. Die Qualität der Internen Markenführung hat folglich einen positiven Einfluss auf das Markenvertrauen von Mitarbeitenden.

- Mitarbeitende mit einem hohen Markenvertrauen verhalten sich markenkonform, um die Reziprozitätsnorm zu erfüllen. Somit verweist die soziale Austauschtheorie auf einen positiven Zusammenhang zwischen dem Markenvertrauen von Mitarbeitenden und dem markenkonformem Mitarbeiterverhalten.

4.2.5 Zusammenfassende Darstellung der theoretischen Fundierung des Wirkungsmodells der Qualität der Internen Markenführung

Die zuvor diskutierten Theorien leisten einen wertvollen Beitrag zur Erklärung der Konstruktzusammenhänge im Wirkungsmodell der Qualität der Internen Markenführung. In Abbildung 4-2 werden die wesentlichen Erkenntnisse im Rahmen der theoretischen Fundierung des Wirkungsmodells noch einmal zusammenfassend dargestellt. Anschließend wird sich der Konzeptualisierung der Wirkungsgrößen der Qualität der Internen Markenführung gewidmet.

Entwicklung eines Wirkungsmodells der QIMF

Theorie	Begründeter Effekt				Relevanz für die Arbeit
Equity-Theorie	Qualität der Internen Markenführung	Markenarbeitszufriedenheit / Markencommitment / Markenvertrauen		Markenkonformes Mitarbeiterverhalten	• Austausch zwischen Mitarbeitenden und Marke basiert auf Gerechtigkeit. • Nehmen Mitarbeitende wahr, dass die Marke, im Gegenzug für die eigenen erbrachten Markenanstrengungen, ebenfalls Leistungen erbringt, z.B. durch eine hohe Qualität der Internen Markenführung, entsteht auf Seiten der Mitarbeitenden Markenarbeitszufriedenheit. • Um die entstandene Gerechtigkeit aufrechtzuerhalten, werden sich Mitarbeitende markenkonform verhalten.
Theorie der sozialen Identität	Qualität der Internen Markenführung	Markenarbeitszufriedenheit / Markencommitment / Markenvertrauen		Markenkonformes Mitarbeiterverhalten	• Austausch in der Form von Identifikation des Mitarbeitenden mit der Marke. • Die Wahrnehmung einer hohen Qualität der Internen Markenführung fördert eine positive Distinktheit der Marke gegenüber anderen Marken. Dies führt zu einem hohen Markencommitment der Mitarbeitenden. • Mitarbeitende mit einem hohen Markencommitment verhalten sich markenkonform, um der Marke zu helfen und damit auch ihre eigene aus der Identifikation mit der Marke abgeleitete soziale Identität zu schützen.
Soziale Austauschtheorie	Qualität der Internen Markenführung	Markenarbeitszufriedenheit / Markencommitment / Markenvertrauen		Markenkonformes Mitarbeiterverhalten	• Austausch zwischen Mitarbeitenden und Marke basiert auf Vertrauen. • Durch die Wahrnehmung einer hohen Qualität der Internen Markenführung erfahren Mitarbeitende, dass die Marke ihren Austauschverpflichtungen nachkommt. Dies führt zu einem steigenden Vertrauen der Mitarbeitenden in die Marke. • Mitarbeitende mit einem hohen Markenvertrauen verhalten sich markenkonform, um die Reziprozitätsnorm zu erfüllen.

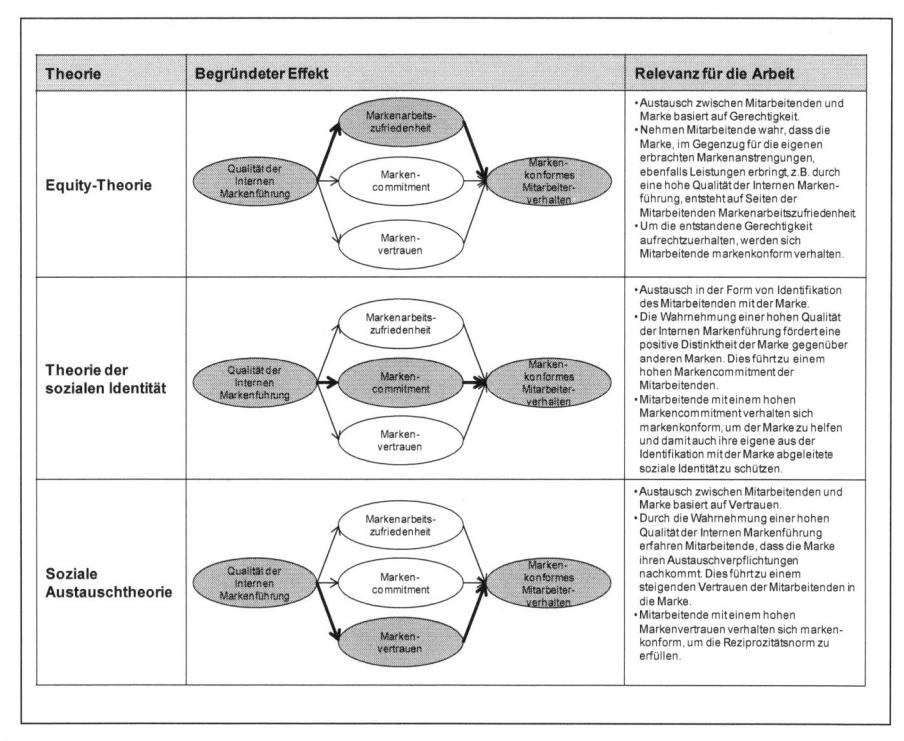

Schaubild 4-2: Zusammenfassende Darstellung der theoretischen Fundierung des Wirkungsmodells der Qualität der Internen Markenführung

4.3 Wirkungsgrößen der Qualität der Internen Markenführung

4.3.1 Konzeptualisierung der Wirkungsgrößen und Hypothesenherleitung

4.3.1.1 Überblick

Im Folgenden wird das Augenmerk auf die Konzeptualisierung der Wirkungsgrößen der Qualität der Internen Markenführung und Formulierung von Hypothesen zu den vermuteten Zusammenhängen zwischen den Modellgrößen gelegt. Es werden sowohl Hypothesen zur Wirkung der Qualität der Internen Markenführung als Ganzes (aggregierte Betrachtung), als auch Hypothesen zur Wirkung der einzelnen Dimensionen der Qualität der Internen Markenführung (disaggregierte Betrachtung) generiert. Die disaggregierte Betrachtung ermöglicht es, Aufschluss über die Wirkung einzelner Maßnahmen der Internen Markenführung auf die nachgelagerten Konstrukte zu erhalten. Im Rahmen der Hypothesenherleitung wird zum einen auf die gewählten Theorien zurückgegriffen, zum anderen erfolgt, sofern möglich, der Rekurs auf Studien, in denen die interessierenden Konstruktzusammenhänge bereits empirischen Nachweis gefunden haben.

Die nachfolgenden Ausführungen orientieren sich an folgendem Ablauf:

(1) **Konzeptualisierung der Markenarbeitszufriedenheit** und **Hypothesenherleitung** (Abschnitt 4.3.1.2),

(2) **Konzeptualisierung des Markencommitment** und **Hypothesenherleitung** (Abschnitt 4.3.1.3),

(3) **Konzeptualisierung des Markenvertrauens** und **Hypothesenherleitung** (Abschnitt 4.3.1.4),

(4) **Konzeptualisierung des markenkonformen Mitarbeiterverhaltens** und **Hypothesenherleitung** (Abschnitt 4.3.1.5),

(5) **Zusammenfassung des Wirkungsmodells** der Qualität der Internen Markenführung (Abschnitt 4.3.1.6).

4.3.1.2 Markenarbeitszufriedenheit

Der Konzeptualisierung des Konstrukts **Markenarbeitszufriedenheit** von Mitarbeitenden wurde sich in der Literatur bislang noch nicht gewidmet. Für die inhaltliche Beschreibung des Konstrukts wird daher Rückgriff auf die in der Literatur vorgenommene Konzeptualisierung der Mitarbeiter- bzw. Arbeitszufriedenheit genommen.[429] Diese unterscheidet sich lediglich durch den fehlenden Markenbezug von der Markenarbeitszufriedenheit.

Bei Durchsicht der in der Literatur bestehenden Definitionen zur **Mitarbeiterzufriedenheit** werden zwei Kernelemente des Konstrukts deutlich.[430] Zum einen wird die Mitarbeiterzufriedenheit als eine **Einstellung zur Arbeit** interpre-

---

[429] Die Begriffe Mitarbeiterzufriedenheit und Arbeitszufriedenheit werden in der vorliegenden Arbeit synonym verwendet.
[430] Vgl. *Stock-Homburg* 2012, S. 17f.

tiert.[431] Nach *Kroeber-Riel/Weinberg/Gröppel-Klein* sind Einstellungen primär von der emotionalen Haltung eines Individuums gegenüber einem Gegenstand, hier gegenüber der Arbeit, geprägt.[432] Zum anderen wird die Mitarbeiterzufriedenheit als **Ergebnis eines Soll-Ist-Vergleichs** betrachtet.[433] Das Prinzip des Soll-Ist-Vergleichs wird auch als Confirmation/Disconfirmation-Paradigma bezeichnet. Nach diesem Erklärungsansatz stellt die Mitarbeiterzufriedenheit das Ergebnis eines Soll-Ist-Vergleichs zwischen den Erwartungen eines Mitarbeitenden an das Arbeitsumfeld (Soll) und dem vom Mitarbeitenden tatsächlich wahrgenommenen Arbeitsumfeld (Ist) dar. Entspricht das wahrgenommene Arbeitsumfeld den Erwartungen, wird von Konfirmation, d.h. Bestätigung, gesprochen, und es entsteht Zufriedenheit. Liegt die Ist-Leistung über der Soll-Leistung (positive Diskonfirmation) führt dies ebenfalls zu Zufriedenheit, wohingegen aus einer Ist-Leistung, die unter der Soll-Leistung liegt (negative Diskonfirmation), Unzufriedenheit resultiert.[434] Die Betrachtung der Mitarbeiterzufriedenheit als Einstellung bzw. als Ergebnis eines Soll-Ist-Vergleichs ist dabei nicht als sich gegenseitig ausschließend zu anzusehen. Vielmehr tragen die beiden Betrachtungsweisen gemeinsam zu einem umfassenden Verständnis des Konstrukts bei.[435] Die Mitarbeiterzufriedenheit wird demnach definiert als „Einstellung in Bezug auf das Arbeitsumfeld, die sich aus dem abwägenden Vergleich zwischen dem erwarteten Arbeitsumfeld (Soll) und dem tatsächlich wahrgenommenen Arbeitsumfeld (Ist) ergibt."[436]

Das angeführte Verständnis von Mitarbeiterzufriedenheit lässt sich auf das hier interessierende Konstrukt **Markenarbeitszufriedenheit** übertragen. Demzufolge ist die Markenarbeitszufriedenheit zum einen als **Einstellung** des Mitarbeitenden gegenüber seiner Arbeit für die Marke zu verstehen. Zum anderen stellt sie das **Ergebnis eines Soll-Ist-Vergleichs** dar, das sich gemäß dem Confirmation/Dis-

---

[431] Vgl. z.B. *Bettencourt/Brown* 1997, S. 42; *Jones/Busch/Dacin* 2003, S. 331; *Garrido/Pérez/Antón* 2005, S. 1936. Vgl. hierzu und zu weiteren Quellen *Stock-Homburg* 2012, S. 16f.

[432] Vgl. *Kroeber-Riel/Weinberg/Gröppel-Klein* 2009, S. 214.

[433] Vgl. z.B. *Bruggemann/Groskurth/Ulich* 1975, S. 132; *von Rosenstiel* 1975, S. 445. Vgl. hierzu und zu weiteren Quellen *Stock-Homburg* 2012, S. 17.

[434] Das Confirmation/Disconfirmation-Paradigma gilt als Basiskonzept für die Erklärung der Kundenzufriedenheit, das sich aber auch im Mitarbeiterkontext anwenden lässt. Vgl. zur Anwendung des Ansatzes zur Erklärung der Kundenzufriedenheit z.B. *Oliver* 1980, S. 460ff; *Churchill/Surprenant* 1982, S. 491ff.; *Oliver/DeSarbo* 1988, S. 495f.

[435] Vgl. *Stock-Homburg* 2012, S. 18.

[436] *Stock-Homburg* 2012, S. 18.

confirmation-Paradigma, aus dem Vergleich zwischen den Erwartungen des Mitarbeitenden an die Arbeit für die Marke und der von ihm tatsächlich wahrgenommenen Arbeit für die Marke ergibt. Es wird dadurch deutlich, dass die Markenarbeitszufriedenheit sowohl affektiv als auch kognitiv geprägt ist. So spiegelt das Konstrukt einen aus einem kognitiv geprägten Soll-Ist-Vergleich entstandenen positiven bzw. negativen Empfindungseindruck des Mitarbeitenden hinsichtlich der Arbeit für die Marke wider, wobei jedoch davon auszugehen ist, dass bereits der rationale Vergleichsprozess von affektiven Vorgängen begleitet wird.[437] Des Weiteren verweist das zugrunde gelegte Konstruktverständnis darauf, dass in der vorliegenden Arbeit unter der Markenarbeitszufriedenheit nicht die Zufriedenheit von Mitarbeitenden mit einzelnen Teilaspekten der Arbeit für die Marke (z.B. Arbeitsinhalt, -bedingungen) verstanden wird. Vielmehr stellt das Konstrukt die „Gesamtzufriedenheit" des Mitarbeitenden mit der Arbeit für die Marke dar.

Auf diesen Überlegungen basierend wird der Markenarbeitszufriedenheit folgende **Definition** zugrunde gelegt:

> Die **Markenarbeitszufriedenheit** wird definiert als Einstellung des Mitarbeitenden in Bezug auf die Arbeit für die Marke, die sich aus dem abwägenden Vergleich zwischen der erwarteten Arbeit für die Marke (Soll) und der tatsächlichen Arbeit für die Marke (Ist) ergibt.

Auf Basis der **Equity-Theorie** wird von der Annahme ausgegangen, dass sich die Qualität der Internen Markenführung positiv auf die Markenarbeitszufriedenheit auswirkt. Durch die Wahrnehmung einer hohen Qualität der Internen Markenführung perzipieren Mitarbeitende, dass die Marke, im Gegenzug für die eigenen erbrachten Markenanstrengungen, ebenfalls Leistungen erbringt. Dadurch entsteht auf Seiten der Mitarbeitenden Markenarbeitszufriedenheit.[438]

Einen positiven Einfluss der Qualität der Internen Markenführung auf die Markenarbeitszufriedenheit lässt sich auch mithilfe des **Confirmation/Disconfirmation-Paradigmas** annehmen. So kann eine „gute", d.h. den Mitarbeitererwartungen entsprechende Interne Markenführung im Rahmen des Soll-Ist-Vergleichs dazu beitragen, dass die von den Mitarbeitenden wahrgenommene Arbeit für die Marke ihren Erwartungen an diese entspricht bzw. diese sogar

---

[437] Vgl. in Bezug auf die Kundenzufriedenheit *Oliver* 1993, S. 427f.; *Falk* 2007, S. 35f.
[438] Vgl. Abschnitt 4.2.2.

übertrifft. Die Übereinstimmung bzw. das Übertreffen der Erwartungen führt, dem Paradigma zufolge, zur Markenarbeitszufriedenheit von Mitarbeitenden. Auf Basis der theoretischen Überlegungen lässt sich folgende **Hypothese** ableiten:

> H_1: Die Markenarbeitszufriedenheit wird von der Qualität der Internen Markenführung positiv beeinflusst.

Neben dem positiven Einfluss der Qualität der Internen Markenführung als Ganzes wird auch eine positive Wirkung der einzelnen Dimensionen des Konstrukts auf die Markenarbeitszufriedenheit unterstellt. Das bedeutet, es wird ein positiver Zusammenhang zwischen den Dimensionen Informationsvermittlung, Vorleben der Markenidentität, Wertschätzung, Partizipation, Visualisierung der Markenidentität und der Markenarbeitszufriedenheit postuliert. Diese Wirkungszusammenhänge lassen sich ebenfalls anhand der **Equity-Theorie** begründen. So trägt auch die Erfüllung einzelner Erwartungen an die Interne Markenführung zur Wahrnehmung von Mitarbeitenden bei, dass die Marke, im Gegenzug für die eigenen erbrachten Markenanstrengungen, Leistungen erbringt. Die Folge ist die Entstehung von Markenarbeitszufriedenheit. Die Erfüllung einzelner Erwartungen an die Interne Markenführung (d.h. nach Informationsvermittlung, Vorleben der Markenidentität, Wertschätzung für geleistete Markenanstrengungen, Partizipation bei der Markenarbeit oder Visualisierung der Markenidentität) fördert darüber hinaus die Übereinstimmung bzw. das Übertreffen der Mitarbeitererwartungen an die Arbeit für die Marke. Insofern ist der postulierte Effekt der einzelnen Dimensionen der Qualität der Internen Markenführung auf die Markenarbeitszufriedenheit auch mithilfe des **Confirmation/Disconfirmation-Paradigmas** zu erklären.

Die theoretische Begründung des Zusammenhangs zwischen den Konstruktdimensionen und der Markenarbeitszufriedenheit kann mehrheitlich durch **empirische Arbeiten** gestützt werden. *Giersch* weist die positive Wirkung einer markenorientierten Kommunikation, in der Aspekte der Dimension Informationsvermittlung enthalten sind, auf das Corporate Image, das Elemente der Markenarbeitszufriedenheit umfasst, nach. Gleiches gilt für den Zusammenhang zwischen der markenorientierten Führung und dem Corporate Image, wobei die markenorientierte Führung Aspekte der Dimensionen Vorleben der Markenidentität und Partizipation beinhaltet.[439] Ebenfalls verweist eine Reihe von Studien

---
[439] Vgl. *Giersch* 2008, S. 269.

aus dem organisationalen Bereich, die jedoch keinen Markenbezug vornehmen, auf die Existenz der postulierten Wirkungszusammenhänge. So kann der positive Einfluss des mit der Dimension Informationsvermittlung verwandten Konstruktes Informationsqualität auf die Arbeitszufriedenheit empirischen Nachweis finden.[440] Der Einfluss des Vorlebens im Unternehmen, insbesondere durch Vorgesetzte, auf die Arbeitszufriedenheit wird durch Studien untermauert, die den Nachweis eines positiven Wirkungszusammenhangs zwischen der transformationalen Führung, die das Vorleben durch Vorgesetzte beinhaltet, und der Arbeitszufriedenheit von Mitarbeitenden erbringen.[441] Darüber hinaus wird ein positiver Kausalzusammenhang zwischen den Konstrukten wahrgenommene Unterstützung durch Vorgesetzte und der Arbeitszufriedenheit von Mitarbeitenden belegt, wobei in ersterem Konstrukt die Wertschätzung von Mitarbeitenden für die geleistete Arbeit enthalten ist.[442] Schließlich wird die positive Wirkung der wahrgenommenen Autonomie, die eine große inhaltliche Nähe zum hier zugrundegelegten Verständnis von Partizipation bei der Markenarbeit aufweist, auf die Arbeitszufriedenheit empirisch nachgewiesen.[443]

Die theoretischen Überlegungen sowie die empirischen Erkenntnisse der Literatur münden in die Ableitung folgender **Hypothesen**:

H_{1-1}: Die Markenarbeitszufriedenheit wird durch die wahrgenommene Informationsvermittlung positiv beeinflusst.

H_{1-2}: Die Markenarbeitszufriedenheit wird durch das wahrgenommene Vorleben der Markenidentität positiv beeinflusst.

H_{1-3}: Die Markenarbeitszufriedenheit wird durch die wahrgenommene Wertschätzung positiv beeinflusst.

H_{1-4}: Die Markenarbeitszufriedenheit wird durch die wahrgenommene Partizipation positiv beeinflusst.

H_{1-5}: Die Markenarbeitszufriedenheit wird durch die wahrgenommene Visualisierung der Markenidentität positiv beeinflusst.

---

[440] Vgl. *Frone/Major* 1988, S. 339. In der Studie wird neben der Informationsqualität auch der Begriff Kommunikationsqualität verwendet.
[441] Vgl. *Walumbwa et al.* 2004, S. 523f.; *Berson/Linton* 2005, S. 57.
[442] Vgl. *Sawang* 2010, S. 251ff.
[443] Vgl. *Chung-Yan* 2010, S. 242ff.

4.3.1.3 Markencommitment

Die in Kapitel 2 vorgenommene Literaturbestandsaufnahme zu den Wirkungen der Internen Markenführung hat deutlich gemacht, dass bereits einige Studien zum **Markencommitment** von Mitarbeitenden vorliegen. Das Verständnis des Markencommitment als emotionale Verbundenheit des Mitarbeitenden mit der Marke wurde dabei als zentrale Wirkungsgröße der Qualität der Internen Markenführung identifiziert. Zudem wurde dargelegt, dass sich in dieser Arbeit für die Konzeptualisierung des Markencommitment an der Commitment-Konzeptualisierung nach *O'Reilly III/Chatman* orientiert wird.[444] Nach *O'Reilly/Chatman III* besteht das Konstrukt aus zwei Dimensionen. So drückt sich das Markencommitment von Mitarbeitenden in der Identifikation des Mitarbeitenden mit der Marke und der Internalisierung der Markenidentität aus.[445]

Die **Identifikation des Mitarbeitenden mit der Marke** erfolgt, wenn der Mitarbeitende den Einfluss der die Markenidentität prägenden Gruppe akzeptiert, um eine zufriedenstellende, selbst-definierende Beziehung zu dieser Gruppe zu etablieren bzw. aufrechtzuerhalten.[446] Sie basiert somit auf dem Wunsch nach Zugehörigkeit zu der die Markenidentität prägenden Gruppe. Die Identifikation des Mitarbeitenden mit der Marke drückt sich in einem Zugehörigkeitsgefühl zu dieser Gruppe aus und im Stolz, ein Teil dieser Gruppe zu sein bzw. für die Marke zu arbeiten.[447]

Unter der **Internalisierung der Markenidentität** wird die Integration der Markenidentität in das Selbstkonzept des Mitarbeitenden verstanden.[448] Sie erfolgt, wenn der Mitarbeitende eine Kongruenz zwischen seiner eigenen Identität und der Identität der Marke wahrnimmt.[449] Im Hinblick auf die verschiedenen Kom-

---

[444] Vgl. Abschnitt 2.6.
[445] Wie in Abschnitt 2.4.2 dargelegt, besteht das Commitment nach *O'Reilly III/Chatman*, neben der Identifikation und Internalisierung auch aus der Komponente Fügsamkeit. Letztere wurde jedoch im Rahmen der Literaturanalyse nicht als Wirkungsgröße der Qualität der Internen Markenführung identifiziert und findet daher bei der Konzeptualisierung des Markencommitment im Folgenden keine Berücksichtigung.
[446] Vgl. ähnlich *Zeplin* 2006, S. 91; vgl. unabhängig vom Markenkontext *Kelman* 1958, S. 53.
[447] Vgl. *Zeplin* 2006, S. 199; vgl. unabhängig vom Markenkontext *O'Reilly III/Chatman* 1986, S. 493; vgl. Abschnitt 2.4.2.
[448] Vgl. *Zeplin* 2006, S. 92; *Hartmann* 2010, S. 32; vgl. Abschnitt 2.4.2.
[449] Vgl. unabhängig vom Markenkontext *O'Reilly III/Chatman* 1986, S. 493.

ponenten der Markenidentität bilden insbesondere die Markenwerte die Basis für die Internalisierung der Markenidentität.[450] Die Extremform einer Internalisierung stellt die vollständige Übereinstimmung der persönlichen Identität des Mitarbeitenden mit der Markenidentität dar.[451]

Es ist an dieser Stelle jedoch anzumerken, dass in der vorliegenden Arbeit eine eindimensionale Konzeptualisierung des Konstrukts erfolgt. Der Grund liegt im mehrfach erbrachten Nachweis, dass die beiden Dimensionen nicht ausreichend diskriminieren.[452] Im hier interessierenden Markencommitment finden somit die Markenidentifikation des Mitarbeitenden und die Internalisierung der Markenidentität Berücksichtigung, diese stellen jedoch keine eigenständigen Konstrukt-dimensionen dar.

Zusammenfassend wird dem Markencommitment in dieser Arbeit folgende **Definition** zugrunde gelegt:

> Unter dem **Markencommitment** wird die emotionale Verbundenheit des Mitarbeitenden mit der Marke verstanden. Diese drückt sich in der Identifikation des Mitarbeitenden mit der Marke und der Internalisierung der Markenidentität aus.

Im Rahmen der Ausführungen zur **Theorie der sozialen Identität** wurde argumentiert, dass die Wahrnehmung einer hohen Qualität der Internen Markenführung, über die Generierung einer positiven Markenwahrnehmung, eine positive Distinktheit der Marke gegenüber anderen Marken fördert. Dies führt zur Identifikation mit der Marke und Integration der Markenidentität in das Selbstkonzept der Mitarbeitenden, und damit zu einem hohen Markencommitment. Somit ist von einem positiven Wirkungszusammenhang zwischen der Qualität der Internen Markenführung und dem Markencommitment von Mitarbeitenden auszugehen.[453]

Auf Basis der Theorie der sozialen Identität lässt sich folgende **Hypothese** ableiten:

---

[450] Vgl. zu den Komponenten der Markenidentität Abschnitt 1.2.1.
[451] Vgl. *Zeplin* 2006, S. 92.
[452] Vgl. *Caldwell/Chatman/O'Reilly* 1990, S. 250; *Zeplin* 2006, S. 200; *Giersch* 2008, S. 261.
[453] Vgl. Abschnitt 4.2.3.

> H₂: Das Markencommitment wird durch die Qualität der Internen Markenführung positiv beeinflusst.

Es besteht die Annahme, dass nicht nur bei einer aggregierten Betrachtung der Qualität der Internen Markenführung, sondern auch bei einer disaggregierten Betrachtung des Konstrukts von einer positiven Wirkung auf das Markencommitment auszugehen ist. Demzufolge wird eine positive Wirkung der einzelnen Dimensionen der Qualität der Internen Markenführung, d.h. der Dimensionen Informationsvermittlung, Vorleben der Markenidentität, Wertschätzung, Partizipation und Visualisierung der Markenidentität, auf das Markencommitment unterstellt. Die postulierten Wirkungszusammenhänge lassen sich ebenfalls mithilfe der **Theorie der sozialen Identität** stützen. So wird die Auffassung vertreten, dass auch die Erfüllung einzelner Erwartungen an die Interne Markenführung einen Beitrag zur Entstehung einer mitarbeiterseitig positiven Markenwahrnehmung leistet. Analog zur obigen Argumentation begünstigt dies die Herausbildung einer positiven Distinktheit der Marke, so dass in der Folge ein Commitment der Mitarbeitenden zur Marke entsteht.

Die unterstellten Wirkungszusammenhänge lassen sich zusätzlich durch **empirische Studien** zur Internen Markenführung stützen.[454] So kann der Nachweis erbracht werden, dass die interne Markenkommunikation einen positiven Einfluss auf das Markencommitment hat.[455] Die gemessene interne Markenkommunikation enthält dabei Elemente der in dieser Arbeit interessierenden Informationsvermittlung.[456] Zwischen dem Vorleben der Markenidentität und dem Markencommitment besteht, den empirischen Erkenntnissen zufolge, ebenfalls ein positiver Wirkungszusammenhang.[457] Zudem findet der Zusammenhang zwischen markenunterstützenden Anreizsystemen, die sich in der Belohnung von

---

[454] Im Unterschied zur Markenarbeitszufriedenheit und zum Markenvertrauen existiert bereits eine Reihe von Studien zum Markencommitment von Mitarbeitenden. Im Zusammenhang mit der Entstehung des Markencommitment und im Gegensatz zu den anderen beiden Konstrukten wird es daher für die Hypothesengenerierung als nicht notwendig angesehen, neben den bestehenden empirischen Befunden im Markenkontext, auf Erkenntnisse von Arbeiten ohne Markenbezug einzugehen. Dies gilt ebenfalls für die Hypothesengenerierung im Hinblick auf die Wirkung des Markencommitment (vgl. Abschnitt 4.3.1.5).
[455] Vgl. z.B. *Giersch* 2008, S. 270.
[456] Vgl. z.B. *Giersch* 2008, S. 179.
[457] Vgl. z.B. *Zeplin* 2006, S. 215; *Hartmann* 2010, S. 178.

Mitarbeitenden für die geleisteten Markenanstrengungen ausdrücken, und dem Markencommitment empirische Bestätigung.[458] Darüber hinaus zeigt sich, dass die Möglichkeit der Einflussnahme auf die Umsetzung der Markenidentität (Partizipation) das Markencommitment von Mitarbeitenden positiv beeinflusst.[459] Im Rahmen eines Experiments wird schließlich nachgewiesen, dass eine Corporate Architecture, in der die Markenidentität zum Ausdruck kommt, das Markencommitment von Mitarbeitenden positiv beeinflussen kann.[460] Dies verweist auf einen positiven Wirkungszusammenhang zwischen der Visualisierung der Markenidentität und dem Markencommitment.

Die theoretischen Überlegungen sowie die empirischen Befunde führen zur Ableitung folgender **Hypothesen**:

H_{2-1}: Das Markencommitment wird durch die wahrgenommene Informationsvermittlung positiv beeinflusst.

H_{2-2}: Das Markencommitment wird durch das wahrgenommene Vorleben der Markenidentität positiv beeinflusst.

H_{2-3}: Das Markencommitment wird durch die wahrgenommene Wertschätzung positiv beeinflusst.

H_{2-4}: Das Markencommitment wird durch die wahrgenommene Partizipation positiv beeinflusst.

H_{2-5}: Das Markencommitment wird durch die wahrgenommene Visualisierung der Markenidentität positiv beeinflusst.

4.3.1.4 Markenvertrauen

Mit dem **Markenvertrauen** von Mitarbeitenden wurde sich in der Literatur bislang noch nicht auseinandergesetzt. Für die Konzeptualisierung des Konstrukts besteht daher die Notwendigkeit der Sichtung von Studien, die sich mit dem Konzept des Vertrauens beschäftigen, ohne einen Markenbezug vorzunehmen bzw. die sich dem Markenvertrauen von Konsumenten widmen.

---

[458] Vgl. *Zeplin* 2006, S. 222f.
[459] Vgl. z.B. *Zeplin* 2006, S. 216.
[460] Vgl. *Raffelt/Littich/Meyer* 2011, S. 253. Unter der Corporate Architecture ist die Architektur der Firmengebäude zu verstehen. Vgl. *Messedat* 2005, S. 25.

Die Durchsicht der bestehenden Arbeiten zum **Vertrauen** offenbart, dass in der Literatur ein unterschiedliches Verständnis des Vertrauensbegriffs besteht. Einige Autoren verstehen darunter eine Verhaltensintention. Diese spiegelt die Absicht bzw. Bereitschaft eines Individuums wider, sich auf einen Austauschpartner zu verlassen.[461] Die Größe wird im Folgenden als **konatives Vertrauen** bezeichnet. Andere Autoren nehmen keinen Verhaltensbezug vor, sondern differenzieren zwischen einem kognitiven und affektiven Vertrauen.[462] Das **kognitive Vertrauen** beschreibt „[...] a rational evaluation of an individual's ability to carry out obligations and, therefore, reflects beliefs about that individual's reliability, dependability and competency."[463] Demzufolge basiert das kognitive Vertrauen auf einer rationalen Einschätzung eines Individuums darüber, ob der Austauschpartner die Fähigkeit hat, seinen Verpflichtungen nachzukommen und dieser damit vertrauenswürdig ist.[464] Das kognitive Vertrauen spiegelt sich z.B. im Glauben des Individuums nach Zuverlässigkeit, Verlässlichkeit und Fähigkeit des Austauschpartners wider.[465] Im Gegensatz dazu ist das **affektive Vertrauen** stärker emotional ausgerichtet. Es wird definiert als „[...] a feeling of security based on the belief that his/her behaviour is guided and motivated by favourable and positive intentions towards the welfare and interest of his/her partner."[466] Wie daraus hervorgeht, wird unter dem affektiven Vertrauen ein Gefühl der Sicherheit verstanden, das auf dem Glauben eines Individuums basiert, dass das Verhalten des Austauschpartners am Wohlergehen und an den Interessen des Individuums ausgerichtet ist. Damit verbunden ist der Glaube des Individuums, dass der Austauschpartner seine Versprechen einhält und die Schwächen des Individuums, wie z.B. Unwissenheit, nicht zu seinem eigenen Vorteil ausnutzt.[467]

---

[461] Vgl. *Deutsch* 1962; *Griffin* 1967; *Coleman* 1990.
[462] Vgl. z.B. *McAllister* 1995. Darüber hinaus gibt es Autoren, nach denen das Vertrauen sowohl eine verhaltensbezogene Komponente, als auch eine kognitive Komponente hat. *Moorman/Deshpandé/Zaltman* (1993, S. 82) sprechen z.B. erst dann von Vertrauen, wenn neben der Intention eines Individuums, sich auf den Austauschpartner zu verlassen, ebenfalls der Glaube vorliegt, dass der Austauschpartner vertrauenswürdig ist (vgl. hierzu auch *Moorman/Zaltman/Deshpandé* 1992, S. 315).
[463] *Aryee/Budhwar/Chen* 2002, S. 271.
[464] Vgl. hierzu auch *Costigan et al.* 2006, S. 275.
[465] Vgl. hierzu auch *McAllister* 1995, S. 26.
[466] *Delgado-Ballester/Munuera-Alemán* 2001, S. 1242.
[467] Vgl. *Delgado-Ballester/Munuera-Alemán* 2001, S. 1242.

In dieser Arbeit wird die Auffassung vertreten, dass das Vertrauen zwischen Personen sowohl kognitiv als auch affektiv geprägt ist.[468] Bereits an anderer Stelle wurde dargelegt, dass Marken im Bewusstsein von Mitarbeitenden menschliche Züge annehmen können.[469] Die Auffassung, dass interpersonales Vertrauen auf kognitiven und affektiven Aspekten beruht, lässt sich somit auf das **Markenvertrauen** von Mitarbeitenden übertragen. Für die Konzeptualisierung des in dieser Arbeit interessierenden Konstrukts Markenvertrauen von Mitarbeitenden werden demzufolge sowohl das kognitive Vertrauen als auch das affektive Vertrauen berücksichtigt. Da die Untersuchung der Wirkung der Qualität der Internen Markenführung auf das globale Konstrukt Markenvertrauen im Vordergrund steht, wird das Markenvertrauen jedoch eindimensional, und nicht wie in einigen Arbeiten vorgenommen, mehrdimensional konzeptualisiert.[470] Das konative Vertrauen wird hingegen nicht in die Konzeptualisierung miteinbezogen. Damit wird der Auffassung von *Morgan/Hunt* gefolgt, die argumentieren, dass ein Individuum, das einen Austauschpartner als vertrauenswürdig (kognitives Vertrauen) beurteilt, auch dazu bereit ist, diesem zu vertrauen (konatives Vertrauen). Eine Integration des konativen Vertrauens in das Konstruktverständnis ist damit unnötig bzw. mit Redundanzen verbunden.[471] Basierend auf den obigen Ausführungen beruht das Markenvertrauen von Mitarbeitenden somit zum einen auf der rationalen Überzeugung des Mitarbeitenden, dass die Marke die Fähigkeiten aufweist, ihren Verpflichtungen dem Mitarbeitenden gegenüber nachzukommen (z.B. die Vermittlung von Informationen an den Mitarbeitenden). Dies kommt z.B. durch den Glauben an die Zuverlässigkeit der Marke zum Ausdruck (kognitives Markenvertrauen). Zum anderen basiert das Markenvertrauen auf dem Glauben des Mitarbeitenden, dass sich die Marke in ihrem Verhalten an seinem Wohlergehen und seinen Interessen orientiert. Der Mitarbeitende hat ein Gefühl der Sicherheit, dass die Marke ihre Versprechen einhält und keinen Nutzen aus den Schwächen des Mitarbeitenden, z.B. ein geringer Informationsstand hinsichtlich der Markenidentität, zieht (affektives Vertrauen).

Zusammenfassend basiert das Markenvertrauen in dieser Arbeit auf folgender **Definition**:

---

[468] Vgl. hierzu auh *Lewis/Weigert* 1985; *McAllister* 1995, S. 25.
[469] Vgl. Abschnitt 4.2.1.
[470] Eine separate Betrachtung des kognitiven und affektiven Vertrauens nimmt z.B. *McAllister* (1995) vor.
[471] Vgl. *Morgan/Hunt* 1994, S. 23f.

> Unter dem **Markenvertrauen** wird der Glaube des Mitarbeitenden verstanden, dass die Marke ein zuverlässiger und vertrauenswürdiger Austauschpartner darstellt, der sich im Interesse des Mitarbeitenden verhält.

Unter Rückgriff auf die **soziale Austauschtheorie** wurde bereits dargelegt, dass die Qualität der Internen Markenführung einen positiven Einfluss auf das Markenvertrauen von Mitarbeitenden ausübt. Durch die Wahrnehmung einer hohen Qualität der Internen Markenführung erfahren Mitarbeitende, dass die Marke ihren Austauschverpflichtungen nachkommt, und es wird ihnen bewusst, dass sie für die eigenen erbrachten Leistungen von Seiten der Marke eine Gegenleistung erhalten. Dies hat zur Folge, dass das Vertrauen der Mitarbeitenden in die Marke steigt.[472]

Auf Basis der sozialen Austauschtheorie lässt sich folgende **Hypothese** ableiten:

> H_3: Das Markenvertrauen wird durch die Qualität der Internen Markenführung positiv beeinflusst.

Neben einem positiven Einfluss der Qualität der Internen Markenführung als Ganzes, wird eine positive Wirkung der einzelnen Dimensionen der Qualität der Internen Markenführung, d.h. der Dimensionen Informationsvermittlung, Vorleben der Markenidentität, Wertschätzung, Partizipation und Visualisierung der Markenidentität, auf das Markenvertrauen angenommen. Diese Annahme lässt sich ebenfalls mithilfe der **sozialen Austauschtheorie** begründen. So trägt auch die Erfüllung einzelner Erwartungen an die Interne Markenführung dazu bei, dass die Marke aus Sicht der Mitarbeitenden ihren Austauschverpflichtungen nachkommt. Dies führt zu einem steigenden Vertrauen der Mitarbeitenden in die Marke.

Für die postulierten Wirkungszusammenhänge finden sich mehrheitlich Belege in **empirischen Arbeiten**. Es wurde bereits dargelegt, dass *Giersch* den positiven Einfluss einer markenorientierten Kommunikation, in der Elemente der Dimension Informationsvermittlung enthalten sind, auf das Corporate Image belegt, wobei das Corporate Image neben Aspekten der Markenarbeitszufriedenheit auch Aspekte des Markenvertrauens umfasst (vgl. Abschnitt 4.3.1.2). Dies gilt ebenfalls für die Beziehung zwischen der markenorientierten Führung und dem Corporate Image. Wie aufgezeigt, umfasst die markenorientierte Führung Aspek-

---

[472] Vgl. Abschnitt 4.2.4.

te der Dimensionen Vorleben der Markenidentität und Partizipation.[473] Die Existenz der vermuteten Wirkungszusammenhänge wird des Weiteren durch Studien aus dem organisationalen Bereich ohne Markenbezug gestützt. *Thomas/Zolin/Hartman* belegen den positiven Einfluss des Konstrukts Informationsqualität, das eine große inhaltliche Nähe zur Dimension Informationsvermittlung aufweist, auf das Mitarbeitervertrauen.[474] Das Vorleben durch Vorgesetzte hat eine positive Wirkung auf das Vertrauen von Mitarbeitenden zu ihren Vorgesetzten.[475] Darüber hinaus findet der Wirkungszusammenhang zwischen dem Konstrukt wahrgenommene organisationale Unterstützung, das Aspekte der Wertschätzung von Mitarbeitenden für die geleistete Arbeit beinhaltet, und dem organisationalen Vertrauen von Mitarbeitenden empirischen Nachweis.[476] Nehmen Mitarbeitende wahr, dass sie selbstbestimmt handeln können, und damit autonom sind (Dimension Partizipation), wirkt dies ebenfalls positiv auf ihr Vertrauen gegenüber ihren Vorgesetzten.[477]

Die theoretischen Überlegungen sowie die empirischen Erkenntnisse münden in die Ableitung folgender **Hypothesen**:

H_{3-1}: Das Markenvertrauen wird durch die wahrgenommene Informationsvermittlung positiv beeinflusst.

H_{3-2}: Das Markenvertrauen wird durch das wahrgenommene Vorleben der Markenidentität positiv beeinflusst.

H_{3-3}: Das Markenvertrauen wird durch die wahrgenommene Wertschätzung positiv beeinflusst.

H_{3-4}: Das Markenvertrauen wird durch die wahrgenommene Partizipation positiv beeinflusst.

H_{3-5}: Das Markenvertrauen wird durch die wahrgenommene Visualisierung der Markenidentität positiv beeinflusst.

---

[473] Vgl. *Giersch* 2008, S. 269. Vgl. Abschnitt 2.4.
[474] Vgl. *Thomas/Zolin/Hartman* 2009, S. 298ff.
[475] Vgl. *Rich* 1997, S. 325.
[476] Vgl. *DeConinck* 2010, S. 1353.
[477] Vgl. *Moye/Henkin* 2006, S. 108f.

4.3.1.5 Markenkonformes Mitarbeiterverhalten

Das **markenkonforme Mitarbeiterverhalten** stellt eine indirekte Wirkungsgröße der Qualität der Internen Markenführung dar. Das Konstrukt entspricht in der vorliegenden Arbeit dem Verständnis des Brand Citizenship Behavior (BCB) (vgl. Abschnitt 2.6). In der Literatur hat bereits mehrfach eine Auseinandersetzung mit dem BCB stattgefunden.[478] Für die Konzeptualisierung des markenkonformen Mitarbeiterverhaltens wird sich im Folgenden am Verständnis des BCB nach *Maloney* orientiert. Dieser versteht unter dem Konstrukt „[...] alle markenrelevanten Verhaltensweisen [...], die in Summe die Markenidentität [...] stärken."[479] Das Konstrukt wird mehrdimensional konzeptualisiert, bestehend aus den Dimensionen Markenakzeptanz, Markenmissionierung und Markenentwicklung.[480] Da die Dimensionen als Erscheinungsformen eines markenkonformen Mitarbeiterverhaltens angesehen werden,[481] wird in dieser Arbeit eine reflektive Konstruktkonzeptualisierung gewählt.

Es wurde sich für den Konzeptualisierungsansatz nach *Maloney* entschieden, da sich dieser, im Unterschied zum Ansatz von *Zeplin*, nicht nur auf das Extra-Rollenverhalten von Mitarbeitenden bezieht, sondern zusätzlich das „einfache" Rollenverhalten, und somit *sämtliche* Verhaltensweisen des Mitarbeitenden, berücksichtigt.[482] Das auch als Intra-Rollenverhalten bezeichnete **„einfache" Rollenverhalten** stellt ein Verhalten dar, das den formalen Stellenanforderungen entspricht.[483] Es kann als Standardverhalten verstanden werden und umfasst Verhaltensweisen, die von einem Mitarbeitenden erwartet werden. Zeigt ein Mitarbeitender kein solches Verhalten, führt dies zu negativen Konsequenzen (z.B.

---

[478] Vgl. *Zeplin* 2006; *Maloney* 2007; *König* 2010; *Piehler* 2011.
[479] *Maloney* 2007, S. 198.
[480] Vgl. *Maloney* 2007, S. 202ff. Das BCB basiert auf dem Konstrukt des Organizational Citizenship Behavior (OCB). Das OCB wird unter anderem verstanden als ein Konzept, das sämtliche positiven organisationsrelevanten Verhaltensweisen von Mitgliedern einer Organisation beinhaltet (vgl. *van Dyne/Graham/Dienesch* 1994, S. 766). Das OCB wird hinsichtlich seines Inhalts und seiner Dimensionalität kontrovers diskutiert (vgl. z.B. *Organ* 1988; *Williams/Anderson* 1991; *van Dyne/Graham/Dienesch* 1994). In Anlehnung an *Maloney* wird sich in dieser Arbeit am Konstruktverständnis nach *Graham* (1991) und *van Dyne/Graham/Dienesch* (1994) orientiert.
[481] Vgl. *Jarvis/MacKenzie/Podsakoff* 2003, S. 203; vgl. Abschnitt 3.2.
[482] Eine Rolle wird verstanden als „Bündel normativer Verhaltenserwartungen an eine Position innerhalb eines sozialen Systems" (*Nienhüser* 1993, S. 239; zitiert aus *Zeplin* 2006, S. 72).
[483] Vgl. *Maloney* 2007, S. 192.

eine geringere Vergütung oder der Verlust des Arbeitsplatzes).[484] Das **Extra-Rollenverhalten** geht über das Standardverhalten hinaus und nimmt Bezug auf Verhaltensweisen, die freiwillig und außerhalb von formalisierten Rollenerwartungen gezeigt werden. Diese werden weder formal belohnt, noch, im Falle eines Ausbleibens, sanktioniert.[485] Im Folgenden wird sich dem Verständnis der drei Dimensionen gewidmet.

Die **Markenakzeptanz** spiegelt das „einfache" Rollenverhalten wider und bezieht sich auf die Akzeptanz von Regeln und Verhaltensrichtlinien, die den Umgang des Mitarbeitenden mit der Marke betreffen.[486] Damit verbunden sind alle Verhaltensweisen, die von einem Mitarbeitenden als Repräsentant der Marke erwartet werden bzw. vorgegeben sind, wie z.B. das Einhalten des Markenversprechens im Kundenkontakt.[487]

Die **Markenmissionierung** bringt das Extra-Rollenverhalten zum Ausdruck. Sie bezieht sich auf das bewusste Einsetzen des Mitarbeitenden für die Belange der Marke. Dies beinhaltet Verhaltensweisen, die die Identität der Marke bestmöglichst gegenüber Außenstehenden kommunizieren, wie z.B. die Weiterempfehlung der Marke, das Verteidigen der Marke oder auch die private Nutzung bzw. der private Kauf der Marke.[488] Die Markenmissionierung trägt demnach zur Schaffung eines positiven Markenimages beim Nachfrager bei.[489]

Die **Markenentwicklung** spiegelt ebenfalls das Extra-Rollenverhalten wider. Während die Markenmissionierung ein primär nach außen gerichtetes, d.h. an die externen Zielgruppen adressiertes, Extra-Rollenverhalten darstellt, beschreibt die Markenentwicklung das nach innen gerichtete, d.h. gegenüber den internen Zielgruppen bzw. der markenführenden Institution orientierte, Extra-Verhalten des Mitarbeitenden.[490] Die Dimension beinhaltet Verhaltensweisen, die darauf ausgerichtet sind, aktiven Einfluss auf die Weiterentwicklung der Markenidentität zu nehmen und sich selbst im Sinne der Marke weiterzubilden.[491] Dies drückt sich z.B. im Lesen von markenbezogenem Informationsmaterial oder im Besuch markenbezogener Schulungen aus.

---

[484] Vgl. *Katz* 1964; *van Dyne/LePine* 1998, S. 108.
[485] Vgl. *Organ* 1988, S. 4f.; *Zeplin* 2006, S. 72.
[486] Vgl. *Maloney* 2007, S. 204; *Piehler* 2011, S. 309.
[487] Vgl. *Tomczak/Morhart/Jenewein* 2008, S. 181; *Bruhn/Batt* 2010b, S. 76.
[488] Vgl. *Maloney* 2007, S. 204; *Piehler* 2011, S. 309.
[489] Vgl. *Piehler* 2011, S. 309.
[490] Vgl. *Maloney* 2007, S. 204.
[491] Vgl. *Maloney* 2007, S. 204; *Piehler* 2011, S. 309.

Auf diesen Überlegungen basierend und in Anlehnung an *Piehler* wird dem markenkonformen Mitarbeiterverhalten folgende **Definition** zugrunde gelegt:[492]

> Unter dem **markenkonformen Mitarbeiterverhalten** werden sämtliche Verhaltensweisen eines Mitarbeitenden verstanden, die im Einklang mit der Markenidentität und dem Markennutzenversprechen stehen und in der Summe die Markenidentität stärken.

Unter Rückgriff auf die **Equity-Theorie** lässt sich ein positiver Einfluss der Markenarbeitszufriedenheit auf das markenkonforme Mitarbeiterverhalten annehmen. Gemäß der Theorie strebt ein Mitarbeitender nach Gerechtigkeit im Austauschverhältnis mit der Marke, für die er tätig ist. Nimmt ein Mitarbeiter von Seiten der Marke und im Gegenzug für die eigenen erbrachten Markenanstrengungen Bemühungen wahr, entsteht Markenarbeitszufriedenheit. Um die entstandene Gerechtigkeit aufrechtzuerhalten, wird sich der Mitarbeitende entsprechend markenkonform verhalten (vgl. Abschnitt 4.2.2).

Empirische Arbeiten lassen ebenfalls auf einen positiven Wirkungszusammenhang zwischen der Markenarbeitszufriedenheit und dem markenkonformen Mitarbeiterverhalten schließen. *Giersch* weist einen positiven Einfluss des Corporate Image, das Aspekte der Markenarbeitszufriedenheit enthält, auf die verhaltensorientierte Markentreue nach, wobei letzteres Konstrukt Elemente des markenkonformen Mitarbeiterverhaltens umfasst.[493] Unabhängig vom Markenkontext wurde der Einfluss der Arbeitszufriedenheit auf das Organizational Citizenship Behavior (OCB), d.h. auf für eine Organisation förderliche Mitarbeiterverhaltensweisen, bereits mehrfach nachgewiesen.[494]

Auf Basis der Equity-Theorie und der empirischen Befunde lässt sich folgende **Hypothese** ableiten:

> H_4: Das markenkonforme Mitarbeiterverhalten wird durch die Markenarbeitszufriedenheit positiv beeinflusst.

Anhand der **Theorie der sozialen Identität** lässt sich ein positiver Wirkungszusammenhang zwischen dem Markencommitment und dem markenkonformen

---

[492] Vgl. *Piehler* 2011, S. 303.
[493] Vgl. *Giersch* 2008, S. 272.
[494] Vgl. z.B. *Bateman/Organ* 1983; *Yoon/Suh* 2003; *Foote/Li-Ping Tang* 2008.

Mitarbeiterverhalten postulieren. Mitarbeitende, die ein hohes Commitment zur Marke aufweisen, können sich mit dieser identifizieren und leiten daraus ihre soziale Identität ab. Eine Marke, die wenig Erfolg am Markt hat, tritt dem Streben des Mitarbeitenden nach einer positiven sozialen Identität entgegen. Mitarbeitende engagieren sich daher für die Marke, um diese zu unterstützen (z.B. hinsichtlich ihres Erfolgs am Markt) und damit auch ihre eigene aus der Identifikation mit der Marke abgeleitete soziale Identität zu schützen (vgl. Abschnitt 4.2.3).

Die **empirischen Befunde** aus der Literatur stützen den vermuteten Wirkungszusammenhang. So kann der positive Einfluss des Markencommitment auf das markenkonforme Mitarbeiterverhalten mehrfach empirischen Nachweis finden.[495]

Die theoretischen Überlegungen sowie die empirischen Erkenntnisse der Literatur münden in die Ableitung folgender **Hypothese**:

> H_5: Das markenkonforme Mitarbeiterverhalten wird durch das Markencommitment positiv beeinflusst.

Die Aussagen der **sozialen Austauschtheorie** führen zur Annahme eines positiven Wirkungszusammenhangs zwischen dem Markenvertrauen und dem markenkonformen Mitarbeiterverhalten. Der Theorie zufolge orientiert sich in einer sozialen Austauschbeziehung das Verhalten der Austauschpartner an der Reziprozitätsnorm. Nehmen Mitarbeitende wahr, dass die Marke ihren Austauschverpflichtungen nachkommt, steigt deren Vertrauen in die Marke. Die Folge ist, dass sich die Mitarbeitenden, gemäß der Reziprozitätsnorm, verpflichtet fühlen, eine entsprechende Gegenleistung zu erbringen. Diese manifestiert sich z.B. in einem Mitarbeiterverhalten, das dem Wohle der Marke dient (markenkonformes Mitarbeiterverhalten) (vgl. Abschnitt 4.2.4).

Empirische Arbeiten verweisen ebenfalls auf einen positiven Wirkungszusammenhang zwischen dem Markenvertrauen und dem markenkonformen Mitarbeiterverhalten. So belegt *Giersch* einen positiven Einfluss des Corporate Image, das Elemente des Markenvertrauens beinhaltet, auf die verhaltensorientierte

---

[495] Vgl. z.B. *Zeplin* 2006, S. 202; *Maloney* 2007, S. 331; *König* 2010, S. 150; *Piehler* 2011, S. 512f.

Markentreue.[496] Auch in Studien ohne Markenbezug wurde die positive Wirkung des Mitarbeitervertrauens auf das OCB mehrfach nachgewiesen.[497] Unter Rückgriff auf die soziale Austauschtheorie und die empirischen Befunde der Literatur lässt sich folgende **Hypothese** ableiten:

> H_6: Das markenkonforme Mitarbeiterverhalten wird durch das Markenvertrauen positiv beeinflusst.

4.3.1.6 Zusammenfassung des Wirkungsmodells der Qualität der Internen Markenführung und der Hypothesen

Aus den vorangegangenen Abschnitten geht hervor, dass bei der Entwicklung des Wirkungsmodells der Qualität der Internen Markenführung eine aggregierte und disaggregierte Betrachtung vorgenommen wurde. Bei der aggregierten Betrachtung wird die Wirkung der Qualität der Internen Markenführung als Ganzes, und damit auf Konstruktebene, untersucht. Die disaggregierte Betrachtung nimmt eine Untersuchung der Wirkung der Qualität der Internen Markenführung auf Dimensionsebene vor. Hier wird der Einfluss der einzelnen Dimensionen der Qualität der Internen Markenführung auf die nachgelagerten Konstrukte analysiert. Schaubild 4-3 zeigt das (dis-)aggregierte Wirkungsmodell der Qualität der Internen Markenführung. In Schaubild 4-4 sind die entwickelten Wirkungshypothesen zusammenfassend dargestellt.

---

[496] Vgl. *Giersch* 2008, S. 272. Wie bereits an anderer Stelle erwähnt, beinhaltet das Konstrukt verhaltensorientierte Markentreue Aspekte des markenkonformen Mitarbeiterverhaltens.

[497] Vgl. z.B. *Robinson* 1996; *Yoon/Suh* 2003; *Hansen et al.* 2011.

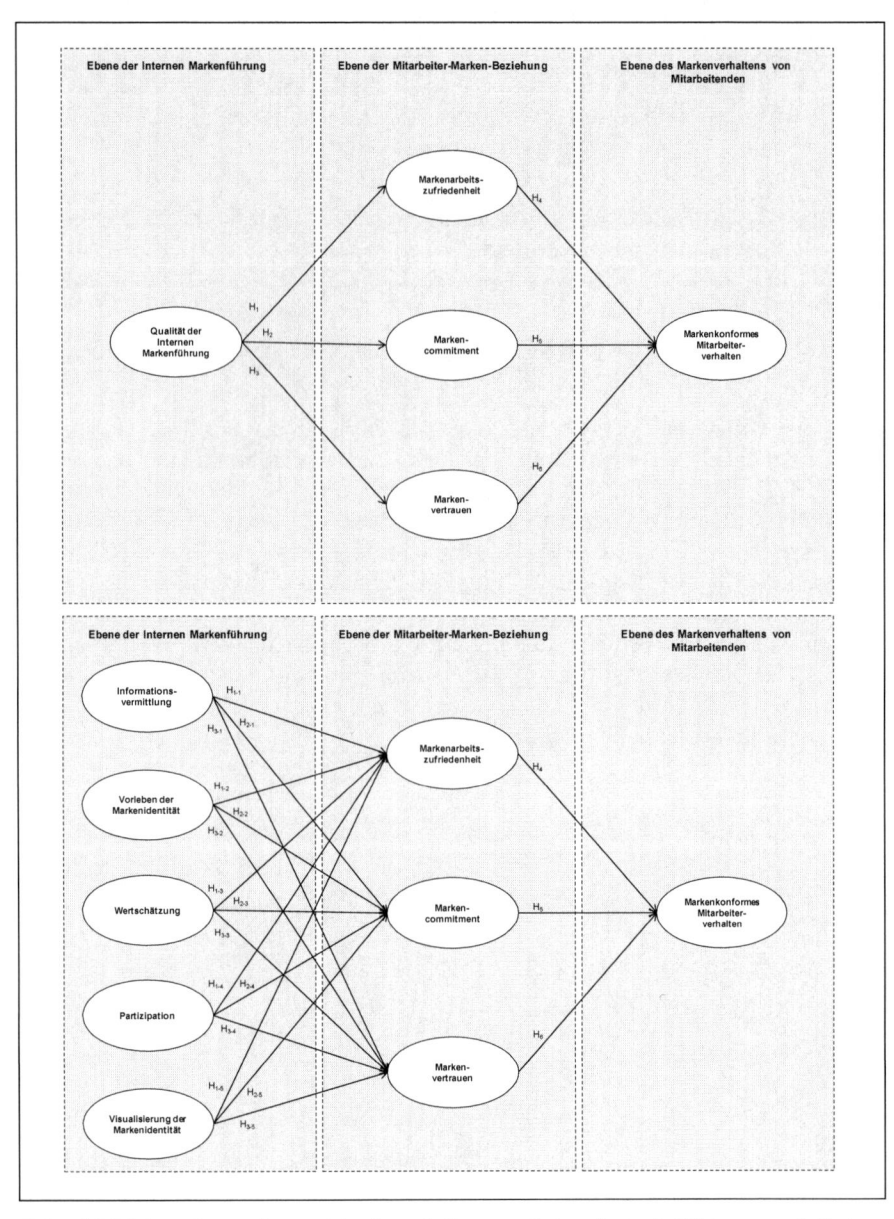

Schaubild 4-3: Aggregiertes (oben) und disagreggiertes (unten) Wirkungsmodell der Qualität der Internen Markenführung

Entwicklung eines Wirkungsmodells der QIMF

Hypothese	Hypotheseninhalt
H_1	Die Markenarbeitszufriedenheit wird von der Qualität der Internen Markenführung positiv beeinflusst.
H_{1-1}	Die Markenarbeitszufriedenheit wird durch die wahrgenommene Informationsvermittlung positiv beeinflusst.
H_{1-2}	Die Markenarbeitszufriedenheit wird durch das wahrgenommene wahrgenommene Vorleben der Markenidentität positiv beeinflusst.
H_{1-3}	Die Markenarbeitszufriedenheit wird durch die wahrgenommene Wertschätzung positiv beeinflusst.
H_{1-4}	Die Markenarbeitszufriedenheit wird durch die wahrgenommene Partizipation positiv beeinflusst.
H_{1-5}	Die Markenarbeitszufriedenheit wird durch die wahrgenommene Visualisierung der Markenidentität positiv beeinflusst.
H_2	Das Markencommitment wird von der Qualität der Internen Markenführung positiv beeinflusst.
H_{2-1}	Das Markencommitment wird durch die wahrgenommene Informationsvermittlung positiv beeinflusst.
H_{2-2}	Das Markencommitment wird durch das wahrgenommene Vorleben der Markenidentität positiv beeinflusst.
H_{2-3}	Das Markencommitment wird durch die wahrgenommene Wertschätzung positiv beeinflusst.
H_{2-4}	Das Markencommitment wird durch die wahrgenommene Partizipation positiv beeinflusst.
H_{2-5}	Das Markencommitment wird durch die wahrgenommene Visualisierung der Markenidentität positiv beeinflusst.
H_3	Das Markenvertrauen wird von der Qualität der Internen Markenführung positiv beeinflusst.
H_{3-1}	Das Markenvertrauen wird durch die wahrgenommene Informationsvermittlung positiv beeinflusst.
H_{3-2}	Das Markenvertrauen wird durch das wahrgenommene Vorleben der Markenidentität positiv beeinflusst.
H_{3-3}	Das Markenvertrauen wird durch die wahrgenommene Wertschätzung positiv beeinflusst.
H_{3-4}	Das Markenvertrauen wird durch die wahrgenommene Partizipation positiv beeinflusst.
H_{3-5}	Das Markenvertrauen wird durch die wahrgenommene Visualisierung der Markenidentität positiv beeinflusst.
H_4	Das markenkonforme Mitarbeiterverhalten wird durch die Markenarbeitszufriedenheit positiv beeinflusst.
H_5	Das markenkonforme Mitarbeiterverhalten wird durch das Markencommitment positiv beeinflusst.
H_6	Das markenkonforme Mitarbeiterverhalten wird durch das Markenvertrauen positiv beeinflusst.

Schaubild 4-4: Überblick über die Hypothesen des Wirkungsmodells der Qualität der Internen Markenführung

4.3.2 Operationalisierung der Wirkungsgrößen

4.3.2.1 Überblick

Der vorliegende Abschnitt widmet sich der Operationalisierung der Wirkungsgrößen der Qualität der Internen Markenführung. Wie bei der Messung der Qualität der Internen Markenführung gilt es hierbei, geeignete Indikatoren zur Messbarmachung der Konstrukte zu entwickeln. Für die Operationalisierung der Wirkungsgrößen der Qualität der Internen Markenführung liegen geeignete Skalen vor, auf die Rückgriff genommen werden kann. Als Skalierungsart wird, wie beim Konstrukt Qualität der Internen Markenführung, eine 7-stufige Likertskala von 1 = „stimme gar nicht zu" bis 7 = „stimme voll zu" gewählt.

Es wird bereits an dieser Stelle angemerkt, dass sämtliche Wirkungsgrößen der Qualität der Internen Markenführung **reflektiv** gemessen werden, d.h. die Kausalität verläuft von den Konstrukten zu den jeweiligen Indikatoren. Dies steht im Gegensatz zum formativ gemessenen Konstrukt Qualität der Internen Markenführung. Die Entscheidung für eine reflektive Operationalisierung wird damit begründet, dass bei den Wirkungsgrößen eine Erfassung unterschiedlicher Inhalte auf Indikatorebene nicht notwendig ist, da die Ableitung spezifischer Implikationen für einzelne Merkmale der Wirkungsgrößen für die Verfolgung des Forschungsziels der vorliegenden Arbeit von untergeordneter Bedeutung ist. Eine Messung der Konstrukte auf globaler, aggregierter Ebene durch reflektive Indikatoren, die das Gesamturteil des jeweiligen Konstrukts widerspiegeln, wird als ausreichend angesehen. Entsprechend dieser Vorgehensweise sind bei der Entwicklung der Messmodelle die in Abschnitt 3.2 dargelegten Anforderungskriterien an eine reflektive Konstruktoperationalisierung zu beachten.

Die nachfolgenden Ausführungen orientieren sich an folgender Vorgehensweise:

(1) **Operationalisierung der Markenarbeitszufriedenheit** (Abschnitt 4.3.2.2),

(2) **Operationalisierung des Markencommitment** (Abschnitt 4.3.2.3),

(3) **Operationalisierung des Markenvertrauens** (Abschnitt 4.3.2.4),

(4) **Operationalisierung des markenkonformen Mitarbeiterverhaltens** (Abschnitt 4.3.2.5).

4.3.2.2 Markenarbeitszufriedenheit

Die Messung der Markenarbeitszufriedenheit erfolgt über drei Items. Es wird sich an den Skalen von *Rich*, *Babin/Boles* und *Stock-Homburg* zur Messung der Arbeits- bzw. Mitarbeiterzufriedenheit orientiert sowie an der Skala von *Giersch*, bei der im Rahmen der Operationalisierung des Corporate Images ebenfalls Aspekte der Arbeitszufriedenheit Berücksichtigung fanden. Dabei wird eine Übertragung auf den hier interessierenden Markenkontext vorgenommen. Entsprechend der vorgenommenen Konzeptualisierung wird die Markenarbeitszufriedenheit nicht auf Basis einzelner Zufriedenheitsaspekte, wie z.B. dem Arbeitsinhalt oder der Arbeitsbedingungen, sondern auf Basis der „Gesamtzufriedenheit" erfasst. Diese „Gesamtzufriedenheit" spiegelt die aus dem Soll-Ist-Vergleich resultierende Einstellung des Mitarbeitenden gegenüber seiner Arbeit für die Marke wider. Sie kommt durch den „Spaß an der Arbeit für die Marke", das „Gefallen, für die Marke zu arbeiten" und durch die „Zufriedenheit mit der Arbeit für die Marke" zum Ausdruck. Die Statements zur Messung der Markenarbeitszufriedenheit sind in Schaubild 4-5 überblicksartig dargestellt.

Konstrukt	Indikator	Indikatorformulierung/Item	Quelle(n)
Markenarbeitszufriedenheit	Zuf_1	Meine Arbeit für die Marke Bell macht mir Spaß.	In Anlehnung an *Rich* 1997, S. 324; *Babin/Boles* 1998, S. 89; *Giersch* 2008, S. 174; *Stock-Homburg* 2012, S. 154
	Zuf_2	Insgesamt gefällt es mir, für die Marke Bell zu arbeiten.	
	Zuf_3	Ich bin mit meiner Arbeit für die Marke Bell alles in allem zufrieden.	

Schaubild 4-5: Operationalisierung des Konstrukts Markenarbeitszufriedenheit

4.3.2.3 Markencommitment

Die Messung des Markencommitment erfolgt über vier Items. Es findet eine Anlehnung an die Skala von *O'Reilly III/Chatman* zur Messung des organisationalen Commitment bzw. an den Instrumenten von *Zeplin*, *Maloney*, *Giersch*, *König* und *Piehler* zur Messung des Markencommitment von Mitarbeitenden statt. Entsprechend der im Rahmen der Konstruktkonzeptualisierung bestimmten inhaltlichen Elemente wird die Identifikation des Mitarbeitenden mit der Marke durch Items erfasst, die das „Zugehörigkeitsgefühl zur Marke" sowie den „Stolz, für die Marke zu arbeiten", widerspiegeln. Die Internalisierung der Markenidentität kommt durch Items zum Ausdruck, die sich auf die „Ähnlichkeit der Markenwerte mit den persönlichen Werten des Mitarbeitenden" bzw. auf die „Ähnlichkeit zwischen Marke und Mitarbeitenden hinsichtlich der Bedeutung von Werten" beziehen. Aus Gründen einer besseren Verständlichkeit der Statements wird bei der Itemformulierung bewusst die Bezeichnung „Markenwerte" und nicht der Begriff der Markenidentität gewählt. Dieses Vorgehen ist gerechtfertigt, da es primär die Markenwerte sind, die als Komponenten der Markenidentität die Basis für die Internalisierung der Markenidentität bilden.[498] Zugunsten eines besseren Verständnisses wurden zudem in Klammer die zentralen Werte der Marke *Bell* aufgeführt. Schaubild 4-6 gibt einen Überblick über die konkrete Formulierung der Konstruktindikatoren.

Konstrukt	Indikator	Indikatorformulierung/Item	Quelle(n)
Markencommitment	Com_1	Ich glaube, dass ich im Unternehmen als wichtiges Teammitglied für die Marke Bell angesehen werde.	In Anlehnung an *O'Reilly III/ Chatman* 1986, S. 494; *Zeplin* 2006, S. 199; *Maloney* 2007, S. 268; *Giersch* 2008, S. 175; *König* 2010, S. 113; *Piehler* 2011, S. 429
	Com_2	Ich bin stolz, wenn ich anderen (z.b. meinen Freunden oder Bekannten) erzählen kann, dass ich für die Marke Bell arbeite.	
	Com_3	Meine Verbundenheit mit der Marke Bell basiert vor allem auf der Ähnlichkeit meiner Werte mit denen von Bell (z.B. Lebensfreude, Genuss, Qualitätsbewusstsein).	
	Com_4	Die Werte, für die die Marke Bell steht, sind für mich wichtig.	

Schaubild 4-6: Operationalisierung des Konstrukts Markencommitment

4.3.2.4 Markenvertrauen

Für die Messung des Markenvertrauens werden vier Items gewählt. Hierbei erfolgt eine Anlehnung an die Skala von *Mayer/Davis* zur Operationalisierung des Vertrauens im organisationalen Kontext sowie am Messinstrument von *Delgado-Ballester/Munuera-Alemán/Yagüe-Guillén*, das zur Erfassung des Markenvertrauens von Konsumenten entwickelt wurde. Die Items Ver_1 und Ver_4 spiegeln das kognitive Vertrauen wider und drücken den Glauben des Mitarbeitenden aus, dass die Marke ihren Verpflichtungen nachkommt. Die Items Ver_2 und Ver_3 beziehen sich auf das affektive Vertrauen. Item Ver_2 beschreibt die Überzeugung des Mitarbeitenden, dass die Marke an seinem Wohlbefinden interessiert ist. Item Ver_3 nimmt Bezug auf den Glauben des Mitarbeitenden, dass

---

[498] Vgl. Abschnitt 4.3.1.3.

die Marke ihre Versprechungen einhält. Die Statements zur Messung des Markenvertrauens sind in Schaubild 4-7 aufgeführt.

Konstrukt	Indikator	Indikatorformulierung/Item	Quelle(n)
Markenvertrauen	Ver_1	Die Marke Bell wird mich niemals enttäuschen.	In Anlehnung an *Mayer/ Davis* 1999, S. 136; *Delgado-Ballester/ Munuera-Alemán/ Yagüe-Guillén* 2003, S. 41
	Ver_2	Die Marke Bell ist darauf bedacht, den Bedürfnissen ihrer Mitarbeitenden gerecht zu werden.	
	Ver_3	Die Marke Bell hält, was sie verspricht.	
	Ver_4	Ich habe Vertrauen in die Marke Bell.	

Schaubild 4-7: Operationalisierung des Konstrukts Markenvertrauen

4.3.2.5 Markenkonformes Mitarbeiterverhalten

Für die Messung des dreidimensionalen Konstrukts markenkonformes Mitarbeiterverhalten werden insgesamt zwölf Items verwendet. Es erfolgt eine Orientierung am Instrument von *van Dyne/Graham/Dienesch* zur Messung des OCB sowie an den Skalen von *Zeplin, Maloney, König* und *Piehler* zur Operationalisierung des BCB. Die Dimension Markenakzeptanz wurde über drei Items erhoben (Items BCB_1-BCB_3). Entsprechend der vorgenommenen Konzeptualisierung bringen diese das „einfache" Rollenverhalten zum Ausdruck, indem sie sich auf Verhaltensweisen beziehen, die von einem Mitarbeitenden erwartet werden, wie z.b. das „Befolgen markenbezogener Regeln und Vorgaben" oder das „Einhalten des Markenversprechens gegenüber den Kunden". Zugunsten einer leichteren Verständlichkeit der Items wurden in Klammer beispielhaft markenbezogene Regeln und Elemente des Markenversprechens der Marke *Bell* genannt. Für die Dimension Markenmissionierung wurden vier Items gewählt (Items BCB_4-BCB_7). Diese spiegeln Verhaltensweisen von Mitarbeitenden wider, die dem Extra-Rollenverhalten zu subsumieren sind und zur Schaffung eines positiven Markenimages beim Nachfrager beitragen, wie z.B. die „Weiterempfehlung der Marke" oder das „Verteidigen der Marke im Falle von Kritik". Die Operationalisierung der Dimension Markenentwicklung erfolgte über fünf Items (Items BCB_8-BCB_12). Die Items verweisen ebenfalls auf ein Extra-Rollenverhalten, beziehen sich jedoch auf nach innen gerichtete Verhaltensweisen, die der Weiterentwicklung der Marke dienen, wie z.B. das „Lesen von markenbezogenem Informationsmaterial", die „regelmäßige Teilnahme an Schulungen und Fortbildungen" oder das „Weiterleiten von Kundenfeedback und Problemen".

Es sei an dieser Stelle angemerkt, dass zur Erfassung des markenkonformen Mitarbeiterverhaltens als Befragungsmethodik die Selbsteinschätzung durch die Mitarbeitenden gewählt wurde. Dies steht im Gegensatz zu einigen Studien zum organisationalen Verhalten von Mitarbeitenden, in denen die Beurteilung des Mitarbeiterverhaltens durch Vorgesetzte erfolgt (Fremdbeurteilung).[499] Sowohl bei der Eigen- als auch bei der Fremdbeurteilung liegt die Gefahr von Verzerrungen in den Antworten vor. Bei der Eigenbeurteilung können Verzerrungen durch soziale Erwünschtheit entstehen, indem die Mitarbeitenden ihr Verhalten aufgrund vermuteter sozialer Erwartungen als zu positiv angeben.[500] Bei der Fremdbeurteilung sind Verzerrungen dadurch möglich, dass die Vorgesetzten nicht zwangsläufig über sämtliche spezifische Verhaltensweisen des Mitarbeitenden informiert sind und daher dessen Verhalten nicht vollständig bewerten können. Da auch eine Fremdbeurteilung nicht frei von Subjektivität ist, wird in der vorliegenden Arbeit der Argumentation von *Turnipseed* gefolgt und sich für die Eigenbeurteilung durch Mitarbeitende entschieden. Um das Auftreten verzerrter Antworten durch soziale Erwünschtheit zu reduzieren, erfolgt zum einen der Verweis auf die Anonymität der Befragung.[501] Zum anderen wird im Rahmen der Indikatorformulierung eine indirekte Selbsteinschätzung gewählt, indem der Mitarbeitende nach der Wahrnehmung des Außeneindrucks seines Verhaltens gefragt wird. Das bedeutet, dass der Mitarbeitende aufgefordert wird, sein Verhalten aus der Sicht Anderer einzuschätzen.[502] Schaubild 4-8 zeigt die konkrete Formulierung der Konstruktindikatoren im Überblick.

---

[499] Vgl. z.B. *Bateman/Organ* 1983; *Smith/Organ/Near* 1983; *Podsakoff et al.* 1990.
[500] Vgl. *Schnake* 1991, S. 741.
[501] Vgl. hierzu sowie zur Subjektivität von Fremdbeurteilungen *Turnipseed* 2002, S. 7f.
[502] Vgl. zu diesem Vorgehen *Piehler* 2011, S. 438.

Entwicklung eines Wirkungsmodells der QIMF 171

Konstrukt	Dimension	Indikator	Indikatorformulierung/Item	Quelle(n)
Markenkonformes Mitarbeiterverhaltern	Markenakzeptanz		Andere würden mich als eine Person beschreiben, die...	In Anlehnung an *van Dyne/ Graham/ Dienesch* 1994, S. 781f.; *Zeplin* 2006, S. 190f.; *Maloney* 2007, S. 273f.; *König* 2010, S. 114; *Piehler* 2011, S. 432ff.
		BCB_1	... markenbezogene Regeln und Vorgaben mit großer Sorgfalt befolgt (z.B. Hygienevorschriften).	
		BCB_2	... bei der Arbeit konsequent darauf achtet, das Markenversprechen gegenüber den Kunden einzuhalten (z.B. das Sicherstellen einer hohen Qualität).	
		BCB_3	... bei allem, was sie macht, darauf achtet, der Marke Bell nicht zu schaden.	
	Markenmissionierung	BCB_4	... die Marke Bell anderen (z.B. Freunden, Bekannten oder Verwandten) weiterempfiehlt.	
		BCB_5	... auch privat die Marke Bell verwendet.	
		BCB_6	... darauf achtet, nach außen als Botschafter der Marke Bell aufzutreten.	
		BCB_7	... die Marke verteidigt, wenn andere sie kritisieren.	
	Markenentwicklung	BCB_8	... um die Marke Bell noch besser repräsentieren zu können, Kunden oder andere Kollegen **aktiv nach Feedback** fragt.	
		BCB_9	... um die Marke Bell noch besser repräsentieren zu können, sich durch das **Lesen von markenbezogenem Informationsmaterial** (z.B. Mitarbeiterzeitschrift, Broschüren, Intranet) **oder Handbüchern** weiterbildet.	
		BCB_10	... um die Marke Bell noch besser repräsentieren zu können, regelmäßig an **Schulungen oder Fortbildungen** teilnimmt.	
		BCB_11	... um die Marke Bell noch besser zu gestalten, **Kundenfeedback oder Probleme** umgehend an die verantwortlichen Stellen weitergibt.	
		BCB_12	... um die Marke Bell noch besser zu machen, im Unternehmen regelmäßig auf **Verbesserungsmöglichkeiten** aufmerksam macht.	

Schaubild 4-8: Operationalisierung des Konstrukts Markenkonformes Mitarbeiterverhalten

4.4 Berücksichtigung von Mitarbeiterheterogenität

4.4.1 Grundlagen zur Mitarbeiterheterogenität

Insbesondere in großen Unternehmen ist eine ausgeprägte **Mitarbeiterheterogenität**, auch als personelle Vielfalt, Mitarbeitervielfalt oder Diversity bezeichnet, zu beobachten.[503] Entwicklungen, wie z.b. die steigende Mobilität von Arbeitskräften über Ländergrenzen hinweg oder die vermehrte Erwerbstätigkeit von Frauen tragen dazu bei, dass die personelle Vielfalt in Unternehmen weiter zunimmt.[504] Die Mitarbeiterheterogenität bezieht sich auf „[...] differences among people that are likely to affect their acceptance, work performance, satisfaction, or progress in an organization."[505]

Die Unterschiede zwischen den Mitarbeitenden lassen sich anhand verschiedener Merkmale aufzeigen. *Harrison/Price/Bell* nehmen eine Systematisierung zwischen sichtbaren und nicht-sichtbaren Merkmalen vor, indem sie zwischen einer „Surface-Level Diversity" und einer „Deep-Level Diversity" differenzieren. Der **„Surface-Level Diversity"** sind die bei einem Mitarbeitenden sichtbaren Merkmale zuzuordnen. Darunter zählen jene Eigenschaften, die direkt wahrnehmbar sind, wie z.B. Geschlecht, Alter oder Hautfarbe. Unter die **„Deep-Level Diversity"** sind die nicht-sichtbaren Merkmale, zu subsumieren. Zu den Merkmalen, die nicht unmittelbar wahrgenommen werden, zählen z.B. die Überzeugungen, Werte oder Einstellungen eines Mitarbeitenden. Die Ausprägung dieser Merkmale bei einem Mitarbeitenden erschließt sich dem Gegenüber erst mit der Zeit, z.B. durch die regelmäßige Interaktion mit dem Mitarbeitenden.[506]

Die in der Literatur häufig verwendete Systematisierung von *Gardenswartz/ Rowe* ist differenzierter. In der vorliegenden Arbeit findet daher eine Anlehnung an diese statt.[507] Die Autoren unterscheiden zwischen vier Ebenen der Diversität, denen sich jeweils unterschiedliche Dimensionen personeller Vielfalt zuordnen lassen: der Persönlichkeit des Mitarbeitenden, den demografischen Kerndimensionen, den externen demografischen Dimensionen und den organisationalen

---

[503] Vgl. *Süß* 2008, S. 407; *Süß* 2010, S. 285.
[504] Vgl. *Aretz/Hansen* 2002, S. 48f.
[505] *Hays-Thomas* 2004, S. 12. *Süß* (2009, S. 166) weist in diesem Zusammenhang darauf hin, dass beim Vorliegen personeller Vielfalt immer auch Gemeinsamkeiten zwischen den Mitarbeitenden bestehen. Die Unterschiede sind nur in Bezug auf bestimmte Merkmale gegeben.
[506] Vgl. *Harrison/Price/Bell* 1998, S. 97f.
[507] Vgl. Abschnitt 4.4.2.

Dimensionen. Unter die **Persönlichkeit** lassen sich Persönlichkeitsmerkmale, wie z.b. die emotionale Stabilität des Mitarbeitenden oder seine Offenheit gegenüber anderen Personen subsumieren. Persönlichkeitsmerkmalen wird eine hohe Verhaltensrelevanz zugesprochen, sie sind jedoch schwer zu erfassen. Im Gegensatz dazu erweist sich die Erfassung der (externen) demografischen und organisationalen (Kern-)Dimensionen als relativ einfach. Die **demografischen Kerndimensionen** beinhalten Aspekte, die biologisch begründet sind und/oder die vom Mitarbeitenden kaum zu verändern sind. Darunter zählen z.b. das Alter, Geschlecht oder die Ethnizität. Die **externen demografischen Dimensionen** umfassen hingegen Aspekte, zu deren Ausprägung der Mitarbeitende selbst beitragen kann, wie z.b. die Ausbildung, Kinderzahl oder der Familienstand. Den **organisationalen Dimensionen** lassen sich schließlich jene Aspekte zuordnen, deren Ausprägungen in erster Linie durch den organisationalen Kontext, in dem sich der Mitarbeitende befindet, determiniert werden. Dazu gehören z.b. der Arbeitsort, die Betriebszugehörigkeit oder der hierarchische Status, den der Mitarbeitende im Unternehmen inne hat.[508]

Die Beschäftigung mit der personellen Vielfalt im Unternehmen findet in der Personalwirtschaftslehre und -praxis in verschiedener Hinsicht statt. Im Rahmen des **Diversity Management** steht das systematische Management der Mitarbeitervielfalt im Vordergrund mit dem Ziel, allen Beschäftigten Chancengleichheit zu ermöglichen und Diskriminierung von Minderheiten zu verhindern. Es gilt, die Potenziale personeller Vielfalt zu nutzen und deren Risiken zu reduzieren.[509] Im Zusammenhang mit dem **individualisierten Personalmanagement** ist es das Bestreben von Unternehmen, den individuellen Bedürfnissen der Beschäftigten gerecht zu werden und dadurch deren Motivation zu steigern.[510] Ähnliches gilt für die **differenzielle Personalwirtschaft**. Hier wird das Ziel verfolgt, eine in Abhängigkeit von bestimmten Mitarbeitergruppen differenzierte Ausgestaltung des Personalmanagements vorzunehmen.[511] In der vorliegenden Arbeit wird sich an der Zielsetzung des differenziellen Personalmanagement orientiert. Dabei wird eine Übertragung auf den vorliegenden Untersuchungsgegenstand vorgenommen. Die Heterogenität der Beschäftigten im Unternehmen wird im Folgenden als Ausgangspunkt für die Segmentierung von Mitarbeitenden betrachtet. Dabei besteht die Aufgabe in der Bildung von Segmenten, die spezifische Wir-

---

[508] Vgl. *Gardenswartz/Rowe* 1994, S. 31ff.; *Gardenswartz et al.* 2003, S. 26f.; vgl. hierzu auch *Digh* 1998, S. 118; *Vedder* 2006, S. 11; *Süß* 2009, S. 166f.
[509] Vgl. *Süß* 2008, S. 407; *Süß* 2009, S. 169; *Scherm/Süß* 2010, S. 166.
[510] Vgl. *Süß* 2009, S. 170.
[511] Vgl. *Marr* 1989, S. 37ff.; *Morick* 2002; *Süß* 2009, S. 170.

kungsprofile hinsichtlich der (Dimensionen der) Qualität der Internen Markenführung aufweisen, um darauf aufbauend Maßnahmen zur segmentspezifischen Steuerung eines markenkonformen Mitarbeiterverhaltens deduzieren zu können.

Für die Bestimmung einer geeigneten Segmentierungsmethodik ist die Unterscheidung zwischen beobachtbarer und nicht-beobachtbarer Heterogenität von Relevanz. **Beobachtbare Heterogenität** besteht immer dann, wenn die Quelle der Unterschiedlichkeit zwischen den Segmenten aufgrund theoretischer oder sachlogischer Erkenntnisse bereits im Vorfeld der Untersuchung bekannt ist und über Indikatoren operationalisiert werden kann.[512] In diesem Falle ist die Anwendung einer a priori-Segmentierung möglich. Bei einer a priori-Segmentierung werden die Anzahl der Segmente und die unterschiedlichen Merkmalsausprägungen, die die einzelnen Segmente auszeichnen, vor der Datenanalyse festgelegt und haben daher ex ante bekannt zu sein.[513] **Nicht-beobachtbare Heterogenität** zeichnet sich hingegen dadurch aus, dass im Vorfeld der Untersuchung keine Informationen über die Gruppenstruktur bestehen. Es liegen latente Strukturen vor, die nicht durch theoretische Überlegungen aufgedeckt werden können.[514] Hier kommt eine a posteriori-Segmentierung zum Einsatz. Im Rahmen einer a posteriori-Segmentierung werden Anzahl und Eigenschaften der Segmente erst auf Basis der ermittelten Untersuchungsergebnisse festgelegt.[515]

Die Mitarbeiterheterogenität findet in der vorliegenden Arbeit im Zusammenhang mit dem Wirkungsmodell der Qualität der Internen Markenführung Berücksichtigung. Im Hinblick auf das Untersuchungsmodell ist von einer **nicht-beobachtbaren Heterogenität** auszugehen. Diese Annahme beruht auf der Tatsache, dass die bisherigen Forschungsarbeiten zur Internen Markenführung nur sehr wenige Erkenntnisse hinsichtlich möglicher Segmentierungskriterien liefern. Wie die Literaturbestandsaufnahme gezeigt hat, wurde sich bislang in lediglich zwei Studien anhand von Moderatorvariablen solchen Kriterien gewidmet.[516] Dieser Mangel an Erkenntnissen steht der Ableitung von Segmentierungskriterien, der Festlegung einer bestimmten Anzahl an Segmenten und damit

---

[512] Vgl. *Görz/Hildebrandt* 1999, S. 6f.
[513] Vgl. *Green* 1977, S. 64; *Hahn* 2002, S. 30; *Scheer* 2008, S. 62. Eine a priori-Segmentierung findet z.B. bei der Durchführung einer Mehrgruppenkausalanalyse statt. Hier werden auf der Basis theoretischer Vorüberlegungen vor der Datenanalyse Gruppen segmentiert. Für jede Gruppe erfolgt anschließend die Durchführung einer Strukturgleichungsanalyse (vgl. *Köster* 2006, S. 206; *Martin* 2009, S. 158).
[514] Vgl. *Görz/Hildebrandt* 1999, S. 6f.
[515] Vgl. *Green* 1977, S. 64; *Hahn* 2002, S. 30; *Scheer* 2008, S. 62f.
[516] Vgl. Abschnitt 2.5.

der Durchführung einer a priori-Segmentierung, wie sie im Rahmen des Vorliegens einer beobachtbaren Heterogenität möglich wäre, entgegen. Es ist folglich eine **a posteriori-Segmentierung** vorzunehmen.

Die **Finite-Mixture-Analyse** stellt eine weit verbreitete a posteriori-Segmentierungsmethode dar.[517] Sie kommt auch in der vorliegenden Arbeit zum Einsatz. Im Rahmen der Finite-Mixture-Analyse erfolgen die Bildung von Segmenten und die Schätzung segmentspezifischer Strukturgleichungen simultan. Das Ergebnis ist eine bestimmte Anzahl von Segmenten, die sich im Hinblick auf die Wirkungen der Qualität der Internen Markenführung voneinander unterscheiden. Bis zu diesem Untersuchungsschritt sind keine Segmentierungskriterien notwendig. Im Anschluss daran ist jedoch das Vorliegen beschreibender Segmentvariablen sinnvoll. Diese tragen zur Identifizierung der Segmentmitglieder bei und ermöglichen dadurch deren spezifische Ansprache.[518] Mit der Auswahl der beschreibenden Segmentvariablen beschäftigt sich der nachfolgende Abschnitt.

4.4.2 Auswahl der beschreibenden Segmentvariablen

Wie bereits an anderer Stelle erwähnt, wird sich bei der Auswahl der beschreibenden Segmentvariablen an der Systematisierung der Diversitätsdimensionen nach *Gardenswartz/Rowe* orientiert. Die ursprünglich als Persönlichkeit bezeichnete Diversitätsebene wird dabei in **psychografische Variablen** umbenannt. Der Einfachheit halber unterbleibt eine Differenzierung zwischen demografischen und externen demografischen Dimensionen. Die beiden Dimensionen werden zusammengeführt und hierfür der Begriff **soziodemografische Variablen** gewählt. Die Bezeichnung organisationale Diversitätsdimensionen wird durch den Begriff **arbeitsplatzbezogene Variablen** ersetzt. Schaubild 4-9 gibt einen Überblick über die ausgewählten beschreibenden Segmentvariablen. Auf diese wird nachfolgend näher eingegangen.

---

[517] Vgl. *DeSarbo/Jedidi/Sinha* 2001, S. 848.
[518] Für eine ausführliche Darstellung der Finite-Mixture-Analyse vgl. Abschnitt 5.3.2.

Beschreibende Segmentvariablen		
❶ Psychografische Variablen • Markeninvolvement • Bedürfnis nach Markenkompetenzerleben • Bedürfnis nach einem Zugehörigkeitsgefühl zur Markengemeinschaft • Bedürfnis nach Autonomie bei der Markenarbeit • Beziehungsneigung	**❷ Soziodemografische Variablen** • Geschlecht • Alter • Sprache • Bildungsgrad	**❸ Arbeitsplatzbezogene Variablen** • Arbeitsbereich • Entwicklung/Umsetzung markenbezogener Maßnahmen • Kundenkontakt • Dienstalter • Führungsverantwortung • Standort

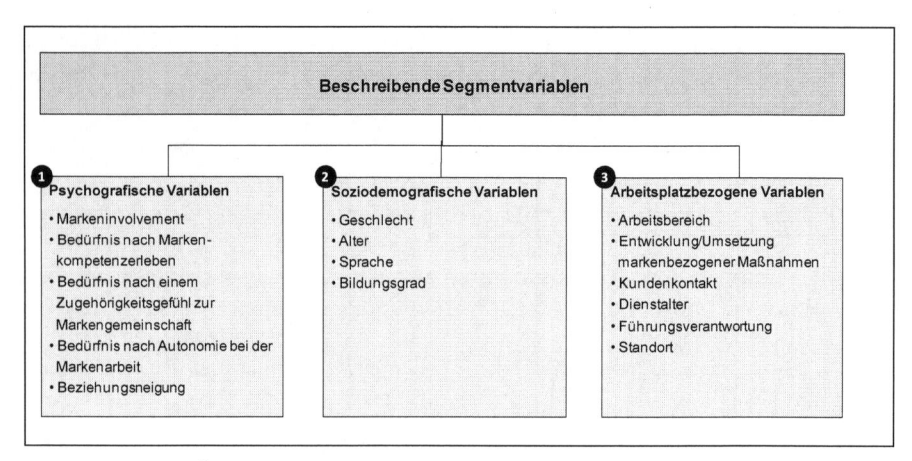

Schaubild 4-9: Überblick über die ausgewählten beschreibenden Segmentvariablen

(1) Psychografische Variablen

An anderer Stelle wurde bereits die Annahme getroffen, dass die Stärke der Konstruktzusammenhänge im Wirkungsmodell von der Ausprägung des **Markeninvolvement** der Mitarbeitenden abhängig ist (vgl. Abschnitt 2.4.2). Daher findet die Größe als latente Variable zur Segmentbeschreibung Berücksichtigung. Im vorliegenden Kontext ist unter dem Markeninvolvement die persönliche Relevanz der Marke für den Mitarbeitenden zu verstehen (vgl. Abschnitt 2.4.2). Das Konstrukt bildet das (dauerhafte) Interesse des Mitarbeitenden an der Marke ab.[519]

Die Messung des Markeninvolvement erfolgt mittels zweier Indikatoren (vgl. Schaubild 4-10). Im Einklang mit dem dargelegten Konstruktverständnis beziehen sich die Items auf das Interesse an der Marke und die Relevanz, die die Marke für den Mitarbeitenden aufweist.

---

[519] Vgl. *von Loewenfeld* 2006, S. 147.

Konstrukt	Indikator	Indikatorformulierung/Item	Quelle(n)
Marken-involvement	Inv_1	Ich interessiere mich für die Marke Bell.	In Anlehnung an *Voss/ Spangenberg/ Grohmann* 2003; *Bruner* 2009, S. 543f.
	Inv_2	Die Marke Bell ist für mich wichtig.	

Schaubild 4-10: Operationalisierung des Konstrukts Markeninvolvement

In den Dimensionen der Qualität der Internen Markenführung findet die Erfüllung der von *Deci/Ryan* identifizierten Bedürfnisse nach Kompetenzerleben, sozialer Zugehörigkeit und Autonomie Berücksichtigung (vgl. Abschnitt 3.3.1.3). Es ist demnach zu erwarten, dass die Wirkungsstärke der einzelnen Dimensionen der Qualität der Internen Markenführung je nach Ausprägung dieser Bedürfnisse beim Mitarbeitenden variiert. Bei einem Mitarbeitenden mit einem hohen Autonomiebedürfnis wird z.B. die Dimension der wahrgenommenen Partizipation einen stärkeren Einfluss auf nachgelagerte Größen wie Markenarbeitszufriedenheit oder Markencommitment ausüben als bei einem Mitarbeitenden, bei dem dieses Bedürfnis geringer ausgeprägt ist. Diese Überlegungen führen dazu, das **Bedürfnis nach Markenkompetenzerleben, nach einem Zugehörigkeitsgefühl zur Markengemeinschaft** und **nach Autonomie bei der Markenarbeit** als beschreibende Segmentvariablen einzubeziehen.[520]

Für die Erfassung der Variablen wird jeweils eine Single-Item-Messung, die das Konstrukt global erfasst, gewählt. Eine Konstruktmessung über nur ein einziges Item begegnet der Gefahr der „Probandenmüdigkeit" und trägt damit zur Reduktion der Abbruchquote während der Befragung bei.[521] Single-Item-Messungen eignen sich insbesondere dann, wenn das Konstrukt von den Befragten gleich

---

[520] Zur inhaltlichen Konkretisierung der Bedürfnisse vgl. Abschnitt 3.3.1.1. Das hier berücksichtigte Autonomiebedürfnis von Mitarbeitenden ähnelt inhaltlich dem Konzept der Autonomieorientierung nach *Deci/Ryan* (1990). Im Rahmen der Theorie der kausalen Orientierung setzen sich die Autoren mit den interindividuellen Unterschieden in der Neigung zum selbstbestimmten Handeln auseinander. Die Autonomieorientierung kennzeichnet Individuen mit der Tendenz, ihr Verhalten an den eigenen Interessen und Werten auszurichten. Individuen, die sich durch eine starke Kontrollorientierung auszeichnen, richten hingegen ihre Handlungen an den Erwartungen anderer, z.B. an externen Vorschriften, aus. Individuen, die sich durch eine nicht-persönliche Orientierung charakterisieren lassen, neigen zu unmotiviertem und nicht-intentionalem Verhalten (vgl. *Ryan/Deci* 2002, S. 21; *Bonus* 2009, S. 291).

[521] Vgl. *Bergvist/Rossiter* 2007, S. 175; *Weiber/Mühlhaus* 2010, S. 92.

verstanden wird. Ein Pretest, bei dem acht Wissenschaftler um ein Item-Paraphrasing gebeten wurden, zeigte, dass dies im vorliegenden Fall gegeben ist.[522] Mangels bestehender Skalen war es notwendig, eine eigene Itemformulierung vorzunehmen (vgl. Schaubild 4-11, 4-12, 4-13).[523]

Konstrukt	Indikator	Indikatorformulierung/Item	Quelle(n)
Bedürfnis nach Markenkompetenzerleben	Komp_1	Mir ist es wichtig, ein kompetenter Mitarbeiter der Marke Bell zu sein.	Eigene Skala

Schaubild 4-11: Operationalisierung des Konstrukts Bedürfnis nach Markenkompetenzerleben

Konstrukt	Indikator	Indikatorformulierung/Item	Quelle(n)
Bedürfnis nach Zugehörigkeit zur Markengemeinschaft	Zug_1	Mir ist es wichtig, ein Teil der „Familie Bell" zu sein.	Eigene Skala

Schaubild 4-12: Operationalisierung des Konstrukts Bedürfnis nach Zugehörigkeit zur Markengemeinschaft

Konstrukt	Indikator	Indikatorformulierung/Item	Quelle(n)
Bedürfnis nach Autonomie bei der Markenarbeit	Auton_1	Mir ist es wichtig, eigene Ideen für die Marke Bell einbringen zu können.	Eigene Skala

Schaubild 4-13: Operationalisierung des Konstrukts Bedürfnis nach Autonomie bei der Markenarbeit

Bloemer und *Odekerken-Schröder* führen das Konzept der **Beziehungsneigung von Mitarbeitenden** (employee relationship proneness) in die Marketingforschung ein. Die Autoren leiten das Konstrukt aus dem Konzept der Beziehungs-

---

[522] Zum Item-Paraphrasing vgl. Abschnitt 3.4.2. Es handelt sich bei den Wissenschaftlern um die gleichen Personen, die im Rahmen der Operationalisierung der Konstruktdimensionen der Qualität der Internen Markenführung zum Einsatz kamen.

[523] *Deci* und *Ryan* (1985b, S. 118) messen die Autonomieorientierung nicht global, sondern über eine Vielzahl von Items. Folglich ergeben sich daraus für die hier vorzunehmende Messung des Bedürfnisses nach Autonomie bei der Markenarbeit keine Ansatzpunkte.

neigung von Konsumenten (consumer relationship proneness) ab und verstehen darunter „[...] an employee's relatively stable and conscious tendency to engage in a relationship with an employer."[524] Die Beziehungsneigung stellt eine psychologische und intrinsisch motivierte Prädisposition des Mitarbeitenden dar, sich auf eine Beziehung mit einem Arbeitgeber, einzulassen. Im Unterschied zum Commitment bezieht sich das Konstrukt auf die generelle Neigung des Mitarbeitenden, eine Beziehung mit einem Unternehmen eingehen zu wollen. Das Commitment nimmt hingegen Bezug auf ein spezielles Unternehmen. Es wird der Nachweis erbracht, dass die Beziehungsneigung einen positiven Einfluss auf das affektive und normative Commitment und darüber auf das Mitarbeiterverhalten ausübt.[525] Die empirische Untersuchung wird in der vorliegenden Arbeit am Beispiel der *Bell AG* vorgenommen. Da die organisationalen Werte und die Markenwerte bei diesem Unternehmen weitgehend übereinstimmen, sind sich das organisationale Commitment und das Markencommitment der Mitarbeitenden sehr ähnlich.[526] Folglich ist anzunehmen, dass die Beziehungsneigung ebenfalls Einfluss auf das Markencommitment und -verhalten von Mitarbeitenden nimmt. Es ist z.B. denkbar, dass der Zusammenhang zwischen der Qualität der Internen Markenführung und dem Markencommitment bei Mitarbeitenden mit einer stark ausgeprägten Beziehungsneigung stärker ist als bei Mitarbeitenden mit einer diesbezüglich geringeren Prädisposition.[527] Aufgrund ihrer Bedeutung für das Markencommitment und -verhalten von Mitarbeitenden findet die Beziehungsneigung daher als beschreibende Segmentvariable Anwendung.

Die Skala von *Bloemer/Odekerken-Schröder* bildet die Grundlage für die Erfassung der Beziehungsneigung von Mitarbeitenden. Schaubild 4-14 gibt einen Überblick über die Konstruktitems.

---

[524] *Bloemer/Odekerken-Schröder* 2006, S. 254. Zur Beziehungsneigung von Konsumenten vgl. *De Wulf/Odekerken-Schröder/Iacobucci* 2001.
[525] Vgl. *Bloemer/Odekerken-Schröder* 2006, S. 253ff.
[526] Vgl. hierzu auch *Esch/Hartmann/Strödter* 2012, S. 127.
[527] Diese Annahme leitet sich aus dem erbrachten Nachweis ab, dass die Beziehungsneigung von Konsumenten den Zusammenhang zwischen den kundenseitig wahrgenommenen Beziehungsinvestitionen des Anbieters und der wahrgenommenen Qualität der Anbieter-Kunde-Beziehung moderiert. Vgl. hierzu ausführlich *De Wulf/Odekerken-Schröder/Iacobucci* 2001, S. 45.

Konstrukt	Indikator	Indikatorformulierung/Item	Quelle(n)
Beziehungs-neigung	ERP_1	Im Allgemeinen gehöre ich zu den Personen, die es schätzen, ein treuer Mitarbeiter eines Unternehmens zu sein.	In Anlehnung an *Bloemer/ Odekerken-Schröder* 2006, S. 258
	ERP_2	Im Allgemeinen gehöre ich zu den Personen, die ein langjähriges Arbeitsverhältnis zu einem Unternehmen anstreben.	
	ERP_3	Alles in allem würde ich mich als jemanden bezeichnen, der viel dafür tun würde, um bei einem Unternehmen bleiben zu können.	

Schaubild 4-14: Operationalisierung des Konstrukts Beziehungsneigung

(2) Soziodemografische Variablen

Die Berücksichtigung des **Geschlechts** als beschreibende Segmentvariable begründet sich in der Tatsache, dass sich Männer und Frauen hinsichtlich physiologischer, psychologischer und kultureller Merkmale voneinander unterscheiden.[528] Es ist daher möglich, dass das Geschlecht der Mitarbeitenden einen Einfluss auf die Stärke der Zusammenhänge im Wirkungsmodell der Qualität der Internen Markenführung ausübt. Mit zunehmendem **Alter** des Mitarbeitenden steigt seine Lebens- und Berufserfahrung, hingegen sinkt z.B. seine Delegationsbereitschaft.[529] Möglicherweise ist daher der Einfluss der Dimension Partizipation bei der Markenarbeit auf die Markenarbeitszufriedenheit bei älteren Mitarbeitenden stärker als bei jüngeren Beschäftigten. Die **Sprache** der Mitarbeitenden verweist auf die Nation, der diese angehören. Je nach Nationalität ergeben sich Unterschiede in den Wertvorstellungen von Mitarbeitenden,[530] die wiederum die Stärke der Kausalzusammenhänge im Wirkungsmodell beeinflussen können. Ebenfalls kann der **Bildungsgrad** Einfluss auf die Konstruktzusammenhänge nehmen. So ist anzunehmen, dass hoch qualifizierte Mitarbeitende großen Wert auf die Partizipation bei der Markenarbeit legen. Ist eine Mitbestimmung nicht möglich, ist von einer Verringerung der Markenarbeitszufriedenheit und einem geringeren markenkonformen Mitarbeiterverhalten auszugehen. Bei gering qualifizierten Mitarbeitenden ist dieser Effekt möglicherweise nicht gegeben. Die Messung soziodemografischer Variablen gestaltet sich im Unterschied zu den

---

[528] Vgl. *Ambler* 1998, S. 9; *Frommeyer* 2005, S. 61.
[529] Vgl. *Stock-Homburg* 2010, S. 728.
[530] Vgl. hierzu z.B. das Konzept der Kulturdimensionen von *Hofstede* (1993, 2001) oder der GLOBE-Gruppe (vgl. *Brodbeck* 2006; *House et al.* 2006).

psychografischen Variablen vergleichsweise einfach. Es wird daher an dieser Stelle nicht näher darauf eingegangen, sondern auf den Fragebogen in Anhang 2 verwiesen.[531]

(3) Arbeitsplatzbezogene Variablen

Des Weiteren kann die Stärke der Zusammenhänge im Wirkungsmodell der Qualität der Internen Markenführung vom **Arbeitsbereich** des Mitarbeitenden abhängen. Unterschiede können insbesondere auf ein unterschiedliches Ausmaß der Beteiligung an der **Entwicklung bzw. Umsetzung markenbezogener Maßnahmen** zurückgeführt werden bzw. darauf, inwieweit der Mitarbeitende **Kundenkontakt** hat. So ist z.b. denkbar, dass für Mitarbeitende, deren Arbeit einen starken Markenbezug bzw. Kundenkontakt beinhaltet (z.b. Mitarbeitende im Vertrieb), der Erhalt von Markeninformationen (Dimension Informationsvermittlung) für die Entstehung von Markenarbeitszufriedenheit wichtiger ist als für Beschäftigte, bei denen diese Merkmale weniger stark ausgeprägt sind. Das **Dienstalter** nimmt möglicherweise ebenfalls Einfluss auf die Kausalzusammenhänge im Wirkungsmodell. So kann vermutet werden, dass bei Mitarbeitenden, die erst seit kurzem im Unternehmen tätig sind und daher über eine geringe Markenkenntnis verfügen, die Visualisierung der Markenidentität und die Vermittlung von Markeninformationen für die Entstehung einer starken Mitarbeiter-Marken-Beziehung (im Sinne einer hohen Markenarbeitszufriedenheit sowie eines hohen Markencommitment und -vertrauens) wichtiger sind als bei langjährigen Beschäftigten. Je nachdem, ob ein Mitarbeitender **Führungsverantwortung** hat oder nicht, können sich aufgrund unterschiedlicher Erwartungen an die Interne Markenführung ebenfalls Unterschiede in den Wirkungsstärken ergeben. Schließlich ist es denkbar, dass der **Standort**, an dem Mitarbeitende tätig sind, die Stärke der Wirkungszusammenhänge beeinflusst. Möglicherweise sind für die Mitarbeitenden, die in den Außenstellen des Unternehmens arbeiten, andere Maßnahmen der Internen Markenführung für die Entstehung einer starken Mitarbeiter-Marken-Beziehung relevant als für die Mitarbeitenden der Firmenzentrale. Einen Überblick über die verwendeten Fragen zur Erfassung der arbeitsplatzbezogenen Variablen liefert der Fragebogen in Anhang 2.

---

[531] Für die Variable Sprache wurde keine eigene Frage gewählt. Der Fragebogen stand vielmehr auf Deutsch und auf Französisch zur Verfügung. Je nach Muttersprache des Mitarbeitenden wurde diesem der entsprechende Fragebogen bereitgestellt.

4.5 Darstellung des Wirkungsmodells der Qualität der Internen Markenführung unter Berücksichtigung von Mitarbeiterheterogenität

In Schaubild 4-15 ist das entwickelte Modell, unter Berücksichtigung von Mitarbeiterheterogenität, grafisch dargestellt. Im Zusammenhang mit der Berücksichtigung von Mitarbeiterheterogenität erscheint eine Analyse der Wirkungen der einzelnen Dimensionen der Qualität der Internen Markenführung sinnvoller als die Betrachtung der Wirkungen des aggregierten Konstrukts. Dadurch lassen sich für die später zu identifizierenden Segmente spezifische Handlungsempfehlungen ableiten. Aus diesem Grund erfolgt an dieser Stelle eine Darstellung der Wirkungen des Konstrukts auf Dimensionsebene. Im Zentrum des nächsten Kapitels steht die empirische Überprüfung des entwickelten Mess- und Wirkungsmodells der Qualität der Internen Markenführung.

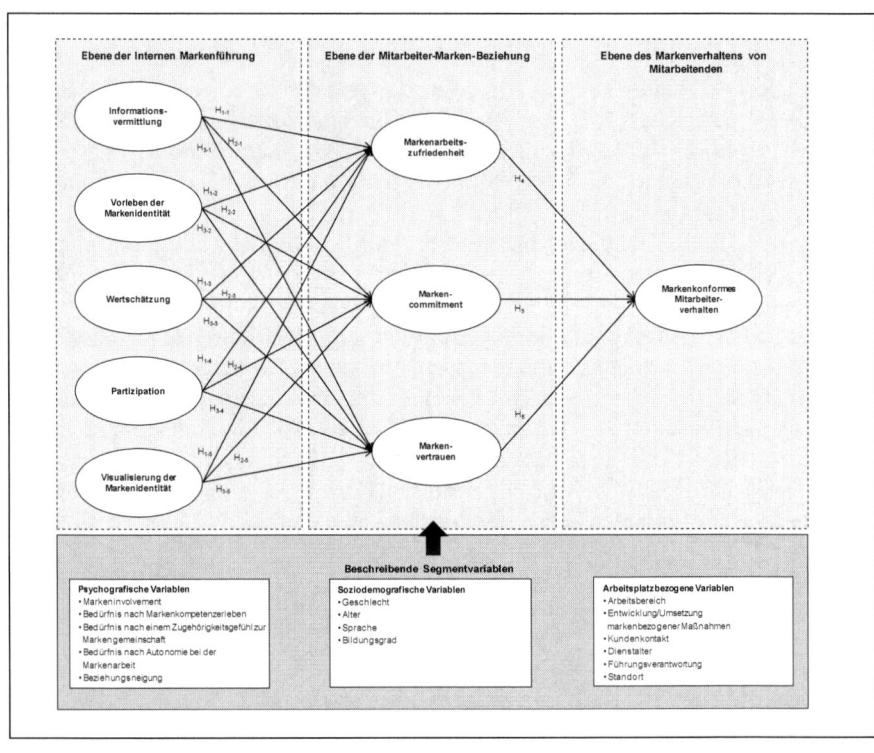

Schaubild 4-15: Wirkungsmodell der Qualität der Internen Markenführung unter Berücksichtigung von Mitarbeiterheterogenität

5. Empirische Überprüfung des Mess- und Wirkungsmodells der Qualität der Internen Markenführung unter Berücksichtigung von Mitarbeiterheterogenität

5.1 Vorgehensweise

In den vorherigen Kapiteln wurde das Mess- und Wirkungsmodell der Qualität der Internen Markenführung entwickelt. Das Ziel dieses Kapitels besteht in der empirischen Überprüfung der konzeptualisierten Modelle unter Berücksichtigung von Mitarbeiterheterogenität.

Die nachfolgenden Ausführungen orientieren sich an folgendem Ablauf:

(1) Informationen zur **Datenerhebung und Datengrundlage** (Abschnitt 5.2),

(2) Darlegung der **methodischen Grundlagen** (Abschnitt 5.3),

(3) **Empirische Überprüfung des Messmodells** der Qualität der Internen Markenführung (Abschnitt 5.4),

(4) **Empirische Überprüfung des Wirkungsmodells** der Qualität der Internen Markenführung (Abschnitt 5.5).

5.2 Datenerhebung und Datengrundlage

5.2.1 Design der empirischen Untersuchung

Für die Erzielung der gewünschten Datengrundlage ist im Vorfeld der Datenerhebung die Festlegung des Untersuchungsdesigns notwendig. Dies betrifft die

Stichprobenbildung, das Datenerhebungsverfahren sowie die Gestaltung des Fragebogens.[532]

(1) Stichprobenbildung

Voraussetzung für jede Datenerhebung ist die Definition der Grundgesamtheit,[533] d.h. der „Menge von Objekten für die die Aussagen der Untersuchung gelten sollen [...]."[534] In der vorliegenden Untersuchung bilden alle Mitarbeitenden der *Bell AG* die Grundgesamtheit. Auf Basis dieser Definition der Grundgesamtheit kann eine Vollerhebung oder eine Teilerhebung durchgeführt werden. Wird jedes einzelne Element der Grundgesamtheit in die Erhebung einbezogen, liegt eine Vollerhebung vor.[535] Bei einer Teilerhebung wird hingegen nur eine Teilmenge der Grundgesamtheit, d.h. eine Stichprobe, untersucht.[536] Aufgrund der hohen Mitarbeiterzahl bei der *Bell AG* (n = 3.033 Beschäftigte) wäre ein Vollerhebung mit einem erheblichen zeitlichen und organisatorischen Aufwand verbunden gewesen. Aus forschungspragmatischen Gründen wurde daher in dieser Studie eine **Teilerhebung** durchgeführt.

Für den Erhalt einer repräsentativen Stichprobe und der damit verbundenen Möglichkeit, von der Stichprobe auf die Grundgesamtheit schließen zu können (Inferenzschluss), wurde sich am **Quotenverfahren** orientiert.[537] Das Prinzip des Quotenverfahrens ist es, eine Stichprobe zu erzeugen, die in der Verteilung bestimmter Merkmale (Quotenmerkmale) der Grundgesamtheit entspricht.[538] Für die Gewinnung der Stichprobe wurden 24 Beschäftigte des Unternehmens gebeten, ihre Mitarbeitenden und Kollegen zur Teilnahme an der Befragung zu bewegen. Die kontaktierten Beschäftigten fungierten somit als Koordinatoren der Untersuchung und bildeten die Schnittstelle zwischen der Verfasserin der Arbeit und den zu befragenden Mitarbeitenden im Unternehmen. Es handelte sich dabei um jene Personen, die bereits im Rahmen der qualitativen Vorstudie als Interviewpartner zur Verfügung standen (vgl. Abschnitt 3.3.1.2.1). Jeder der Koordi-

---

[532] Vgl. *Homburg/Krohmer* 2008, S. 23ff.
[533] Vgl. *Scheffler* 2000, S. 61.
[534] *Schnell/Hill/Esser* 2011, S. 257.
[535] Vgl. *Stier* 1999, S. 115; *Homburg* 2012, S. 291.
[536] Vgl. *Fantapié Altobelli* 2011, S. 183.
[537] Für eine Übersicht über die verschiedenen Verfahren der Stichprobenauswahl vgl. *Berekoven/Eckert/Ellenrieder* 2009, S. 45ff.; *Kaya/Himme* 2009, S. 80ff.; *Atteslander* 2010, S. 273ff.; *Homburg* 2012, S. 298f.
[538] Vgl. *Fantapié Altobelli* 2011, S. 187.

natoren erhielt zwischen zehn und 40 jeweils in Umschläge verpackte Fragebögen und wurde aufgefordert, diese an die Mitarbeitenden zu verteilen, nach Beantwortung wieder einzusammeln und an die Autorin der vorliegenden Arbeit zu richten. Die Verteilung der Fragebögen hatte einer groben Quotierung hinsichtlich Geschlecht, (Dienst-)Alter und Arbeitsbereich zu folgen. Insgesamt wurden 640 Fragebögen zur Beantwortung bereitgestellt.

(2)   Datenerhebungsverfahren

Als Datenerhebungsverfahren wurde die **schriftliche Befragung** eingesetzt. Für die vorliegende Studie ist diese Befragungsform gegenüber anderen Befragungsmethoden in mehrerer Hinsicht vorteilhaft. So bietet die schriftliche Befragung gegenüber der Onlinebefragung den Vorteil, dass auch Mitarbeitende ohne Onlinezugang (z.B. Mitarbeitende aus der Produktion) an der Studie teilnehmen können. Da für die empirische Modellprüfung eine großzahlige Datengrundlage angestrebt wird, erweist sich die schriftliche Befragung im Vergleich zum persönlichen Interview bzw. zur telefonischen Befragung als relativ kostengünstig.[539] Zudem ist der Zeitaufwand geringer als beim persönlichen Interview.[540] Im Gegensatz zur mündlichen Befragung ist bei der schriftlichen Befragung die Gefahr eines Interviewer Bias sehr gering.[541] Ein weiterer Vorteil besteht in der Möglichkeit für die Befragten, sich in Ruhe Gedanken über eine Antwort zu machen.[542] Es lassen sich jedoch auch einige Nachteile der schriftlichen Befragung aufzählen. So führen schriftliche Befragungen oftmals zu relativ niedrigen Rücklaufquoten.[543] Ein weiterer Nachteil besteht in der Unmöglichkeit für die Befragten, bei Verständnisproblemen Rückfragen zu stellen.[544] Nachteilig ist zudem, dass keine Kontrolle über die Erhebungssituation besteht. Dies kann z.B. dazu führen, dass eine Beeinflussung der Befragten durch Dritte erfolgt. Im Unterschied zur Onlinebefragung, bei der die Daten in der Regel automatisch in das Auswertungstool eingelesen werden, ist bei der schriftlichen Befragung eine manuelle Eingabe der Antworten notwendig. Damit verbunden ist die Gefahr einer fehlerhaften Dateneingabe.[545]

---

[539] Vgl. *Kaya* 2009, S. 52.
[540] Vgl. *Fantapié Altobelli* 2011, S. 34.
[541] Vgl. *Kaya* 2009, S. 52.
[542] Vgl. *Homburg* 2012, S. 263.
[543] Vgl. *Berekoven/Eckert/Ellenrieder* 2009, S. 110.
[544] Vgl. *Homburg* 2012, S. 263.
[545] Vgl. *Kaya* 2009, S. 53.

Für die hier interessierende Datenerhebung wurden diese Nachteile jedoch als wenig schwerwiegend angesehen. Zum einen bezieht sich die relativ geringe Rücklaufquote schriftlicher Umfragen primär auf Befragungen von Privathaushalten.[546] Zum anderen wurde durch den Umstand, dass die Beantwortung der Fragebögen im Interesse der Führungsebene im Unternehmen stand und dies den Mitarbeitenden auch so kommuniziert wurde, von einer ausreichenden Motivation der Mitarbeitenden ausgegangen, sich an der Befragung zu beteiligen. Darüber hinaus standen die Mitarbeitenden, die als Koordinatoren fungierten, bei Verständnisproblemen bzw. Rückfragen zum Fragebogen zur Verfügung. Die Gefahr einer fehlerhaften Dateneingabe wurde im Vorfeld der Datenanalyse durch eine Prüfung auf Ausreißer im Datensatz entschärft (vgl. Abschnitt 5.2.2).

(3) Gestaltung des Fragebogens

Der für die Datenerhebung entwickelte Fragebogen umfasste Statements zu den in Kapitel 3 und 4 eingeführten Variablen.[547] Um den Befragten die Beantwortung so leicht wie möglich zu machen, wurde als **Fragemethode** die geschlossene Frage gewählt. Das bedeutet, dass bei jeder Frage Antwortkategorien vorgegeben wurden.[548] Die Probanden wurden aufgefordert, zu den angegebenen Aussagen Stellung zu nehmen, indem sie anhand einer 7-stufigen Likertskala den Grad ihrer Zustimmung bzw. Ablehnung angeben sollten.[549]

Neben Überlegungen hinsichtlich der Fragemethode wurde auch der **Fragebogenaufbau** sorgfältig geplant. Der Fragebogen bestand aus vier Teilen.[550] Zu Beginn wurde, mit der Bitte um Unterstützung, die Studie kurz beschrieben. Um die Motivation zur Mitwirkung an der Umfrage zu erhöhen, wurde auf die Anonymität und begrenzte Dauer der Befragung hingewiesen. Im zweiten Teil hatten die

---

[546] Vgl. *Homburg* 2012, S. 263.
[547] Für den Fragebogen und die darin enthaltenen Statements vgl. Anhang 2.
[548] Vgl. *Stier* 1999, S. 174f.; *Fantapié Altobelli* 2011, S. 55.
[549] Die Ausnahme bilden die Statements zu den soziodemografischen und arbeitsplatzbezogenen Fragen. Hier kamen die Alternativfrage sowie die so genannte Normalform der Mehrfachauswahlfragen zum Einsatz. Bei der Alternativfrage liegen lediglich zwei Antwortkategorien vor (z.B. „weiblich"/„männlich"). Bei der Normalform der Mehrfachauswahlfragen sind mehrere Kategorien zur Beantwortung vorgegeben. Es gilt diejenige(n) auszuwählen, die für den Befragten am ehesten zutrifft (zutreffen) (z.B. bei der Frage nach dem höchsten Bildungsabschluss: „Realschul-/Sekundarabschluss", „Matura", „Lehre", usw.). Vgl. *Fantapié Altobelli* 2011, S. 55ff.
[550] Im Fragebogen selbst wurden nur drei Teile als solche gekennzeichnet. Der Einleitungstext wird an dieser Stelle jedoch auch als Teil des Fragebogens gezählt.

Probanden Stellung zu Aussagen bezüglich des Konstrukts Qualität der Internen Markenführung zu beziehen. Zugunsten eines besseren Verständnisses wurden, sofern es notwendig erschien, Statements bzw. Anweisungen näher erläutert (z.B. die Formulierung „Maßnahmen der Internen Markenführung"). Im dritten Teil wurden die Probanden ebenfalls aufgefordert, Stellung zu angegebenen Aussagen zu nehmen. Diese wurden als allgemeine Fragen zur Marke bezeichnet und nahmen Bezug zu den Konstrukten des Wirkungsmodells der Qualität der Internen Markenführung. Der finale Teil beinhaltete Fragen zur Person. Diese Fragen wurden bewusst am Ende des Fragebogens gestellt, da sie, trotz möglicher Ermüdungseffekte beim Probanden, leicht zu beantworten sind.

Neben der inhaltlichen Gestaltung des Fragebogens ist auch die **äußere Gestaltung** von großer Bedeutung. So kann ein ansprechendes Design die Bereitschaft zur Teilnahme an der Befragung fördern.[551] Um den entwickelten Fragebogen übersichtlich zu präsentieren, wurden wichtige Begriffe fett markiert. Ferner wurde der Fragebogen nicht durch einen langen, zusammenhängenden Fragenblock dargestellt, sondern in mehrere kleine Fragegruppen unterteilt.

Vor der endgültigen Fertigstellung des Fragebogens wurde ein **Pretest** durchgeführt, an dem sechs Personen partizipierten.[552] Die Probanden hatten die Aufgabe, Auskunft zur sprachlichen Verständlichkeit, äußeren Gestaltung und benötigten Antwortzeit des Fragebogens zu geben. Der Pretest führte zu kleineren Modifikationen bei der Formulierung einiger Sätze sowie bei der äußeren Gestaltung des Fragebogens.

Schließlich ist darauf hinzuweisen, dass für die französischsprachigen Mitarbeitenden eine entsprechende Version des Fragebogens erstellt wurde. Um die **semantische Äquivalenz der Skalen** sicherzustellen, wurde auf die Translation-Backtranslation-Methode Rückgriff genommen.[553] Hierbei wurde der deutsche Fragebogen von einer französischen Muttersprachlerin in das Französische übersetzt. Im Anschluss daran erfolgte durch die Verfasserin der vorliegenden Arbeit eine Rückübersetzung des Fragebogens ins Deutsche. Es lagen nur wenige se-

---

[551] Vgl. *Bauer/Wölfer* 2001, S. 20.

[552] Es handelt sich dabei um vier wissenschaftliche Mitarbeitende des Lehrstuhls für Marketing und Unternehmensführung der Universität Basel und um zwei Mitarbeitende (aus den Bereichen Personalmanagement und Marketing) der *Bell AG*.

[553] Vgl. *Brislin/Lonner/Thorndike* 1973; *Berry* 1980. Semantische Äquivalenz liegt vor, wenn die ins Französische übersetzte Skala inhaltlich mit der originären, deutschen Skala übereinstimmt. Vgl. hierzu auch *Sinkovics/Salzberger/Holzmüller* 1998, S. 271f.

mantische Diskrepanzen vor. Diese wurden durch entsprechende Anpassungen im französischen Fragebogen beseitigt.

5.2.2 Datengrundlage

Die Befragung wurde in der Zeit vom 20. Juni bis zum 22. Juli 2011 durchgeführt. Für die Gewinnung weiterer Probanden erfolgte im Zeitraum vom 5. bis zum 22. August 2011 eine Nachfassaktion. Insgesamt wurden 228 Fragebögen zurückerhalten. Aufgrund zu vieler fehlender Werte (Missing Values) war die Stichprobe um zwei Datenfälle zu bereinigen.[554] Da die Prüfung auf Ausreißer zeigte, dass keine Beobachtungswerte vorliegen, die aus sachlogischer Sicht nicht plausibel sind, konnten die übrigen Fälle beibehalten werden.[555] Somit stand für die weiteren Analysen eine **Gesamtstichprobe von n = 226** zur Verfügung. Dies entspricht einer Rücklaufquote von 35,3 Prozent.[556]

Die **deskriptive Auswertung der Stichprobe** erfolgte mithilfe des Statistikprogramms SPSS 20.0. Hierbei fanden die erhobenen soziodemografischen und arbeitsplatzbezogenen Variablen Berücksichtigung. Schaubild 5-1 gibt einen Überblick über die Zusammensetzung der Stichprobe.

Hinsichtlich der **soziodemografischen Variablen** zeigt sich beim **Geschlecht**, dass mit 65,8 Prozent männlichen und 34,2 Prozent weiblichen Auskunftspersonen knapp ein Drittel mehr Männer den Fragebogen ausgefüllt haben. Dies entspricht weitgehend der Geschlechterverteilung im Unternehmen (69 Prozent Männer, 31 Prozent Frauen). Der hohe Männeranteil ist auf die Branche (Fleisch und Wurstwaren), der das Unternehmen zuzuordnen ist, zurückzuführen. Die Betrachtung der **Altersverteilung** der Teilnehmer macht deutlich, dass die Mehrheit der Befragten zwischen 26 und 55 Jahre alt ist. Die Altersgruppe zwischen 36 und 45 Jahren ist dabei am stärksten vertreten. Damit entspricht das Durchschnittsalter der Stichprobe in etwa der des Unternehmens (40,4 Jahre). Mehr als drei Viertel der Befragten hat den in deutscher **Sprache** erstellten Fragebogen ausgefüllt. Über die Hälfte der Probanden nennt die Lehre als ihren höchsten **Bildungsabschluss**. Der hohe Anteil geht ebenfalls auf die Branche zurück, in

---

[554] Lagen in den Datenfällen hingegen nur vereinzelt fehlende Werte vor, wurde sich für die Beibehaltung dieser Fälle entschieden und eine Imputation durch den Mittelwert vorgenommen.
[555] Die Prüfung auf Ausreißer erfolgte mithilfe von Boxplots in SPSS.
[556] Die Rücklaufquote ist als zufriedenstellend anzusehen. In anderen Studien zur Internen Markenführung wurden z.T. geringere Werte erzielt. Vgl. z.B. *Aurand/Gorchels/ Bishop* (2005), *Morhart/Herzog/Tomczak* (2009), *Hartmann* (2010), *King* (2010).

der das Unternehmen angesiedelt ist. So arbeiten im Unternehmen zahlreiche Mitarbeitende, die eine Metzgerlehre absolviert haben. Knapp 20 Prozent geben als höchsten Bildungsabschluss den Studienabschluss an. Dies verweist darauf, dass in der Stichprobe ein höherer Bildungsgrad vorliegt als in der Grundgesamtheit.

Bei den **arbeitsplatzbezogenen Variablen** zeigt sich hinsichtlich des **Arbeitsbereichs**, dass jeweils ein Fünftel der Befragten in der Produktion und im Verkauf/Marketing tätig sind. Damit entspricht die Stichprobe nicht der vorgegebenen Quotierung in Bezug auf den Arbeitsbereich. Mitarbeitende aus dem Bereich Produktion sind im Datensatz deutlich untervertreten, aus den Bereichen Verkauf/Marketing und Verwaltung hingegen stark überrepräsentiert. Dieses Ergebnis kann damit erklärt werden, dass die zentralen Ansprechpartner der Studie im Unternehmen leitende Funktionen in den beiden letzteren Bereichen einnehmen und ihre Mitarbeitenden besonders zur Teilnahme an der Befragung motiviert haben. Die Mehrheit der Befragten ist nicht an der **Entwicklung bzw. Umsetzung markenbezogener Maßnahmen** beteiligt. Knapp die Hälfte der Auskunftspersonen hat während ihrer Arbeit keinen **Kundenkontakt**. In Bezug auf das **Dienstalter** wird deutlich, dass fast 80 Prozent der Befragten länger als drei Jahre im Unternehmen tätig sind. Das durchschnittliche Dienstalter der Mitarbeitenden im Unternehmen (10,4 Jahre) wird durch die Stichprobe in etwa abgebildet. Mehr als die Hälfte der Befragten hat **Führungsverantwortung**. Dieser Anteil ist höher als der Anteil der Mitarbeitenden mit Führungsverantwortung in der Grundgesamtheit. Fast die Hälfte der Befragungsteilnehmer arbeitet am **Standort** Basel. Diesbezüglich entspricht die Stichprobe exakt der Standortverteilung der Mitarbeitenden im Unternehmen (47 Prozent). Mitarbeitende der Romandie (Cheseaux) sind hingegen deutlich unterrepräsentiert, ebenso die Beschäftigten des Standorts Schafisheim, die im Datensatz gar nicht vertreten sind. Im Gegensatz dazu sind die Mitarbeitenden aus Zell und Oensingen stark übervertreten. Diese Verzerrung ist darauf zurückzuführen, dass für den Standort Schafisheim kein und für den Standort Cheseaux nur ein Mitarbeitender für die Verteilung der Fragebögen zuständig war, in den Standorten Zell und Oensingen hingegen mehrere Mitarbeitende als Koordinatoren fungierten.

Insgesamt ist anzumerken, dass die Stichprobe hinsichtlich Geschlecht und (Dienst-)-Alter in etwa repräsentativ ist, u.a. in Bezug auf den Arbeitsbereich jedoch einige Abweichungen von der Grundgesamtheit zu konstatieren sind. Bei der späteren Ergebnisinterpretation ist insbesondere zu berücksichtigen, dass in der Stichprobe diejenigen Mitarbeitenden, die in den Bereichen Verwaltung sowie Verkauf/Marketing arbeiten, Führungsverantwortung haben und über einen hohen Bildungsgrad verfügen, überrepräsentiert sind und zugleich eine Unterrepräsentanz der Produktionsmitarbeitenden besteht.

Soziodemografische Variablen		
Geschlecht	Männlich	65,8 %
	Weiblich	34,2 %
Alter	< 25 Jahre	8,9 %
	26 - 35 Jahre	25,7 %
	36 - 45 Jahre	33,6 %
	46 - 55 Jahre	24,3 %
	> 55 Jahre	7,5 %
Sprache	Deutsch	77,0 %
	Französisch	23,0 %
Bildungsgrad	Realschul-/Sekundarabschluss	9,6 %
	Matura	8,3 %
	Lehre	56,0 %
	Studium	17,4 %
	Sonstiges	8,7 %
Arbeitsplatzbezogene Variablen		
Arbeitsbereich	Produktion	20,5 %
	Verpackung/ Kommissionierung/Logistik	10,5 %
	Verwaltung	17,8 %
	Verkauf/Marketing	23,3 %
	Support-Prozesse (z.B. Reinigung, Technik)	15,5 %
	Andere	12,3 %
Beteiligung an Entwicklung/ Umsetzung markenbezogener Maßnahmen	Ja	39,4 %
	Nein	60,6 %
Kundenkontakt	Ja	26,2 %
	Gelegentlich	29,9 %
	Nein	43,9 %
Dienstalter	< 1 Jahr	10,9 %
	1 - 3 Jahre	9,5 %
	4 - 6 Jahre	17,6 %
	7 - 10 Jahre	18,6 %
	11 - 20 Jahre	24,0 %
	> 20 Jahre	19,5 %
Führungsverantwortung	Ja	59,7 %
	Nein	40,3 %
Standort	Basel	47,3 %
	Zell	21,8 %
	Oensingen	26,4 %
	Cheseaux	4,5 %
	Schafisheim	-

Schaubild 5-1: Zusammensetzung der Stichprobe

Abschließend wird an dieser Stelle auf die Prüfung des Datensatzes auf Normalverteilung und Nonresponse Bias hingewiesen. Für die **Prüfung auf Normal-**

verteilung wurde auf den Kolmogorov-Smirnov-Test (K-S-Test) Rückgriff genommen. Die Kenntnis darüber, ob eine Normalverteilung vorliegt, ist deshalb so wichtig, weil viele statistische Untersuchungsmethoden normalverteilte Daten voraussetzen.[557] Die Analyse zeigt, dass für sämtliche Variablen eine signifikante Abweichung von der Normalverteilung vorliegt. Allerdings ist darauf hinzuweisen, dass sich der K-S-Test auf eine perfekte Normalverteilung bezieht,[558] die in der Praxis sehr selten gegeben ist[559]. Daher wurde zusätzlich eine Betrachtung der Schiefe (skewness) und Wölbung (kurtosis) der Verteilungen vorgenommen. Für alle Variablen werden deutlich tiefere Werte ermittelt als maximal gefordert.[560] Nach den in der Literatur vorgeschlagenen Richtlinien besteht demnach kein nennenswertes Ausmaß an Nichtnormalverteilung.

Mit der **Prüfung auf Nonresponse Bias** wird untersucht, inwieweit in der Stichprobe eine systematische Verzerrung durch Nicht-Beantwortung des Fragebogens bzw. bestimmter Fragen vorliegt. Bei Vorliegen eines Nonresponse Bias verbietet sich eine Verallgemeinerung der Ergebnisse der Stichprobe auf die Grundgesamtheit. Für die Prüfung auf Nonresponse Bias wurde auf die Extrapolationsmethode zurückgegriffen. Diese beruht auf der Annahme, dass Probanden (hier: Mitarbeitende), die den Fragebogen spät beantwortet haben, eine größere Ähnlichkeit zu den Probanden aufweisen, die nicht geantwortet haben, als zu den Probanden, die relativ früh an der Befragung teilgenommen haben.[561] Für die Analyse wurden die Angaben der Frühantworter mit denen der Spätantworter (jeweils n = 45) verglichen. Der vorgenommene T-Test offenbarte bei nur zwei der über 40 Indikatoren signifikante Unterschiede zwischen den beiden Antwortgruppen (5 Prozent-Signifikanzniveau). Es ist demnach davon auszugehen, dass kein ausgeprägter Nonresponse Bias vorliegt.

Bevor sich die vorliegende Arbeit mit der mit der Überprüfung des Mess- und Wirkungsmodells der Qualität der Internen Markenführung befasst, wird, zum besseren Verständnis, zunächst ein Überblick über die methodischen Grundlagen gegeben. Damit beschäftigt sich der nachfolgende Abschnitt.

---

[557] Vgl. *Bühl* 2012, S. 165.
[558] Vgl. *Brosius* 2008, S. 393.
[559] Vgl. *Bühl* 2012, S. 169.
[560] *West/Finch/Curran* (1995) sprechen erst ab Betragswerten von zwei für die Schiefe bzw. sieben für die Wölbung von einer substanziellen Abweichung der Normalverteilung. Diese Werte werden von sämtlichen Variablen unterschritten. Auch der eher konservativen Forderung nach Betragswerten kleiner als eins (vgl. *Muthén/Kaplan* 1985) kommen die Variablen mehrheitlich nach.
[561] Vgl. *Armstrong/Overton* 1977, S. 397ff.

5.3 Methodische Grundlagen

5.3.1 Strukturgleichungsanalyse

5.3.1.1 Strukturgleichungsanalyse als Messmethodik

Für die empirische Überprüfung des entwickelten Mess- und Wirkungsmodells der Qualität der Internen Markenführung wird im Folgenden auf die Strukturgleichungsanalyse zurückgegriffen. Die **Strukturgleichungsanalyse** (auch als Kausalanalyse bezeichnet) stellt ein multivariates Analyseverfahren dar, das auf der Basis empirisch gemessener Varianzen und/oder Kovarianzen von Indikatorvariablen durch Parameterschätzung Rückschlüsse auf Abhängigkeitsbeziehungen zwischen zugrunde liegenden latenten Variablen zieht.[562] Da die Abhängigkeitsbeziehungen bereits im Vorfeld der Durchführung der Strukturgleichungsanalyse festgelegt werden, zeichnet sich diese durch einen konfirmatorischen Charakter aus.[563]

Die **methodische Eignung** der Strukturgleichungsanalyse für die empirische Überprüfung des Mess- und Wirkungsmodells der Qualität der Internen Markenführung liegt in den Eigenschaften der Methode begründet. So lässt sich mithilfe der Strukturgleichungsanalyse zum einen eine Gütebeurteilung der verwendeten Messmodelle vornehmen. Zum anderen ermöglicht das Verfahren die Bestimmung der Stärke der Beziehungen zwischen den Modellkonstrukten. Beides wird mit der empirischen Überprüfung des Mess- und Wirkungsmodells der Qualität der Internen Markenführung angestrebt. Im Vergleich zur Regressionsanalyse lassen sich mit der Strukturgleichungsanalyse zudem komplexe Kausalstrukturen mit mehreren abhängigen und mehreren unabhängigen Variablen, wie sie auch im hier interessierenden Untersuchungsmodell vorliegen, prüfen.[564]

Ausgangspunkt bei der Durchführung einer Strukturgleichungsanalyse ist die Modellspezifikation in Form eines **Strukturgleichungsmodells**.[565] Dieses besteht aus verschiedenen Teilmodellen, einem Strukturmodell und mehreren Messmodellen.[566] Das **Strukturmodell** gibt die hypothetischen Ursache-

---

[562] Vgl. *Homburg* 1989, S. 2. Die Bezeichnung Kausalanalyse ist im Grunde genommen nicht richtig, da nicht Kausalitäten analysiert werden, sondern Varianz- bzw. Kovarianzstrukturen. Vgl. *Homburg/Pflesser/Klarmann* 2008, S. 549.
[563] Vgl. *Homburg* 2012, S. 390.
[564] Vgl. *Homburg* 2012, S. 389.
[565] Vgl. *Backhaus et al.* 2011, S. 521.
[566] Vgl. *Homburg/Hildebrandt* 1998, S. 20f.

Wirkungs-Beziehungen zwischen den latenten Variablen wieder.[567] Dabei ist zwischen latenten exogenen Variablen und latenten endogenen Variablen zu differenzieren. Latente exogene Variablen können durch das Kausalmodell nicht erklärt werden. Sie fungieren vielmehr als erklärende Größen. Im Gegensatz dazu werden die latenten endogenen Größen durch die im Modell unterstellten Kausalitäten erklärt.[568] Die Schätzung des Strukturmodells erfolgt mithilfe der auf der Regressionsanalyse basierenden Pfadanalyse.[569] Darüber hinaus beschreiben die **Messmodelle** die Zuordnung der direkt beobachtbaren Indikatorvariablen zu den latenten Variablen.[570] Dies erfolgt mittels regressions- und/oder faktoranalytischer Auswertungen.[571] Gemäß der obigen Differenzierung ist zwischen dem Messmodell der latenten exogenen Variablen und dem Messmodell der latenten endogenen Variablen zu unterscheiden.[572] Schaubild 5-2 gibt einen Überblick über ein vollständiges Strukturgleichungsmodell, bestehend aus dem Strukturmodell, dem (hier: formativen) Messmodell der latenten exogenen Variablen und dem (hier: reflektiven) Messmodell der latenten endogenen Variablen.

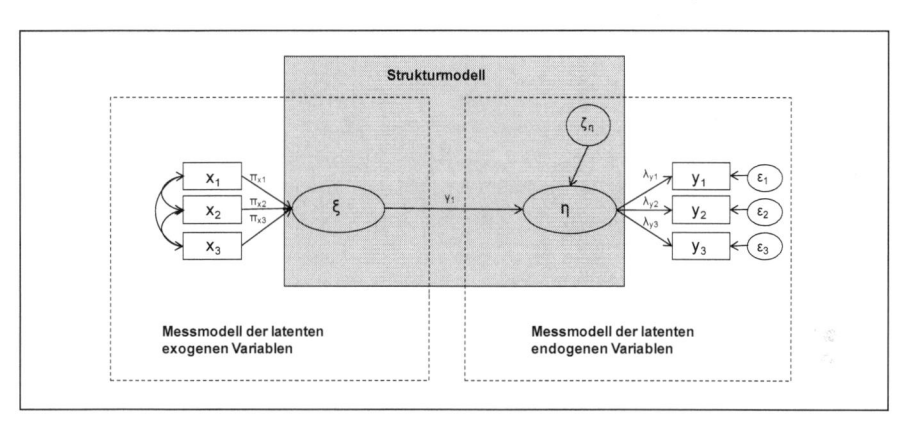

Schaubild 5-2: Vollständiges Strukturgleichungsmodell
(Quelle: In Anlehnung an *Herrmann/Huber/Kressmann* 2006, S. 38)

---

[567] Vgl. *Homburg/Baumgartner* 1995, S. 163.
[568] Vgl. *Weiber/Mühlhaus* 2010, S. 31.
[569] Vgl. *Ringle* 2004, S. 10.
[570] Vgl. *Baumgartner/Homburg* 1996, S. 142.
[571] Reflektive Messmodelle werden mittels der konfirmatorischen Faktorenanalyse überprüft, formative Messmodelle folgen dem regressionsanalytischen Ansatz. Vgl. *Weiber/Mühlhaus* 2010, S. 37.
[572] Vgl. *Weiber/Mühlhaus* 2010, S. 31.

Zur Parameterschätzung von Strukturgleichungsmodellen stehen mit der Kovarianzstrukturanalyse und dem varianzbasierten Partial-Least-Squares(PLS)-Ansatz **zwei alternative Berechnungsverfahren** zur Verfügung. **Kovarianzbasierte Verfahren** zielen darauf ab, die Modellparameter so zu schätzen, dass die empirisch ermittelte Kovarianzmatrix der Indikatoren möglichst genau reproduziert wird.[573] **Varianzbasierte Verfahren** streben hingegen eine möglichst genaue Reproduktion der tatsächlichen Datenstruktur, d.h. der Indikatorwerte, an. Dies erfolgt über die Minimierung der Varianz der Fehlerterme im Strukturmodell sowie in den Messmodellen. Hierbei erfolgt der Rückgriff auf Kleinstquadrateschätzungen.[574] Die Entscheidung darüber, welches der beiden Verfahren im Rahmen der Durchführung der Strukturgleichungsanalyse zum Einsatz kommt, ist vom jeweils vorliegenden Untersuchungskontext abhängig.[575]

Vor dem Hintergrund des Anwendungskontexts dieser Arbeit wird die **Verwendung des varianzbasierten PLS-Ansatzes** als geeignet angesehen. Die Vorteilhaftigkeit des Ansatzes ist insbesondere auf das verfolgte Forschungsziel (1), den Einbezug formativer Messmodelle (2) sowie die vorliegende Stichprobengröße (3) zurückzuführen:

(1) Besteht das Anliegen des Forschers darin, ein theoriebasiertes Hypothesengefüge zwischen latenten Konstrukten zu untersuchen, so ist der Einsatz kovarianzbasierter Verfahren zu bevorzugen. Liegt das Augenmerk der Untersuchung hingegen in der bestmöglichen Erklärung der Veränderung einer oder mehrerer Zielvariablen für die Identifikation von zentralen Determinanten, so bietet sich der Rückgriff auf ein varianzbasiertes Verfahren an.[576] Letzteres gilt insbesondere dann, wenn es sich um eine explorative Studie handelt, in der die zu erforschenden Konstrukte relativ neuartig sind und noch keine fundierten Mess- und

---

[573] Vgl. *Herrmann/Huber/Kressmann* 2006, S. 37; *Weiber/Mühlhaus* 2010, S. 47. Der kovarianzbasierte Ansatz basiert auf den Arbeiten von *Jöreskog* (1970, 1973) und ist in den Programmen LISREL (LInear Structural RELationships), EQS (vgl. *Bentler* 1985), AMOS (Analysis of MOment Structures, vgl. *Arbuckle* 2008) und Mplus (vgl. *Muthén/Muthén* 1998-2010) implementiert.

[574] Vgl. *Herrmann/Huber/Kressmann* 2006, S. 37; *Weiber/Mühlhaus* 2010, S. 58. Der varianzbasierte Ansatz basiert auf den Arbeiten von *Wold* (1966, 1975, 1982). Der Ansatz wird durch Programme wie PLS-Graph oder SmartPLS unterstützt.

[575] Vgl. *Homburg/Klarmann* 2006, S. 734; *Huber et al.* 2007, S. 13. Für eine ausführliche Diskussion zu den Anwendungsvoraussetzungen der beiden Verfahren vgl. z.B. *Chin/Newsted* 1999, S. 308ff; *Herrmann/Huber/Kressmann* 2006, S. 38ff.

[576] Vgl. *Herrmann/Huber/Kressmann* 2006, S. 45.

Konstrukttheorien bestehen.[577] Der Grund hierfür ist, dass der varianzbasierte Ansatz im Gegensatz zu kovarianzbasierten Verfahren nicht auf eine Kovarianzmatrix aller Indikatoren zurückgreift. Werden folglich Indikatoren einbezogen, deren Validität nicht gesichert ist, hat dies weniger problematische Auswirkungen auf die Modellschätzung, da mit dem Rückgriff auf den PLS-Ansatz die Gefahr verringert wird, dass die Zusammenhänge zwischen möglicherweise schlecht operationalisierten Konstrukten überschätzt werden.[578] Das Ziel der vorliegenden Arbeit besteht in der Entwicklung des Konstrukts Qualität der Internen Markenführung und der Analyse seiner Bedeutung zur Steuerung eines markenkonformen Mitarbeiterverhaltens. Wenngleich die Entwicklung des Mess- und Wirkungsmodells der Qualität der Internen Markenführung unter Rückgriff auf Theorien erfolgte, steht in der vorliegenden Untersuchung nicht das Testen dieser Theorien im Vordergrund. Dies deshalb, weil es sich bei der Qualität der Internen Markenführung um ein neuartiges Konstrukt handelt, für das noch keine hinreichende theoretische Fundierung entwickelt wurde. Das Augenmerk der Arbeit liegt daher vielmehr im **Erzielen einer hohen Erklärungskraft der aufgestellten Modelle** und in der bestmöglichen **Vorhersage des Zielkonstrukts**. Diesem Forschungsziel wird durch den Einsatz des varianzbasierten PLS-Verfahrens Rechnung getragen.

(2) Der PLS-Schätzalghorithmus berücksichtigt explizit formativ gemessene Konstrukte.[579] Folglich können formative Indikatoren problemlos modelliert werden.[580] Dies steht im Gegensatz zur Kovarianzstrukturanalyse. Diese basiert auf der Faktorenanalyse und impliziert somit eine reflektive Konstruktmessung.[581] Grundsätzlich ist aber die Einbindung formativer Konstrukte auch bei kovarianzbasierten Verfahren möglich. Das Vorgehen ist jedoch sehr umständlich, da bestimmte

---

[577] Vgl. *Weiber/Mühlhaus* 2010, S. 253. Es ist an dieser Stelle jedoch anzumerken, dass der varianzbasierte Ansatz wie auch die kovarianzbasierten Verfahren konfirmatorischen Charakter haben, d.h., die Entwicklung des mithilfe von PLS zu analysierenden Modells hat ebenso theoriegeleitet zu erfolgen wie des durch kovarianzbasierte Verfahren zu prüfenden Modells (vgl. *Nitzl* 2010, S. 17).
[578] Vgl. *Herrmann/Huber/Kressmann* 2006, S. 45.
[579] Vgl. *Herrmann/Huber/Kressmann* 2006, S. 43.
[580] Vgl. *Fornell/Bookstein* 1982, S. 441; *Fassott* 2005, S. 24f.
[581] Vgl. *Herrmann/Huber/Kressmann* 2006, S. 43.

Voraussetzungen erfüllt zu sein haben.[582] In der vorliegenden Arbeit wurde für das Konstrukt Qualität der Internen Markenführung eine **formative Operationalisierung** gewählt. Dies spricht dafür, den PLS-Ansatz anzuwenden.

(3) Der Einsatz kovarianzbasierter Verfahren setzt eine höhere Anzahl an Beobachtungen voraus als der PLS-Ansatz. Der relativ höhere Mindeststichprobenumfang wird für die Identifizierbarkeit des Modells und die Berechnung der Gütemaße benötigt.[583] Generell wird für die Anwendung kovarianzbasierter Verfahren eine minimale Mindestfallzahl von 200 gefordert.[584] Diese erforderliche Stichprobengröße kann aber bei zunehmender Modellkomplexität und beim Vorliegen nichtnormalverteilter Daten deutlich steigen.[585] Der varianzbasierte Ansatz stellt geringere Anforderungen an die Fallzahl.[586] So führt die bei PLS vorgenommene partielle Schätzung einzelner Elemente des Kausalmodells dazu, dass auch bei kleinen Stichproben keine Identifikationsprobleme auftreten.[587] Für die vorliegende Untersuchung wurde die minimale Mindeststichprobengröße für die Anwendung von kovarianzbasierten Verfahren zwar erreicht (vgl. Abschnitt 5.2.2), jedoch wird in der vorliegenden Arbeit untersucht, inwieweit hinsichtlich der Wirkung der Qualität der Internen Markenführung Unterschiede zwischen den Mitarbeitenden bestehen. Hierfür erfolgt mittels einer Finite-Mixture-Analyse eine Unterteilung des Datensatzes in verschiedene Segmente (vgl. Abschnitt 5.5.3). Da das Modell segmentspezifisch geschätzt wird,

---

[582] Vgl. *Homburg/Pflesser/Klarmann* 2008, S. 571; *Henseler/Ringle/Sinkovics* 2009, S. 290.
[583] Vgl. *Hahn* 2002, S. 109.
[584] Vgl. *Boosma* 1982, S. 171; *Scholderer/Balderjahn* 2006, S. 67; *Nitzl* 2010, S. 19.
[585] Vgl. *Chin/Newsted* 1999, S. 314; *Henseler/Ringle/Sinkovics* 2009, S. 291.
[586] Vgl. *Reinartz/Haenlein/Henseler* 2009, S. 341f.
[587] Vgl. *Fornell/Bookstein* 1982, S. 449; *Chin/Newsted* 1999, S. 313; *Boßow-Thies/Panten* 2009, S. 370f. Für die Bestimmung der Mindestfallzahl orientiert sich PLS an der umfangreichsten Regressionsgleichung im Modell. Dabei gilt folgende Heuristik: In einem ersten Schritt wird die größte Anzahl formativer Indikatoren einer Variablen und die maximale Anzahl an Konstrukten, die auf ein endogenes Konstrukt wirken, ermittelt. In einem zweiten Schritt ist die Alternative mit der größeren Anzahl von zu schätzender Parameter mit fünf bzw. zehn zu multiplizieren. Das Produkt zeigt die erforderliche Anzahl an Beobachtungen an (vgl. *Chin* 1998, S. 311; *Chin/Newsted* 1999, S. 326f.).

ergeben sich für die einzelnen Mitarbeitersegmente relativ **kleine Stichprobengrößen**. Aus diesem Grund ist der varianzbasierte Ansatz zu bevorzugen.

Theoretische Konstrukte entziehen sich einer direkten Messung und sind daher über beobachtbare Größen zu erfassen (vgl. Abschnitt 3.2). Damit die Erfassung eines Konstrukts über beobachtbare Variablen qualitativ hochwertige Ergebnisse liefert, werden hohe Anforderungen an die Reliabilität und Validität der Messung gestellt.[588] Zur Beurteilung der Validität und Reliabilität von Konstruktmessungen liegen verschiedene Gütemaße vor. Der Entscheidung zugunsten des varianzbasierten PLS-Ansatzes schließt sich daher im Folgenden die Diskussion der Gütekriterien für PLS-Strukturgleichungsmodelle an. Zunächst liegt das Augenmerk auf der Gütebeurteilung der formativen und reflektiven Messmodelle (Abschnitt 5.3.1.2.1 und 5.3.1.2.2), anschließend werden die Gütekriterien des Strukturmodells vorgestellt (Abschnitt 5.3.1.2.3).

5.3.1.2 Gütebeurteilung von PLS-Strukturgleichungsmodellen

5.3.1.2.1 Beurteilung formativer Messmodelle

Formativen Konstrukten liegt im Unterschied zu reflektiven Konstrukten nicht die Annahme einer Kovariation der Indikatoren zugrunde (vgl. Abschnitt 3.2). Eine Reliabilitätsprüfung auf der Grundlage von Indikatorkorrelationen ist daher für formative Messmodelle nicht geeignet.[589] Im Rahmen der Gütebeurteilung liegt deshalb der Fokus auf der Validitätsprüfung.[590] Nachfolgend wird auf die entsprechenden Güteartern und -kriterien eingegangen.

Die **Inhaltsvalidität** bezeichnet das Ausmaß, zu dem die Indikatoren eines Messmodells dem inhaltlich-semantischen Bereich eines Konstruktes angehören und die wesentlichen Bedeutungsinhalte und Facetten des Konstrukts umfassend abdecken.[591] Sie ist bei formativ spezifizierten Konstrukten von besonderer Bedeutung, da sich in diesem Fall die latente Variable durch die Indikatoren konstituiert. Mit der Nicht-Berücksichtigung eines Indikators bzw. einer inhaltlichen Facette würde eine Bedeutungsänderung des Konstrukts einhergehen.[592] Für die

---

[588] Vgl. zur Reliabilität und Validität Abschnitt 5.3.1.2.2.
[589] Vgl. *Diamantopoulos* 2006, S. 11.
[590] Vgl. *Diamantopoulos/Riefler/Roth* 2008, S. 1215; *Nitzl* 2010, S. 29.
[591] Vgl. *Bohrnstedt* 1970, S. 92; *Homburg/Giering* 1996, S. 7.
[592] Vgl. Abschnitt 3.2.

Sicherstellung der Inhaltsvalidität hat eine genaue Spezifikation und Definition des Konstruktinhalts zu erfolgen. Dies ermöglicht es, das Konstrukt vollständig und valide abzubilden.[593] Für die Beurteilung der Inhaltsvalidität liegt jedoch kein objektives Kriterium vor. Daher erfolgt die Überprüfung meist durch Pretests mit Experten, im Rahmen derer z.B. das Ausmaß a priori beabsichtigter und tatsächlicher Zuordnung der Indikatoren überprüft wird.[594]

Die **Höhe des Regressionskoeffizienten** (Gewicht) zwischen einem Indikator und der latenten Variable gibt Aufschluss über die **Vorhersagevalidität** (Prognosevalidität) des Indikators.[595] Je höher das Gewicht eines Indikators, desto stärker trägt dieser zur inhaltlichen Bestimmung des Konstrukts bei.[596] Als Mindesthöhe für den Regressionskoeffizienten wird häufig ein Wert von 0,1 gefordert.[597] Dieser Empfehlung wird in der vorliegenden Arbeit gefolgt. Es ist allerdings darauf hinzuweisen, dass bei einer Unterschreitung dieses Wertes von einer voreiligen Eliminierung des Indikators abzusehen ist. Da die Indikatoren, im formativen Fall, definierende Elemente des Konstrukts darstellen, besteht selbst durch die Eliminierung von Indikatoren mit geringen Gewichten die Gefahr, dass sich der Bedeutungsinhalt des Konstrukts verändert.[598] Für eine Eliminierung sollten daher immer auch inhaltliche Überlegungen sprechen.[599]

Aufschluss über die **Reliabilität der Regressionskoeffizienten** geben die t-Werte. Diese testen die Gewichte auf Signifikanz. Die Bestimmung der t-Werte erfolgt mithilfe des Bootstrappings- bzw. Jacknife-Verfahrens.[600] Das Bootstrapping gilt dabei als effizienter[601] und kommt daher auch in der vorliegenden Arbeit zum Einsatz. Im Folgenden wird bei einem t-Wert größer als 1,98 (zweiseitige Signifikanz auf dem 5-Prozent-Niveau)[602] bzw. 1,65 (zweiseitige Signifi-

---

[593] Vgl. *Himme* 2009, S. 492.
[594] Vgl. *Götz/Liehr-Gobbers* 2004, S. 728. Vgl. z.B. den in Abschnitt 3.4.2 durchgeführten psa- und csv-Test zur Sicherstellung der Inhaltsvalidität des Konstrukts Qualität der Internen Markenführung.
[595] Vgl. *Herrmann/Huber/Kressmann* 2006, S. 57.
[596] Vgl. *Nitzl* 2010, S. 29.
[597] Vgl. *Lohmöller* 1989, S. 60.
[598] Vgl. *Götz/Liehr-Gobbers* 2004, S. 729; *Jarvis/MacKenzie/Podsakoff* 2003, S. 202.
[599] Vgl. *Weiber/Mühlhaus* 2010, S. 209.
[600] Vgl. *Herrmann/Huber/Kressmann* 2006, S. 57.
[601] Vgl. *Chin* 1998, S. 320. Zum Bootstrapping-Prinzip vgl. ausführlich *Reimer* 2009, S. 527ff.
[602] Vgl. *Herrmann/Huber/Kressmann* 2006, S. 61.

kanz auf dem 10-Prozent-Niveau) von einer reliablen Messung ausgegangen.[603] Es ist an dieser Stelle ebenfalls darauf hinzuweisen, dass die Nicht-Signifikanz von Indikatorgewichten nicht automatisch zum Ausschluss der entsprechenden Indikatoren aus der Skala zu führen hat. Eine Eliminierung ist nur vorzunehmen, wenn auch sachlogischer Überlegungen zu diesem Ergebnis führen.[604]

Des Weiteren wird bei formativ spezifizierten Konstrukte eine Überprüfung der Indikatoren auf **Multikollinearität**, d.h. lineare Abhängigkeit zwischen den Konstruktindikatoren, gefordert.[605] Während eine hohe Multikollinearität bei reflektiven Konstrukten wünschenswert ist, erweist sich dies bei formativen Konstrukten als nachteilig. So verhindert eine zu hohe Multikollinearität, dass der singuläre Einfluss der Regressionsparameter genau identifiziert werden kann.[606] Als Folge zu hoher linearer Abhängigkeit kann es z.B. zu Indikatorgewichten über einem Wert von Eins kommen.[607] Zur Prüfung von Multikollinearität wird meist der **Variance Inflation Factor** (VIF) herangezogen. Er beschreibt den Kehrwert der Toleranz. Die Toleranz stellt den Anteil der Varianz eines Indikators dar, der nicht durch die anderen Konstruktindikatoren erklärt wird.[608] VIF-Werte ab 10 werden gemeinhin als kritisch angesehen.[609] Einige Autoren gehen bereits ab Werten von 5 von zu hoher Multikollinearität aus.[610] Für die vorliegende Studie wird ebenfalls ein Wert unter 5 gefordert. Im Gegensatz zur Höhe und Signifikanz der Regressionskoeffizienten wird beim Vorliegen von zu hoher Multikollinearität der Ausschluss von Indikatoren empfohlen.[611]

Die **Diskriminanzvalidität** bezieht sich auf den Grad der Unterschiedlichkeit der Messungen verschiedener Konstrukte mit einem Messinstrument.[612] Sie liegt vor, wenn die gemeinsame Varianz zwischen einem Konstrukt und seinen Indi-

---

[603] Statistische t-Verteilungstabellen geben Auskunft über die erforderliche Höhe der t-Werte, damit ein bestimmtes Signifikanzniveau vorliegt (vgl. z.B. *Dougherty* 2006; *Backhaus et al.* 2011).
[604] Vgl. *Nitzl* 2010, S. 30.
[605] Vgl. *Weiber/Mühlhaus* 2010, S. 207f.
[606] Vgl. *Diamantopoulos/Winklhofer* 2001, S. 272.
[607] Vgl. *Nitzl* 2010, S. 31.
[608] Vgl. *Schneider* 2009, S. 225.
[609] Vgl. *Diamantopoulos/Winklhofer* 2001, S. 272; *Herrmann/Gassmann/Eisert* 2007, S. 111.
[610] Vgl. *Diamantopoulos/Riefler* 2008, S. 1193.
[611] Vgl. *Krafft/Götz/Liehr-Gobbers* 2005, S. 78.
[612] Vgl. *Bagozzi/Phillips* 1982, S. 469; *Schloderer/Ringle/Sarstedt* 2009, S. 591.

katoren größer ist als die gemeinsame Varianz mit anderen Konstrukten.[613] Hinweise auf das Vorliegen von Diskriminanzvalidität geben die **Konstruktkorrelationen**. Konstruktkorrelationen mit Werten unter 0,9 verweisen auf hinreichende Diskriminanz.[614] In der vorliegenden Arbeit wird anhand der Konstruktkorrelationen überprüft, ob die (formativ gemessenen) Dimensionen der Qualität der Internen Markenführung ausreichend diskriminieren. Es ist an dieser Stelle darauf hinzuweisen, dass grundsätzlich von Diskriminanzvalidität auszugehen ist, da die Dimensionen unterschiedliche Inhalte des Konstrukts darstellen. Es wird im Folgenden jedoch der Empfehlung einiger Autoren gefolgt und dennoch eine Überprüfung vorgenommen.[615] Dadurch kann empirisch belegt werden, dass die Dimensionen unterschiedliche Konstruktfacetten darstellen.[616]

Schließlich sind formative Konstrukte auf **externe Validität** hin zu überprüfen.[617] Hierfür eignet sich der Einsatz von so genannten **MIMIC-Modellen** (Multiple Indicators and Multiple Causes). In einem MIMIC-Modell erfolgt die Messung einer latenten Variablen sowohl durch formative als auch durch reflektive Indikatoren. Die formativen Indikatoren stellen die Ursachen des Konstrukts dar, die reflektiven Indikatoren das Ergebnis des Konstrukts. Ein guter Gesamtfit des Modells verweist auf das Vorliegen externer Validität.[618] Da die im Rahmen der vorliegenden Untersuchung eingesetzte Software (Smart PLS 2.0) diesen Modelltyp jedoch nicht unterstützt, kommt im Folgenden das **Zwei-Konstrukt-Modell** zur Anwendung. Hierzu wird die interessierende latente Variable in zwei Konstrukte „zerlegt" und zueinander in Beziehung gesetzt. Die unabhängige Variable stellt das zu prüfende formative Konstrukt dar. Die abhängige Variable bildet die so genannte reflektiv spezifizierte Referenz- bzw. Phantomvariable.[619] Liegt ein starker und signifikanter Zusammenhang zwischen den beiden Konstrukten vor und wird ein Großteil der Varianz der Referenzvariablen durch das

---

[613] Vgl. *Huber et al.* 2007, S. 101.
[614] Vgl. *Herrmann/Huber/Kressmann* 2006, S. 57.
[615] Vgl. z.B. *MacKenzie/Podsakoff/Jarvis* 2005, S. 728.
[616] Vgl. für dieses Vorgehen z.B. *Bruhn/Georgi/Hadwich* 2008, S. 1298.
[617] Externe Validität beschreibt die Generalisierbarkeit von Ergebnissen. Sie liegt folglich dann vor, wenn die Ergebnisse der betrachteten Stichprobe auf die Grundgesamtheit übertragen werden können (vgl. *Borchardt/Göthlich* 2009, S. 45).
[618] Vgl. *Diamantopoulos/Winklhofer* 2001, S. 272f.; *Diamantopoulos/Riefler/Roth* 2008, S. 1213; *Weiber/Mühlhaus* 2010, S. 211f.
[619] Vgl. *Christophersen/Grape* 2009, S. 112f.; *Weiber/Mühlhaus* 2010, S. 212.

zu prüfende Konstrukt erklärt, ist externe Validität gegeben.[620] Bislang liegen keine expliziten Mindestwerte für die Beurteilung des Zwei-Konstrukt-Modells vor. In der vorliegenden Arbeit erfolgt daher eine Orientierung an den Empfehlungen bestehender Studien, in denen ein Pfadkoeffizient über 0,5 und eine Varianzerklärung über 50 Prozent (Bestimmtheitsmaß $R^2 > 0,5$) gefordert werden.[621]

Schaubild 5-3 gibt eine zusammenfassende Übersicht über die in dieser Arbeit zur Anwendung kommenden Gütekriterien für formative Messmodelle.

Gütearten	Gütekriterien	Anforderung
Inhaltsvalidität	Qualitative Überprüfung	Inhaltliche Spezifikation auf Basis inhaltlicher und empirischer Überlegungen
Vorhersagevalidität	Höhe der Regressionskoeffizienten (Gewicht)	$\geq 0,1$
Reliabilität des Regressionskoeffizienten	t-Wert des Regressionskoeffizienten	$> 1,98$ (bzw. $> 1,65$)
Multikollinearität	Variance Inflation Faktor (VIF)	< 5
Diskriminanzvalidität	Konstruktkorrelation	$< 0,9$
Externe Validität	R^2 (Referenzvariable)	$> 0,5$
	Pfadkoeffizient (zur Referenzvariable)	$> 0,5$
	t-Wert des Pfadkoeffizienten (zur Referenzvariable)	$> 1,98$

Schaubild 5-3: Gütekriterien formativer Messmodelle
(Quelle: In Anlehnung an *Krafft/Götz/Liehr-Gobbers* 2005, S. 82; *Herrmann/Huber/Kressmann* 2006, S. 61)

5.3.1.2.2 Beurteilung reflektiver Messmodelle

Reflektiven Messmodellen liegt die Annahme zugrunde, dass jeder Indikator eine mit Fehlern behaftete Messung der ihm zugrunde liegenden latenten Variablen darstellt.[622] Der Messfehler kann entweder zufällig und/oder systematisch sein.[623] Je stärker die Messungen frei von zufälligen Messfehlern sind, desto höher ist ihre Reliabilität. Je geringer zusätzlich der systematische Messfehler, des-

---

[620] Vgl. *Henseler/Ringle/Sinkovics* 2009, S. 302; *Götz/Liehr-Gobbers/Krafft* 2010, S. 700.
[621] Vgl. *Riemenschneider* 2006, S. 272; *Pfefferkorn* 2009, S. 194; *Eichen* 2010, S. 218.
[622] Vgl. *Homburg/Giering* 1996, S. 6.
[623] Vgl. *Nitzl* 2010, S. 24.

to höher ist die Validität der Messung.[624] Für die Beurteilung der Reliabilität und Validität reflektiver Messmodelle liegen verschiedene Gütekriterien vor. Diese lassen sich mit der Inhaltsvalidität, Indikatorreliabilität, Konvergenzvalidität, Diskriminanzvalidität und Vorhersagevalidität verschiedenen Güteartarten zuordnen.

Die **Inhaltsvalidität** bezeichnet das Ausmaß, zu dem die manifesten Variablen eines Messmodells den inhaltlich-semantischen Bereich eines Konstruktes widerspiegeln.[625] Zur Sicherstellung einer hohen Inhaltsvalidität werden Experteninterviews und extensive Literaturrecherchen empfohlen.[626] Da zur Beurteilung der Inhaltsvalidität kein objektiver, quantitativer Wert vorliegt, erfolgt in der Regel eine subjektive Begutachtung durch Experten.[627]

Die **Indikatorreliabilität** gibt für jede Indikatorvariable den Anteil der durch das zugrunde liegende Konstrukt erklärten Varianz an.[628] Dieses Gütemaß beschreibt also, wie gut ein Indikator durch die ihm zugeordnete latente Variable repräsentiert wird.[629] Der nicht durch das Konstrukt erklärte Anteil der Varianz ist auf Messfehler zurückzuführen.[630] Es wird gefordert, dass mindestens die Hälfte der Varianz eines Indikators durch das ihm zugeordnete Konstrukt erklärt wird. Dies bedeutet für die jeweilige **Indikatorladung** einen Mindestwert von 0,7.[631] Die dazugehörigen **t-Werte** geben Auskunft über die Signifikanz der Ladungen. Für deren Berechnung stehen wiederum die beiden Hilfsprozeduren

---

[624] Die Reliabilität bezeichnet die formale Genauigkeit einer Messung. Eine Messung bzw. ein Messinstrument ist dann reliabel, wenn wiederholte Messungen das gleiche Ergebnis liefern (vgl. *Herrmann/Homburg/Klarmann* 2008, S. 11). Unter Validität ist die konzeptionelle Richtigkeit einer Messung zu verstehen (vgl. *Homburg/Giering* 1996, S. 6f.). Eine valide Messung liegt dann vor, wenn auch wirklich das gemessen wird, was gemessen werden soll (vgl. *Heeler/Ray* 1972, S. 361). Die Reliabilität zielt nur auf die Ermittlung von Zufallsfehlern ab, wohingegen sich die Validität sowohl auf systematische als auch auf Zufallsfehler bezieht. Somit stellt die Reliabilität eine notwendige, aber nicht hinreichende Bedingung für die Validität dar (vgl. *Peter* 1979, S. 6; *Churchill* 1979, S. 65).

[625] Vgl. *Bohrnstedt* 1970, S. 92; *Nunnally/Bernstein* 1994, S. 101ff.; vgl. Abschnitt 5.3.1.2.1.

[626] Vgl. *Diamantopoulos/Winklhofer* 2001, S. 272; *Rossiter* 2002.

[627] Vgl. *Himme* 2009, S. 492; vgl. Abschnitt 5.3.1.2.1.

[628] Vgl. *Homburg/Baumgartner* 1995, S. 170.

[629] Vgl. *Wrobbel/Tietz* 1998, S. 75.

[630] Vgl. *Homburg/Baumgartner* 1995, S. 170.

[631] Vgl. *Ringle/Spreen* 2007, S. 212; *Nitzl* 2010, S. 25.

Bootstrapping und Jacknifing zur Verfügung. Für das Vorliegen signifikanter Indikatorladungen wird ein t-Wert über 1,65 (einseitig) gefordert.[632]

Im Gegensatz zur Indikatorreliabilität, die Aussagen über die Güte auf Indikatorebene möglich macht, bezieht sich die **Konvergenzvalidität** auf die Gütebeurteilung auf Konstruktebene. Die Konvergenzvalidität setzt voraus, dass die Indikatoren eines Konstrukts eine starke Beziehung untereinander aufweisen.[633] Als Kriterien für die Überprüfung der Konvergenzvalidität eignen sich die Konstruktreliabilität und die durchschnittlich erfasste Varianz. Anhand der **Konstruktreliabilität (KR)** kann beurteilt werden, wie gut ein Faktor durch die Gesamtheit der ihm zugeordneten Indikatorvariablen gemessen wird.[634] Der Wertebereich erstreckt sich von Null und Eins, wobei Werte ab 0,6 als akzeptabel gelten.[635] Die **durchschnittlich erfasste Varianz (DEV)** gibt den durch ein Konstrukt erklärten Varianzanteil der Indikatoren an.[636] Das Gütemaß kann ebenfalls Werte zwischen Null und Eins annehmen. In der vorliegenden Arbeit wird den Empfehlungen in der Literatur gefolgt und ein Mindestwert von 0,5 gefordert.[637]

Die Konvergenzvalidität erfordert, dass die Korrelationen zwischen den manifesten Variablen ausschließlich durch die zugrunde liegende latente Variable verursacht werden. Das Konstrukt hat demnach unidimensional zu sein.[638] Für den Nachweis der Unidimensionalität einer latenten Variablen stehen verschiedene Prüfgrößen zur Verfügung. In der vorliegenden Arbeit wird sich an *Tenenhaus et al.* orientiert, die eine Betrachtung des Cronbachschen Alphas und der Eigenwerte empfehlen.[639] Das **Cronbachsche Alpha** ist ein Maß für die Interne Konsistenz der Indikatoren eines Konstrukts. Es stellt den Mittelwert aller Korrelationen dar, die entstehen können, wenn die dem Faktor zugeordneten Indikatoren in zwei Hälften geteilt und aufsummiert werden.[640] Der errechnete Wert des Cronbachschen Alphas kann zwischen Null und Eins liegen. Alphawerte über 0,7

---

[632] Vgl. *Herrmann/Huber/Kressmann* 2006, S. 56, 61.
[633] Vgl. *Homburg/Giering* 1996, S. 7.
[634] Vgl. *Homburg/Baumgartner* 1995, S. 170.
[635] Vgl. *Ringle/Spreen* 2007, S. 212.
[636] Vgl. *Homburg/Baumgartner* 1995, S. 170.
[637] Vgl. *Homburg/Baumgartner* 1998, S. 361.
[638] Vgl. *Riemenschneider* 2006, S. 263.
[639] Vgl. *Tenenhaus et al.* 2005, S. 163f.; vgl. hierzu auch *Riemenschneider* 2006, S. 263.
[640] Vgl. *Homburg/Giering* 1996, S. 8; *Ebert/Raithel* 2009, S. 519f.

verweisen auf Unidimensionalität des Konstrukts.[641] Der **Eigenwert (EW)** eines Faktors macht Aussagen zum Erklärungsbeitrag dieses Faktors zur Varianz aller ihm zugeordneten Indikatoren.[642] Seine Berechnung erfolgt im Rahmen der exploratorischen Faktorenanalyse auf Basis der Korrelationsmatrix der Indikatorvariablen.[643] Unidimensionalität eines Konstrukts liegt vor, wenn die manifesten Variablen nur auf einen Faktor laden, d.h., wenn der erste EW größer als Eins und der zweite EW kleiner als Eins ist.[644]

Für die Beurteilung der **Diskriminanzvalidität** steht das **Fornell-Larcker-Kriterium** zur Verfügung. Demzufolge liegt Diskriminanzvalidität dann vor, wenn die DEV einer latenten Variablen größer ist als jede quadrierte Korrelation dieses Konstrukts mit einem anderen Konstrukt.[645]

Die Überprüfung der **Vorhersagevalidität** erfolgt anhand des **Stone-Geisser-Kriteriums Q^2**.[646] Das Kriterium gibt Aufschluss darüber, wie gut eine Rekonstruktion des Konstrukts durch seine Indikatoren möglich ist.[647] Die Berechnung des Q^2 wird mithilfe der Blindfolding-Prozedur vorgenommen.[648] Q^2-Werte größer als Null verweisen auf Vorhersagerelevanz des Messmodells.[649]

Schaubild 5-4 gibt die diskutierten Gütekriterien reflektiver Messmodelle im Überblick wieder.

---

[641] Vgl. *Tenenhaus et al.* 2005, S. 164.
[642] Vgl. *Backhaus et al.* 2011, S. 359; *Rudolf/Müller* 2012.
[643] Vgl. *Bühl* 2012, S. 589.
[644] Vgl. *Tenenhaus et al.* 2005, S. 163.
[645] Vgl. *Fornell/Larcker* 1981, S. 46; *Homburg/Giering* 1996, S. 11.
[646] Vgl. *Fornell/Bookstein* 1982, S. 450.
[647] Vgl. *Huber et al.* 2007, S. 91.
[648] Vgl. *Krafft/Götz/Liehr-Gobbers* 2005, S. 84. vgl. zur Blindfolding-Prozedur ausführlich *Fornell/Cha* 1994, S. 71ff.
[649] Vgl. *Herrmann/Huber/Kressmann* 2006, S. 57.

Empirische Überprüfung des Mess- und Wirkungsmodells der QIMF

Gütearten	Gütekriterien	Anforderung
Inhaltsvalidität	Qualitative Überprüfung	Inhaltliche Spezifikation auf Basis inhaltlicher und empirischer Überlegungen
Indikatorreliabilität	Höhe der Indikatorladung	≥ 0,7
	t-Wert der Indikatorladung	> 1,65
Konvergenzvalidität	Konstruktreliabilität (KR)	≥ 0,6
	Durchschnittlich erfasste Varianz (DEV)	≥ 0,5
	Cronbachs Alpha	> 0,7
	Eigenwerte (EW)	1. EW > 1; 2. EW < 1
Diskriminanzvalidität	Fornell-Larcker-Kriterium	DEV (Konstrukt i) > quadrierte Korrelation zwischen Konstrukt i und Konstrukt j für alle i≠j
Vorhersagevalidität	Stone-Geisser-Kriterium Q^2 (Kommunalität)	> 0

Schaubild 5-4: Gütekriterien reflektiver Messmodelle
(Quelle: In Anlehnung an *Herrmann/Huber/Kressmann* 2006, S. 61; *Riemenschneider* 2006, S. 266)

5.3.1.2.3 Beurteilung des Strukturmodells

Für die Beurteilung des Strukturmodells stehen ebenfalls verschiedene Gütekriterien zur Verfügung. Nachfolgend werden die relevanten Güteraten und -kriterien vorgestellt.

Die Höhe der Pfadkoeffizienten und der dazugehörige t-Wert geben Aufschluss über die **Stärke der Wirkungsbeziehungen** zwischen zwei Konstrukten.[650] Die **Höhe der Pfadkoeffizienten** bezieht sich auf die Einflusshöhe einer latenten Variablen auf ein nachgelagertes Konstrukt.[651] Für standardisierte Pfadkoeffizienten liegt der Wertebereich zwischen +1 und -1, wobei Werte nahe Null auf einen schwachen Einfluss und Werte nahe Eins auf einen starken positiven bzw. negativen Einfluss eines Konstrukts auf die nachgelagerte latente Variable hinweisen.[652] Im Hinblick auf die Mindesthöhe wird für die vorliegende Studie der Empfehlung von *Lohmöller* gefolgt und ein Mindestwert von 0,1 gefordert.[653]

---

[650] Vgl. *Krafft/Götz/Liehr-Gobbers* 2005, S. 85.
[651] Vgl. *Herrmann/Huber/Kressmann* 2006, S. 58.
[652] Vgl. *Nitzl* 2010, S. 34.
[653] Vgl. *Lohmöller* 1989, S. 60.

Die Prüfung der Pfadkoeffizienten auf Signifikanz erfolgt auf Basis von **t-Werten**. Wie bei den Messmodellen kommen hierfür Resampling-Verfahren, wie z.B. die Bootstrapping-Prozedur, zum Einsatz.[654] Signifikanz liegt im Rahmen dieser Studie ab einem t-Wert über 1,98 (zweiseitige Signifikanz auf dem 5-Prozent-Niveau) bzw. 1,65 (zweiseitige Signifikanz auf dem 10-Prozent-Niveau) vor.[655]

Das **Bestimmtheitsmaß R^2** gibt den **Anteil der erklärten Varianz einer latenten Variablen** an. Die Größe kann Werte zwischen Null und Eins annehmen.[656] Ein Wert nahe Eins verweist darauf, dass die Varianz eines Konstrukts nahezu vollständig durch die kausal vorgelagerten latenten Variablen erklärt wird. Nach *Chin* sind Werte von 0,67 als „substantiell", von 0,33 als „moderat/durchschnittlich" und von 0,19 als „schwach" anzusehen.[657] Hinsichtlich einer Mindestausprägung der Größe besteht in der Literatur Uneinigkeit. In Anlehnung an *Herrmann/Huber/Kressmann* wird in dieser Untersuchung ein Wert über 0,3 gefordert.[658]

Die **Effektstärke f^2** gibt Auskunft über die **Stärke des Erklärungsbeitrags der exogenen latenten Variable auf die endogene latente Variable**.[659] Hierzu wird ermittelt, inwieweit sich das Bestimmtheitsmaß der endogenen Variable bei Berücksichtigung bzw. Ausschluss der zu ihr in Beziehung stehenden exogenen Variable verändert.[660] f^2-Werte über 0,02 verweisen auf einen geringen, über 0,15 auf einen mittleren und über 0,35 auf einen großen Einfluss der exogenen auf die endogene latente Variable.[661]

Zur Beurteilung der **Vorhersagevalidität** kommt, wie bei den reflektiven Messmodellen, das **Stone-Geisser-Kriteriums Q^2** zum Einsatz. Auf Strukturmodellebene gibt das Q^2 an, wie gut eine Rekonstruktion der empirischen Daten durch das aufgestellte Modell möglich ist.[662] Im Mittelpunkt steht dabei die Redundanz

---

[654] Vgl. *Huber et al.* 2007, S. 42.
[655] Vgl. *Herrmann/Huber/Kressmann* 2006, S. 61. Diesen Werten liegen entsprechende t-Verteilungstabellen zugrunde. Vgl. z.B. *Dougherty* 2006; *Backhaus et al.* 2011.
[656] Vgl. *Krafft/Götz/Liehr-Gobbers* 2005, S. 83.
[657] Vgl. *Chin* 1998, S. 323.
[658] Vgl. *Herrmann/Huber/Kressmann* 2006, S. 61.
[659] Vgl. *Chin* 1998, S. 316.
[660] Vgl. *Nitzl* 2010, S. 35.
[661] Vgl. *Cohen* 1988, S. 413.
[662] Vgl. *Fornell/Cha* 1994, S. 72; *Nitzl* 2010, S. 36.

und nicht, wie auf Messmodellebene, die Kommunalität.[663] Bei Q^2-Werten über Null ist von Vorhersagerelevanz auszugehen.[664]

Schaubild 5-5 gibt einen Überblick über die Gütekriterien des Strukturmodells.

Gütearten	Gütekriterien	Anforderung
Stärke der Wirkungsbeziehungen zwischen Konstrukten	Höhe des Pfadkoeffizienten	$\geq 0,1$
	t-Wert des Pfadkoeffizienten	$> 1,98\ (> 1,65)$
Anteil der erklärten Varianz der latenten Variable	Bestimmtheitsmaß R^2	$> 0,3$
Stärke des Erklärungsbeitrags der exogenen auf die endogene Variable	Effektstärke f^2	$> 0,02$
Vorhersagevalidität	Stone-Geisser-Kriterium Q^2 (Redundanz)	> 0

Schaubild 5-5: Gütekriterien des Strukturmodells
(Quelle: In Anlehnung an *Krafft/Götz/Liehr-Gobbers* 2005, S. 85; *Herrmann/Huber/Kressmann* 2006, S. 61)

5.3.2 Finite-Mixture-Analyse

Die Betrachtung von Strukturgleichungsmodellen auf aggregiertem Niveau setzt ein homogenes Sample voraus, in dem für jeden Probanden die gleichen Wirkungsstärken gelten.[665] Liegt jedoch eine heterogene Stichprobe vor, geben Ergebnisse auf aggregierter Ebene ein falsches Bild der Realität wieder. Im Falle beobachtbarer Heterogenität kann diesem Problem mittels einer a priori-Segmentierung im Rahmen einer Mehrgruppenkausalanalyse begegnet werden. Häufig, wie auch im vorliegenden Fall, ist jedoch unbeobachtbare Heterogenität gegeben. Hier eignet sich die Anwendung des Finite-Mixture-Ansatzes.[666]

Seit den 1980er Jahren kommen im Marketing immer häufiger **Finite-Mixture-Modelle** als Segmentierungsmethode zur Anwendung.[667] Finite-Mixture-Modellen liegt die Annahme zugrunde, dass die Beobachtungen einer oder mehrerer Variablen (Segmentierungsbasis) aus einer spezifischen Dichtefunktion

---

[663] Vgl. *Huber et al.* 2007, S. 113.
[664] Vgl. *Krafft/Götz/Liehr-Gobbers* 2005, S. 85.
[665] Vgl. *Bryant* 2010, S. 138.
[666] Vgl. *Huber et al.* 2007, S. 58f. Vgl. Abschnitt 4.4.1.
[667] Vgl. *Hahn* 2002, S. 39.

stammen. Diese Dichtefunktion setzt sich aus mindestens zwei segmentspezifischen, miteinander vermischten Dichtefunktionen zusammen.[668] Letztere unterscheiden sich nur hinsichtlich ihrer segmentspezifischen Parameter voneinander. Das Ziel der Finite-Mixture-Analyse besteht nun darin, die Dichtefunktion der Beobachtungen zu „entmischen", so dass als Ergebnis die segmentspezifischen Dichtefunktionen ermittelt werden.[669]

Finite-Mixture-Modelle beruhen, ähnlich wie die Clusteranalyse, auf der Annahme, dass eine endliche („finite") Anzahl an Segmenten vorliegt. Im Unterschied zur Clusteranalyse erfolgt die Zuordnung der Beobachtungsfälle jedoch nicht deterministisch, sondern probabilistisch. Das bedeutet, dass jeder Fall (hier: Mitarbeitende) zu einer bestimmten Wahrscheinlichkeit einem Segment angehört. Somit findet eine **Fuzzy-Zuordnung** der Beobachtungsfälle zu den Segmenten statt.[670] Da Finite-Mixture-Modelle davon ausgehen, dass jeder Beobachtungsfall nur einem einzigen Segment angehört, wird jeder Fall dem Segment zugeordnet, für das er die höchste Zugehörigkeitswahrscheinlichkeit hat.[671]

Die Berücksichtigung von Heterogenität im Rahmen von Strukturgleichungsmodellen kann sowohl mithilfe der Kovarianzstrukturanalyse als auch mithilfe des varianzbasierten PLS-Ansatzes erfolgen.[672] Da in der vorliegenden Arbeit der PLS-Ansatz zur Anwendung kommt (vgl. Abschnitt 5.3.1.1), wird im Folgenden auf den **Finite-Mixture-Partial-Least-Squares-Ansatz (FIMIX-PLS-Ansatz)** Rückgriff genommen. Der FIMIX-PLS-Ansatz verbindet die Schätzung von Strukturgleichungsmodellen auf Basis der PLS-Methode mit der Segmentierung auf Basis von Finite-Mixture-Modellen. Die vermutete Heterogenität bezieht sich dabei auf die segmentspezifischen Wirkungszusammenhänge zwischen den Konstrukten im Strukturmodell.[673]

Der **Schätzung eines FIMIX-PLS-Modells** liegt ein Zwei-Stufen-Prozess zugrunde. Im Rahmen der ersten Stufe erfolgt eine PLS-Schätzung auf der Ebene des gesamten Datensatzes. Daraus ergeben sich für jedes Individuum prognostizierte Werte der latenten Variablen des Strukturmodells. Diese Konstruktwerte

---

[668] Vgl. *McLachlan/Basford* 1988; *Cohen/Ramaswamy* 1998, S. 15.
[669] Vgl. *Gensler* 2008, S. 441; *Martin* 2009, S. 155; *Bryant* 2010, S. 138.
[670] Vgl. *Gensler* 2008, S. 441. Fuzzy-Methoden ordnen Beobachtungsfälle ein oder mehreren Segmenten zu. Dabei erfolgt für jeden Fall die Berechnung einer prozentualen segmentspezifischen Zugehörigkeitswahrscheinlichkeit. Vgl. *Hahn* 2002, S. 38.
[671] Vgl. *Wedel/Kamakura* 2000, S. 81; *Gensler* 2003, S. 90.
[672] Vgl. *Scheer* 2008, S. 78f.
[673] Vgl. *Hahn* 2002, S. 125.

sind der Ausgangspunkt für die zweite Stufe des Prozesses, der Schätzung der Regressionsgleichungen im Strukturmodell. Für die Parameterschätzung wird eine Likelihood-Funktion formuliert, die es zu maximieren gilt. Für die Maximierung kommt ein modifizierter EM-Alghorithmus zum Einsatz. Der EM-Algorithmus besteht aus zwei Teilen, dem „Expectation"-(E-Step) und dem „Maximization"-Teil (M-Step). Der E-Step beinhaltet die Ermittlung der Erwartungswerte über die Log-Likelihood-Funktion. Dabei erfolgt die Einführung einer binären Hilfsvariable, die die segmentspezifische Zugehörigkeit eines jeden Individuums wiedergibt. Im Rahmen des M-Steps wird die Berechnung der Parameter durch Maximierung der Log-Likelihood-Funktion vorgenommen. Hierfür erfolgt die Lösung eines Gleichungssystems von Kleinst-Quadrate-Regressionen.[674] Mit dem Schätzwert jeder Regression wird der E-Step wiederholt und ein neuer Log-Likelihood-Wert berechnet. Dieser Zyklus aus E-Step und M-Step wird so lange wiederholt, bis sich der Wert des Likelihoods nicht weiter erhöht.[675]

Die Durchführung einer Finite-Mixture-Schätzung erfordert es, bereits im Vorfeld der Analyse die Anzahl der zu berechnenden Segmente zu bestimmen. Da die Segmentanzahl jedoch unbekannt ist, gilt es, mehrere Schätzungen mit einer unterschiedlichen Anzahl an Segmenten vorzunehmen.[676] Die Schwierigkeit besteht nun darin, die optimale Anzahl an Segmenten zu identifizieren. Hierfür wird häufig auf die so genannten **Informationskriterien** Rückgriff genommen. Informationskriterien berücksichtigen sowohl die Anpassungsgüte als auch die Modellkomplexität und zielen somit auf den Ausgleich zweier gegenläufiger Ergebnisse ab: Zum einen geht mit einer größeren Anzahl an Segmenten eine Verbesserung der Modellgüte einher. Zum anderen ist dann aber auch eine größere Anzahl an Parametern zu schätzen.[677] Im Zusammenhang mit Finite-Mixture-Modellen finden die folgenden Informationskriterien regelmäßig Verwendung:

---

[674] Vgl. *Hahn* 2002, S. 130ff.; *Conze* 2007, S. 117.
[675] Vgl. *Huber et al.* 2007, S. 67. Für eine ausführliche Darstellung des FIMIX-PLS-Ansatzes vgl. *Hahn* 2002, S. 125ff.; *Ringle/Wende/Will* 2010, S. 197ff.
[676] Vgl. *Dillon/Kumar* 1994, S. 305; *Teichert* 2001, S. 803.
[677] Vgl. *Huber et al.* 2007, S. 67. Vgl. hierzu auch *DeSarbo/Cron* 1988, S. 259ff.; *Wannhoff* 1990, S. 29ff.; *Wedel/Kamakura* 1998, S. 90ff.

- **Akaike Information Criterion (AIC)**[678],
- **Bayesian Information Criterion (BIC)**[679],
- **Consistent Akaike Information Criterion (CAIC)**[680].

Allen drei Informationskriterien ist gemeinsam, dass sie auf dem erzielten Maximalwert der Log-Likelihood-Funktion beruhen. Sie unterscheiden sich lediglich in der Höhe des Korrekturfaktors, der als „Bestrafungskomponente" für eine hohe Parameterzahl fungiert.[681] Für alle drei Kriterien gilt dabei: Je geringer der Wert des Kriteriums, desto geeigneter das betrachtete Finite-Mixture-Modell bzw. die Segmentzahl. Unklar bleibt jedoch, welches Informationskriterium das „Beste" ist.[682] Während das AIC dazu neigt, die Segmentzahl zu überschätzen, da es Modelle bevorzugt, die eine Vielzahl an Parametern aufweisen,[683] beheben das BIC und CAIC diese Schwäche, indem sie eine erhöhte Parameterzahl stärker bestrafen. Dies führt zu einer niedrigeren Segmentzahl als es bei Betrachtung des AIC der Fall ist.[684]

Zur Beurteilung von Finite-Mixture-Modellen kommt in der vorliegenden Arbeit neben den diskutierten Informationskriterien zusätzlich das **Entropie-Kriterium (EN)** zum Einsatz. Das EN stellt ein Maß für die Trennschärfe der gebildeten Segmente dar. Das Kriterium kann Werte zwischen Null und Eins annehmen. Werte nahe Eins weisen darauf hin, dass die einzelnen Probanden mit einer hohen Wahrscheinlichkeit genau einem der ermittelten Segmente zugeordnet werden, d.h. für die übrigen Segmente liegen nur geringfügige Zuordnungswahrscheinlichkeiten vor. Werte nahe Null signalisieren hingegen eine geringe Trennschärfe. Hier ist keine überschneidungsfreie Segmentzuordnung gegeben.[685]

Die vorgestellten Gütekriterien dienen der Ermittlung der optimalen Segmentzahl. Anschließend gilt es im Rahmen einer **Post-hoc-Analyse** zu untersuchen, inwieweit sich die ermittelten Segmente bezüglich bestimmter Merkmale (z.B.

---

[678] Vgl. *Akaike* 1973, 1974.
[679] Vgl. *Schwarz* 1978.
[680] Vgl. *Bozdogan* 1987.
[681] Vgl. *Ramaswamy et al.* 1993, S. 109; *DeSarbo/Jedidi/Sinha* 2001, S. 851; *Conze* 2007, S. 118.
[682] Vgl. *Scheer* 2008, S. 75.
[683] Vgl. *Ramaswamy et al.* 1993, S. 109.
[684] Vgl. *Scheer* 2008, S. 75f.
[685] Vgl. *Ramaswamy et al.* 1993, S. 109.

soziodemografische Kriterien) voneinander unterscheiden.[686] Dadurch eröffnen sich Ansatzpunkte für eine konkrete Ansprache der Segmente.

5.4 Empirische Überprüfung des Messmodells der Qualität der Internen Markenführung

5.4.1 Vorgehensweise

Die empirische Überprüfung des Messmodells der Qualität der Internen Markenführung erfolgt mithilfe der Strukturgleichungsanalyse. Hierfür kommt die **Software SmartPLS 2.0** zum Einsatz.

Für die Analyse des Messmodells der Qualität der Internen Markenführung wird sich im Folgenden an der Vorgehensweise von *Eichen* und *von Loewenfeld* orientiert, die das Konstrukt **als nomologisches Netzwerk abbilden** und auf Mess- und Strukturmodellebene analysieren.[687] Hierfür ist neben der Operationalisierung der Dimensionen anhand der manifesten Variablen (Dimensionsebene) die Einführung eines reflektiv spezifizierten Messmodells auf (Gesamt-)Konstruktebene erforderlich. Im vorliegenden Fall erfolgt der Einbezug von drei reflektiven Indikatoren, die das Konstrukt der Qualität der Internen Markenführung global erfassen. Die folgende Itemformulierung wurde für die Indikatoren gewählt: „Die bei uns eingesetzten Maßnahmen der Internen Markenführung finde ich gut" (QIMF_1); „Die bei uns eingesetzten Maßnahmen der Internen Markenführung sprechen mich an" (QIMF_2); „Die bei uns eingesetzten Maßnahmen der Internen Markenführung entsprechen meinen Vorstellungen" (QIMF_3).

Schaubild 5-6 veranschaulicht das nomologische Netzwerk zur Abbildung der Qualität der Internen Markenführung in PLS. Wie ersichtlich wird, setzt sich dieses aus einem formativen Messmodell auf Dimensionsebene, aus einem Strukturmodell und aus einem reflektiven Messmodell auf Konstruktebene zusammen. Das Strukturmodell dient dabei als formatives Messmodell auf Konstruktebene.

---

[686] Vgl. *Scheer* 2008, S. 81.
[687] Vgl. *von Loewenfeld* 2006, S. 183; *Eichen* 2010, S. 223ff. Die Autoren beziehen sich in ihren Ausführungen auf ein Konstrukt dritter Ordnung, die Vorgehensweise ist jedoch auch für Konstrukte zweiter Ordnung, wie es hier der Fall ist, geeignet.

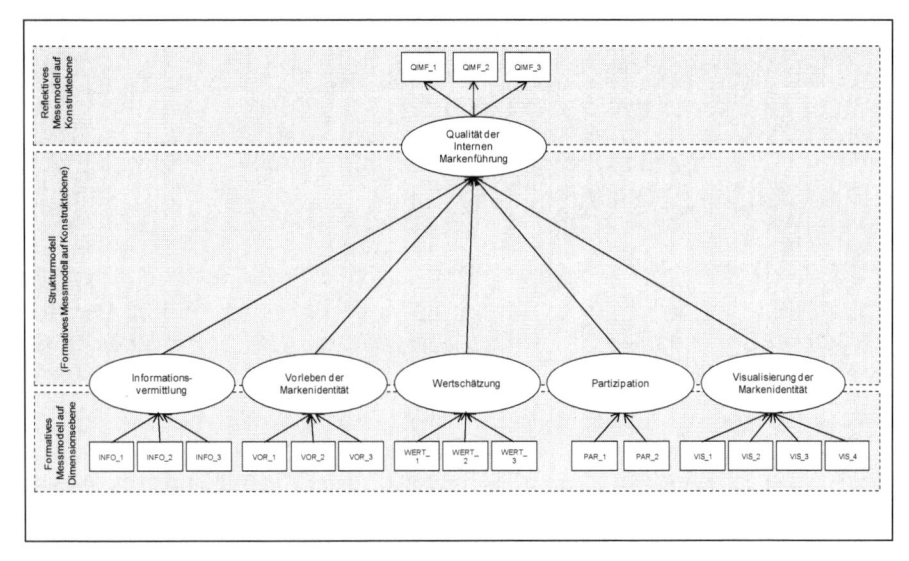

Schaubild 5-6: Nomologisches Netzwerk zur Abbildung der Qualität der Internen Markenführung in PLS
(Quelle: In Anlehnung an *Eichen* 2010, S. 224)

An die Schätzung des Modells schließt sich seine Analyse an. Die folgenden beiden **Auswertungsschritte** sind damit verbunden:[688]

(1) Der erste Schritt beinhaltet die **Analyse des formativen Messmodells auf Dimensionsebene**. Hier interessieren die Beziehungen zwischen den Konstruktdimensionen und deren Indikatoren. Zur Güteprüfung kommen die in Abschnitt 5.3.1.2.1 vorgestellten Kriterien für formative Messmodelle zum Einsatz.

(2) In einem zweiten Schritt ist die **Analyse des formativen Messmodells auf Konstruktebene (Strukturmodell)** vorzunehmen. Hier liegt der Fokus auf den Beziehungen zwischen dem übergeordneten Konstrukt der Qualität der Internen Markenführung (Gesamtkonstrukt) und den Konstruktdimensionen. Die Dimensionen werden dabei als Indikatoren des übergeordneten Konstrukts interpretiert. Dadurch können die Beziehungen zwischen dem Konstrukt und seinen Dimensionen als Beziehungen

---

[688] Vgl. hierzu auch *von Loewenfeld* 2006, S. 186ff.; *Eichen* 2010, S. 224f.

zwischen Konstrukt und Indikatoren aufgefasst werden. Die Modellprüfung erfolgt ebenfalls unter Zuhilfenahme der Gütekriterien für formative Messmodelle.

5.4.2 Analyse des Messmodells auf Dimensionsebene

Die Analyse des Messmodells auf Dimensionsebene beinhaltet die Überprüfung der Inhalts- und Vorhersagevalidität, der Reliabilität des Regressionskoeffizienten und externen Validität, die Prüfung auf Multikollineariät sowie die Überprüfung der Diskriminanzvalidität. Im Folgenden wird auf die Analyseergebnisse eingegangen.

Im Rahmen der durchgeführten Mitarbeiterinterviews galt es unter anderem, sämtliche Maßnahmen der Internen Markenführung zu identifizieren, die zur Wahrnehmung der jeweiligen Dimension beitragen. Die Literaturanalyse und der Rückgriff auf Expertenwissen von Wissenschaftlern lieferten ebenfalls Informationen zu den Bestandteilen der Konstruktdimensionen. Im Hinblick auf das formative Messmodell auf Dimensionsebene wird die **Inhaltsvalidität** somit als gegeben angesehen.

Für die Überprüfung der **Vorhersagevalidität** wird die Höhe der Regressionskoeffizienten zwischen den Indikatoren und den Konstruktdimensionen betrachtet. Abgesehen von einer Ausnahme erfüllen sämtliche Indikatoren die Anforderung einer Mindesthöhe von 0,1. Die Ausnahme bildet der Indikator Par_2, der sich auf die wahrgenommene Möglichkeit, eigene Entscheidungen im Rahmen der Markenarbeit treffen zu können, bezieht.

Die Beurteilung der **Indikatorreliabilität** erfolgt anhand der t-Werte. Es zeigt sich, dass nahezu alle Indikatoren signifikant sind. Für einen Großteil der Indikatoren offenbart sich dabei ein deutlich höherer t-Wert als gefordert. So liegt oftmals Signifikanz auf dem 1-Prozentniveau oder sogar 0,1-Prozentniveau vor. Wie bereits der gering ausgeprägte Regressionskoeffizient vermuten lässt, erweist sich der Indikator Par_2 hingegen als nicht signifikant und stellt somit erneut die Ausnahme dar.

Trotz der Nicht-Erfüllung der Gütekriterien wird jedoch von einer Eliminierung des **Indikators Par_2** abgesehen. So wurde bereits an anderer Stelle aufgezeigt, dass in der wissenschaftlichen Literatur von einer Entfernung formativer Indikatoren allein aufgrund zu geringer und nicht signifikanter Regressionskoeffizienten abgeraten wird. So ist damit die Gefahr verbunden, dass sich der semantische Gehalt eines Konstrukts verändert und dadurch, streng genommen, die Messung eines anderen Konstrukts erfolgt. Eine Eliminierung ist erst dann vorzunehmen, wenn auch inhaltliche Überlegungen zu dieser Entscheidung führen.[689] Im Rahmen der Konzeptualisierung der Dimension wahrgenommene Partizipation wurde erläutert, dass Mitarbeitende durch Maßnahmen des markenorientierten Empowerment die Möglichkeit wahrnehmen, an der Umsetzung und Weiterentwicklung der Marke teilnehmen zu können.[690] In Anlehnung an *Bowen/Lawler* und *Zeplin* wurde zwischen der Vorschlags- und Aufgabenpartizipation als verschiedene Formen des Empowerment differenziert.[691] Die Wahrnehmung dieser beiden Empowermentformen führt somit zur wahrgenommen Partizipation bei der Markenarbeit.[692] Demzufolge stellen diese beiden Indikatoren die definierenden Elemente der Dimension Partizipation dar. Wird Indikator Par_2, das sich auf die Aufgabenpartizipation bezieht, aus der Skala entfernt, würde sich der Inhalt der Dimension verändern, da dann lediglich die Vorschlagspartizipation (Par_1) Berücksichtigung fände. Insofern führen inhaltliche Überlegungen zum weiteren Einbezug des Indikators in die Skala. Zudem sprechen auch die Erkenntnisse aus den Mitarbeiterinterviews für seine Beibehaltung. So wurde sich in den Interviews mehrfach für die Möglichkeit, eigene Entscheidungen zur Marke treffen zu können, ausgesprochen.

Die Prüfung auf **Multikollinearität** erfolgt anhand des VIF. Die Analyse zeigt, dass die VIF-Werte stets unter einem Wert von 3 liegen. Damit wird die Forderung nach VIF-Werten unter 5 deutlich erfüllt. Es bestehen demnach keine ausgeprägten Korrelationen zwischen den Indikatoren einer Dimension. Eine zu hohe Multikollinearität ist somit auszuschließen.

Die Analyse der **externen Validität** erfolgt mithilfe von Zwei-Konstrukt-Modellen. Hierfür wird jede Dimension in Bezug zu einer Referenzvariable gesetzt. Die Referenzvariable wird über je ein Item, das die jeweilige Dimension global abbildet, gemessen. Schaubild 5-7 gibt einen Überblick über die gewählten Indikatorformulierungen.

---

[689] Vgl. Abschnitt 5.3.1.2.1; vgl. *Weiber/Mühlhaus* 2010, S. 202.
[690] Vgl. Abschnitt 3.3.2.
[691] Vgl. Abschnitt 2.3.3.
[692] Vgl. Abschnitt 3.3.2.

Konstruktdimensionen	Indikator-bezeichnung	Indikatorformulierung/Item
Informations-vermittlung	Info_ges	Ich werde im Unternehmen gut über die Marke Bell informiert.
Vorleben der Markenidentität	Vor_ges	Mir wird im Unternehmen ein Verhalten im Sinne der Marke Bell überzeugend vorgelebt.
Wertschätzung	Wert_ges	Es wird im Unternehmen honoriert, wenn ich mich für die Marke Bell anstrenge.
Partizipation	Par_ges	Ich habe die Möglichkeit, aktiv Einfluss auf die Umsetzung und Weiterentwicklung der Marke Bell zu nehmen.
Visualisierung der Markenidentität	Vis_ges	Es wird im Unternehmen deutlich sichtbar gemacht, wofür die Marke Bell steht.

Schaubild 5-7: Reflektive Indikatoren der Referenzvariablen

Die Analyse offenbart, dass sämtliche Dimensionen einen starken und hochsignifikanten Pfad zu den jeweiligen Referenzvariablen aufweisen (0,1-Prozentniveau). Darüber hinaus erklären die Dimensionen jeweils mehr als 50 Prozent der Varianz der entsprechenden Referenzvariablen. Somit ist im Hinblick auf das Messmodell einer jeden Dimension von externer Validität auszugehen. Die hohe Varianzerklärung ist zudem ein Zeichen für eine hohe Inhaltsvalidität.[693] Dies bestätigt die zuvor gemachte Angabe, dass eine inhaltsvalide Messung der Dimensionen gegeben ist.

Schaubild 5-8 gibt einen detaillierten Überblick über die vorgestellten Ergebnisse.

---

[693] Vgl. *Herrmann/Huber/Kressmann* 2006, S. 51.

Dimension	Indikator	Vorhersage-validität	Reliabilität des Regr.koeff.	Multi-kollinearität	Externe Validität (Beziehung zur Referenzvariable)		
		Gewichthöhe	t-Wert	VIF	Pfadhöhe	t-Wert	R^2
	Anforderung	$\geq 0,1$	$> 1,98$ ($> 1,65$)	< 5	$> 0,5$	$> 1,98$ ($> 1,65$)	$> 0,5$
Informations-vermittlung	Info_1 (Medien)	0,414***	3,242	1,443	0,850****	30,355	0,722
	Info_2 (Schulungen)	0,416****	3,495	2,732			
	Info_3 (persönliche Gespräche)	0,333***	2,699	2,933			
Vorleben der Markenidentität	Vor_1 (Geschäftsführung)	0,584****	4,397	2,141	0,834****	23,893	0,696
	Vor_2 (direkte Vorgesetzte)	0,311**	2,008	2,137			
	Vor_3 (Kollegen)	0,240*	1,814	1,658			
Wertschätzung	Wert_1 (Geldleistungen)	0,266**	2,176	1,575	0,830****	31,643	0,690
	Wert_2 (Sachleistungen)	0,287***	2,275	1,645			
	Wert_3 (immateriell)	0,641****	5,419	1,439			
Partizipation	Par_1 (eigene Vorschläge)	0,936****	6,216	2,174	0,769****	24,786	0,591
	Par_2 (eigene Entscheidungen)	0,085[n.s.]	0,441	2,174			
Visualisierung der Markenidentität	Vis_1 (Gestaltung Räume)	0,339***	2,720	1,445	0,724****	22,183	0,524
	Vis_2 (Firmengelände)	0,264**	2,153	1,558			
	Vis_3 (Dienstbekleidung)	0,288**	2,462	1,437			
	Vis_4 (zur Verfügung gestellte Artikel)	0,410***	3,182	1,420			

Legende: n.s. = nicht signifikant; * signifikant auf 10 %-Niveau; ** signifikant auf 5 %-Niveau; *** signifikant auf 1 %-Niveau; **** signifikant auf 0,1 %-Niveau

Schaubild 5-8: Schätzergebnisse für das formative Messmodell der Qualität der Internen Markenführung auf Dimensionsebene

In Bezug auf die **Diskriminanzvalidität** interessiert die Höhe der Korrelationen zwischen den Konstruktdimensionen. Wie aus Schaubild 5-9 hervorgeht, liegen diese deutlich unter dem maximal zulässigen Wert von 0,9. Somit liegt Diskriminanzvalidität zwischen den Konstrukten vor. Zugleich wird damit empirisch belegt, dass die Dimensionen unterschiedliche Facetten des Konstrukts Qualität der Internen Markenführung darstellen.

Konstruktdimensionen	Informationsvermittlung	Vorleben der Markenidentität	Wertschätzung	Partizipation	Visualisierung der Markenidentität
Informationsvermittlung	1				
Vorleben der Markenidentität	0,558	1			
Wertschätzung	0,520	0,514	1		
Partizipation	0,527	0,467	0,399	1	
Visualisierung der Markenidentität	0,426	0,531	0,346	0,301	1

Schaubild 5-9: Konstruktkorrelationen zur Überprüfung der Diskriminanzvalidität

5.4.3 Analyse des Messmodells auf Konstruktebene (Strukturmodell)

Die Analyse des formativen Messmodells auf Konstruktebene erfolgt analog zur Analyse des formativen Messmodells auf Dimensionsebene. Allerdings stellen nun die Dimensionen des Gesamtkonstrukts der Qualität der Internen Markenführung die Indikatoren dieses Konstrukts dar.

Auch auf Konstruktebene wird die **Inhaltsvalidität** als gegeben betrachtet. So trägt der erfolgte Einsatz verschiedener Verfahren (Literaturanalyse, Mitarbeiterinterviews, Theorierückgriff) zu einer umfassenden Abbildung der inhaltlichen Facetten der Qualität der Internen Markenführung durch die Dimensionen bei.

Die Höhe der Regressionskoeffizienten mit Werten über 0,1 verweisen auf die **Vorhersagevalidität** der Dimensionen. Die Ausnahme bildet das wahrgenommene Vorleben der Markenidentität. Hier bewegt sich der Wert nahe Null.

Die Überprüfung der **Reliabilität des Regressionskoeffizienten** anhand des t-Wertes zeigt, dass die Regressionsparameter mehrheitlich signifikant, größtenteils sogar hochsignifikant sind. Für die Dimension Vorleben der Markenidentität ist dies jedoch nicht zutreffend. So erweist sich der ohnehin geringe Regressionskoeffizient zudem als nicht signifikant.

Wenngleich die Gütekriterien für die Dimension **Vorleben der Markenidentität** nicht erfüllt werden, wird auf eine Eliminierung der Dimension verzichtet. Hierfür sprechen, wie im vorherigen Abschnitt hinsichtlich des Indikators Par_2, ähnliche Gründe. So wurde im Rahmen der Literaturanalyse und der Mitarbeiterinterviews deutlich, dass die Mitarbeitenden von einer „guten" Internen Markenführung erwarten, dass die Markenidentität im Unternehmen vorgelebt wird.[694] Die Dimension stellt somit ein konstituierendes Element der Qualität der Internen Markenführung dar. Mit der Eliminierung dieser Dimension würde der Wegfall einer inhaltlichen Facette des Konstrukts einhergehen.

Für die Prüfung auf **Multikollinearität** ist zunächst die Berechnung von Dimensionswerten (Indizes) notwendig. Diese ergeben sich als Summe der mit den Regressionsparametern (Gewichte) gewichteten Indikatorwerten einer Dimension dividiert durch die Summe der Gewichte.[695] Dadurch ergibt sich für jede Dimension ein einzelner Wert. Es werden durchgehend VIF-Werte unter 5 ermittelt. Somit ist von keiner substanziellen Multikollinearität zwischen den Konstruktdimensionen auszugehen.

Die Analyse der **externen Validität** erfolgt anhand der Höhe der Varianzerklärung der Dimensionen auf das übergeordnete Konstrukt der Qualität der Internen Markenführung. Letzteres wird über die drei reflektiven globalen Indikatoren gemessen. Der zu betrachtende Wert stellt das R^2 dar. Es zeigt sich, dass das Bestimmtheitsmaß einen Wert von 0,528 annimmt. Damit erklären die Konstruktdimensionen zu 52,8 Prozent der Varianz der Qualität der Internen Markenführung. Folglich ist von externer Validität des formativen Messmodells auf Konstruktebene auszugehen.

In Schaubild 5-10 sind sämtliche Ergebnisse tabellarisch aufgeführt. Zur Veranschaulichung sind die Ergebnisse zusätzlich grafisch dargestellt (vgl. Schaubild 5-11). Schließlich ist auf Schaubild 5-12 zu verweisen. Aus Gründen einer vollständigen Ergebnisdarstellung sind hier die Ergebnisse der Güteprüfung für das reflektive Messmodell der Qualität der Internen Markenführung aufgeführt. Wie deutlich wird, werden sämtliche Anforderungen an das Messmodell erfüllt.

---

[694] Vgl. Abschnitt 3.3.1.3.
[695] Vgl. *von Loewenfeld* 2006, S. 187; *Eichen* 2010, S. 225.

Empirische Überprüfung des Mess- und Wirkungsmodells der QIMF 219

	Dimensionsebene			Konstruktebene
Konstruktdimensionen (Indikatoren)	Pfadkoeffizient $\geq 0,1$	t-Wert $> 1,98$ ($> 1,65$)	VIF < 5	R^2 $> 0,5$
Informationsvermittlung (Index)	0,280****	3,640	1,832	
Vorleben der Markenidentität (Index)	-0,004 n.s.	0,062	1,894	
Wertschätzung (Index)	0,272****	4,594	1,529	0,528
Partizipation (Index)	0,117*	1,838	1,464	
Visualisierung der Markenidentität (Index)	0,289****	5,150	1,418	

Legende: n.s. = nicht signifikant; * signifikant auf 10 %-Niveau; ** signifikant auf 5 %-Niveau; *** signifikant auf 1 %-Niveau; **** signifikant auf 0,1 %-Niveau

Schaubild 5-10: Schätzergebnisse für das formative Messmodell der Qualität der Internen Markenführung auf Konstruktebene (Strukturmodell)

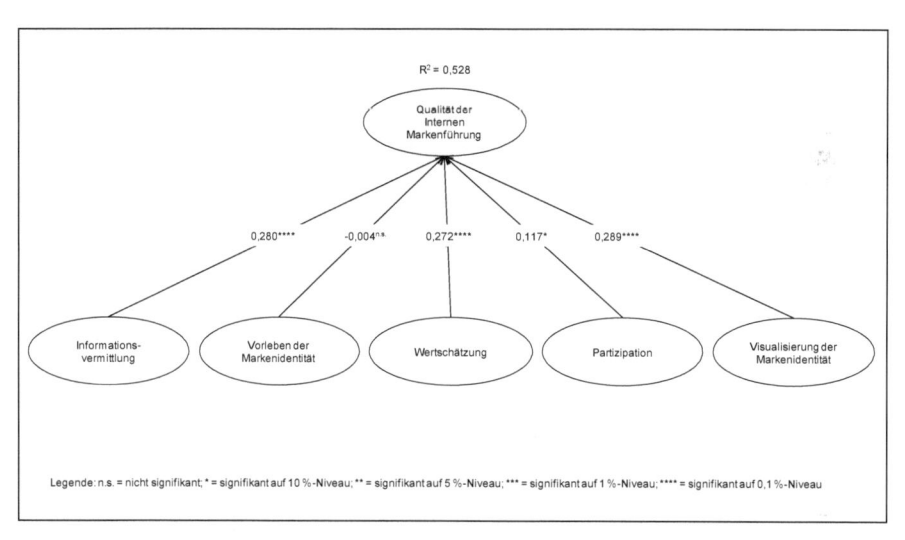

Schaubild 5-11: Grafische Ergebnisdarstellung für das formative Messmodell der Qualität der Internen Markenführung auf Konstruktebene (Strukturmodell)

Indikator	Indikatorreliabilität		Konvergenzvalidität				Vorhersagevalidität	
	Ladung	t-Wert	KR	DEV	Cronbachs Alpha	EW		Q^2
Anforderung	≥ 0,7	> 1,65	≥ 0,6	≥ 0,5	> 0,7	1. EW > 1 2. EW < 1		> 0
QIMF_1	0,949****	111,213						
QIMF_2	0,954****	105,275	0,963	0,896	0,942	2,688 0,186		0,735
QIMF_3	0,937****	86,844						

Legende: n.s. = nicht signifikant; * signifikant auf 10 %-Niveau; ** signifikant auf 5 %-Niveau; *** signifikant auf 1 %-Niveau; **** signifikant auf 0,1 %-Niveau

Schaubild 5-12: Schätzergebnisse für das reflektive Messmodell der Qualität der Internen Markenführung

Die Reliabilitäts- und Validitätsprüfung der Messmodelle ist an dieser Stelle abgeschlossen. Im folgenden Abschnitt werden die Ergebnisse zusammengefasst und interpretiert.

5.4.4 Zusammenfassung und Interpretation der Ergebnisse

Zunächst erfolgt die Zusammenfassung und Interpretation der Ergebnisse für das Messmodell auf Dimensionsebene. Anschließend wird sich mit den Ergebnissen für das Messmodell auf Konstruktebene (Strukturmodell) auseinandergesetzt.

(1) Zusammenfassung und Interpretation der Ergebnisse für das Messmodell auf Dimensionsebene

Wie die Darstellung der Analyseergebnisse gezeigt hat, sind für das Messmodell auf Dimensionsebene weitestgehend zufriedenstellende Resultate festzustellen. Es ist von keiner substanziellen Multikollinearität zwischen den Indikatoren einer Dimension auszugehen. Inhaltsvalidität, externe Validität und Diskriminanzvalidität sind gegeben. Von einer Ausnahme abgesehen werden die Mindestwerte für die Höhe und Signifikanz der Regressionskoeffizienten erreicht. Von einer Eliminierung dieses Indikators (Par_2) ist jedoch abzusehen, da er als definierendes Element der Dimension Partizipation bei der Markenarbeit angesehen wird (vgl. 5.4.2).

Für die Interpretation der Ergebnisse ist die Höhe der Regressionskoeffizienten von besonderer Bedeutung. Diese geben Aufschluss über die **Einflussstärke** ei-

Empirische Überprüfung des Mess- und Wirkungsmodells der QIMF 221

nes Indikators auf die dazugehörige Dimension. Dadurch wird z.B. ersichtlich, welche Maßnahme wie stark zur wahrgenommenen Visualisierung der Markenidentität beiträgt. Schaubild 5-13 gibt einen Überblick über die Höhe der Einflussstärke.

Dimension	Indikator	Einflussstärke auf die Dimensionen (absolut)	Einflussstärke auf die Dimensionen (in Prozent)
Informationsvermittlung	Info_1 (Medien)	0,414	35,6 %
	Info_2 (Schulungen)	0,416	35,8 %
	Info_3 (persönliche Gespräche)	0,333	28,6 %
Vorleben der Markenidentität	Vor_1 (Geschäftsführung)	0,584	51,5 %
	Vor_2 (direkte Vorgesetzte)	0,311	27,4 %
	Vor_3 (Kollegen)	0,240	21,1 %
Wertschätzung	Wert_1 (Geldleistungen)	0,266	22,3 %
	Wert_2 (Sachleistungen)	0,287	24,0 %
	Wert_3 (immateriell)	0,641	53,7 %
Partizipation	Par_1 (eigene Vorschläge)	0,936	100 %
	Par_2 (eigene Entscheidungen)	n.s.	
Visualisierung der Markenidentität	Vis_1 (Gestaltung Räume)	0,339	26,1 %
	Vis_2 (Firmengelände)	0,264	20,3 %
	Vis_3 (Dienstbekleidung)	0,288	22,1 %
	Vis_4 (zur Verfügung gestellte Artikel)	0,410	31,5 %
Legende: n.s. = nicht signifikanter Einfluss			

Schaubild 5-13: Einflussstärke der Indikatoren auf die Dimensionen der Qualität der Internen Markenführung

Im Hinblick auf die Dimension **Informationsvermittlung** zeigt sich, dass die berücksichtigten Maßnahmen zu ähnlichen Anteilen dazu beitragen, dass sich Mitarbeitende gut über die Marke informiert fühlen. Informationsmedien und Schulungen beeinflussen die wahrgenommene Informationsvermittlung nahezu gleich (jeweils relative Bedeutungsgewichte von knapp 36 Prozent). Die persönlichen Gespräche haben einen leicht geringeren, jedoch ebenfalls bedeutenden Beeinflussungseffekt (relatives Bedeutungsgewicht von knapp 30 Prozent).

Bei der Dimension **Vorleben der Markenidentität** ergibt sich hinsichtlich der Bedeutung der einzelnen Maßnahmen ein weniger ausgewogenes Bild. Die Wahrnehmung des Vorlebens der Markenidentität im Unternehmen wird primär durch die Geschäftsführung geprägt (relatives Bedeutungsgewicht von 51,5 Prozent). Die direkten Vorgesetzten und die Kollegen der befragten Mitarbeitenden sind dennoch nicht unbedeutend. Sie tragen ebenfalls dazu bei, dass Mitarbeitende ein Vorleben der Markenidentität im Unternehmen wahrnehmen (relative Bedeutungsgewichte von 27,4 bzw. 21,1 Prozent).

Eine eindeutige Tendenz zeigt auch die Analyse der Einflussstärken in Bezug auf die Dimension **Wertschätzung**. Es sind weniger materielle Leistungen (Geld-, Sachleistungen), die zur wahrgenommenen Wertschätzung führen (relative Bedeutungsgewichte von 22,3 bzw. 24 Prozent), sondern vielmehr immaterielle Belohnungen, wie z.B. Lob durch Vorgesetzte. Diese stellen mit einer prozentualen Gewichtung von 53,7 Prozent das zentrale Beurteilungskriterium für die wahrgenommene Wertschätzung dar.

Bei der Dimension **Partizipation** erweist sich nur ein Indikator als signifikant. Demzufolge trägt einzig die Möglichkeit, eigene Vorschläge einzubringen, dazu bei, dass Mitarbeitende Möglichkeiten der Partizipation bei der Markenarbeit wahrnehmen (relatives Bedeutungsgewicht von 100 Prozent). Die Möglichkeit, eigene Entscheidungen zu treffen, hat auf diese Wahrnehmung keinen Beeinflussungseffekt.

Im Hinblick auf die Dimension **Visualisierung der Markenidentität** zeichnen sich die berücksichtigten Maßnahmen durch ähnliche Bedeutungsgewichte aus. Mit einer prozentualen Gewichtung von 31,5 Prozent tragen die zur Verfügung gestellten Artikel am stärksten zur wahrgenommene Visualisierung der Markenidentität im Unternehmen bei, gefolgt von der Raumgestaltung, der Dienstbekleidung und dem Firmengelände (relative Bedeutungsgewichte von 26,1 Prozent, 22,1 Prozent und 20,3 Prozent).

(2) Zusammenfassung und Interpretation der Ergebnisse für das Messmodell auf Konstruktebene (Strukturmodell)

Im Hinblick auf das formative Messmodell auf Konstruktebene ist ebenfalls eine mehrheitliche Erfüllung der Gütekriterien zu beobachten. So liegt kein bedeutendes Ausmaß an Multikollinearität vor. Zudem sind Inhaltsvalidität und externe Validität gegeben. Mit der Dimension Vorleben der Markenidentität sind jedoch nicht alle Regressionsparameter signifikant und liegen über dem erforderlichen Mindestwert von 0,1. Legt man lediglich die empirischen Ergebnisse zugrunde, ist die Konzeptualisierungshypothese H_1, nach der sich das Konstrukt aus den fünf Dimensionen Informationsvermittlung, Vorleben der Markenidentität, Wertschätzung, Partizipation und Visualisierung der Markenidentität zusammensetzt, somit abzulehnen. Es wurde jedoch erläutert, dass das Vorleben der Markenidentität als definierendes Element der Qualität der Internen Markenführung angesehen wird (vgl. Abschnitt 5.4.3). Insofern wird die Qualität der Internen Markenführung weiterhin als ein Konstrukt aufgefasst, das sich aus den fünf Dimensionen zusammensetzt.

Zur Interpretation der Ergebnisse ist die Höhe der Regressionsparameter für die einzelnen Dimensionen im Gesamtmodell der Qualität der Internen Markenführung zu betrachten. Diese geben die **direkte Einflussstärke** der Dimensionen auf die Wahrnehmung der Qualität der Internen Markenführung wieder. In Schaubild 5-14 links sind die entsprechenden absoluten und relativen Werte dargestellt.

Dimension	Direkte Einflussstärke der Dimensionen auf die QIMF[a] (absolut)	Direkte Einflussstärke der Dimensionen auf die QIMF[a] (in Prozent)	Indikatoren	Indirekte Einflussstärke der Indikatoren auf die QIMF[a] (absolut)	Indirekte Einflussstärke der Indikatoren auf die QIMF[a] (in Prozent)
Informationsvermittlung	0,280	29,2 %	Info_1 (Medien)	0,116*	10,2 %
			Info_2 (Schulungen)	0,116*	10,3 %
			Info_3 (persönliche Gespräche)	0,093	8,2 %
Vorleben der Markenidentität	n.s.		Vor_1 (Geschäftsführung)	n.s.	
			Vor_2 (direkte Vorgesetzte)	n.s.	
			Vor_3 (Kollegen)	n.s.	
Wertschätzung	0,272	28,4 %	Wert_1 (Geldleistungen)	0,072	6,4 %
			Wert_2 (Sachleistungen)	0,078	6,9 %
			Wert_3 (immateriell)	0,174	15,3 %
Partizipation	0,117	12,2 %	Par_1 (eigene Vorschläge)	0,110	9,6 %
			Par_2 (eigene Entscheidungen)	n.s.	
Visualisierung der Markenidentität	0,289	30,2 %	Vis_1 (Gestaltung Räume)	0,098	8,6 %
			Vis_2 (Firmengelände)	0,076	6,8 %
			Vis_3 (Dienstbekleidung)	0,083	7,3 %
			Vis_4 (zur Verfügung gestellte Artikel)	0,118	10,4 %

Legende: n.s. = nicht signifikanter Einfluss; * Die gleichen indirekten Einflussstärken sind bedingt durch die vorgenommene Rundung auf drei Nachkommastellen; [a] QIMF = Qualität der Internen Markenführung

Schaubild 5-14: Direkte Einflussstärke der Dimensionen auf das Gesamtkonstrukt der Qualität der Internen Markenführung (links) und indirekte Einflussstärke der Indikatoren auf das Gesamtkonstrukt der Qualität der Internen Markenführung (rechts)

Es wird deutlich, dass die **wahrgenommene Visualisierung der Markenidentität** im Unternehmen am stärksten zu einer guten Beurteilung der Internen Markenführung beiträgt (relatives Bedeutungsgewicht von 30,2 Prozent). Von ähnlicher Relevanz sind jedoch auch die **wahrgenommene Informationsvermittlung** und die **wahrgenommene Wertschätzung** (relatives Bedeutungsgewicht von 29,2 Prozent und 28,4 Prozent). Die **wahrgenommene Partizipation** zeichnet sich durch einen deutlich geringeren Beeinflussungseffekt auf die Qualität der Internen Markenführung aus (relatives Bedeutungsgewicht von 12,2 Prozent). Das **wahrgenommene Vorleben der Markenidentität** stellt, den empirischen Ergebnissen zufolge, kein Beurteilungskriterium für die Qualität der Internen Markenführung dar.

Zur besseren Ergebnisinterpretation sind zusätzlich die **indirekten Einflussstärken** zu berechnen.[696] Diese beziehen sich auf den von jedem Indikator über die Dimensionsebene führenden Pfad auf das Gesamtkonstrukt der Qualität der Internen Markenführung. Die indirekte Einflussstärke berechnet sich durch die Multiplikation des Gewichts eines einzelnen Indikators mit dem Strukturparameter der dazugehörigen Dimension. Im Falle nicht signifikanter Gewichte bzw. Strukturparameter ist die Einflussstärke gleich Null. Im obigen Schaubild 5-14 sind rechts die absoluten und relativen Werte aufgeführt.

Aus den vergleichsweise hohen Beeinflussungseffekten der Dimensionen Visualisierung der Markenidentität und Informationsvermittlung sowie der dazugehörigen Indikatoren auf die Qualität der Internen Markenführung lässt sich schließen, dass für eine gute Beurteilung der Internen Markenführung insbesondere die **Maßnahmen der internen Markenkommunikation** von Relevanz sind. Zusätzlich verweisen die Einflussstärken der Dimension Wertschätzung auf die Bedeutung **markenorientierter Anreize** für die Qualitätswahrnehmung der Internen Markenführung. Dies gilt im Besonderen für immaterielle Anreize. Im Vergleich zu den anderen Maßnahmen üben diese den stärksten indirekten Einfluss auf die Qualität der Internen Markenführung aus. Im Gegensatz dazu deuten die Einflussstärken der Dimensionen Partizipation und Vorleben der Markenidentität auf eine vergleichsweise geringe Relevanz der **markenorientierten Führung** hin. Lediglich die Vorschlagspartizipation (Par_1) ist für die Qualität der Internen Markenführung von Bedeutung. Insbesondere die nicht nachgewie-

---

[696] Die indirekten Einflussstärken beziehen sich streng genommen auf das Gesamtmodell der Qualität der Internen Markenführung, nicht nur auf das Messmodell auf Konstruktebene. Ihre Darstellung erfolgt – zugunsten einer tiefer gehenden Ergebnisinterpretation – dennoch an dieser Stelle.

sene Bedeutung der Entscheidungspartizipation ist vor dem Hintergrund, dass von den Befragten knapp 60 Prozent Führungsverantwortung haben, überraschend.

Ein Grund für die vergleichsweise geringe Relevanz der Dimension Partizipation und den mangelnden empirischen Nachweis der Dimension Vorleben der Markenidentität ist möglicherweise die Messung des übergeordneten Konstrukts der Qualität der Internen Markenführung. Die drei verwendeten Globalitems beziehen sich auf die Beurteilung von „Maßnahmen der Internen Markenführung" (vgl. Abschnitt 5.4.1). Der Maßnahmenbezug in der Itemformulierung wurde absichtlich gewählt, um den Befragten die Beurteilung des abstrakten Konzepts der Internen Markenführung zu erleichtern. Auch im Rahmen des Pretests mit Wissenschaftlern wurde sich für dieses Vorgehen ausgesprochen. Für ein besseres Verständnis der Maßnahmen der Internen Markenführung wurde im Fragebogen zudem darauf hingewiesen, dass darunter sämtliche zuvor abgefragten Maßnahmen – im Modell abgebildet als Indikatoren der Konstruktdimensionen – zu verstehen sind. Darüber hinaus wurden beispielhafte Maßnahmen genannt. Wenngleich in der Literatur die Partizipation, z.B. in der Form von Vorschlags- und Aufgabenpartizipation, und das Vorleben der Markenidentität durch Andere im Unternehmen unter die Maßnahmen der Internen Markenführung gezählt werden,[697] ist es jedoch möglich, dass dies von den Probanden nicht in gleichem Maße so verstanden wurde. Dies gilt im Besonderen für das Vorleben der Markenidentität. So kann es sein, dass z.B. die Visualisierung der Markenidentität und die Informationsvermittlung von den Fragebogenteilnehmern stärker mit Maßnahmen verbunden worden sind als das Vorleben der Markenidentität im Unternehmen. Für diese Vermutung sprechen auch die Ausprägungen der Strukturparameter der beiden Dimensionen. Angesichts dieses Umstands ist die geringe bzw. nicht nachgewiesene Einflussstärke der Dimensionen Partizipation bei der Markenarbeit und Vorleben der Markenidentität zu relativieren.

Insgesamt betrachtet bestätigen die Ergebnisse die vorgenommene Konzeptualisierung und Operationalisierung des Konstrukts. Vor dem Hintergrund, dass sich mit der vorliegenden Arbeit erstmals mit dem Konstrukt der Qualität der Internen Markenführung auseinandergesetzt wurde, ist dem Gesamtmodell der Qualität der Internen Markenführung eine gute Erklärungskraft zu attestieren (Varianzerklärung von 52,8 Prozent).

---

[697] Vgl. *Zeplin* 2006, S. 206ff.; *Giersch* 2008, S. 179; *König* 2010, S. 83ff.; vgl. Abschnitt 2.3.3.

Mit der hiermit abgeschlossenen Entwicklung und empirischen Überprüfung des Konstrukts ist eine (Teil-)Zielsetzung der vorliegenden Arbeit erfüllt. Nachfolgend liegt das Augenmerk auf der zweiten (Teil-)Zielsetzung, der empirischen Überprüfung des Wirkungsmodells der Qualität der Internen Markenführung.

5.5 Empirische Überprüfung des Wirkungsmodells der Qualität der Internen Markenführung

5.5.1 Vorgehensweise

Die empirische Überprüfung des Wirkungsmodells der Qualität der Internen Markenführung erfolgt ebenfalls unter Anwendung der Software SmartPLS 2.0. Konkret werden die folgenden **Auswertungsschritte** vorgenommen:

(1) In einem ersten Schritt liegt der Fokus auf der empirischen Untersuchung der Wirkungsbeziehungen zwischen den Konstrukten. Hier kommt die **Strukturgleichungsanalyse** zum Einsatz (vgl. Abschnitt 5.5.2). Zunächst erfolgt die Analyse des **aggregierten Wirkungsmodells**. Hier findet die Qualität der Internen Markenführung als Ganzes Berücksichtigung (vgl. Abschnitt 5.5.2.1). Anschließend liegt das Augenmerk auf der Analyse des **disaggregierten Wirkungsmodells**. Hier interessiert die Wirkung der einzelnen Dimensionen der Qualität der Internen Markenführung (vgl. Abschnitt 5.5.2.2). Im Hinblick auf das aggregierte und disaggregierte Wirkungsmodell findet jeweils eine **Analyse der Messmodelle** (vgl. Abschnitte 5.5.2.1.1 und 5.5.2.2.1) und **Analyse des Strukturmodells** statt (vgl. Abschnitte 5.5.2.1.2 und 5.5.2.2.2). Abschließend erfolgt die **Zusammenfassung und Interpretation der Ergebnisse** (vgl. 5.5.2.3).

(2) In einem zweiten Schritt liegt der Fokus auf der empirischen Untersuchung des Wirkungsmodells unter Berücksichtigung von Mitarbeiterheterogenität. Dies erfolgt unter Anwendung der **Finite-Mixture-Analyse** (vgl. Abschnitt 5.5.3). Im Mittelpunkt steht zunächst die **Bestimmung der optimalen Segmentzahl** (vgl. Abschnitt 5.5.3.1). Im Anschluss daran findet die **segmentspezifische Wirkungsanalyse** statt (vgl. Abschnitt 5.5.3.2). Diese mündet in eine **Post-hoc-Analyse**, in der überprüft wird, ob sich die identifizierten Segmente im Hinblick auf mitarbeiterspezifische Merkmale signifikant unterscheiden (vgl. Abschnitt 5.5.3.3). Abschließend erfolgt die **Zusammenfassung und Interpretation der Ergebnisse** (vgl. Abschnitt 5.5.3.4).

5.5.2 Ergebnisse der Strukturgleichungsanalyse

5.5.2.1 Ergebnisse für das aggregierte Wirkungsmodell

5.5.2.1.1 Analyse der Messmodelle

Im Folgenden wird zunächst auf die Analyse des formativen Messmodells eingegangen. Anschließend liegt der Fokus auf den reflektiven Messmodellen.

Die **Analyse des formativen Messmodells** bezieht sich auf das Konstrukt der Qualität der Internen Markenführung. Für die Messung des Konstrukts finden als Indikatoren die in Abschnitt 5.4.3 berechneten Dimensionswerte (Indizes) Berücksichtigung. Zur Güteprüfung sind erneut die vorgestellten Prüfkriterien für formative Messmodelle heranzuziehen.

Im Hinblick auf die **Inhaltsvalidität** und die **externe Validität** kann auf die Erkenntnisse der vorangegangenen Abschnitte Rückgriff genommen werden. Beides ist gegeben. Auf die VIF-Werte wurde ebenfalls bereits eingegangen. Es liegt kein zu hoher Grad an **Multikollinearität** zwischen den Indikatoren vor. Im Vergleich zur ausschließlichen Analyse des Messmodells der Qualität der Internen Markenführung ergeben sich bei der Untersuchung des Wirkungsmodells jedoch Unterschiede hinsichtlich der Höhe und Signifikanz der Regressionskoeffizienten. Wie Schaubild 5-15 zeigt, sind die Gewichte zumeist größer 0,1 und signifikant. Somit ist von **Vorhersagevalidität** der Indikatoren und **Reliabilität des Regressionskoeffizienten** auszugehen. Die Ausnahme bildet der Indikator Visualisierung der Markenidentität. Beide Prüfkriterien werden nicht erfüllt. Eine Eliminierung des Indikators wird jedoch unterlassen, da die Mitarbeiterinterviews (vgl. Abschnitt 3.3.1.2.2) und auch die vorgenommene empirische Untersuchung (vgl. Abschnitt 5.4.3) gezeigt haben, dass die Visualisierung der Markenidentität ein konstituierendes Element der Qualität der Internen Markenführung darstellt.

Indikator	Vorhersagevalidität	Reliabilität des Regressionskoeffizienten
	Gewichthöhe	t-Wert
Anforderung	$\geq 0,1$	$> 1,98$ ($> 1,65$)
Informationsvermittlung (Index)	0,222**	2,440
Vorleben der Markenidentität (Index)	0,316***	2,966
Wertschätzung (Index)	0,451****	5,330
Partizipation (Index)	0,223***	2,633
Visualisierung der Markenidentität (Index)	$0,068^{n.s.}$	0,810
Legende: n.s. = nicht signifikant; * signifikant auf 10 %-Niveau; ** signifikant auf 5 %-Niveau; *** signifikant auf 1 %-Niveau; **** signifikant auf 0,1 %-Niveau		

Schaubild 5-15: Schätzergebnisse für das formative Messmodell

Die **Analyse der reflektiven Messmodelle** bezieht sich auf sämtliche der Qualität der Internen Markenführung nachgelagerte Konstrukte. Bedingt durch die Konstruktspezifikation ist im Rahmen der Analyse auf die Gütekriterien für reflektive Messmodelle Rückgriff zu nehmen.

Die Operationalisierung sämtlicher Konstrukte erfolgte auf Basis bewährter Skalen (vgl. Abschnitt 4.3.2). Die **Inhaltsvalidität** der Messmodelle wird daher als gegeben betrachtet.

Indikatorreliabilität liegt ebenfalls vor. Die Ladungen überschreiten stets den Wert von 0,7. Die t-Werte verweisen auf die Signifikanz jeder Ladung.

Auch die Prüfung auf **Konvergenzvalidität** offenbart zufriedenstellende Ergebnisse. Die Schwellenwerte für die KR und DEV werden ausnahmslos überschritten. Die Konstrukte sind demnach gut geeignet, um die zu ihnen in Beziehung stehenden Indikatorvariablen zu erklären. Zudem zeichnet sich jedes Konstrukt durch Unidimensionalität aus. Darauf verweisen zum einen Alpha-Werte größer 0,7. Zum anderen ist der erste EW eines jeden Konstrukts größer Eins, während der zweite EW stets kleiner Eins ist.

Die Überprüfung der **Vorhersagevalidität** zeigt für jedes Konstrukt Q^2-Werte deutlich über Null. Eine Rekonstruktion der Konstrukte durch die dazugehörigen Indikatoren ist demnach gut möglich.

In Schaubild 5-16 sind die Ergebnisse zusammenfassend dargestellt. Wie aus dem Schaubild hervorgeht, hat sich beim Konstrukt **markenkonformes Mitarbeiterverhalten** hinsichtlich der Anzahl und Benennung der Items eine Änderung zur vorgenommenen Operationalisierung ergeben. Diese Änderung ist auf die ursprüngliche dreidimensionale Struktur des Konstrukts zurückzuführen. Aufgrund der postulierten Mehrdimensionalität war eine detaillierte Güteprüfung des Konstruktes notwendig. Um zu überprüfen, ob die postulierte Drei-Faktoren-Struktur auch identifiziert wird, galt es zunächst, alle 12 Items in eine exploratorische Faktorenanalyse (EFA) zu integrieren. Dabei kristallisierte sich lediglich eine zweifaktorielle Struktur heraus. Dem ersten Faktor ließen sich die Items BCB_1-BCB_3 zuordnen. Damit liegt eine exakte Übereinstimmung des Faktors mit der zuvor festgelegten Dimension Markenakzeptanz vor. Da sich die Items auf Verhaltensweisen beziehen, die von einem Mitarbeitenden als Repräsentant der Marke erwartet bzw. vorgegeben werden (vgl. Abschnitt 4.3.1.5), wurde der Faktor als **Standard-Markenverhalten** bezeichnet. Der zweite Faktor beinhaltete die Items BCB_4 und BCB_6-BCB_12.[698] Der Faktor umfasst somit die Items der Dimensionen Markenmissionierung und Markenentwicklung. Die Items beider Dimensionen beziehen sich auf Verhaltensweisen, die über das Standardverhalten hinausgehen und freiwillig sowie außerhalb von formalisierten Rollenerwartungen gezeigt werden (vgl. Abschnitt 4.3.1.5). Der neu entstandene Faktor wurde daher als **Extra-Markenverhalten** bezeichnet.[699] Für jeden Faktor wurde anschließend eine Einzelanalyse vorgenommen. In Anlehnung an eine konfirmatorische Faktorenanalyse wurden die beiden Faktoren zudem einer gemeinsamen Analyse unterzogen. Um zu prüfen, ob eine Unterschiedlichkeit zwischen den Faktoren gewährleistet ist, erfolgte des Weiteren eine Prüfung auf Diskriminanzvalidität. Es zeigte sich, dass sämtliche Gütekriterien erfüllt werden.[700] Somit stellt das markenkonforme Mitarbeiterverhalten ein zweidimensionales Kon-

---

[698] Vgl. Anhang 3.1. Item BCB_5 wurde aufgrund zu ähnlicher Querladungen aus der Skala entfernt.

[699] Die Bezeichnung der Faktoren lehnt sich an die in Abschnitt 4.3.1.5 verwendeten Begrifflichkeiten des „einfachen" Rollenverhaltens (Standardverhalten) und Extra-Rollenverhaltens an. Die Zuordnung der Indikatoren der beiden Dimensionen Markenmissionierung (außengerichtetes Extra-Rollenverhalten) und Markenentwicklung (innengerichtetes Extra-Rollenverhalten) zu nur einem Faktor verweist zudem darauf, dass die beiden Größen über keine ausreichende diskriminierende Kraft verfügen.

[700] Vgl. Anhang 3.2-3.5. Für die Einzelanalyse wurde auf die als Gütekriterien der ersten Generation Rückgriff genommen, für die Gesamtanalyse auf die Gütekriterien der zweiten Generation. Es wird an dieser Stelle auf eine ausführliche Darstellung der Validierung mehrdimensionaler, reflektiver Konstrukte verzichtet.

strukt, bestehend aus den Dimensionen Standard-Markenverhalten und Extra-Markenverhalten, dar. Um die Komplexität des Konstrukts zu reduzieren, wurde zudem ein **Item-Parceling** vorgenommen. Dies beinhaltete die Verdichtung der Indikatoren der jeweiligen Dimension zu je einem Indikator mittels Berechnung von Faktorwerten.[701] Die beiden neu entstanden Indikatoren fanden schließlich als Konstruktindikatoren im Wirkungsmodell Berücksichtigung.

Konstrukt	Indikator	Indikatorreliabilität			Konvergenzvalidität				Vorhersagevalidität
		Ladung	t-Wert	KR	DEV	Cronbachs Alpha	EW		Q^2
	Anforderung	≥ 0,7	> 1,65	≥ 0,6	≥ 0,5	> 0,7	1. EW > 1 2. EW < 1		> 0
Markenarbeitszufriedenheit	Zuf_1	0,943****	93,121	0,955	0,875	0,929	2,6227 0,224		0,843
	Zuf_2	0,945****	98,668						
	Zuf_3	0,918****	55,450						
Markencommitment	Com_1	0,812****	26,418	0,913	0,724	0,873	2,898 0,552		0,705
	Com_2	0,869****	37,974						
	Com_3	0,878****	34,773						
	Com_4	0,844****	28,169						
Markenvertrauen	Ver_1	0,815****	31,136	0,920	0,741	0,883	2,967 0,475		0,725
	Ver_2	0,850****	44,061						
	Ver_3	0,895****	45,083						
	Ver_4	0,883****	49,608						
Markenkonformes Mitarbeiterverhalten	Standard-Markenverhalten (Faktorwert)	0,897****	45,072	0,910	0,836	0,805	1,674 0,326		0,833
	Extra-Markenverhalten (Faktorwert)	0,931****	107,332						

Legende: n.s. = nicht signifikant; * signifikant auf 10 %-Niveau; ** signifikant auf 5 %-Niveau; *** signifikant auf 1 %-Niveau; **** signifikant auf 0,1 %-Niveau

Schaubild 5-16: Schätzergebnisse für die reflektiven Messmodelle im Wirkungsmodell der Qualität der Internen Markenführung

---

[701] Zum Item-Parceling vgl. *Bagozzi/Heatherton* 1994; *Bagozzi/Edwards* 1998; *Little et al.* 2002; *Homburg/Droll/Totzek* 2008, S. 120; *Falk/Hammerschmidt/Schepers* 2010, S. 293.

Die Überprüfung der **Diskriminanzvalidität** erfolgt mithilfe des Fornell-Larcker-Kriteriums. Schaubild 5-17 zeigt, dass die DEV bei jedem Konstrukt größer ist als die quadrierte Korrelation dieses Konstrukts mit den restlichen latenten Variablen. Damit ist sichergestellt, dass die Assoziation zwischen den Indikatoren der unterschiedlichen Konstrukte schwächer ist als die Assoziation zwischen den Indikatoren eines Konstruktes.

	Markenarbeitszufriedenheit	Markencommitment	Markenvertrauen	Markenkonformes Mitarbeiterverhalten
Markenarbeitszufriedenheit	**0,875**			
Markencommitment	0,419	**0,724**		
Markenvertrauen	0,461	0,569	**0,741**	
Markenkonformes Mitarbeiterverhalten	0,301	0,516	0,440	**0,836**
Legende: In der Diagonalen (gefettet) stehen die DEV-Werte, unterhalb der Diagonalen die quadrierte Faktorkorrelationen.				

Schaubild 5-17: Prüfung der Modellkonstrukte auf Diskriminanzvalidität

5.5.2.1.2 Analyse des Strukturmodells

Im Rahmen der Analyse des Strukturmodells interessieren die Stärke der Wirkungsbeziehungen zwischen den Konstrukten (Pfadhöhe und Signifikanz), die Stärke des Erklärungsbeitrags der exogenen auf die endogene Variable, die Varianzerklärung der endogenen Variablen und die Vorhersagevalidität. In Schaubild 5-18 sind die Schätzergebnisse für das Strukturmodell dargestellt.

Exogenes Konstrukt	Endogenes Konstrukt	Hypothese	Pfadkoeff. ≥ 0,1	t-Wert > 1,98 (> 1,65)	f^2 > 0,02	R^2 > 0,3	Q^2 > 0
QIMF	Markenarbeitszufriedenheit	H_1	0,632****	14,387	-[a]	0,400	0,346
QIMF	Markencommitment	H_2	0,642****	17,493	-[a]	0,412	0,295
QIMF	Markenvertrauen	H_3	0,697****	21,326	-[a]	0,486	0,354
Markenarbeitszufriedenheit	Markenkonformes Mitarbeiterverhalten	H_4	0,061 n.s.	0,859	0,00	0,552	0,462
Markencommitment	Markenkonformes Mitarbeiterverhalten	H_5	0,486****	5,972	0,21	0,552	0,462
Markenvertrauen	Markenkonformes Mitarbeiterverhalten	H_6	0,255***	2,898	0,05	0,552	0,462

Legende: n.s. = nicht signifikant; * signifikant auf 10 %-Niveau; ** signifikant auf 5 %-Niveau; *** signifikant auf 1 %-Niveau; **** signifikant auf 0,1 %-Niveau
[a] = Wert ist für eine latente Variable mit nur einer erklärenden Variable nicht berechenbar

Schaubild 5-18: Schätzergebnisse für das Strukturmodell des aggregierten Wirkungsmodells der Qualität der Internen Markenführung

Im Hinblick auf die **Stärke der Wirkungsbeziehungen zwischen den Konstrukten** zeigt sich, dass von der Qualität der Internen Markenführung eine starke Wirkung auf die Konstrukte auf Ebene der Mitarbeiter-Marken-Beziehung ausgeht. Zwischen dem Markencommitment bzw. dem Markenvertrauen und dem markenkonformen Mitarbeiterverhalten liegt ebenfalls ein signifikanter Wirkungszusammenhang vor. Im Gegensatz dazu erweist sich der hypothetisierte positive Einfluss der Markenarbeitszufriedenheit auf das markenkonforme Mitarbeiterverhalten als nicht signifikant.

Darauf aufbauend wurde die **Stärke des Erklärungsbeitrags der exogenen auf die jeweils nachgelagerte Variable** untersucht. Wie bereits durch die geringe Höhe und Nicht-Signifikanz des Pfadkoeffizienten deutlich wird, übt die Markenarbeitszufriedenheit keinen Einfluss auf das markenkonforme Mitarbeiterverhalten aus. Der Erklärungsbeitrag des Markencommitments auf das Konstrukt ist mittel bis hoch, der des Markenvertrauens ist gering.

Die **Varianzerklärung der endogenen Variablen** wird anhand des R^2 beurteilt. Es ergeben sich durchgehend zufriedenstellende Werte. Die Qualität der Internen

Markenführung erklärt zu 40 Prozent die Markenarbeitszufriedenheit, zu 41,2 Prozent das Markencommitment und zu 48,6 Prozent das Markenvertrauen. Die Varianzerklärung des Zielkonstrukts (markenkonformes Mitarbeiterverhalten) beträgt „gute" 55,2 Prozent.

Dem Modell kann zudem **Vorhersagevalidität** attestiert werden. So offenbaren sich durchgehend Q^2-Werte über Null.

Zur Veranschaulichung erfolgt an dieser Stelle, zusätzlich zur tabellarischen Übersicht, die grafische Ergebnisdarstellung (vgl. Schaubild 5-19).

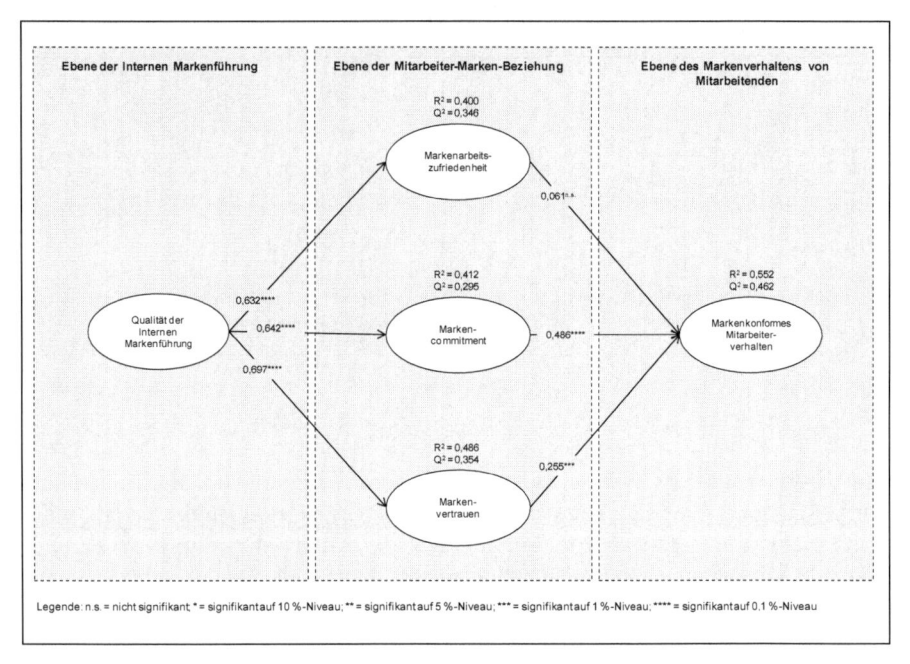

Schaubild 5-19: Grafische Ergebnisdarstellung für das Strukturmodell des aggregierten Wirkungsmodells der Qualität der Internen Markenführung

Die Analyse des aggregierten Wirkungsmodells der Qualität der Internen Markenführung anhand der herangezogenen Gütekriterien ist hiermit abgeschlossen. Bevor das Augenmerk auf die Analyse des disaggregierten Wirkungsmodells gelegt wird, gilt es an dieser Stelle jedoch eine Prüfung auf Methodeneffekte vorzunehmen. Da im Rahmen der vorliegenden Untersuchung die abhängigen und unabhängigen Variablen von jeweils einer Person beurteilt werden, besteht nämlich die Möglichkeit des Vorliegens eines **Common-Method-Bias** (CMB).[702] Die Folge wären Verzerrungen in der Korrelation zwischen den exogenen und den endogenen Variablen.[703] Um sicherzustellen, dass kein CMB besteht, wurde ein so genannter Methodenfaktor (Common-Method-Factor), der sämtliche Indikatoren des aggregierten Wirkungsmodells beinhaltete, in das Kausalmodell eingeführt und in Beziehung zu sämtlichen Modellkonstrukten gesetzt. Als Modellkonstrukte fungierten die bisherigen latenten Variablen sowie zusätzlich deren Indikatoren, die als Single-Item-Konstrukte in das Modell integriert wurden. Bei der Prüfung auf CMB sind die Pfadkoeffizienten (Ladungen) der ursprünglichen Modellkonstrukte auf die zugehörigen Single-Item-Konstrukte mit den Pfadkoeffizienten (Ladungen) des Methodenfaktors auf die Single-Item-Konstrukte hinsichtlich ihrer Höhe zu vergleichen. Die Analyse zeigt, dass die Ladungen des Methodenfaktors mehrheitlich nicht signifikant sind und die (quadrierten) Ladungen deutlich geringer sind als die der übrigen Konstrukte. Dies belegt, dass kein CMB vorliegt.[704]

5.5.2.2 Ergebnisse für das disaggregierte Wirkungsmodell

5.5.2.2.1 Analyse der Messmodelle

Im disaggregierten Wirkungsmodell findet die Qualität der Internen Markenführung nicht als ein durch Indexbildung verdichtetes Konstrukt Berücksichtigung, vielmehr werden hier die einzelnen Dimensionen der Qualität der Internen Markenführung als exogene Konstrukte in das Modell integriert. Im Folgenden wird auf die Messmodelle der fünf formativ gemessenen Dimensionen eingegangen. Auf die Analyse der reflektiven Messmodelle wird hingegen an dieser Stelle verzichtet. Deren Resultate sind – von kleineren, unbedeutenden Abweichungen abgesehen – identisch mit denen des aggregierten Wirkungsmodells, so dass hierfür auf die Ergebnisdarstellung in Abschnitt 5.5.2.1.1 verwiesen wird.

Hinsichtlich der **Inhaltsvalidität, Diskriminanzvalidität** und **externen Validität** kann auf die Ausführungen in Abschnitt 5.4.2 verwiesen werden. Alle drei Validitätsarten sind gegeben. Es wurde ebenfalls bereits aufgezeigt, dass kein zu

---

[702] Vgl. *Reinartz/Krafft/Hoyer* 2004, S. 301.
[703] Vgl. zum CMB ausführlich *Podsakoff et al.* 2003, S. 879ff.; *Söhnchen* 2009, S. 139ff.
[704] Vgl. zu diesem Vorgehen ausführlich *Liang et al.* 2007, S. 84ff. Die Ergebnisse der Prüfung auf CMB finden sich in Anhang 4.

hoher Grad an **Multikollinearität** zwischen den Indikatoren besteht. Im Vergleich zur ausschließlichen Analyse des Messmodells der Qualität der Internen Markenführung offenbaren sich bei der Analyse des Wirkungsmodells jedoch erneut Unterschiede hinsichtlich der Höhe und Signifikanz der Gewichte. Schaubild 5-20 gibt einen Überblick über die entsprechenden Werte.

Dimension	Indikator	Vorhersagevalidität	Reliabilität des Regressionskoeffizienten
		Gewichthöhe	t-Wert
	Anforderung	$\geq 0{,}1$	$> 1{,}98$ ($> 1{,}65$)
Informationsvermittlung	Info_1 (Medien)	0,265*	1,727
	Info_2 (Schulungen)	0,393**	2,141
	Info_3 (persönliche Gespräche)	0,481***	2,740
Vorleben der Markenidentität	Vor_1 (Geschäftsführung)	0,327**	2,457
	Vor_2 (direkte Vorgesetzte)	0,427****	3,711
	Vor_3 (Kollegen)	0,402****	4,280
Wertschätzung	Wert_1 (Geldleistungen)	0,369***	3,120
	Wert_2 (Sachleistungen)	$0{,}173^{n.s.}$	1,386
	Wert_3 (immateriell)	0,648****	6,111
Partizipation	Par_1 (eigene Vorschläge)	0,516***	2,971
	Par_2 (eigene Entscheidungen)	0,557****	3,435
Visualisierung der Markenidentität	Vis_1 (Gestaltung Räume)	$0{,}015^{n.s.}$	0,090
	Vis_2 (Firmengelände)	0,558****	4,073
	Vis_3 (Dienstbekleidung)	0,408**	2,607
	Vis_4 (zur Verfügung gestellte Artikel)	$0{,}254^{n.s.}$	1,509
Legende: n.s. = nicht signifikant; * signifikant auf 10 %-Niveau; ** signifikant auf 5 %-Niveau; *** signifikant auf 1 %-Niveau; **** signifikant auf 0,1 %-Niveau			

Schaubild 5-20: Schätzergebnisse für die formativen Messmodelle

Es zeigt sich, dass die Gewichte zumeist größer 0,1 und größtenteils signifikant sind. **Vorhersagevalidität** der Indikatoren und **Reliabilität der Regressionskoeffizienten** sind somit gegeben. Die Ausnahme stellen die Indikatoren Wert_2

Empirische Überprüfung des Mess- und Wirkungsmodells der QIMF   237

(Sachleistungen), Vis_1 (Gestaltung Räume) und Vis_4 (zur Verfügung gestellte Artikel) dar. Hier werden die Anforderungen an die Gewichthöhe bzw. den t-Wert nicht erfüllt. Von einer Eliminierung der Indikatoren wird jedoch abgesehen, da konzeptionelle Überlegungen, die Mitarbeiterinterviews und auch die empirische Untersuchung darauf verweisen, dass die Indikatoren definierende Elemente der jeweiligen Dimensionen darstellen.

5.5.2.2.2 Analyse des Strukturmodells

Zur Güteprüfung des Strukturmodells wird erneut auf die entsprechenden Prüfkriterien Rückgriff genommen. Schaubild 5-21 gibt einen Überblick über die Schätzergebnisse. In Schaubild 5-22 sind die Ergebnisse grafisch dargestellt.

Exogenes Konstrukt	Endogenes Konstrukt	Hypothese	Pfadkoeffizient $\geq 0{,}1$	t-Wert $> 1{,}98$ $(> 1{,}65)$	f^2 $> 0{,}02$	R^2 $> 0{,}3$	Q^2 > 0
Informationsvermittlung		$H_{1\text{-}1}$	0,154*	1,693	0,02		
Vorleben der Markenidentität		$H_{1\text{-}2}$	$0{,}132^{n.s.}$	1,627	0,02		
Wertschätzung	Markenarbeitszufriedenheit	$H_{1\text{-}3}$	0,294****	4,344	0,10	0,411	0,361
Partizipation		$H_{1\text{-}4}$	0,126*	1,827	0,02		
Visualisierung der Markenidentität		$H_{1\text{-}5}$	0,134*	1,789	0,02		
Informationsvermittlung		$H_{2\text{-}1}$	$0{,}060^{n.s.}$	0,733	0,00		
Vorleben der Markenidentität		$H_{2\text{-}2}$	0,249***	2,615	0,06		
Wertschätzung	Markencommitment	$H_{2\text{-}3}$	0,298****	4,673	0,12	0,444	0,311
Partizipation		$H_{2\text{-}4}$	0,223****	3,475	0,06		
Visualisierung der Markenidentität		$H_{2\text{-}5}$	$0{,}014^{n.s.}$	0,211	0,00		
Informationsvermittlung		$H_{3\text{-}1}$	0,158**	2,224	0,03		
Vorleben der Markenidentität		$H_{3\text{-}2}$	0,256****	3,392	0,07		
Wertschätzung	Markenvertrauen	$H_{3\text{-}3}$	0,284****	4,377	0,11	0,506	0,372
Partizipation		$H_{3\text{-}4}$	0,144**	2,379	0,03		
Visualisierung der Markenidentität		$H_{3\text{-}5}$	$0{,}074^{n.s.}$	1,130	0,01		
Markenarbeitszufriedenheit		H_4	$0{,}062^{n.s.}$	0,886	0,00		
Markencommitment	Markenkonformes Mitarbeiterverhalten	H_5	0,487****	6,151	0,21	0,552	0,458
Markenvertrauen		H_6	0,254***	3,034	0,05		

Legende: n.s. = nicht signifikant; * signifikant auf 10 %-Niveau; ** signifikant auf 5 %-Niveau; *** signifikant auf 1 %-Niveau; **** signifikant auf 0,1 %-Niveau

Schaubild 5-21: Schätzergebnisse für das Strukturmodell des disaggregierten Wirkungsmodells der Qualität der Internen Markenführung

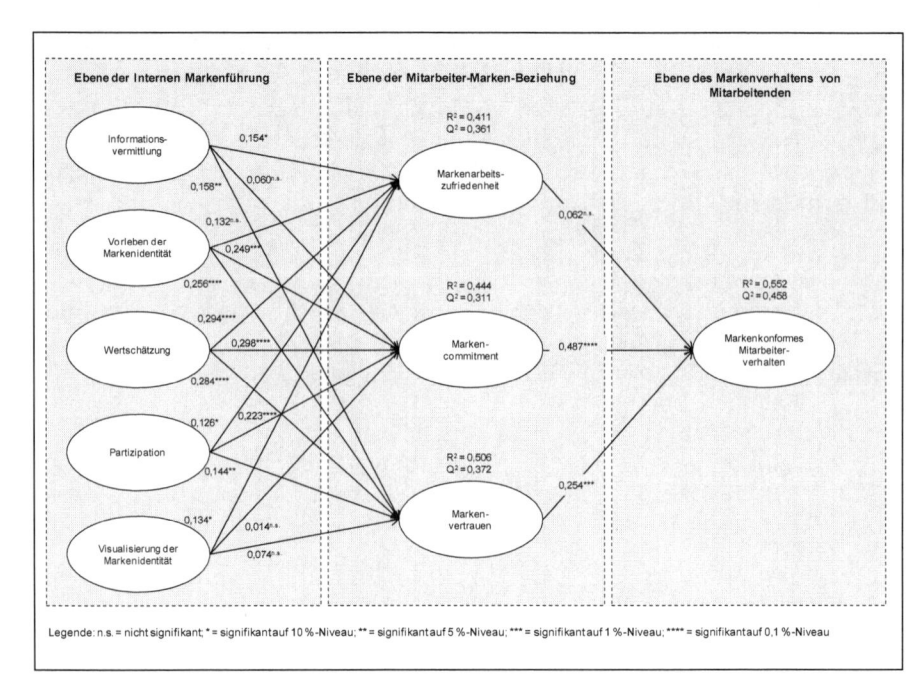

Schaubild 5-22: Grafische Ergebnisdarstellung für das Strukturmodell des disaggregierten Wirkungsmodells der Qualität der Internen Markenführung

Hinsichtlich der **Stärke der Wirkungsbeziehungen zwischen den Konstrukten** wird deutlich, dass die Dimensionen der Qualität der Internen Markenführung die Konstrukte auf Ebene der Mitarbeiter-Marken-Beziehung mehrheitlich signifikant und mit Pfadkoeffizienten über dem geforderten Mindestwert beeinflussen. Auf die Zusammenhänge zwischen dem markenkonformen Mitarbeiterverhalten und den vorgelagerten Konstrukten wurde bereits im Rahmen der Ausführungen für das aggregrierte Wirkungsmodell eingegangen (vgl. 5.5.2.1.2).

Über die Untersuchung der Wirkungszusammenhänge hinaus interessiert die **Stärke des Erklärungsbeitrags der exogenen auf die jeweils nachgelagerte Variable**. Der Erklärungsbeitrag der Dimensionen der Qualität der Internen Markenführung auf die Konstrukte der Mitarbeiter-Marken-Beziehung ist mehrheitlich gering. Auffallend ist jedoch, dass der höchste Erklärungsbeitrag stets von der Dimension wahrgenommene Wertschätzung ausgeht. Auf den Erklärungsbeitrag der Konstrukte auf Ebene der Mitarbeiter-Marken-Beziehung auf das markenkonforme Mitarbeiterverhalten wurde bereits an anderer Stelle eingegangen (vgl. 5.5.2.1.2).

Im Vergleich zum aggregierten Wirkungsmodell ist die **Varianzerklärung der endogenen Variablen** leicht gestiegen. Die Dimensionen der Qualität der Internen Markenführung erklären im disaggregierten Modell zu 41,1 Prozent die Markenarbeitszufriedenheit, zu 44,4 Prozent das Markencommitment und zu 50,6 Prozent das Markenvertrauen. Die Varianzerklärung des Zielkonstrukts ist gleich geblieben und beträgt 55,2 Prozent.

Es ergeben sich stets Q^2-Werte über Null. Dem disaggregierten Wirkungsmodell ist folglich ebenfalls **Vorhersagevalidität** zu bescheinigen.

5.5.2.3 Zusammenfassung und Interpretation der Ergebnisse

Auf Basis der kausalanalytischen Prüfung des aggregierten und disaggregierten Wirkungsmodells können im Hinblick auf das Konstrukt der Qualität der Internen Markenführung und deren Wirkungen folgende Ergebnisse festgehalten werden:

(1) Zusammenfassung und Interpretation der Ergebnisse für das Konstrukt der Qualität der Internen Markenführung

Im **aggregierten Wirkungsmodell** zeigt sich, dass die **wahrgenommene Wertschätzung** am stärksten zu einer guten Beurteilung der Internen Markenführung beiträgt (relatives Bedeutungsgewicht von knapp 40 Prozent). Das **wahrgenommene Vorleben der Markenidentität** ist ebenfalls von hoher Relevanz (relatives Bedeutungsgewicht von 26 Prozent), gefolgt von der **wahrgenommenen Partizipation** und der **wahrgenommenen Informationsvermittlung** (relatives Bedeutungsgewicht von 19 bzw. 18 Prozent). Die **wahrgenommene Visualisierung der Markenidentität** stellt hingegen kein Beurteilungskriterium für die Qualität der Internen Markenführung dar. Schaubild 23 gibt einen Überblick über die Höhe der Einflussstärke. In der Tabelle links sind die absoluten Werte dargestellt, rechts die relativen Werte in Prozent.

Dimension	Einflussstärke auf die QIMF (absolut)	Einflussstärke auf die QIMF (in Prozent)
Informationsvermittlung	0,222	18 %
Vorleben der Markenidentität	0,316	26 %
Wertschätzung	0,451	37 %
Partizipation	0,223	19 %
Visualisierung der Markenidentität	n.s.	
Legende: n.s. = nicht signifikanter Einfluss; QIMF = Qualität der Internen Markenführung		

Schaubild 5-23: Einflussstärke der Indikatoren (Dimensionen) auf die Qualität der Internen Markenführung im aggregierten Wirkungsmodell

Schaubild 5-24 zeigt die Einflussstärke der Indikatoren auf die Dimensionen der Qualität der Internen Markenführung im **disaggregierten Wirkungsmodell**. Links finden sich die absoluten Werte, rechts die relativen Werte in Prozent.

Im Hinblick auf die Dimension **Informationsvermittlung** wird deutlich, dass persönliche Gespräche am stärksten dazu beitragen, dass sich Mitarbeitende gut über die Marke informiert fühlen (relatives Bedeutungsgewicht von 42 Prozent). Den Schulungen und Informationsmedien kommt jedoch ebenfalls eine Bedeutung zur wahrgenommenen Informationsvermittlung zu (35 bzw. 23 Prozent).

Bei der Dimension **Vorleben der Markenidentität** offenbart sich, dass die Wahrnehmung des Vorlebens der Markenidentität im Unternehmen am stärksten durch das Verhalten der direkten Vorgesetzten geprägt wird (relatives Bedeutungsgewicht von 37 Prozent), dicht gefolgt vom Verhalten der Kollegen des Mitarbeitenden (35 Prozent). Die Geschäftsführung trägt jedoch ebenfalls dazu bei, dass Mitarbeitende ein Vorleben der Markenidentität im Unternehmen wahrnehmen (relatives Bedeutungsgewicht von 28 Prozent).

Ein eindeutiges Ergebnis zeigt die Analyse der Einflussstärken in Bezug auf die Dimension **Wertschätzung**. Es sind in erster Linie immaterielle Belohnungen, wie z.B. Lob durch Vorgesetzte, die zur wahrgenommenen Wertschätzung beitragen (relatives Bedeutungsgewicht von 64 Prozent). Der wahrgenommene Erhalt von Geldleistungen führt ebenfalls zur wahrgenommenen Wertschätzung (36 Prozent). Sachleistungen fördern, den Ergebnissen zufolge, hingegen nicht die Wahrnehmung von Mitarbeitenden, dass ihre Anstrengungen für die Marke honoriert werden.

Bei der Dimension **Partizipation** zeigt sich ein relativ ausgewogenes Bild. Die Möglichkeit, im Rahmen der Entwicklung und Umsetzung der Markenidentität eigene Vorschläge einzubringen bzw. eigene Entscheidungen treffen zu können, tragen zu etwa gleichen Teilen zur wahrgenommenen Partizipation bei der Markenarbeit bei (relatives Bedeutungsgewicht 48 Prozent und 52 Prozent).

Im Hinblick auf die Dimension **Visualisierung der Markenidentität** wird deutlich, dass ein Firmengelände, in dem die Markenidentität Ausdruck findet, am stärksten zur wahrgenommenen Visualisierung der Markenidentität beiträgt (relatives Bedeutungsgewicht von 58 Prozent). Die Dienstbekleidung beeinflusst ebenfalls die wahrgenommene Visualisierung der Markenidentität im Unternehmen (relatives Bedeutungsgewicht von 42 Prozent). Durch die Raumgestaltung und die zur Verfügung gestellten Artikel wird die wahrgenommene Visualisierung der Markenidentität hingegen nicht gefördert.

Dimension	Indikator	Einflussstärke auf die Dimensionen (absolut)	Einflussstärke auf die Dimensionen (in Prozent)
Informations-vermittlung	Info_1 (Medien)	0,265	23 %
	Info_2 (Schulungen)	0,393	35 %
	Info_3 (persönliche Gespräche)	0,481	42 %
Vorleben der Markenidentität	Vor_1 (Geschäftsführung)	0,327	28 %
	Vor_2 (direkte Vorgesetzte)	0,427	37 %
	Vor_3 (Kollegen)	0,402	35 %
Wertschätzung	Wert_1 (Geldleistungen)	0,369	36 %
	Wert_2 (Sachleistungen)	n.s.	
	Wert_3 (immateriell)	0,648	64 %
Partizipation	Par_1 (eigene Vorschläge)	0,516	48 %
	Par_2 (eigene Entscheidungen)	0,557	52 %
Visualisierung der Markenidentität	Vis_1 (Gestaltung Räume)	n.s.	
	Vis_2 (Firmengelände)	0,558	58 %
	Vis_3 (Dienstbekleidung)	0,408	42 %
	Vis_4 (zur Verfügung gestellte Artikel)	n.s.	
Legende: n.s. = nicht signifikanter Einfluss			

Schaubild 5-24: Einflussstärke der Indikatoren auf die Dimensionen der Qualität der Internen Markenführung im disaggregierten Wirkungsmodell

Abschließend ist an dieser Stelle darauf hinzuweisen, dass die Schätzung der Wirkungsmodelle im Hinblick auf die **Gewichte** der Indikatoren des Konstrukts der Qualität der Internen Markenführung und der Indikatoren der Konstruktdimensionen ein auf den ersten Blick verwunderliches Ergebnis liefert. So zeigt sich, dass deren Ausprägungen im Vergleich zu den Gewichten bei der ausschließlichen Untersuchung des Messmodells der Qualität der Internen Markenführung deutlich verändert sind. Bei der Analyse des formativen Messmodells auf Konstruktebene hat sich z.B. die Visualisierung der Markenidentität als bedeutendster Indikator erwiesen (vgl. Abschnitt 5.4.3). Bei der Überprüfung des aggregierten Wirkungsmodells ist dieser Indikator hingegen nicht signifikant (vgl. Abschnitt 5.5.2.1.1). Ähnliches gilt für die Analyse des formativen Messmodells auf Dimensionsebene. Hier wurde der empirische Nachweis erbracht, dass der Indikator Par_2 (eigene Entscheidungen) nicht zur wahrgenommenen Partizipation bei der Markenarbeit beiträgt (vgl. Abschnitt 5.4.2). Im Gegensatz dazu erbringt die Analyse des disaggregierten Wirkungsmodells den empirischen Beleg für die Bedeutung des Indikators für diese Dimension (vgl. Abschnitt 5.5.2.2.1).

Die veränderten Gewichthöhen bei den Indikatoren der Konstruktdimensionen (**Dimensionsebene**) sind auf die Tatsache zurückzuführen, dass die Regressionskoeffizienten formativer Indikatoren von den nachgelagerten Konstrukten abhängig sind.[705] Im formativen Messmodell auf Dimensionsebene wurden die Dimensionen der Qualität der Internen Markenführung in Bezug zum Gesamtkonstrukt gesetzt (vgl. Abschnitt 5.4.1). Im disaggregierten Wirkungsmodell der Qualität der Internen Markenführung stellen die Dimensionen hingegen die exogenen Variablen der Konstrukte Markenarbeitszufriedenheit, Markencommitment und Markenvertrauen dar (vgl. Abschnitt 5.5.2.2.2). In beiden Fällen stehen die Dimensionen mit anderen Variablen in Verbindung. Die Folge ist eine Veränderung in den Ausprägungen der Gewichte.

Die veränderten Gewichthöhen der Indikatoren des Gesamtkonstrukts (**Konstruktebene**) lassen sich durch die unterschiedlichen Funktionen, die die Gewichte in den jeweiligen Modellen einnehmen, erklären. Im aggregierten Wirkungsmodell der Qualität der Internen Markenführung stellen die Gewichte die Regressionskoeffizienten im Messmodell dar (vgl. Abschnitt 5.5.2.1.1). Die kausal abhängigen Konstrukte sind die Markenarbeitszufriedenheit, das Markencommitment und das Markenvertrauen. Im formativen Messmodell der Qualität der Internen Markenführung auf Konstruktebene sind die Gewichte hingegen die

---

[705] Vgl. *Wilcox/Howell/Breivik* 2008, S. 1223; *Weiber/Mühlhaus* 2010, S. 204.

Regressions- bzw. Pfadkoeffizienten im Strukturmodell. Sie zeigen den Zusammenhang zwischen den Dimensionen und dem Gesamtkonstrukt der Qualität der Internen Markenführung an (vgl. Abschnitt 5.4.1). Dies erklärt ebenfalls die veränderten Ausprägungen der Gewichte.

Für die **Interpretation der Ergebnisse** bedeutet dies: Die unterschiedliche Höhe der Gewichte widersprechen sich nicht, sondern liegen in der Methodik begründet. Je nachdem, welches inhaltliche Ziel verfolgt wird, sind die entsprechenden Gewichte zur Interpretation heranzuziehen:

- Im Rahmen der **Überprüfung des entwickelten Messmodells** der Qualität der Internen Markenführung ist zu prüfen, inwieweit empirisch nachgewiesen werden kann, dass sich das Konstrukt aus den Dimensionen bzw. die Dimensionen aus den entsprechenden Indikatoren zusammensetzen. Hier ist daher eine Betrachtung der Gewichte, die im Rahmen der **Messung des formativen Messmodells auf Dimensions- und Konstruktebene** ermittelt wurden, vorzunehmen.

- Für die **Ableitung von Handlungsempfehlungen für die Unternehmenspraxis** ist die Wirkung der Qualität der Internen Markenführung auf die Konstrukte der Mitarbeiter-Marken-Beziehung und das markenkonforme Mitarbeiterverhalten von Interesse. Dementsprechend ist hierfür auf die Gewichte zurückzugreifen, die im Rahmen der **Schätzung des (dis)aggregierten Wirkungsmodells** ermittelt wurden.

(2) Zusammenfassung und Interpretation der Wirkung der Qualität der Internen Markenführung auf die Konstrukte auf Ebene der Mitarbeiter-Marken-Beziehung

Die Schätzung des **aggregierten Wirkungsmodells** zeigt, dass die Qualität der Internen Markenführung mit einem Varianzerklärungsanteil von 48,6 Prozent am stärksten das Markenvertrauen bestimmt. Der signifikante Einfluss auf sämtliche Konstrukte auf Ebene der Mitarbeiter-Marken-Beziehung (**Hypothesen H_1, H_2, H_3**) und darüber wiederum auf das markenkonforme Mitarbeiterverhalten, ist zudem der Beleg für die in Abschnitt 1.3 vorgenommene Vermutung, dass eine Interne Markenführung, die an den Erwartungen der Mitarbeitenden ausgerichtet ist, zu einer positiven Markenwahrnehmung und einem markenförderlichen Verhalten der Mitarbeitenden führt. Durch die vorliegende Untersuchung wird somit die zu Beginn dieser Arbeit postulierte Relevanz der Qualität der Internen Markenführung als zentrale Steuerungsgröße eines markenkonformen Mitarbeiterverhaltens bestätigt.

Spezifische Aussagen zur Wirkung der Qualität der Internen Markenführung liefert das **disaggregierte Wirkungsmodell**, da hier die Wirkungen der einzelnen Konstruktdimensionen betrachtet werden. Schaubild 5-25 gibt einen Überblick über die (absolute und relative) Einflussstärke der Dimensionen auf die direkt nachgelagerten Konstrukte.[706]

Exogenes Konstrukt	Endogenes Konstrukt	Einflussstärke (absolut)	Einflussstärke (in Prozent)
Informationsvermittlung	Markenarbeitszufriedenheit	0,154	21,8 %
Vorleben der Markenidentität	Markenarbeitszufriedenheit	n.s.	n.s.
Wertschätzung	Markenarbeitszufriedenheit	0,294	41,5 %
Partizipation	Markenarbeitszufriedenheit	0,126	17,8 %
Visualisierung der Markenidentität	Markenarbeitszufriedenheit	0,134	18,9 %
Informationsvermittlung	Markencommitment	n.s.	n.s.
Vorleben der Markenidentität	Markencommitment	0,249	32,3 %
Wertschätzung	Markencommitment	0,298	38,7 %
Partizipation	Markencommitment	0,223	29,0 %
Visualisierung der Markenidentität	Markencommitment	n.s.	n.s.
Informationsvermittlung	Markenvertrauen	0,158	18,8 %
Vorleben der Markenidentität	Markenvertrauen	0,256	30,4 %
Wertschätzung	Markenvertrauen	0,284	33,7 %
Partizipation	Markenvertrauen	0,144	17,1 %
Visualisierung der Markenidentität	Markenvertrauen	n.s.	n.s.

Legende: n.s. = nicht signifikanter Einfluss

Schaubild 5-25: Einflussstärke der Dimensionen der Qualität der Internen Markenführung auf die nachgelagerten Konstrukte

---

[706] Um den Umfang der vorliegenden Arbeit begrenzt zu halten, wurde im Schaubild auf die Darstellung der indirekten Einflussgrößen, d.h. der indirekten Wirkung der Indikatoren auf die Konstrukte Markenarbeitszufriedenheit, Markencommitment und Markenvertrauen, verzichtet. Auf die Wirkung der Indikatoren auf nachgelagerte Größen wird jedoch in Abschnitt 6.2.2.2.3 eingegangen.

Die **Markenarbeitszufriedenheit** wird am stärksten durch die wahrgenommene Wertschätzung für geleistete Markenanstrengungen beeinflusst (**Hypothese H_{1-3}**; relatives Bedeutungsgewicht von 41,5 Prozent). Um zu erreichen, dass Mitarbeitende gerne für die Marke arbeiten, ist es folglich von großer Bedeutung, dass die Bemühungen der Mitarbeitenden in Bezug auf die Marke gewürdigt werden. Die Dimensionen wahrgenommene Informationsvermittlung, Partizipation und Visualisierung der Markenidentität üben einen deutlich schwächeren, aber ebenfalls signifikanten Einfluss auf die Markenarbeitszufriedenheit aus (**Hypothesen H_{1-1}, H_{1-4} und H_{1-5}**; relative Bedeutungsgewichte von 21,8, 17,8 und 18,9 Prozent). Im Gegensatz dazu zeigt sich im Rahmen der vorliegenden Studie kein signifikanter Effekt der Dimension wahrgenommenes Vorleben der Markenidentität auf die Markenarbeitszufriedenheit (**Hypothese H_{1-2}**). Offensichtlich trägt die Wahrnehmung des Vorlebens der Markenidentität im Unternehmen nicht dazu bei, dass Mitarbeitende mit ihrer Arbeit für die Marke zufrieden sind. Die Untersuchung auf Nicht-Linearität im Wirkungszusammenhang liefert keine Erklärung für dieses Ergebnis.[707] Eine Ursache für den fehlenden empirischen Nachweis liegt möglicherweise darin, dass sich die Mitarbeitenden bereits darüber im Klaren sind, wie ihr Markenverhalten auszusehen hat. Dies ist insbesondere vor dem Hintergrund des überdurchschnittlichen Anteils an Führungskräften in der Stichprobe zu vermuten. Wird in diesem Zusammenhang den Aussagen der Equity-Theorie gefolgt, interpretieren diese Mitarbeitenden, da ihnen das Markenverhalten ja bereits bekannt ist, das Vorleben im Unternehmen nicht als Gegenleistung von Seiten der Marke für die eigenen erbrachten Leistungen. Demzufolge hat das Vorleben der Markenidentität durch Andere nicht die Markenarbeitszufriedenheit des Mitarbeitenden zur Folge. Zusätzlich ist denkbar, dass dieses Ergebnis auf die Branche, in der das betrachtete Unternehmen tätig ist, zurückzuführen ist. Aufgrund des hohen Kundenkontakts werden im Dienstleistungsbereich höhere Ansprüche an das Markenverhalten von Mitarbeitenden gestellt, als an das Markenverhalten von Mitarbeitenden eines Produktionsbetriebs, wie es hier der Fall ist. Bei Mitarbeitenden von Dienstleistungsunternehmen ergeben sich daher möglicherweise mehr Unklarheiten hinsichtlich ihres Markenverhaltens, weshalb

---

[707] Für den Wirkungszusammenhang wurde eine Regressionsanalyse durchgeführt. Dabei wurden neben dem unterstellten linearen Zusammenhang mehrere nicht-lineare Funktionsverläufe überprüft. Hierbei ist das R^2 der nicht-linearen Wirkungszusammenhänge mit dem des linearen Zusammenhangsverlaufs zu vergleichen. Es zeigte sich, dass sich das R^2 der nicht-linearen Wirkungszusammenhänge meist verschlechtert oder höchstens marginal verbessert. Somit ist die fehlende Signifikanz nicht auf Nicht-Linearität zurückzuführen. Dies gilt ebenso für die weiter behandelten nicht signifikanten Wirkungszusammenhänge.

sie in einem höheren Ausmaß das Augenmerk auf das Verhalten Anderer im Unternehmen legen. Nehmen diese Mitarbeitenden dann ein Vorleben durch die Anderen im Unternehmen wahr, wird Klarheit darüber geschaffen, wie sie sich selbst zu verhalten haben. Diese Kenntnis fördert es, dass Mitarbeitende gerne für die Marke arbeiten.

Das **Markencommitment** wird ebenfalls am stärksten durch die Dimension Wertschätzung für geleistete Markenanstrengungen bestimmt (**Hypothese H_{2-3}**; relatives Bedeutungsgewicht von 38,7 Prozent). Positive Rückmeldungen zu den erbrachten Bemühungen fördern demzufolge eine Verbundenheit der Mitarbeitenden mit der Marke. Darüber hinaus wirken das wahrgenommene Vorleben der Markenidentität und die Partizipation auf das Konstrukt (**Hypothesen H_{2-2} und H_{2-4}**; relative Bedeutungsgewichte von 32,3 und 29 Prozent). Die wahrgenommene Informationsvermittlung und Visualisierung der Markenidentität üben hingegen keinen Einfluss auf das Markencommitment aus (**Hypothesen H_{2-1} und H_{2-5}**). Eine Ursache für die fehlende Signifikanz der Wirkungszusammenhänge liegt möglicherweise erneut in der Branche (Fleischverarbeitung), in der die untersuchte Marke angesiedelt ist. Fühlen sich Mitarbeitende gut über die Marke informiert und wird ihnen die Markenidentität im Rahmen der Objektkommunikation sichtbar gemacht, fördert dies zwar die Markenarbeitszufriedenheit von Mitarbeitenden; aufgrund der geringen emotionalen „Strahlkraft" der Marke führt dies jedoch nicht zu einer emotionalen Verbundenheit des Mitarbeitenden mit der Marke. Anders ist dies möglicherweise bei einer emotional aufgeladene Automobilmarke im Luxussegment. Hier werden dem Mitarbeitenden durch die Vermittlung von Markeninformationen und Visualisierung der Markenidentität die besonderen Attribute der Marke, wie z.B. deren Exklusivität, transparent gemacht. In Anlehnung an die Theorie der sozialen Identität ist zu vermuten, dass solche Markenattribute eine stärkere positive Distinktheit der Marke hervorrufen und damit ein höheres Markencommitment erzielen als dies bei der hier betrachteten Marke der Fall ist.

Von den Konstrukten auf Ebene der Mitarbeiter-Marken-Beziehung wird das **Markenvertrauen** mit einem Varianzerklärungsanteil von 50,6 Prozent am stärksten durch die Dimensionen der Qualität der Internen Markenführung bestimmt. Die zentrale Determinante des Konstrukts stellt erneut die Dimension Wertschätzung für geleistete Markenanstrengungen dar (**Hypothese H_{3-3}**; relatives Bedeutungsgewicht von 33,7 Prozent). Von ähnlicher Bedeutung für das Konstrukt ist das wahrgenommene Vorleben der Markenidentität im Unternehmen (**Hypothese H_{3-2}**; relatives Bedeutungsgewicht von 30,4 Prozent). Die wahrgenommene Informationsvermittlung und Partizipation bei der Markenarbeit üben ebenfalls einen Einfluss auf das Markenvertrauen aus (**Hypothesen H_{3-1} und H_{3-4}**; relative Bedeutungsgewichte von 18,8 und 17,1 Prozent). Kein signifikanter Wirkungszusammenhang besteht hingegen zwischen der wahrgenommenen Visualisierung der Markenidentität und dem Markenvertrauen (**Hypothese H_{3-5}**). Dieses Ergebnis ist insbesondere für die hier betrachtete Marke verwunderlich, da z.B. durch die Dienstbekleidung (als Indikator der Dimension) vertrauensfördernde Markenwerte, wie z.B. Sauberkeit, Hygiene, vermittelt werden. Eine Untersuchung auf Nicht-Linearität des Wirkungszusammenhangs liefert ebenfalls keine Erklärung für den fehlenden Nachweis. Den Zusammenhang gilt es daher in einer weiteren Studie auf Gültigkeit hin zu prüfen.

Insgesamt ist festzuhalten, dass die Qualität der Internen Markenführung einen starken Einfluss auf die Konstrukte auf Ebene der Mitarbeiter-Marken-Beziehung ausübt. Eine disaggregierte Betrachtung des Konstrukts offenbart, dass die Konstrukte in erster Linie durch die Dimension **wahrgenommene Wertschätzung** determiniert werden. Damit eine gute Beziehung des Mitarbeitenden mit der Marke entsteht, hat das hier betrachtete Unternehmen folglich zu gewährleisten, dass Mitarbeitende wahrnehmen, dass die von ihnen gezeigten Bemühungen für die Marke honoriert werden. Durch die in Punkt (1) dargelegten Ausführungen wird deutlich, dass für diese Wahrnehmung vor allem Belohnungen immaterieller Natur verantwortlich sind (z.B. durch Lob), gefolgt von Geldleistungen (z.B. in der Form von Prämien). Sachleistungen erweisen sich hierfür hingegen als nicht bedeutsam (vgl. hierzu auch Abschnitt 5.5.2.2.1). Die Dimension **wahrgenommene Partizipation** wirkt ebenfalls auf sämtliche nachgelagerten Konstrukte. Für die Mitarbeitenden ist es folglich von Bedeutung, sich als selbstbestimmt zu erleben und sich dadurch als Verursacher ihrer Handlungen wahrzunehmen. Dieses Ergebnis ist insbesondere vor dem Hintergrund des hohen Anteils an Führungskräften in der Stichprobe nicht überraschend. Der Einfluss der Dimension **wahrgenommenes Vorleben der Markenidentität** auf die Konstrukte Markencommitment und -vertrauen unterstreicht die Bedeutung des Markenverhaltens Anderer im Rahmen der Internen Markenführung. Die Betrachtung der Gewichthöhe macht deutlich, dass insbesondere das Vorleben der direkten Vorgesetzten von Relevanz ist. Die Dimension **wahrgenommene Informationsvermittlung** und vor allem die Dimension **wahrgenommene Visualisierung der Markenidentität** wirken vergleichsweise geringer auf die Konstrukte Markenarbeitszufriedenheit, Markencommitment und Markenvertrauen. Aus der relativ geringen Einflussstärke der beiden Dimensionen auf die nachgelagerten Konstrukte lässt sich ableiten, dass diese primär auf die Generierung eines Markenverständnisses abstellenden Dimensionen nicht maßgeblich zur Entstehung einer guten Mitarbeiter-Marken-Beziehung beitragen. Wie jedoch an anderer Stelle erläutert, ist dieses Ergebnis möglicherweise auf die Branche, in der die Marke tätig ist, zurückzuführen.

(3) Zusammenfassung und Interpretation der Wirkungen der Konstrukte auf Ebene der Mitarbeiter-Marken-Beziehung auf das markenkonforme Mitarbeiterverhalten

In Abschnitt 1.3 wurde auf die Notwendigkeit eingegangen, im Rahmen der Entwicklung des Wirkungsmodells der Qualität der Internen Markenführung diejenigen psychologischen Wirkungsgrößen zu identifizieren, die die zentralen Bestimmungsfaktoren des markenkonformen Mitarbeiterverhaltens darstellen. Die Überprüfung der Zusammenhänge zwischen den Konstrukten auf Ebene der Mitarbeiter-Marken-Beziehung und dem markenkonformen Mitarbeiterverhalten offenbart, dass der Erklärungsgehalt des Konstrukts markenkonformes Mitarbeiterverhalten 55,2 Prozent beträgt. Das bedeutet, dass die vorgelagerten Konstrukte mehr als die Hälfte der Varianz der Zielvariablen erklären können. Dies belegt, dass im Rahmen der vorliegenden Arbeit die wesentlichen Bestimmungsfaktoren des markenkonformen Mitarbeiterverhaltens identifiziert worden sind.

Das **markenkonforme Mitarbeiterverhalten** wird primär durch das Markencommitment beeinflusst (**Hypothese H_5**). Um ein Mitarbeiterverhalten zu fördern, das in Einklang mit der Markenidentität steht, gilt es in erster Linie Maßnahmen der Internen Markenführung einzusetzen, die zur Schaffung einer emotionalen Verbundenheit der Mitarbeitenden mit der Marke beitragen. Das Markenvertrauen offenbart sich ebenfalls als Bestimmungsgröße des markenkonformen Mitarbeiterverhaltens (**Hypothese H_6**). Maßnahmen der Internen Markenführung haben daher auch auf die Generierung eines hohen Markenvertrauens der Mitarbeitenden abzuzielen. Im Gegensatz dazu übt die Markenarbeitszufriedenheit keinen Einfluss auf das markenkonforme Mitarbeiterverhalten aus (**Hypothese H_4**).

In der Sozialpsychologie wird zwischen **zwei Arten von Beziehungen** unterschieden. **Austauschbeziehungen** (exchange relationships) sind rationaler Art und basieren auf dem Gerechtigkeitsprinzip. Investiert ein Beziehungspartner in die Beziehung, erwartet er im Gegenzug von seinem Partner eine entsprechende Belohnung. Wird diese nicht erbracht, entsteht bei ihm ein Gefühl der Ungerechtigkeit. Der Nutzen aus der Beziehung für einen Beziehungspartner resultiert, vereinfacht dargestellt, aus der Differenz seiner Belohnungen und Kosten, die mit der Beziehung in Zusammenhang stehen. Im Unterschied dazu zeichnen sich **Gemeinschaftsbeziehungen** (communal relationships) durch eine starke altruistische Orientierung am Wohlbefinden des Anderen aus. Hier stehen nicht nur die persönlichen Gewinne eines Beziehungspartners im Vordergrund, sondern auch die persönlichen Bedürfnisse des Anderen. Belohnungen werden somit nicht erbracht, um eine Gegenleistung zu erhalten, sondern zur Dokumentation des Wohl-wollens gegenüber dem Austauschpartner.[708]

Die Unterscheidung nach Austausch- und Gemeinschaftsbeziehungen und die separate Betrachtung des Standard- und Extra-Markenverhaltens liefern möglicherweise eine Erklärung für den nicht nachgewiesenen Zusammenhang zwischen der Markenarbeitszufriedenheit und dem markenkonformen Mitarbeiterverhalten. Die Konstrukte **Markencommitment** und **Markenvertrauen** sind als Indikatoren für das Vorliegen einer **Gemeinschaftsbeziehung** anzusehen.[709] Da Mitarbeitende mit einem hohen Markencommitment ihre soziale Identität aus der Marke ableiten, sind sie bereit, sich auch über das einfache Standard-Markenverhalten hinaus für die Marke zu engagieren, um diese zu unterstützen. Sie zeigen demnach ein Verhalten zum Wohle der Marke.[710] Dem Vertrauen liegt die Annahme zugrunde, dass beide Partner einer Beziehung füreinander sorgen.[711] Demzufolge wird neben einem Standard-Markenverhalten auch ein Verhalten gezeigt, das weder formal belohnt wird, noch, im Falle eines Ausbleibens, sanktioniert wird (Extra-Markenverhalten).

Das zu **Austauschbeziehungen** korrespondierende Konstrukt im Wirkungsmodell der Qualität der Internen Markenführung ist die **Markenarbeitszufriedenheit**.[712] Nimmt ein Mitarbeitender von Seiten der Marke und im Gegenzug für die eigenen erbrachten Markenanstrengungen Bemühungen wahr, entsteht Markenarbeitszufriedenheit. Um die dadurch entstandene Gerechtigkeit aufrechtzuerhalten, wird sich der Mitarbeitende entsprechend markenkonform verhalten. Hierbei kann es jedoch sein, dass er nur ein Standard-Markenverhalten zeigt, da dies zur Aufrechterhaltung der Gerechtigkeit ausreicht. Durch ein Extra-

---

[708] Vgl. *Clark/Mills* 1979; *Mills/Clark* 1982; *Clark/Mills/Powell* 1986; *Georgi* 2000, S. 11; *Smith/Mackie* 2000, S. 428f.; *Aronson/Wilson/Akert* 2004, S. 384; *Clark/Mills* 2004, S. 246; *Weibel* 2009, S. 49.

[709] Vgl. *Weibel* 2009, S. 49; Die Zuordnung des Markencommitment zu den Gemeinschaftsbeziehungen erfolgt in Anlehnung an *Eichen* (2010, S. 115), der das Konstrukt emotionale (Marken-)Nähe von Konsumenten diesem Beziehungstyp zuweist. Wenn auch auf den Mitarbeiterkontext bezogen, verweist das hier verstandene Markencommitment per definitionem ebenfalls auf eine emotionale (Marken-)Nähe. Aus diesem Grund kann das Konstrukt ebenfalls den Gemeinschaftsbeziehungen zugeordnet werden.

[710] Vgl. ähnlich *Dutton/Dukerich/Harquail* 1994, S. 255.

[711] Vgl. *Weibel* 2009, S. 49.

[712] Vgl. bezogen auf den Konsumentenkontext *Esch et al.* 2006, S. 100.

Verhalten würde der Mitarbeitende eventuell mehr geben, als er von der Marke zurückbekommt. Dies würde die Entstehung von Ungerechtigkeit fördern. Diese Vermutung bestätigt sich bei einer separaten Betrachtung der Konstruktdimensionen im Wirkungsmodell. Wie aus Schaubild 5-26 hervorgeht, übt die Markenarbeitszufriedenheit einen Einfluss auf das markenkonforme Mitarbeiterverhalten auf, allerdings nur auf das Standard-Markenverhalten. Der nicht nachgewiesene Zusammenhang zwischen dem Konstrukt und dem markenkonforme Mitarbeiterverhalten ist daher auf den fehlenden Einfluss auf das Extra-Markenverhalten zurückzuführen. Die Aussage, dass kein Zusammenhang zwischen der Markenarbeitszufriedenheit und dem markenkonformen Mitarbeiterverhalten besteht, ist somit nur bei einer aggregierten Betrachtung des Verhaltenskonstrukts gültig.

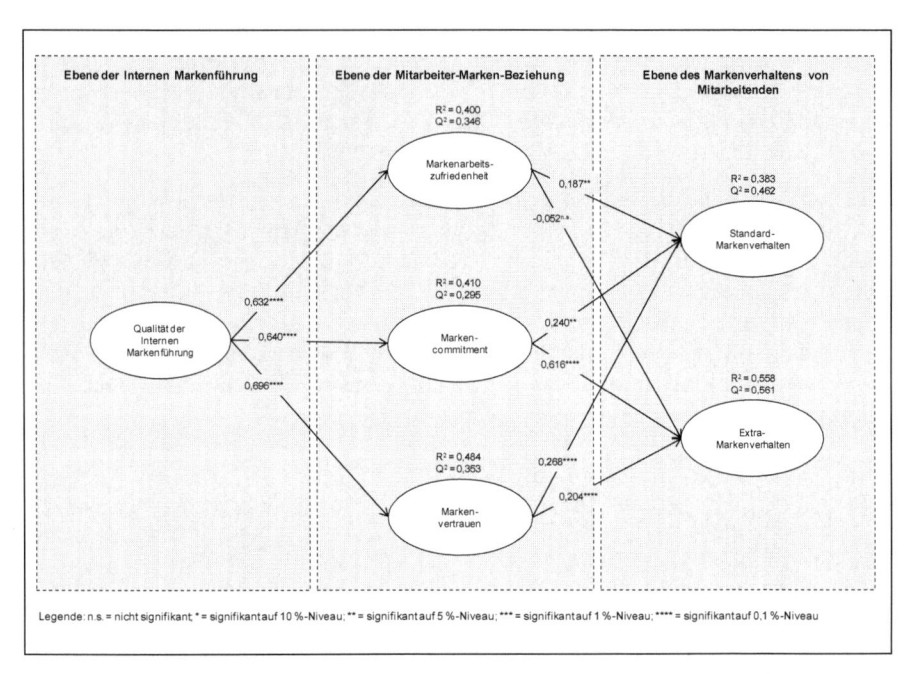

Schaubild 5-26: Ergebnisse des modifizierten Wirkungsmodells der Qualität der Internen Markenführung

Insgesamt konnten die hypothetisierten Zusammenhänge zwischen den Konstrukten mehrheitlich bestätigt werden. Die Ergebnisse der empirischen Überprüfung des aggregierten und disaggregierten Wirkungsmodells der Qualität der Internen Markenführung sind in Schaubild 5-27 zusammenfassend dargestellt.

Hypo-these	Hypotheseninhalt	Bestätigung
H_1	Die Markenarbeitszufriedenheit wird von der Qualität der Internen Markenführung positiv beeinflusst.	ja
H_{1-1}	Die Markenarbeitszufriedenheit wird durch die wahrgenommene Informationsvermittlung positiv beeinflusst.	ja
H_{1-2}	Die Markenarbeitszufriedenheit wird durch das wahrgenommene Vorleben der Markenidentität positiv beeinflusst.	nein
H_{1-3}	Die Markenarbeitszufriedenheit wird durch die wahrgenommene Wertschätzung positiv beeinflusst.	ja
H_{1-4}	Die Markenarbeitszufriedenheit wird durch die wahrgenommene Partizipation positiv beeinflusst.	ja
H_{1-5}	Die Markenarbeitszufriedenheit wird durch die wahrgenommene Visualisierung der Markenidentität positiv beeinflusst.	ja
H_2	Das Markencommitment wird von der Qualität der Internen Markenführung positiv beeinflusst.	ja
H_{2-1}	Das Markencommitment wird durch die wahrgenommene Informationsvermittlung positiv beeinflusst.	nein
H_{2-2}	Das Markencommitment wird durch das wahrgenommene Vorleben der Markenidentität positiv beeinflusst.	ja
H_{2-3}	Das Markencommitment wird durch die wahrgenommene Wertschätzung positiv beeinflusst.	ja
H_{2-4}	Das Markencommitment wird durch die wahrgenommene Partizipation positiv beeinflusst.	ja
H_{2-5}	Das Markencommitment wird durch die wahrgenommene Visualisierung der Markenidentität positiv beeinflusst.	nein
H_3	Das Markenvertrauen wird von der Qualität der Internen Markenführung positiv beeinflusst.	ja
H_{3-1}	Das Markenvertrauen wird durch die wahrgenommene Informationsvermittlung positiv beeinflusst.	ja
H_{3-2}	Das Markenvertrauen wird durch das wahrgenommene Vorleben der Markenidentität positiv beeinflusst.	ja
H_{3-3}	Das Markenvertrauen wird durch die wahrgenommene Wertschätzung positiv beeinflusst.	ja
H_{3-4}	Das Markenvertrauen wird durch die wahrgenommene Partizipation positiv beeinflusst.	ja
H_{3-5}	Das Markenvertrauen wird durch die wahrgenommene Visualisierung der Markenidentität positiv beeinflusst.	nein
H_4	Das markenkonforme Mitarbeiterverhalten wird durch die Markenarbeitszufriedenheit positiv beeinflusst.	nein
H_5	Das markenkonforme Mitarbeiterverhalten wird durch das Markencommitment positiv beeinflusst.	ja
H_6	Das markenkonforme Mitarbeiterverhalten wird durch das Markenvertrauen positiv beeinflusst.	ja

Schaubild 5-27: Ergebnisse der Hypothesenprüfung für das Wirkungsmodell der Qualität der Internen Markenführung

5.5.3 Ergebnisse der Finite-Mixture-Analyse

5.5.3.1 Bestimmung der optimalen Segmentzahl

Um das im vorangegangenen Abschnitt geschätzte Wirkungsmodell der Qualität der Internen Markenführung auf das Vorliegen von nicht-beobachtbarer Mitarbeiterheterogenität zu untersuchen, wird Rückgriff auf den FIMIX-PLS-Ansatz genommen. Hierfür kommt erneut die Software SmartPLS 2.0 zur Anwendung. Wie bereits an anderer Stelle erwähnt, erfolgt die Überprüfung auf Mitarbeiterheterogenität anhand des disaggregierten Wirkungsmodells.

Zunächst steht die **Bestimmung der optimalen Segmentzahl** im Vordergrund. Hierzu wird folgendes Vorgehen gewählt. In einem ersten Schritt erfolgt die Schätzung unterschiedlicher Modelltypen. Die Modelltypen unterscheiden sich in der zuvor festgelegten Anzahl an Klassen bzw. Segmenten.[713] Ausgehend von einem Zwei-Segment-Modell wird dabei die Anzahl der Segmente sukzessive erhöht. Im Rahmen der vorliegenden Untersuchung wurden Modelltypen mit bis zu sechs Segmenten geschätzt.[714] Die Schätzung erfolgte dabei anhand des in Abschnitt 5.3.2 dargelegten modifizierten EM-Algorithmus, der die Maximierung des Log-Likelihood-Wertes (lnL) anstrebt. Mit der Verwendung des Algorithmus ist jedoch die Gefahr verbunden, dass unter Umständen nur ein lokales Maximum, d.h. nur eine suboptimale Lösung, und kein globales Maximum gefunden wird. Um die Wahrscheinlichkeit, dass Letzteres gefunden wird, zu erhöhen, ist es notwendig, den Schätzvorgang mit unterschiedlichen Startwerten zu wiederholen.[715] In der vorliegenden Untersuchung wurde daher jeder Modelltyp mit 20 unterschiedlichen Startwerten berechnet.[716] Wird dieselbe Lösung mit unterschiedlichen Startwerten ermittelt, ist davon auszugehen, dass die Schätzwerte eine stabile Lösung darstellen.[717] Im Anschluss an die Modellschätzung gilt es in einem zweiten Schritt die für jeden Modelltyp gefundene Lösung zu beurteilen.

---

[713] Der Begriff Klasse findet in der Terminologie des Finite-Mixture-Ansatzes häufig Verwendung. Er ist gleichzusetzen mit dem Begriff Segment. In der vorliegenden Arbeit werden daher beide Begriffe verwendet.

[714] Die Analyse wird bei der Anzahl von sechs Segmenten beendet, da durch eine weitere Erhöhung der Klassenzahl keine deutliche Verbesserung der zu den Beurteilungskriterien gehörenden Werten zu erwarten ist (vgl. hierzu auch Schaubild 5-28).

[715] Vgl. *Wedel/Kamakura* 2000, S. 88f.; *Vermunt/Magidson* 2000, S. 167f.

[716] Die Analyse jedes Modelltyps mit 20 unterschiedlichen Startwerten erfolgt in Anlehnung an *Hahn* (2002, S. 148).

[717] Vgl. *Hahn* 2002, S. 136.

Dies erfolgt anhand des lnL sowie anhand der bereits an anderer Stelle diskutierten Kriterien AIC, BIC, CAIC und EN.

In Schaubild 5-28 sind die Werte für die sechs berechneten Modelltypen dargestellt. Der lnL und das EN sollten möglich hoch ausfallen, die Kriterien AIC, BIC und CAIC möglichst gering. Die **Beurteilungskriterien** verweisen darauf, dass Heterogenität in der Stichprobe vorliegt. Wie aus dem Schaubild hervorgeht, führen die Kriterien hinsichtlich der optimalen Segmentzahl jedoch zu unterschiedlichen Empfehlungen.[718] Bei alleiniger Betrachtung des lnL wäre die Sechs-Segment-Lösung zu favorisieren. So steigt der lnL mit zunehmender Klassenzahl an. Das AIC würde zur Entscheidung zugunsten einer Fünf-Segment-Lösung führen, da hier der Wert am niedrigsten ist. Allerdings ist zu beachten, dass das AIC dazu tendiert, die Segmentzahl zu überschätzen, da es Modelle bevorzugt, die eine Vielzahl an Parametern aufweisen. Aus diesem Grund ist das Augenmerk stärker auf die Kriterien BIC und CAIC zu legen. Diese verweisen auf die Zwei-Segment-Lösung als besten Modelltyp. Das EN liegt bei allen Modelltypen über dem empfohlenen Mindestwert von 0,5.[719] Die Befragten können somit relativ eindeutig verschiedenen Segmenten zugeordnet werden. Am höchsten ist der Wert bei der Fünf-Segment-Lösung.

Modelltyp	lnL	AIC	BIC	CAIC	EN
2-Segment-Modell	-976,49	2038,92	**2192,84**	**2193,04**	0,65
3-Segment-Modell	-969,97	2075,93	2308,53	2308,83	0,62
4-Segment-Modell	-939,08	2058,62	2369,89	2370,29	0,71
5-Segment-Modell	-918,22	**1978,03**	2367,97	2368,47	**0,78**
6-Segment-Modell	**-877,22**	2028,10	2496,72	2497,32	0,76

Schaubild 5-28: Kriterien zur Bestimmung der optimalen Anzahl an Segmenten

Anhand der Beurteilungskriterien bleibt unklar, ob sich für eine Zwei-, Fünf- oder Sechs-Segmentlösung zu entscheiden ist. Zur Bestimmung der optimalen Segmentzahl ist aber neben den Beurteilungskriterien zusätzlich auf die **Stabilität der Ergebnisse** einzugehen. Hier hat sich gezeigt, dass der Schätzalgorithmus bei der Zwei-Segment-Lösung nahezu identische Werte in allen 20 Durchgängen ermittelt hat. Dies verweist darauf, dass die Zwei-Segment-Lösung zu einem stabilen Ergebnis führt. Bei der Fünf- und Sechs-Segment-Lösung ist dies

---

[718] Im Schaubild ist der beste Wert eines jeden Kriteriums fett markiert.
[719] Vgl. *Ringle* 2006; *Sarstedt/Ringle* 2008, S. 245; *Ringle/Wende/Will* 2010.

nicht gegeben. Hier wurden jeweils unterschiedliche Werte gefunden.[720] Wie Schaubild 5-29 zeigt, ergeben sich beim Fünf- bzw. Sechs-Segment-Modell zudem sehr kleine **Segmentgrößen**. Bei einer Gesamtstichprobe von n = 226 würden z.B. in der Fünf-Segment-Lösung Segmentgrößen von n = 21 (Segment 3 und 4: 9,29 Prozent) und n = 14 (Segment 5: 6,19 Prozent) entstehen. Solch kleine Segmente sind zum einen als nicht praktikabel anzusehen, zum anderen ist eine zuverlässige Schätzung des Wirkungsmodells für diese Segmente nicht möglich.[721] Im Gegensatz dazu resultieren aus der Zwei-Segment-Lösung Segmentgrößen von n = 73 (32,30 Prozent) und n = 153 (67,70 Prozent). Aus Effizienzgesichtspunkten lohnt sich damit eine Segmentansprache. Des Weiteren ist mit diesen Segmentgrößen eine Analyse der segmentspezifischen Wirkungen der Qualität der Internen Markenführung möglich.

Modelltyp	Segmentgröße						Gesamt
	Segment 1	Segment 2	Segment 3	Segment 4	Segment 5	Segment 6	
2-Segment-Modell	32,30 %	67,70 %					100 %
3-Segment-Modell	37,19 %	19,50 %	43,31 %				100 %
4-Segment-Modell	48,90 %	14,52 %	12,06 %	24,52 %			100 %
5-Segment-Modell	24,77 %	50,46 %	9,29 %	9,29 %	6,19 %		100 %
6-Segment-Modell	28,17 %	19,26 %	15,24 %	9,68 %	12,89 %	14,76 %	100 %

Schaubild 5-29: Größe der Segmente bei unterschiedlicher Segmentzahl

Vor dem Hintergrund der Stabilität der Ergebnisse und der ermittelten Segmentgrößen wird sich daher für den **Zwei-Segment-Modelltyp** entschieden. Diese Entscheidung wird durch *Sarstedt* und *Ringle* gestützt, die dem Anwender im Hinblick auf die Informationskriterien empfehlen, bei der Bestimmung der Segmentzahl primär auf das CAIC, das in der vorliegenden Untersuchung ebenfalls zur Zwei-Segment-Lösung tendiert, zurückzugreifen.[722] Das EN verweist zudem

---

[720] *Hahn* (2002, S. 149) verweist darauf, dass es schwierig ist, ein stabiles Ergebnis bei vier oder mehr Klassen zu erreichen. Vgl. hierzu auch *Huber et al.* 2007, S. 69.
[721] Vgl. zu dieser Argumentation auch *Sarstedt/Ringle* 2010, S. 1306f.
[722] Vgl. *Sarstedt/Ringle* 2008, S. 244.

darauf, dass die Klassen auch beim Zwei-Segment-Modelltyp „reasonably well separated"[723] sind.

Bevor sich der segmentspezifischen Analyse des Wirkungsmodells der Qualität der Internen Markenführung gewidmet wird, ist an dieser Stelle auf die **Zugehörigkeitswahrscheinlichkeit** der befragten Personen zu den beiden Segmenten einzugehen. Es wird gefordert, dass jeder Proband zu einer möglichst hohen Wahrscheinlichkeit zu einem Segment gehört.[724] Ansonsten besteht die Gefahr einer künstlichen Segmentierung. Dies ist z.B. der Fall, wenn ein Großteil der Probanden zu einer Wahrscheinlichkeit von 51 Prozent zu Segment 1 und zu einer Wahrscheinlichkeit von 49 Prozent zu Segment 2 gehören.[725] Wie bereits der zufriedenstellende EN-Wert vermuten lässt, ist in der vorliegenden Untersuchung eine weitestgehend trennscharfe Zuteilung der Probanden zu den Segmenten gegeben. Über 80 Prozent der Probanden können mit einer Wahrscheinlichkeit von mindestens 70 Prozent einem der beiden Segmente zugeordnet werden. Lediglich bei 9,29 Prozent der Probanden liegt eine Zugehörigkeitswahrscheinlichkeit im Bereich zwischen 50 und 60 Prozent, die als Indifferenz anzusehen ist[726], vor (vgl. Schaubild 5-30).

Segmentspezifische Zugehörigkeitswahrscheinlichkeiten w für jedes Segment	Segment 1		Segment 2		Total	
	absolut	in Prozent	absolut	in Prozent	absolut	in Prozent
$w \geq 0,9$	18	7,96 %	121	53,5 %	139	61,5 %
$0,8 \leq w < 0,9$	13	5,75 %	12	5,3 %	25	11,05 %
$0,7 \leq w < 0,8$	21	9,29 %	7	3,1 %	28	12,39 %
$0,6 \leq w < 0,7$	7	3,10 %	6	2,7 %	13	5,80 %
$0,5 < w < 0,6$	14	6,20 %	7	3,1 %	21	9,30 %
Total	73	32,30 %	153	67,70 %	226	100 %

Schaubild 5-30: Segmentspezifische Zugehörigkeitswahrscheinlichkeiten der Befragten

---

[723] *DeSarbo/Jedidi/Sinha* (2001, S. 851) verwendet diese Bezeichnung für einen EN-Wert von 0,622.
[724] Vgl. *Hahn* 2002, S. 152.
[725] Ein Proband wird demjenigen Segment zugeordnet, für das er eine Zugehörigkeitswahrscheinlichkeit größer 50 Prozent aufweist.
[726] Vgl. *Scheer* 2008, S. 139.

5.5.3.2 Segmentspezifische Wirkungsanalyse

Um die Wirkungen der Dimensionen der Qualität der Internen Markenführung segmentspezifisch zu analysieren, wird der Datensatz in die beiden zu betrachtenden Segmente aufgeteilt. Jeder Proband wird dabei demjenigen Segment zugeordnet, für das er eine Zugehörigkeitswahrscheinlichkeit größer 50 Prozent aufweist.

In Schaubild 5-31 sind die für die beiden Segmente ermittelten Pfadkoeffizienten dargestellt. Für eine leichtere Interpretation sind zusätzlich die Pfadkoeffizienten des Wirkungsmodells auf Basis des Gesamtdatensatzes aufgeführt (vgl. 5.5.2.2.2).

Exogenes Konstrukt	Endogenes Konstrukt	Hypothese	Gesamt (n = 226)	Segment 1 (n = 73)	Segment 2 (n = 153)
Informationsvermittlung	Markenarbeitszufriedenheit	H_{1-1}	0,154*	0,833****	-0,093$^{n.s.}$
Vorleben der Markenidentität		H_{1-2}	0,132$^{n.s.}$	-0,434****	0,219***
Wertschätzung		H_{1-3}	0,294****	0,278****	0,372****
Partizipation		H_{1-4}	0,126*	0,378****	0,090$^{n.s.}$
Visualisierung der Markenidentität		H_{1-5}	0,134*	-0,011$^{n.s.}$	0,181**
Informationsvermittlung	Markencommitment	H_{2-1}	0,060$^{n.s.}$	0,725****	-0,082$^{n.s.}$
Vorleben der Markenidentität		H_{2-2}	0,249***	-0,449****	0,423****
Wertschätzung		H_{2-3}	0,298****	0,476****	0,171**
Partizipation		H_{2-4}	0,223***	0,346****	0,277***
Visualisierung der Markenidentität		H_{2-5}	0,014$^{n.s.}$	-0,031$^{n.s.}$	0,019$^{n.s.}$
Informationsvermittlung	Markenvertrauen	H_{3-1}	0,158**	0,700****	-0,022$^{n.s.}$
Vorleben der Markenidentität		H_{3-2}	0,256****	-0,338****	0,398****
Wertschätzung		H_{3-3}	0,284****	0,347****	0,318****
Partizipation		H_{3-4}	0,144**	0,401****	0,098$^{n.s.}$
Visualisierung der Markenidentität		H_{3-5}	0,074$^{n.s.}$	0,051$^{n.s.}$	0,048$^{n.s.}$
Markenarbeitszufriedenheit	Markenkonformes Mitarbeiterverhalten	H_4	0,062$^{n.s.}$	-0,548***	0,153**
Markencommitment		H_5	0,487****	0,992****	0,401****
Markenvertrauen		H_6	0,254***	0,405***	0,211**

Legende: n.s. = nicht signifikant; * signifikant auf 10 %-Niveau; ** signifikant auf 5 %-Niveau; *** signifikant auf 1 %-Niveau; **** signifikant auf 0,1 %-Niveau

Schaubild 5-31: Überblick über die segmentspezifischen Wirkungszusammenhänge

Beim Vergleich zwischen den für die Segmente resultierenden Pfadkoeffizienten ist das Augenmerk weniger auf die absolute Höhe dieser Pfadkoeffizient zu legen. Vielmehr ist die *relative* Bedeutung, die einem Pfadkoeffizient innerhalb des jeweiligen Segments zukommt mit seiner relativen Bedeutung im anderen Segment zu vergleichen. Dadurch wird berücksichtigt, dass die Höhe eines Pfadkoeffizienten den relativen Erklärungsbeitrag für die Varianz des Zielkonstrukts anzeigt.[727]

In **Segment 1** zeigt sich, dass der Dimension Informationsvermittlung für die nachgelagerten Konstrukte Markenarbeitszufriedenheit, Markencommitment und Markenvertrauen ein besonderer Stellenwert zukommt. Dies steht im Gegensatz zu den Mitgliedern von Segment 2. Damit eine gute Beziehung zur Marke entsteht, ist es den zu Segment 1 gehörenden Mitarbeitenden offenbar wichtig, gut über die Marke informiert zu werden. Ein im Vergleich zu Segment 2 relativ hoher Erklärungsbeitrag für die Konstrukte auf Ebene der Mitarbeiter-Marken-Beziehung leistet auch die Dimension Partizipation. Ein überraschendes Ergebnis wird im Hinblick auf die Dimension Vorleben der Markenidentität deutlich. Hier erweisen sich sämtliche Wirkungszusammenhänge als negativ und signifikant. Bei Mitgliedern dieses Segments scheint das Vorleben der Markenidentität demzufolge negative Konsequenzen im Hinblick auf seine Beziehung zur Marke nachsichzuziehen. Die im Gesamtdatensatz nachgewiesene positive Wirkung dieser Dimension auf die nachgelagerten Größen ist folglich allein auf Segment 2 zurückzuführen. Die bedeutendste Determinante des markenkonformen Mitarbeiterverhaltens ist das Markencommitment. Es offenbart sich jedoch ein negativer und signifikanter Einfluss der Markenarbeitszufriedenheit auf das markenkonforme Mitarbeiterverhalten. Dieses Ergebnis ist ebenfalls verwunderlich. Bei Mitarbeitenden, die mit ihrer Arbeit zufrieden sind, resultiert dies anscheinend in ein Verhalten, das nicht markenkonform ist. Eine Erklärung dieses Ergebnisses würde möglicherweise ebenfalls eine Aufteilung der Dimensionen des Verhaltenskonstrukts in die zwei separaten Konstrukte Standard- und Extra-Markenverhalten liefern (vgl. Abschnitt 5.5.2.3). Möglicherweise bezieht sich die negative Wirkung lediglich auf das Extra-Markenverhalten. Aufgrund der dominant positiven Wirkung der wahrgenommenen Informationsvermittlung werden die Mitglieder dieses Segments im Folgenden als **„Die Informationsorientierten"** bezeichnet.

Im Gegensatz zu Segment 1 erweist sich in **Segment 2** die Dimension Vorleben der Markenidentität als die zentrale Determinante der Konstrukte auf Ebene der

---

[727] Vgl. *Conze* 2007, S. 174; *Scheer* 2008, S. 142.

Mitarbeiter-Marken-Beziehung. Mitgliedern von Segment 2 ist es offenbar wichtig zu erleben, wie sich die anderen Personen im Unternehmen in Bezug auf die Marke verhalten. Wie bei Segment 1 stellt das Markencommitment auch bei Mitgliedern dieses Segments die zentrale Determinante des markenkonformen Mitarbeiterverhaltens dar. Im Gegensatz zu Segment 1 ist aber auch die Markenarbeitszufriedenheit für die Entstehung eines markenkonformen Mitarbeiterverhaltens von Relevanz. Die Nicht-Signifikanz der Markenarbeitszufriedenheit auf das Verhaltenskonstrukt hat demnach seinen Ursprung in den Mitgliedern von Segment 1. Die zentrale Wirkung, die von der Dimension Vorleben der Markenidentität ausgeht, macht deutlich, dass für die Mitglieder dieses Segments das Verhalten der anderen Personen im Unternehmen sehr wichtig sind. Daher werden die Mitglieder dieses Segments im Folgenden **„Die Außenorientierten"** genannt.

5.5.3.3 Post-hoc-Analyse

Für die Charakterisierung der beiden ermittelten Segmente erfolgt der Rückgriff auf die in Abschnitt 4.4.2 ausgewählten beschreibenden Segmentvariablen. Es gilt nun zu überprüfen, ob die beiden Mitarbeitersegmente im Hinblick auf die beschreibenden Variablen gleiche Verteilungen aufweisen oder ob systematische Unterschiede bestehen. Liegen Unterschiede vor, können diese für eine segmentspezifische Mitarbeiteransprache herangezogen werden.

Die **psychografischen Variablen** sind quasi-metrisch. Demzufolge ist mithilfe des T-Tests zu untersuchen, inwieweit die Mittelwertunterschiede zwischen den beiden Segmenten signifikant sind. Wie Schaubild 5-32 zu entnehmen ist, ergeben sich jedoch keine signifikanten Mittelwertdifferenzen.[728] Die erhobenen psychografischen Variablen können demnach nicht zur Beschreibung der Segmente herangezogen werden.

---

[728] Die Konstrukte Markeninvolvement und Beziehungsneigung wurden durch mehrere Items erfasst. Daher war zunächst eine Güteurteilung der Konstrukte anhand der exploratorischen Faktorenanalyse und der Betrachtung des Cronbachs Alpha vorzunehmen. Die Ergebnisse waren jeweils zufriedenstellend. Auf eine ausführliche Darstellung wird an dieser Stelle jedoch verzichtet. Anschließend wurde für die beiden Konstrukte der Mittelwert aus den Items gebildet, so dass für jede Variable schließlich ein einziger Wert vorlag. Mit diesem Wert wurde im Rahmen der Post-hoc-Analyse gearbeitet.

Variable	Segmentspezifische Mittelwerte		Signifikanter Unterschied
	Segment 1	Segment 2	
Markeninvolvement	5,87	5,94	nein
Bedürfnis nach Markenkompetenzerleben	6,24	6,25	nein
Bedürfnis nach einem Zugehörigkeitsgefühl zur Markengemeinschaft	5,73	5,75	nein
Bedürfnis nach Autonomie bei der Markenarbeit	5,62	5,47	nein
Beziehungsneigung	6,22	6,13	nein

Schaubild 5-32: Psychografische Variablen im Segmentvergleich

Zur Prüfung der **soziodemografischen Variablen** auf systematische Unterschiede zwischen den Segmenten ist aufgrund des niedrigen Skalenniveaus auf den Chi-Quadrat-Homogenitätstest Rückgriff zu nehmen. Mit dem Chi-Quadrat-Homogenitätstest wird überprüft, ob die in Segment 1 gegebene Verteilung der Daten der Verteilung in Segment 2 entspricht oder ob sie sich signifikant von dieser unterscheidet.[729] Wie aus Schaubild 5-33 hervorgeht, zeigt sich jedoch ein ähnliches Bild wie bei den psychografischen Variablen. Lediglich bei der Bildung ergeben sich signifikante Unterschiede zwischen den Segmenten. In Segment 1, d.h. bei „den Informationsorientierten", ist ein höherer Anteil an Mitarbeitenden gegeben, die als höchsten Bildungsabschluss die Matura (Abitur) bzw. die Lehre nennen. In Segment 2, d.h. bei „den Außenorientierten", ist der Anteil an Mitarbeitenden mit einem Real-/Sekundarabschluss bzw. einem abgeschlossenen Studium höher.

---

[729] Vgl. *Berekoven/Eckert/Ellenrieder* 2009, S. 223f.

Variable		Segmentspezifische Anteile		Signifikanter Unterschied
		Segment 1	Segment 2	
Geschlecht	Männlich	68,6 %	64,4 %	nein
	Weiblich	31,4 %	35,6 %	
Alter	< 25 Jahre	7,5 %	9,5 %	nein
	26 - 35 Jahre	32,8 %	22,4 %	
	36 - 45 Jahre	31,3 %	34,7 %	
	46 - 55 Jahre	19,4 %	26,5 %	
	> 55 Jahre	9,0 %	6,9 %	
Sprache	Deutsch	78,1 %	76,5 %	nein
	Französisch	21,9 %	23,5 %	
Bildungsgrad	Realschul-/Sekundarabschluss	5,9 %	11,3 %	ja (5 %-Niveau)
	Matura	13,2 %	6,0 %	
	Lehre	64,7 %	52,0 %	
	Studium	11,8 %	20,0 %	
	Sonstiges	4,4 %	10,7 %	

Schaubild 5-33: Soziodemografische Variablen im Segmentvergleich

Bei den **arbeitsplatzbezogenen Variablen** kommt ebenfalls der Chi-Quadrat-Homogenitätstest zur Anwendung. In Schaubild 5-34 sind die Ergebnisse dargestellt. Leider zeigt sich, dass auch die erhobenen arbeitsbezogenen Variablen keinen signifikanten Beitrag zur Erklärung der segmentspezifischen Zugehörigkeitswahrscheinlichkeit leisten. So unterscheiden sich die Segmente hinsichtlich der Verteilung der Variablen nicht signifikant voneinander.

Empirische Überprüfung des Mess- und Wirkungsmodells der QIMF 261

Variable		Segmentspezifische Anteile		Signifikanter Unterschied
		Segment 1	Segment 2	
Arbeitsbereich	Produktion	23,2 %	19,3 %	nein
	Verpackung/ Kommissionierung/ Logistik	13,0 %	9,3 %	
	Verwaltung	15,9 %	18,7 %	
	Verkauf/Marketing	18,8 %	25,3 %	
	Support-Prozesse (z.B. Reinigung, Technik)	14,6 %	16,0 %	
	Andere	14,5 %	11,4 %	
Entwicklung/ Umsetzung markenbezogener Maßnahmen	Ja	42,0 %	38,3 %	nein
	Nein	58,0 %	61,7 %	
Kundenkontakt	Ja	27,1 %	25,8 %	nein
	Gelegentlich	31,5 %	29,2 %	
	Nein	41,4 %	45,0 %	
Dienstalter	< 1 Jahr	12,9 %	9,9 %	nein
	1 - 3 Jahre	7,1 %	10,6 %	
	4 - 6 Jahre	20,0 %	16,6 %	
	7 - 10 Jahre	18,6 %	18,5 %	
	11 - 20 Jahre	24,3 %	23,8 %	
	> 20 Jahre	17,1 %	20,6 %	
Führungsverantwortung	Ja	63,2 %	58,1 %	nein
	Nein	36,8 %	41,9 %	
Standort	Basel	45,7 %	48,0 %	nein
	Zell	25,7 %	20,0 %	
	Oensingen	24,3 %	27,3 %	
	Cheseaux	4,3 %	4,7 %	
	Schafisheim	-	-	

Schaubild 5-34: Arbeitsplatzbezogene Variablen im Segmentvergleich

5.5.3.4 Zusammenfassung und Interpretation der Ergebnisse

Die Prüfung des disaggregierten Wirkungsmodells der Qualität der Internen Markenführung auf Mitarbeiterheterogenität führte zu folgenden Ergebnissen hinsichtlich der Bestimmung der optimalen Segmentzahl, der segmentspezifischen Wirkungsanalyse und der Post-hoc-Analyse:

(1) Bestimmung der optimalen Segmentzahl

Die Finite-Mixture-Analyse führte zur Entscheidung zugunsten einer **Zwei-Segment-Lösung**. Mit einem EN von 0,65 ist eine ausreichende Trennschärfe zwischen den Segmenten gegeben. Dies spiegelt sich auch in den segmentspezifischen **Zugehörigkeitswahrscheinlichkeiten** der Befragten wieder. Die große Mehrheit der Probanden kann mit einer Wahrscheinlichkeit über 70 Prozent einem der beiden Segmente zugeteilt werden.

(2) Segmentspezifische Wirkungsanalyse

Insgesamt wird deutlich, dass zwischen den Segmenten **Unterschiede hinsichtlich der Wirkung der einzelnen Dimensionen der Qualität der Internen Markenführung** bestehen. Dies bestätigt die in Abschnitt 1.3 angestellte Vermutung, nach der die Bedeutung der Qualität der Internen Markenführung für die nachgelagerten Größen je nach Mitarbeitersegment differiert, und es daher zur Steuerung eines markenkonformen Mitarbeiterverhaltens einer segmentspezifischen Mitarbeiteransprache bedarf. Die Mitglieder von Segment 1 wurden als „**Die Informationsorientierten**" bezeichnet, da hier eine Steuerung des markenkonformen Mitarbeiterverhaltens insbesondere auf eine für den Mitarbeitenden zufriedenstellende Informationsvermittlung abzustellen hat. Für die Mitglieder von Segment 2 wurde der Begriff „**Die Außenorientierten**" eingeführt, da für diese das Markenverhalten anderer Personen für die Entstehung einer guten Beziehung zur Marke von Bedeutung ist. Um bei diesen Mitarbeitenden ein markenkonformes Verhalten zu fördern, ist folglich darauf zu achten, dass die Markenidentität generell im Unternehmen gelebt wird. Die segmentspezifische Wirkungsanalyse offenbarte jedoch auch eine Gemeinsamkeit der beiden Segmente. Sowohl bei den „den Informationsorientierten" als auch bei „den Außenorientierten" stellt auf Ebene der Mitarbeiter-Marken-Beziehung das **Markencommitment** die zentrale Determinante des markenkonformen Mitarbeiterverhaltens dar. Dies unterstreicht die Relevanz einer emotionalen Verbundenheit der Mitarbeitenden zur Marke zur Entstehung eines markenförderlichen Verhaltens.

(3) Post-hoc-Analyse

Die Post-hoc-Analyse führte zu keinem zufriedenstellenden Ergebnis. Abgesehen von der Variable Bildung haben sich in Bezug auf die beschreibenden Variablen **keine signifikanten Unterschiede zwischen den Segmenten** ergeben. Der signifikante Unterschied hinsichtlich der Variablen **Bildung** ist zudem schwer zu interpretieren. So ist der Verteilung nicht zu entnehmen, welches Segment über einen höheren Bildungsgrad verfügt. Zum Beispiel haben die Mitglieder von Segment 2, „die Außenorientierten", zwar zu einem höheren Anteil ein Studium absolviert; zugleich sind in diesem Segment jedoch auch mehr Mitarbeitende mit dem niedrigsten Bildungsabschluss (Real-/Sekundarschule) vertreten. Für die Segmentbearbeitung bedeutet dies, dass Strategien und Maßnahmen aus der Bedeutung der einzelnen Dimensionen der Qualität der Internen Markenführung für die nachgelagerten Größen abzuleiten sind und nicht über die deskriptiven Variablen. Die Bedeutung der einzelnen Dimensionen für diese Größen wird durch die Finite-Mixture-Analyse erkennbar. Die beiden Segmente sind durch geeignete Kombinationen der Einflussfaktoren auf die Konstrukte auf Ebene der Mitarbeiter-Marken-Beziehung zu bearbeiten.[730]

Das schlechte Ergebnis der Post-hoc-Analyse kann auf mehrere Ursachen zurückgeführt werden. Eine Ursache liegt möglicherweise darin, dass zwar eine Vielzahl deskriptiver Variablen erhoben wurde, jene die zur Beschreibung der ermittelten Segmente herangezogen werden können, jedoch offenbar unberücksichtigt geblieben sind. Denkbar ist auch, dass die relativ kleine Stichprobe von n = 226 für das Ergebnis verantwortlich ist. Die Zwei-Segment-Lösung wurde unter anderem auch deshalb gewählt, weil dadurch noch ausreichend große Segmente für die weiteren Analysen gewährleistet waren. Auch wenn die Gütekriterien diese Lösung vertreten, verweist das Fünf-Segment-Modell auf eine höhere Trennschärfe zwischen den Segmenten (EN). Zudem wird im CAIC die Stichprobengröße berücksichtigt,[731] d.h. mit einem größeren Datensatz hätte das Kriterium möglicherweise eine höhere Segmentlösung empfohlen. Denkbar ist es daher, dass sich aus der Post-hoc-Analyse aussagekräftige Ergebnisse ergeben hätten, wenn aufgrund einer ausreichend großen Stichprobe eine stärkere Segmentierung des Datensatzes möglich gewesen wäre.

---

[730] Vgl. ähnlich *Hahn* 2002, S. 156. Ansatzpunkte hierzu finden sich in Abschnitt 6.2.2.2.2.

[731] Vgl. *Huber et al.* 2007, S. 68.

6. Fazit, Implikationen und Ableitung von zukünftigem Forschungsbedarf

6.1 Fazit

Den Ausgangspunkt der vorliegenden Arbeit bildete die Erkenntnis, dass dem markenkonformen Mitarbeiterverhalten eine große Bedeutung für den Erfolg der Marke am Markt zukommt. Um ein solches Verhalten im Unternehmen zu fördern, wurde die Notwendigkeit aufgezeigt, auch die Mitarbeitenden als Zielgruppe der Markenführung aufzufassen. In diesem Zusammenhang wurde auf den Einsatz der Internen Markenführung im Unternehmen verwiesen (vgl. Abschnitt 1.1). Unter die Interne Markenführung wurden sämtliche Maßnahmen der markenführenden Institution subsumiert, die darauf abzielen, dass die Markenidentität von den Mitarbeitenden verinnerlicht und gelebt wird, damit die aus dem Markennutzenversprechen resultierenden Erwartungen der externen Anspruchsgruppen erfüllt werden und dadurch wiederum die Erreichung der gesetzten Markenziele gefördert wird (vgl. Abschnitt 1.2.2). Aufgrund der Erkenntnisse von Studien aus anderen Forschungsbereichen, die sich mit Qualitätsmessungen beschäftigt haben, wurde dabei die **Qualität der Internen Markenführung** als zentrale Steuerungsgröße eines markenkonformen Mitarbeiterverhaltens angesehen. Bisher mangelte es aber an Untersuchungen, die sich mit der Qualität der Internen Markenführung auseinandersetzen (vgl. Abschnitt 1.3).

Zur Überwindung dieses Forschungsdefizits bestand die **Zielsetzung** der vorliegenden Arbeit in der Entwicklung und empirischen Überprüfung des Konstrukts Qualität der Internen Markenführung und, unter Berücksichtigung von Mitarbeiterheterogenität, der Analyse seiner Bedeutung zur Steuerung eines markenkonformen Mitarbeiterverhaltens. Zur Verfolgung der Zielsetzung wurden **fünf Forschungsfragen** aufgestellt, die es im Rahmen dieser Arbeit zu beantworten galt. Ausgehend von den Forschungsfragen werden nachfolgend die zentralen Ergebnisse dieser Arbeit zusammenfassend dargestellt.

Forschungsfrage 1: Welche **Definition** liegt der Qualität der Internen Markenführung zugrunde?

Bei der Entwicklung einer Definition für das Konstrukt der Qualität der Internen Markenführung wurde sich an *Rossiter* orientiert, der hierfür die Bestimmung des Beurteilers, des Objekts und des Attributs empfiehlt. Darüber hinaus erfolgte eine Anlehnung an das Qualitätsverständnis aus dem Dienstleistungsbereich. Die Überlegungen mündeten in die folgende Konstruktdefinition (vgl. Abschnitte 1.3 und 2.2):

„Die Qualität der Internen Markenführung ist die aus Mitarbeitersicht vorgenommene Beurteilung der Fähigkeit des Unternehmens, die Interne Markenführung gemäß den Mitarbeitererwartungen zu erstellen. Sie bestimmt sich aus der Summe von Eigenschaften bzw. Merkmalen der Internen Markenführung, die dazu dienen, den verschiedenen Anforderungen des Mitarbeitenden an die Interne Markenführung gerecht zu werden."

Forschungsfrage 2: Wie sieht ein **Messmodell der Qualität der Internen Markenführung** aus, d.h., aus welchen Dimensionen und Indikatoren setzt sich das Konstrukt zusammen?

Im Rahmen der **Konzeptualisierung** der Qualität der Internen Markenführung bestand das Ziel in der Identifikation der Dimensionen des Konstrukts. Gemäß der aufgestellten Konstruktdefinition nahm die Identifikation der Konstruktdimension Bezug auf die Identifikation der Mitarbeitererwartungen, deren Erfüllung auf Mitarbeiterseite zu einer hohen Qualitätswahrnehmung der Internen Markenführung führt. Hierfür erfolgte mit dem Rückgriff auf die bestehende Literatur zur Internen Markenführung, auf die Selbstbestimmungstheorie und auf Interviews mit Mitarbeitenden in drei Unternehmen der parallele Einsatz deduktiver und induktiver Methoden. Die Konstruktkonzeptualisierung führte zu dem Ergebnis, dass die Qualität der Internen Markenführung ein mehrdimensionales Konstrukt darstellt, bestehend aus den **fünf Dimensionen** wahrgenommene Informationsvermittlung, Vorleben der Markenidentität, Wertschätzung, Partizipation und Visualisierung der Markenidentität (vgl. Abschnitt 3.3).

Im Rahmen der **Operationalisierung** der Qualität der Internen Markenführung lag das Augenmerk auf der Identifikation geeigneter Indikatoren zur Messung der Konstruktdimensionen. Als Indikatoren wurden diejenigen Maßnahmen berücksichtigt, die zur Erfüllung der Mitarbeitererwartungen an die Interne Markenführung beitragen. Zur Generierung der Indikatoren und Itemformulierung wurde Rückgriff auf die Sekundärforschung und das Expertenwissen von Wissenschaftlern sowie auf Interviews mit Mitarbeitenden (Primärforschung) genommen (vgl. Abschnitt 3.4).

Für die **empirische Überprüfung** des Messmodells der Qualität der Internen Markenführung wurde im Unternehmen *Bell AG* eine schriftliche Mitarbeiterbefragung durchgeführt. Für die Analyse stand eine Gesamtstichprobe von n = 226 zur Verfügung. Als Methodik wurde die Strukturgleichungsanalyse gewählt. Es konnte empirisch nachgewiesen werden, dass die Dimensionen Informationsvermittlung, Wertschätzung, Partizipation und Visualisierung der Markenidentität zur Qualitätswahrnehmung der Internen Markenführung beitragen. Der stärkste Einfluss geht dabei von der **wahrgenommenen Visualisierung der Markenidentität** und **Informationsvermittlung** aus. Der Analyse zufolge leistet die Dimension Vorleben der Markenidentität keinen Beitrag zur Wahrnehmung einer „guten" Internen Markenführung. Es wurde jedoch dargelegt, dass das Vorleben der Markenidentität als definierendes Element der Qualität der Internen Markenführung angesehen wird. Insofern wird die Qualität der Internen Markenführung weiterhin als ein Konstrukt aufgefasst, das sich aus den im Rahmen der Konzeptualisierung identifizierten fünf Dimensionen zusammensetzt (vgl. Abschnitt 5.4).

Forschungsfrage 3: Welchen Einfluss hat die Qualität der Internen Markenführung auf welche **Größen der Markenwahrnehmung von Mitarbeitenden**?

Auf Basis einer umfassenden **Analyse bestehender Studien** zur Internen Markenführung wurden auf der Ebene der Markenwahrnehmung die Konstrukte **Markenarbeitszufriedenheit**, **Markencommitment** und **Markenvertrauen** identifiziert. Es wurde vermutet, dass diese direkte Wirkungsgrößen der Qualität der Internen Markenführung darstellen. Da es sich dabei um Konstrukte handelt, die die Qualität der Mitarbeiter-Marken-Beziehung widerspiegeln, wurde die zunächst eingeführte Formulierung Konstrukte auf „Ebene der Markenwahrnehmung" verändert und in Konstrukte auf „Ebene der Mitarbeiter-Marken-Beziehung" umbenannt (vgl. Abschnitt 2.6).

Aufbauend auf den Erkenntnissen der Literaturanalyse wurde eine **theoretische Fundierung** der Zusammenhänge zwischen dem Konstrukt Qualität der Internen Markenführung und seinen nachgelagerten Größen vorgenommen. Da in Interaktionstheorien ein besonderer Erklärungsbeitrag gesehen wurde, erfolgte die theoretische Begründung der Konstruktzusammenhänge mithilfe der **Equity-Theorie**, der **Theorie der sozialen Identität** und der **sozialen Austauschtheorie**. Zusammen mit den empirischen Befunden bestehender Studien führte dies zur Generierung von Hypothesen (vgl. Abschnitt 4.1-4.3).

Die **empirische Überprüfung** der Wirkungszusammenhänge mithilfe der Strukturgleichungsanalyse zeigte, dass die Qualität der Internen Markenführung auf **alle drei Konstrukte** einen Einfluss ausübt. Da diese Konstrukte wiederum (größtenteils) das markenkonforme Mitarbeiterverhalten beeinflussen (vgl. die Ausführungen zur Forschungsfrage 4), wurde somit die zu Beginn der Arbeit dargelegte Vermutung, wonach die Qualität der Internen Markenführung eine zentrale Steuerungsgröße eines markenkonformen Mitarbeiterverhaltens darstellt, belegt. Die Qualität der Internen Markenführung wirkt dabei am stärksten auf das Markenvertrauen, gefolgt vom Markencommitment und der Markenarbeitszufriedenheit. Eine Betrachtung der Wirkungen der einzelnen Konstruktdimensionen offenbart, dass der Großteil der hypothetisierten Zusammenänge bestätigt werden kann. Die **wahrgenommene Wertschätzung** übt dabei den stärksten Einfluss auf die nachgelagerten Größen aus, gefolgt vom **wahrgenommenen Vorleben der Markenidentität** und der **wahrgenommenen Partizipation** (vgl. Abschnitt 5.5.2).

Forschungsfrage 4: Welchen Einfluss haben die Größen der Markenwahrnehmung auf das **markenkonforme Mitarbeiterverhalten**?

Das **markenkonforme Mitarbeiterverhalten** fand in der vorliegenden Arbeit, da den Konstrukten auf Ebene der Mitarbeiter-Marken-Beziehung nachgelagert, als indirekte Wirkungsgröße der Qualität der Internen Markenführung Berücksichtigung. Die Größe entspricht inhaltlich dem in früheren Studien bereits verwendeten Konstrukt des Brand Citizenship Behavior. Entsprechend wurde das markenkonforme Mitarbeiterverhalten als dreidimensionales Konstrukt, bestehend aus den Dimensionen Markenakzeptanz, Markenmissionierung und Markenentwicklung, konzeptualisiert (vgl. Abschnitt 4.3.1.5).

Zur **theoretischen Fundierung** des Zusammenhangs zwischen den Konstrukten auf Ebene der Mitarbeiter-Marken-Beziehung und dem markenkonformen Mitarbeiterverhalten wurde ebenfalls auf die **Equity-Theorie**, die **Theorie der sozialen Identität** und die **soziale Austauschtheorie** Rückgriff genommen. Gestützt durch bisherige empirische Befunde wurden Hypothesen zu den Wirkungszusammenhängen formuliert (vgl. Abschnitt 4.1-4.3).

Die **empirische Analyse** offenbarte lediglich eine zweidimensionale Struktur des Konstrukts. Die beiden entstandenen Dimensionen stellen das Standard-Markenverhalten und das Extra-Markenverhalten von Mitarbeitenden dar. Im Hinblick auf die Wirkung der Konstrukte auf Ebene der Mitarbeiter-Marken-Beziehung zeigte sich, dass das markenkonforme Mitarbeiterverhalten in erster Linie durch das **Markencommitment** beeinflusst wird, gefolgt vom **Markenvertrauen**. Zwischen der Markenarbeitszufriedenheit und dem markenkonformen Mitarbeiterverhalten konnte zunächst kein signifikanter Wirkungszusammenhang ermittelt werden. Eine separate Betrachtung der Dimensionen des Verhaltenskonstrukts machte aber deutlich, dass die **Markenarbeitszufriedenheit** einen Einfluss auf das Markenverhalten der Mitarbeitenden ausübt, jedoch nur auf das Standard-Markenverhalten (vgl. Abschnitt 5.5.2).

Forschungsfrage 5: Inwieweit beeinflusst die **Heterogenität unter Mitarbeitenden** die Wirkungszusammenhänge?

Zu Beginn der Arbeit wurde die Annahme aufgestellt, dass die Bedeutung der Qualität der Internen Markenführung (bzw. der einzelnen Dimensionen des Konstrukts) für die nachgelagerten Größen je nach Mitarbeitersegment differiert. Es galt daher durch eine Segmentbildung die **Heterogenität von Mitarbeitenden** zu berücksichtigen (vgl. Abschnitt 1.3). Im weiteren Verlauf der Arbeit wurde festgestellt, dass die bisherigen Forschungsarbeiten zur Internen Markenführung nur sehr wenige Erkenntnisse hinsichtlich möglicher Kriterien zur Mitarbeitersegmentierung liefern. Die somit vorliegende unbeobachtbare Heterogenität machte den Rückgriff auf eine a posteriori-Segmentierung notwendig. In der vorliegenden Arbeit fand hierfür die Finite-Mixture-Analyse Verwendung (vgl. Abschnitt 4.4.1).

Im Rahmen der **empirische Analyse** konnten **zwei Mitarbeitersegmente** identifiziert werden, die sich hinsichtlich der Wirkung der einzelnen Dimensionen der Qualität der Internen Markenführung unterscheiden. Damit wurde die Vermutung, nach der die Bedeutung der Qualität der Internen Markenführung für die nachgelagerten Größen je nach Mitarbeitersegment differiert, und es daher zur Steuerung eines markenkonformen Mitarbeiterverhaltens einer segmentspezifischen Mitarbeiteransprache bedarf, bestätigt. Bei Mitgliedern von Segment 1, „den Informationsorientierten", ist es wichtig, diese gut über die Marke zu informieren. Dies fördert die Entstehung einer guten Mitarbeiter-Marken-Beziehung und darüber wiederum ein markenkonformes Mitarbeiterverhalten. Bei Mitgliedern von Segment 2, „den Außenorientierten", ist hingegen das Vorleben der Markenidentität im Unternehmen von Bedeutung. Die sich anschließende **Post-hoc-Analyse** führte leider zu keinem zufriedenstellenden Ergebnis. Im Hinblick auf die erhobenen Deskriptiva (psychografische, soziodemografische und arbeitsplatzbezogene Variablen) konnten, von einer Ausnahme abgesehen, keine signifikanten Unterschiede zwischen den Segmenten ermittelt werden. Dieses Resultat wurde insbesondere auf die relativ kleine Stichprobe zurückgeführt. Für die Segmentbearbeitung bedeutet dies, dass Strategien und Maßnahmen aus der Bedeutung der einzelnen Dimensionen der Qualität der Internen Markenführung für die nachgelagerten Größen abzuleiten sind und nicht über die deskriptiven Variablen (vgl. Abschnitt 5.5.3).

Aus den Ergebnissen lassen sich Implikationen für die Steuerung eines markenkonformen Mitarbeiterverhaltes ableiten. Damit beschäftigt sich der nachfolgende Abschnitt.

6.2 Implikationen für die Steuerung von markenkonformem Mitarbeiterverhalten

6.2.1 Managementprozess der Internen Markenführung

Im Rahmen der empirischen Untersuchung wurde der Nachweis erbracht, dass die Qualität der Internen Markenführung eine zentrale Steuerungsgröße eines markenkonformen Mitarbeiterverhaltens darstellt. Grundlage einer verbesserten Steuerung eines markenkonformen Mitarbeiterverhaltens ist demnach ein systematisches Management der Internen Markenführung, das an der Erfüllung der Mitarbeitererwartungen an die Interne Markenführung ausgerichtet ist. Zur Strukturierung der damit verbundenen Aufgaben wird der **entscheidungsorientierte Managementprozess** zugrunde gelegt (vgl. Schaubild 6-1).[732]

---

[732] Vgl. zum entscheidungsorientierten Ansatz z.B. *Bruhn* 2009a, S. 91ff.; *Meffert/ Burmann/Kirchgeorg* 2012.

Fazit und Implikationen für Praxis und Forschung

Analysephase der Internen Markenführung

Messung des Wirkungsmodells der Qualität der Internen Markenführung

| Festlegung des Modells | Operationalisierung der Modellgrößen | Durchführung der Messung | Datenauswertung und Generierung der Ergebnisse |

Dateninterpretation

| Dateninterpretation auf Konstruktebene | Dateninterpretation auf Indikatorebene |

Steuerungsphase der Internen Markenführung

Strategische Steuerungsphase der Internen Markenführung

Festlegung von Zielen der Internen Markenführung

Festlegung von Strategien der Internen Markenführung

Operative Steuerungsphase der Internen Markenführung

Festlegung des Handlungsbedarfs in Bezug auf die Maßnahmen der Internen Markenführung

Ausgestaltung von Maßnahmen der Internen Markenführung

Identifikation flankierender Maßnahmen

Umsetzungsphase der Internen Markenführung

| Strukturen | Systeme | Kultur |

Kontrollphase der Internen Markenführung

Erfolgskontrolle der Internen Markenführung

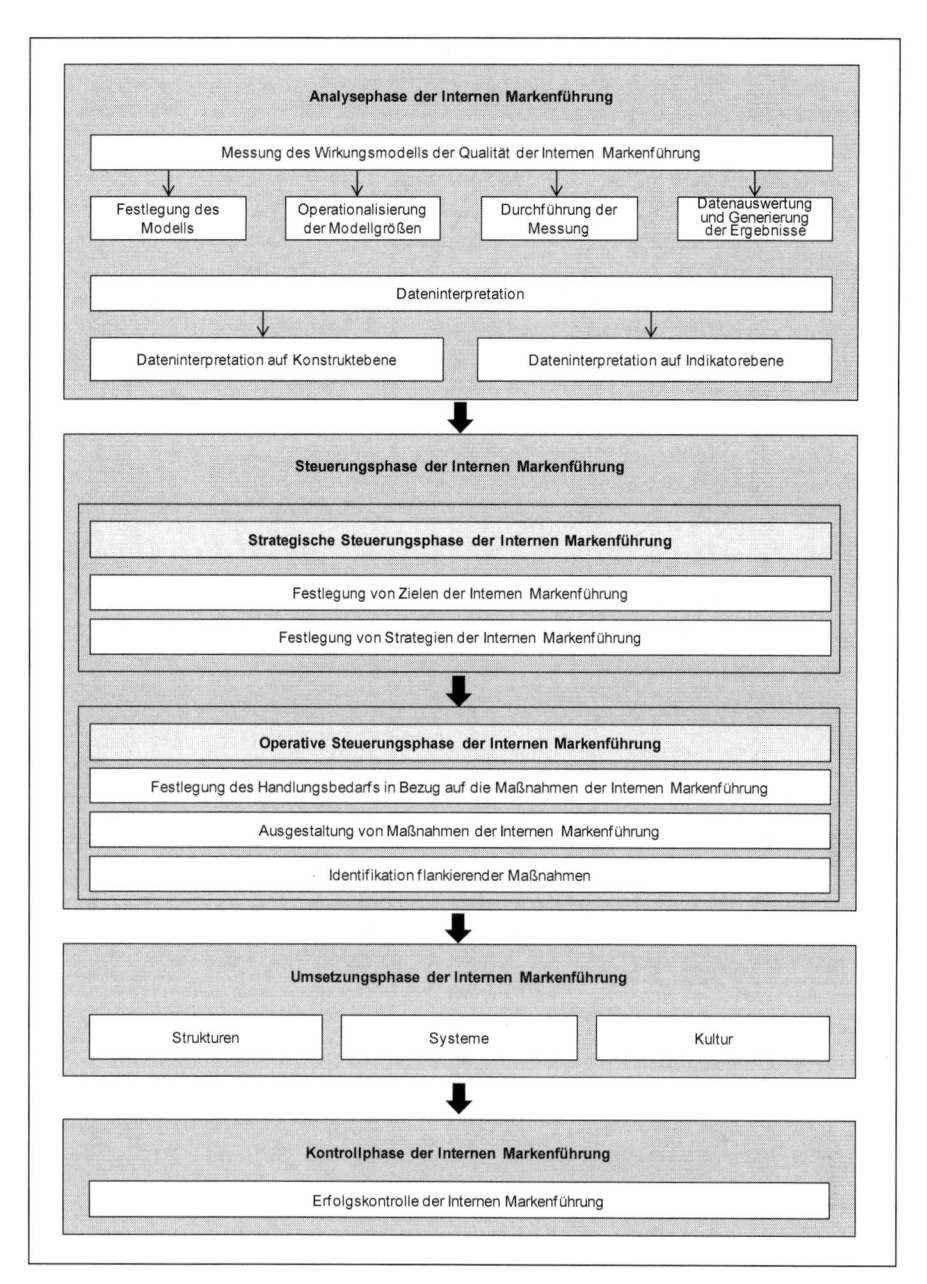

Schaubild 6-1: Managementprozess der Internen Markenführung

In der **Analysephase** liegt das Augenmerk auf der Messung des Wirkungsmodells der Qualität der Internen Markenführung und der darauf aufbauenden Dateninterpretation. Das Ziel hierbei ist die Schaffung einer ausreichenden informatorischen Grundlage, um auf dieser Basis den konkreten Handlungsbedarf für ein effektives Management der Internen Markenführung festzulegen (vgl. Abschnitt 6.2.2). Es empfiehlt sich der Rückgriff auf das disaggregierte Wirkungsmodell. Auf diese Weise können die Wirkungen der einzelnen Dimensionen der Qualität der Internen Markenführung auf die nachgelagerten Konstrukte untersucht werden. Dies liefert Ansatzpunkte für die spätere Planung konkreter Maßnahmen für die Steuerung des markenkonformen Mitarbeiterverhaltens. Die aus den verschiedenen Analysen gewonnenen Erkenntnisse münden im Rahmen der **strategischen Steuerungsphase** in die Festlegung von Zielen und Strategien der Internen Markenführung (vgl. Abschnitt 6.2.3.1). Daran schließt sich die **operative Steuerungsphase** an. Hier liegt der Fokus auf der Planung von Maßnahmen der Internen Markenführung und der Identifikation unterstützender Maßnahmen (vgl. Abschnitt 6.2.3.2). In der **Umsetzungsphase** sind die internen Voraussetzungen für eine wirksame Interne Markenführung zu schaffen. In diesem Zusammenhang bilden struktur-, system- und kulturbezogene Rahmenbedingungen wichtige Bestandteile für den Umsetzungserfolg (vgl. Abschnitt 6.2.4). Im Rahmen der **Kontrollphase** gilt es schließlich, den Erfolg der eingesetzten Maßnahmen der Internen Markenführung zu kontrollieren (vgl. Abschnitt 6.2.5).

6.2.2 Analysephase der Internen Markenführung

6.2.2.1 Messung des Wirkungsmodells der Qualität der Internen Markenführung

Die Analyse der Wirkungen der Qualität der Internen Markenführung orientiert sich an der **Vorgehensweise** der vorliegenden Arbeit und umfasst die folgenden vier Schritte:[733]

(1)   Festlegung des Modells,

(2)   Operationalisierung der Modellgrößen,

(3)   Durchführung der Messung,

(4)   Datenauswertung und Generierung der Ergebnisse.

---

[733] Vgl. hierzu auch das Vorgehen von *Hadwich* 2003, S. 193ff.

(1) Festlegung des Modells

Es wird der oben angeführten Empfehlung gefolgt und im Folgenden auf das disaggregierte Wirkungsmodell der Qualität der Internen Markenführung Bezug genommen. Im Rahmen der Festlegung des Modells gilt es in erster Linie, eine Entscheidung über die einzubeziehenden **Modellkonstrukte** sowie über die **Modellstruktur**, d.h. die Ursache-Wirkungs-Beziehungen, zu treffen. Die im Wirkungsmodell berücksichtigten Konstrukte und Wirkungszusammenhänge sind zwar weitestgehend unternehmensunabhängig, so dass eine Verwendung auch in anderen Unternehmen möglich ist. Allerdings können in Abhängigkeit der Fragestellung auch modifizierte Modellstrukturen Verwendung finden.

Die **Modifikation der Modellstruktur** kann durch eine Reduktion, den Austausch oder eine Erweiterung der Wirkungsgrößen der Qualität der Internen Markenführung erfolgen.[734] Bei einer **Reduktion von Wirkungsgrößen** wird sich auf die Einbindung einzelner oder weniger Konstrukte in das Wirkungsmodell konzentriert. Ist z.B. ein Unternehmen lediglich daran interessiert, welche Wirkung die Dimensionen der Qualität der Internen Markenführung auf die Markenarbeitszufriedenheit haben, reicht es aus, nur diese Wirkungsgröße in das Modell zu integrieren. Ein **Austausch von Wirkungsgrößen** der Qualität der Internen Markenführung bietet sich an, wenn die im Modell berücksichtigten Konstrukte nicht mit den Zielen, die ein Unternehmen mit der Internen Markenführung verfolgt, übereinstimmt. Denkbar ist z.B., dass durch den Einsatz der Internen Markenführung nicht ein markenkonformes Mitarbeiterverhalten im Sinne eines Brand Citizenship Behaviors angestrebt wird, sondern der Aufbau einer hohen Markenloyalität der Mitarbeitenden, die sich im Wunsch äußert, im Unternehmen zu bleiben und weiterhin für die Marke zu arbeiten, im Vordergrund steht. Eine **Erweiterung von Wirkungsgrößen** der Qualität der Internen Markenführung ist ebenfalls möglich. Ist ein Unternehmen z.B. zusätzlich an der Wirkung der Qualität der Internen Markenführung auf das Markenwissen interessiert, gilt es, diese Größe ebenfalls in das Modell einzubinden.

Neben der Modifikation von Modellstrukturen empfiehlt sich der **Einbezug von Variablen**, die im Rahmen einer Segmentierung der Beschreibung von Mitarbei-

---

[734] Es wird nur eine Modifikation hinsichtlich der Wirkungsgrößen und nicht bezüglich der Dimensionen der Qualität der Internen Markenführung empfohlen. Vom Ausschluss einzelner Dimensionen wird abgeraten, da dies den inhaltlichen Geltungsbereich des formativ gemessenen Konstrukts der Qualität der Internen Markenführung verändern würde (vgl. zur Eliminierung von Bestandteilen formativer Konstrukte Abschnitt 5.3.1.2.1).

tersegmenten dienen. Hierunter zählen psychografische (z.B. Persönlichkeitsmerkmale), soziodemografische (z.B. Alter, Bildungsgrad) und arbeitsplatzbezogene (z.B. Arbeitsbereich, Hierarchiestufe) Variablen.[735] Die Untersuchungsergebnisse dieser Arbeit weisen kaum nach, dass sich die Segmente hinsichtlich der Ausprägung dieser Variablen voneinander unterscheiden. Es ist aber denkbar, dass dies in anderen Studien, insbesondere dann, wenn mit größeren Stichproben gearbeitet wird, der Fall ist.

(2) Operationalisierung der Modellgrößen

Im Anschluss an die Modellfestlegung gilt es, geeignete **Messmodelle für die Konstrukte** zu entwickeln. Dabei sind unternehmensspezifische von allgemein gültigen Messmodellen zu unterscheiden.

Im Hinblick auf die **Messung der Dimensionen der Qualität der Internen Markenführung** ist darauf hinzuweisen, dass die Dimensionen selbst zwar eine breite Anwendung erlauben, in Bezug auf die Indikatoren eine Allgemeingültigkeit nicht unbedingt gegeben ist. So kann es z.B. sein, dass ein Unternehmen keine Schulungen zur Vermittlung von Markeninformationen anbietet. Das in dieser Arbeit generierte Item Info_2 (Schulungen) wäre daher zur Erfassung der Dimension wahrgenommene Informationsvermittlung ungeeignet. Für die Operationalisierung der Dimensionen der Qualität der Internen Markenführung ist daher bei einer Erstmessung eine Vorstudie empfehlenswert, um die im Unternehmen eingesetzten Maßnahmen der Internen Markenführung, die als Messindikatoren Verwendung finden, zu identifizieren. Entsprechen die vom Unternehmen eingesetzten Maßnahmen den in dieser Arbeit berücksichtigten Maßnahmen, können die Items beibehalten werden. Es ist dann jedoch zu prüfen, ob Anpassungen in den Itemformulierungen vorzunehmen sind (z.B. hinsichtlich der Angabe konkreter Beispiele für Geld- oder Sachleistungen).

Die **Wirkungsgrößen der Qualität der Internen Markenführung** wurden weitestgehend unternehmensunabhängig operationalisiert. Die Messmodelle sind demnach breit einsetzbar. Es werden lediglich kleinere Anpassungen in den Formulierungen einzelner Items notwendig (z.B. hinsichtlich der Angabe der Markenwerte des jeweiligen Unternehmens in Item Com_3).

---

[735] Vgl. Abschnitt 4.4.

Fazit und Implikationen für Praxis und Forschung 275

(3) Durchführung der Messung

An die Operationalisierung der Konstrukte schließt sich die Durchführung der Messung an. Die generierten Messindikatoren bilden die Grundlage für die **Erstellung des Fragebogens**. Diesen gilt es, insbesondere im Hinblick auf die Verständlichkeit der Formulierungen, einem Pretest zu unterziehen.

Im Anschluss daran erfolgt die Datenerhebung. Hierbei sind Entscheidungen hinsichtlich der Erhebungsmethode, Erhebungseinheiten und Erhebungsfrequenz zu treffen. Im Hinblick auf die **Erhebungsmethode** ist zu überlegen, welche Kommunikationsform zum Einsatz kommt. Die Entscheidung darüber, ob die Datenerfassung z.B. mündlich, schriftlich oder computergestützt erfolgt, ist auf Basis von Effektivitäts- und Effizienzüberlegungen zu treffen.[736]

Im Rahmen der Festlegung der **Erhebungseinheiten** ist über den Stichprobenumfang und damit über die Durchführung einer Voll- oder Teilerhebung zu entscheiden. Aus forschungspragmatischen Gründen wurde im Rahmen der vorliegenden Studie eine Teilerhebung durchgeführt.[737] Grundsätzlich bietet sich jedoch im Zusammenhang mit Mitarbeiterbefragungen auch eine Vollerhebung an. So ist die Grundgesamtheit im Vergleich zu Konsumentenbefragungen in der Regel deutlich geringer, und die Elemente der Grundgesamtheit sind für die Befragung leichter zu erreichen. Wird sich dennoch für eine Teilerhebung entschieden, ist darauf zu achten, dass die Stichprobe in ihrer Zusammensetzung ein verkleinertes Abbild der Grundgesamtheit darstellt. Dies wird z.B. durch den Einsatz des Quotenverfahrens im Rahmen der Stichprobenbildung gefördert.

Im Hinblick auf die **Erhebungsfrequenz** stellt sich die Frage nach der Häufigkeit der Datenerhebung. Es empfiehlt sich, die Messung mindestens jährlich durchzuführen, um zu prüfen, ob der Einsatz der Internen Markenführung Veränderungen im markenkonformen Mitarbeiterverhalten zur Folge hat. Wird mit der Internen Markenführung eine kurzfristige Beeinflussung des Mitarbeiterverhaltens angestrebt, ist auch über kürzere Messintervalle nachzudenken.

(4) Datenauswertung und Generierung der Ergebnisse

Für die **Modellschätzung** wird die Strukturgleichungsanalyse vorgeschlagen. Aus den in Abschnitt 5.3.1.1 dargelegten Gründen empfiehlt sich die Anwendung des varianzbasierten PLS-Ansatzes. Unter Verwendung der erhobenen Da-

---

[736] Vgl. zu den Vor- und Nachteilen der verschiedenen Erhebungsmethoden z.B. *Koch* 2009, S. 49ff.
[737] Vgl. Abschnitt 5.2.1.

ten erfolgen die Überprüfung der Messmodelle und die Schätzung der Wirkungsbeziehungen zwischen den Modellkonstrukten. Des Weiteren gilt es zu prüfen, ob Mitarbeiterheterogenität vorliegt, d.h. es ist zu untersuchen, ob es Mitarbeitersegmente gibt, die sich hinsichtlich der Wirkungen der einzelnen Dimensionen der Qualität der Internen Markenführung auf die nachgelagerten Größen voneinander unterscheiden. Hierfür eignet sich im Falle des Vorliegens unbeobachtbarer Mitarbeiterheterogenität die Durchführung einer Finite-Mixture-Analyse (a posteriori-Segmentierung). Sind die unterschiedlichen Merkmalsausprägungen, durch die sich die einzelnen Segmente auszeichnen, bereits bekannt, liegt beobachtbare Heterogenität vor. In diesem Fall ist eine a priori-Segmentierung, z.B. in Form einer Mehrgruppenkausalanalyse, vorzunehmen (vgl. Abschnitt 4.4.1).

Die **Ergebnisse der Datenauswertung** liefern Informationen zur Beurteilung der Modellgrößen und zur Bedeutung der Modellgrößen. Im Hinblick auf die Modellgrößen ist zwischen zwei Ebenen, der Indikatorebene und der Konstruktebene, zu differenzieren.

■ **Beurteilung der Modellgrößen**

Auf **Indikatorebene** wird über die Bildung von Mittelwerten eine Aggregation der Mitarbeiterurteile in Bezug auf einzelne Indikatoren vorgenommen. Dadurch lässt sich ermitteln, wie z.B. die Informationsvermittlung durch persönliche Gespräche von Seiten der Mitarbeitenden bewertet wird. Zur Veranschaulichung der Ergebnisse bietet sich eine Skalentransformation an, so dass die Mittelwerte Werte von 0 bis 100 annehmen.

Auf **Konstruktebene** empfiehlt sich die Ermittlung von so genannten Indexwerten.[738] Hierbei ist zwischen formativen und reflektiven Konstrukten zu unterscheiden. Bei reflektiven Konstrukten errechnet sich der Indexwert als Mittelwert der einem Konstrukt jeweils zugrunde liegenden Indikatoren über alle Befragten.[739] Bei formativen Konstrukten werden die Mittelwerte der Indikatoren eines Konstrukts über eine Gewichtung aggregiert. Als Gewichtungsfaktoren

---

[738] Die Ermittlung von Indexwerten wird z.B. im Rahmen Nationaler Kunden- und Servicebarometer vorgenommen (vgl. *Bruhn* 1998; *Bruhn/Murmann* 1998).

[739] Vgl. *Homburg/Fürst* 2010, S. 609. In Anlehnung an *Homburg* und *Fürst* wird bei der Indexbildung reflektiver Konstrukte keine Gewichtung vorgenommen. Dieser Entscheidung liegt die Eigenschaft reflektiver Konstrukte zugrunde, nach der die Indikatoren Manifestationen des Konstrukts darstellen und nicht wie bei formativen Konstrukten definierende Merkmale des Konstrukts (vgl. Abschnitt 3.2).

fungieren die im Rahmen der Modellschätzung ermittelten Regressionskoeffizienten.[740] Aus Gründen der Anschaulichkeit werden die Indexwerte ebenfalls auf einer Skala von 0 bis 100 ausgewiesen.

▪ **Bedeutung der Modellgrößen**

Neben den Mittel- und Indexwerten, die die Ausprägungen der Modellgrößen wiedergeben, können auf Basis der Modellschätzung Wirkungskoeffizienten für die Messmodelle und das Strukturmodell bestimmt werden. Anhand dieser Werte, die als Bedeutungsgewichte zu interpretieren sind, lassen sich Aussagen über die Bedeutung von Modellgrößen treffen. Auf **Indikatorebene** werden für die formativen Indikatoren Gewichte berechnet. Die Gewichte geben die Bedeutung eines Indikators (z.b. Schulungsmaßnahmen) für die Beeinflussung des dazugehörigen Konstrukts (z.b. die wahrgenommene Informationsvermittlung) an. Auf **Konstruktebene** zeigen die Pfadkoeffizienten die Bedeutung einer exogenen Variablen (z.b. die Dimensionen der Qualität der Internen Markenführung) für die Beeinflussung einer nachgelagerten endogenen Variablen (z.b. die Markenarbeitszufriedenheit) an.

6.2.2.2 Dateninterpretation

6.2.2.2.1 Überblick

Im Anschluss an die Datenanalyse erfolgt die **Interpretation der Messergebnisse**. In Schaubild 6-2 werden Ansatzpunkte aufgezeigt, wie die ermittelten Mittel- und Indexwerte sowie Wirkungskoeffizienten zur Ableitung von Handungsempfehlungen im vorliegenden Kontext eingesetzt werden können.

---

[740] Die verwendete Formel für die Berechnung des Indexwertes formativer Konstrukte findet sich in Anhang 5.

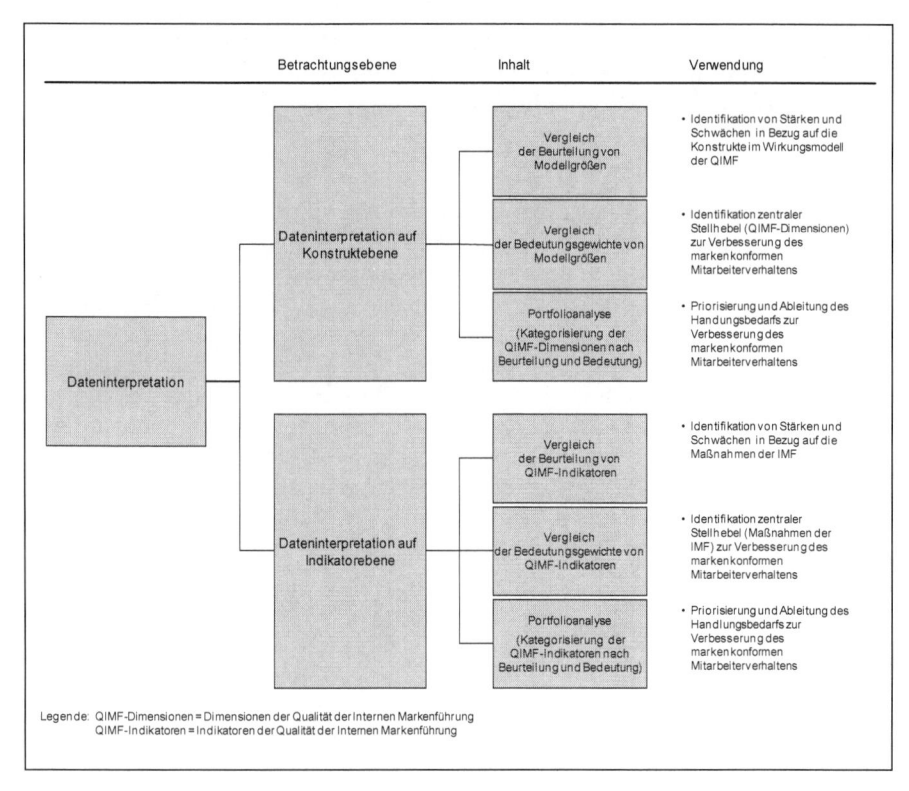

278 Fazit und Implikationen für Praxis und Forschung

Schaubild 6-2: Ansatzpunkte zur Interpretation der Messergebnisse
(Quelle: In Anlehnung an *Eichen* 2010, S. 298)

Eine Interpretation der Messergebnisse lässt sich sowohl auf Konstrukt- als auch auf Indikatorebene vornehmen. Die **Dateninterpretation auf Konstruktebene** bezieht sich auf die Beurteilung und Bedeutung der Konstrukte im Wirkungsmodell. Von besonderem Interesse sind hierbei die Beurteilung der verschiedenen Dimensionen der Qualität der Internen Markenführung und deren Wirkung auf das markenkonforme Mitarbeiterverhalten.

Ein **Vergleich der Beurteilung der Modellkonstrukte** anhand von deren Indexwerten zeigt auf, welche Konstrukte relativ positiv bzw. negativ bewertet werden. Durch einen **Vergleich der Bedeutungsgewichte (Pfadkoeffizienten) der Modellkonstrukte** wird deutlich, welche Modellkonstrukte einen überdurchschnittlich starken bzw. schwachen Beeinflussungseffekt auf nachgelagerte Konstrukte ausüben. Im vorliegenden Kontext sind insbesondere die Beeinflussungseffekte der Dimensionen der Qualität der Internen Markenführung auf das

Verhaltenskonstrukt von Interesse. Der Vergleich ermöglicht die Identifikation der zentralen Stellhebel zur Verbesserung des markenkonformen Mitarbeiterverhaltens. Neben der separaten Betrachtung der Beurteilung und Bedeutung der Modellkonstrukte ist mit der **Portfolioanalyse** auch eine Kombination der beiden Eigenschaften möglich. Im Rahmen von Portfolioanalysen wird ein zweidimensionaler Raum anhand von zwei Charakterisierungsmerkmalen bzw. Bestimmungsfaktoren aufgespannt. Es gilt, die Beurteilungsobjekte in die aus vier Kategorien bestehende Matrix einzuordnen. Die Einordnung der Beurteilungsobjekte ermöglicht die Ableitung kategoriespezifischer Handlungsempfehlungen.[741] Im Kontext der vorliegenden Untersuchung empfiehlt es sich, die Dimensionen der Qualität der Internen Markenführung als Beurteilungsobjekte heranzuziehen und diese in eine so genannte „Importance-Performance-Matrix" einzuordnen. Hierbei werden die Indexwerte der Konstruktdimensionen den zugehörigen Bedeutungsgewichten gegenübergestellt. Das daraus resultierende Portfolio veranschaulicht, welche Konstruktdimension überdurchschnittlich gut bzw. schlecht beurteilt wird und ob diese gleichzeitig aus Mitarbeitersicht überdurchschnittlich wichtig bzw. unwichtig für nachgelagerte Größen, wie z.B. das markenkonforme Mitarbeiterverhalten, ist. Mithilfe dieses Portfolios lässt sich der Handlungsbedarf in Bezug auf die einzelnen Dimensionen der Qualität der Internen Markenführung ableiten und priorisieren.

Die **Dateninterpretation auf Indikatorebene** bezieht sich auf die Beurteilung der zu den Dimensionen der Qualität der Internen Markenführung gehörenden Indikatoren – im Folgenden auch als QIMF-Indikatoren bezeichnet – und deren Wirkung auf das markenkonforme Mitarbeiterverhalten. Im Vergleich zur Dateninterpretation auf Konstruktebene erlaubt eine Betrachtung auf Indikatorebene die Ableitung noch konkreterer Handlungsempfehlungen. Wurde im Rahmen der Dateninterpretation auf Konstruktebene untersucht, welche Dimensionen der Qualität der Internen Markenführung als zentrale Stellhebel zur Verbesserung eines markenkonformen Mitarbeiterverhaltens fungieren, so lässt sich durch die Betrachtung der Indikatorebene feststellen, welche konkrete Maßnahme es ist, die maßgeblich zum markenkonformen Mitarbeiterverhalten beiträgt.

Die Interpretation der Messergebnisse auf Indikatorebene erfolgt analog zur Dateninterpretation auf Konstruktebene. Ein **Vergleich der Beurteilung der Indikatoren** anhand der Mittelwerte macht deutlich, welche Maßnahmen der Internen Markenführung relativ positiv bzw. negativ bewertet werden. Durch einen **Vergleich der Bedeutungsgewichte der Indikatoren** (Totaleffekte) wird er-

---

[741] Zu Portfolioanalysen vgl. *Bruhn* 2012, S. 69ff.; *Homburg* 2012, S. 1180ff.

sichtlich, welche Indikatoren einen überdurchschnittlich starken bzw. schwachen Beeinflussungseffekt auf das markenkonforme Mitarbeiterverhalten haben. Im Rahmen der **Portfolioanalyse** werden die Mittelwerte der Indikatoren den dazugehörigen Bedeutungsgewichten gegenübergestellt. Durch die Einordnung der Indikatoren in die Importance-Performance-Matrix wird die Ableitung kategoriespezifischer Implikationen ermöglicht.

Im Folgenden wird auf die vorgestellten Ansatzpunkte zur Dateninterpretation näher eingegangen. Die empirische Basis bilden die Daten der vorliegenden Studie. Zunächst wird sich der Interpretation der Messergebnisse auf Konstruktebene gewidmet, anschließend liegt das Augenmerk auf der Dateninterpretation auf Indikatorebene.

6.2.2.2.2 Dateninterpretation auf Konstruktebene

Gemäß den obigen Ausführungen konzentriert sich dieser Abschnitt auf den Vergleich der Beurteilung und Bedeutung der Modellgrößen sowie die Portfolioanalyse. Neben einer segmentübergreifenden Betrachtung erfolgt dabei ebenfalls eine segmentspezifische Darstellung, um die Unterschiede zwischen den Mitarbeitersegmenten in Bezug auf die Beurteilung und Bedeutung der Konstrukte zu berücksichtigen. Für die segmentspezifische Betrachtung werden die beiden in Kapitel 5 identifizierten Mitarbeitersegmente (Segment 1: „Die Informationsorientierten"; Segment 2: „Die Außenorientierten") herangezogen.

(1) Vergleich der Beurteilung der Modellkonstrukte

Die Beurteilung der Modellkonstrukte aus Mitarbeitersicht lässt sich anhand der Indexwerte ausdrücken. Schaubild 6-3 gibt einen Überblick über die Ergebnisse.

Auf Ebene der Internen Markenführung wird deutlich, dass die Dimension Visualisierung der Markenidentität mit einem Indexwert von 65,5 von der **Gesamtheit der Befragten** am besten beurteilt wird, gefolgt von den Dimensionen Vorleben der Markenidentität und Informationsvermittlung. Die Dimension Partizipation schneidet mit deutlichem Abstand am schlechtesten ab. Dies deutet auf Verbesserungspotenziale im Bereich der Partizipation der Mitarbeitenden bei der Umsetzung und Weiterentwicklung der Markenidentität hin. Auf Ebene der Mitarbeiter-Marken-Beziehung verzeichnet die Markenarbeitszufriedenheit den besten Indexwert. Das Markenvertrauen wird deutlich schlechter beurteilt. Des Weiteren ist auffallend, dass die Wirkungsgrößen der Qualität der Internen Markenführung – mit Ausnahme des Markenvertrauens – deutlich besser beurteilt werden als die Dimensionen der Qualität der Internen Markenführung.

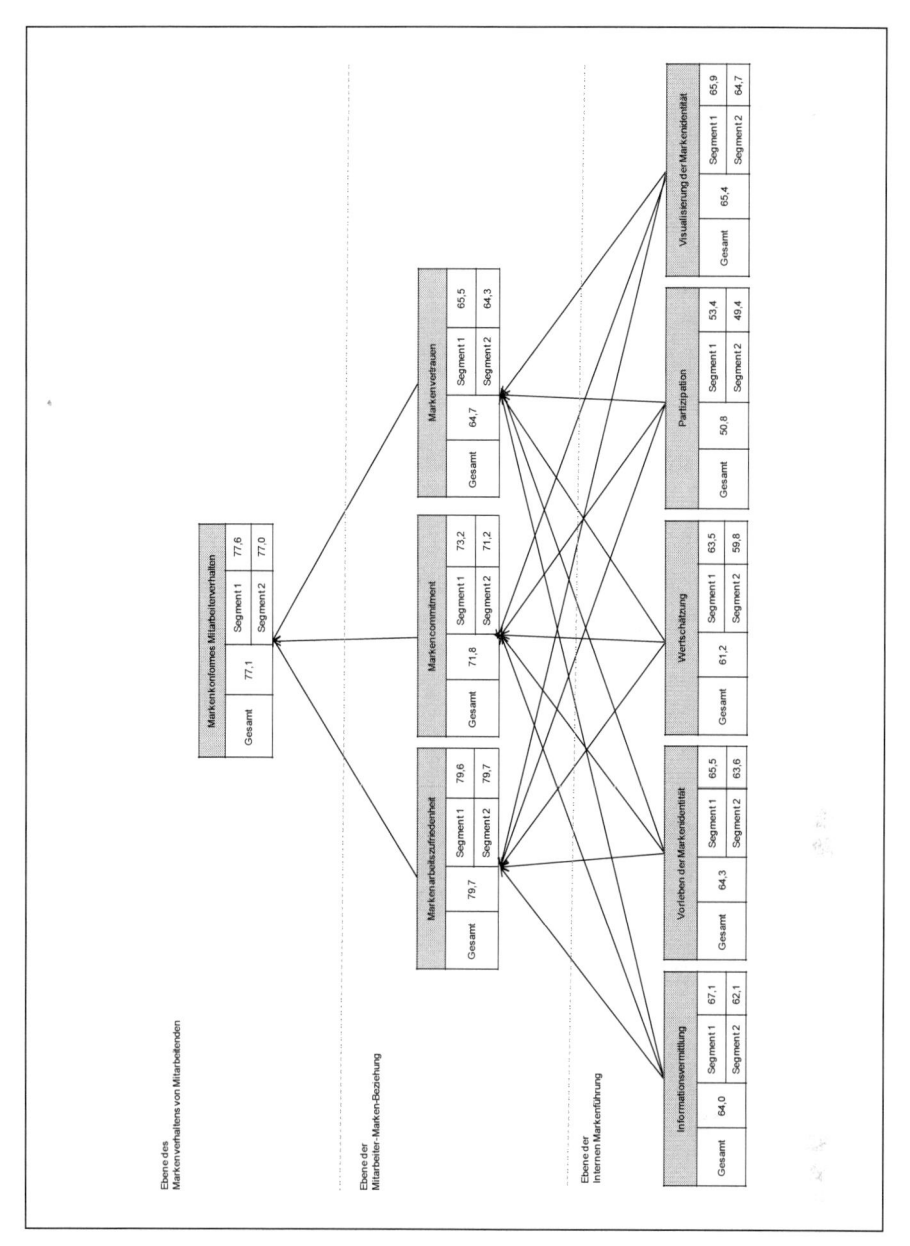

Fazit und Implikationen für Praxis und Forschung

Schaubild 6-3: Indexwerte der Konstrukte im Wirkungsmodell der Qualität der Internen Markenführung

Die **segmentspezifische Betrachtung** zeigt, dass die Mitglieder von Segment 1 die Modellkonstrukte deutlich besser beurteilen als die Mitglieder des zweiten Segments. Eine Ausnahme stellt das Konstrukt Markenarbeitszufriedenheit dar. Hinsichtlich der Rangfolge der Dimensionen der Qualität der Internen Markenführung zeigt sich bei Segment 1 eine Änderung zur Gesamtstichprobe. Von den Mitgliedern dieses Segments wird die Informationsvermittlung besser beurteilt als die Visualisierung der Markenidentität. Segment 2 entspricht hinsichtlich der Rangfolge der Dimensionen der Gesamtstichprobe. Auffallend ist, dass in beiden Segmenten eine schlechte Beurteilung der Dimension Partizipation vorliegt.

(2) **Vergleich der Bedeutung der Modellkonstrukte**

Im Anschluss an die Untersuchung der Beurteilung der Modellkonstrukte, wird deren Bedeutung für das markenkonforme Mitarbeiterverhalten ermittelt. Für die Ableitung von Handlungsempfehlungen ist insbesondere die Bedeutung der einzelnen Dimensionen der Qualität der Internen Markenführung für das Mitarbeiterverhalten von Interesse. Hierfür gilt es, den Totaleffekt der einzelnen Dimensionen auf das Verhaltenskonstrukt zu berechnen. Dies erfolgt durch das Aufsummieren sämtlicher indirekter Effekte einer Dimension auf das markenkonforme Mitarbeiterverhalten. Ein indirekter Effekt ergibt sich dabei aus der Multiplikation der einzelnen Strukturpfade des indirekten Weges. Erweist sich ein Pfad als nicht signifikant, so nimmt der indirekte Effekt einen Wert von 0 an. Beispielsweise errechnet sich für die Dimension Informationsvermittlung – über die Beeinflussung des Markenvertrauens – eine indirekte Wirkung von 0,04 (= 0,158 x 0,254) auf das Mitarbeiterverhalten. Dieser indirekte Effekt stellt zugleich den Totaleffekt dar, da aufgrund von nicht signifikanten Pfadkoeffizienten keine weiteren indirekten Effekte vorliegen.

In Schaubild 6-4 ist die absolute und relative Bedeutung der Konstruktdimensionen für das markenkonforme Mitarbeiterverhalten dargestellt. In der **Gesamtstichprobe** kommt der Dimension Wertschätzung die höchste Bedeutung zu, gefolgt von der Dimension Vorleben der Markenidentität. Die wahrgenommene Informationsvermittlung ist für ein markenkonformes Mitarbeiterverhalten nur marginal von Bedeutung. Der wahrgenommenen Visualisierung der Markenidentität kommt überhaupt keine Relevanz zu. Dieses Ergebnis ist insbesondere vor dem Hintergrund der Beurteilung der Konstruktdimensionen interessant. Die Dimensionen Visualisierung der Markenidentität wird zwar am besten beurteilt, ihr kommt aber in der Gesamtstichprobe für die Steuerung eines markenkonformen Mitarbeiterverhaltens keine Bedeutung zu. Im Gegensatz dazu werden die Dimensionen Partizipation und auch die Wertschätzung relativ schlecht beurteilt, diese sind aber für die Verhaltenserzeugung von höherer Relevanz. Dies verdeutlicht, dass von Seiten des Unternehmens die wahrgenommene Partizipation und

Fazit und Implikationen für Praxis und Forschung 283

Wertschätzung der Mitarbeitenden verstärkt zu fördern sind. Eine Verbesserung der wahrgenommenen Visualisierung der Markenidentität ist im Hinblick auf ein markenkonformes Mitarbeiterverhalten hingegen nicht nutzenbringend.

Die **segmentspezifische Betrachtung** zeigt im Hinblick auf die Bedeutungsgewichte deutliche Unterschiede zwischen den Mitarbeitersegmenten. Dies unterstreicht die in dieser Arbeit bereits mehrfach erwähnte Notwendigkeit einer mitarbeitersegmentspezifischen Steuerung des markenkonformen Mitarbeiterverhaltens. Mit einer segmentübergreifenden Betrachtung würde den differenzierten Bedürfnissen der Mitarbeitenden unzureichend Rechnung getragen werden. In **Segment 1** ist die wahrgenommene Informationsvermittlung für die Erzeugung eines markenkonformen Mitarbeiterverhaltens am bedeutendsten, gefolgt von den Dimensionen Wertschätzung und Partizipation. In **Segment 2** kommt der wahrgenommenen Informationsvermittlung hingegen keine Relevanz zu. In diesem Segment ist es von höchster Bedeutung, dass die Mitarbeitenden das Vorleben der Markenidentität im Unternehmen wahrnehmen. Im Gegensatz dazu steht Segment 1. Hier ist ein negativer Einfluss der Dimension auf das Verhalten zu erkennen. Beiden Segmenten gemeinsam ist die geringe Relevanz der wahrgenommenen Visualisierung der Markenidentität.

Konstrukt	Gesamt		Segment 1		Segment 2	
	Bedeutung absolut	Bedeutung in Prozent	Bedeutung absolut	Bedeutung in Prozent	Bedeutung absolut	Bedeutung in Prozent
Informationsvermittlung	0,040	6,8 %	0,546	56,5 %	0	0 %
Vorleben der Markenidentität	0,186	31,6 %	-0,344	-35,6 %	0,287	46,4 %
Wertschätzung	0,217	36,9 %	0,460	47,6 %	0,193	31,2 %
Partizipation	0,145	24,7 %	0,298	30,9 %	0,111	17,9 %
Visualisierung der Markenidentität	0	0 %	0,006	0,6 %	0,028	4,5 %

Schaubild 6-4: Absolute und relative Bedeutung der Dimensionen der Qualität der Internen Markenführung für das markenkonforme Mitarbeiterverhalten (Totaleffekte)

(3) Portfolioanalyse

Im Rahmen der Portfolioanalyse erfolgt die Gegenüberstellung der Beurteilung und Bedeutung der Dimensionen der Qualität der Internen Markenführung. In Schaubild 6-5 ist das Importance-Performance-Portfolio segmentübergreifend (oben) und segmentspezifisch (unten) dargestellt. Als Trennlinien fungieren die durchschnittlich ermittelten Indexwerte der Konstruktdimensionen (auf der „Beurteilungsachse") und die durchschnittlichen Bedeutungsgewichte der Konstruktdimensionen auf das markenkonforme Mitarbeiterverhalten (auf der „Bedeutungsachse").

Für die **Gesamtstichprobe** zeigt sich, die wahrgenommene Wertschätzung die stärkste Bedeutung für die Mitarbeitenden hat, gleichzeitig aber unterdurchschnittlich bewertet wird. Hier besteht Handlungsbedarf, indem eine Steigerung der Beurteilung dieser Dimension (z.B. durch häufigeres Lob bei erbrachten Leistungen) anzustreben ist („Ausbauen"). Ähnliches trifft auf die unterdurchschnittlich bewertete, aber überdurchschnittlich bedeutsame Dimension Partizipation zu. Eine hohe Beurteilung dieser Dimension kann z.B. durch die verstärkte Einbindung der Mitarbeitenden in den Markenführungsprozess erfolgen, bspw. durch eine verstärkte Integration der Mitarbeitenden im Rahmen von Produktverbesserungen und Produktdifferenzierungen. Die Dimension Vorleben der Markenidentität wird überdurchschnittlich gut beurteilt und ist von überdurchschnittlicher Bedeutung. Es gilt, diese Position zu halten („Standard halten") bzw. eventuell weiter zu stärken, um den positiven Einfluss dieser Dimension auf das Markenverhalten der Mitarbeitenden weiter auszunutzen. Die Dimensionen Informationsvermittlung und Visualisierung der Markenidentität werden relativ gut beurteilt, sind jedoch von geringer bzw. nicht von Relevanz. Aufgrund der guten Beurteilung sind keine direkten Maßnahmen zur Verbesserung der beiden Größen zu ergreifen. Die Entwicklung der beiden Dimensionen ist jedoch zu beobachten („Überwachen").

Erwartungsgemäß werden in der **segmentspezifischen Betrachtung** deutliche Unterschiede zwischen den Segmenten sichtbar. Für **Segment 1** besteht in Bezug auf die Dimensionen Informationsvermittlung und Wertschätzung kein unmittelbarer Handlungsbedarf. Es gilt jedoch, dieses Niveau zu halten („Standard halten"). Analog zur Gesamtstichprobe ist die Dimension Partizipation von überdurchschnittlicher Bedeutung, sie wird jedoch schlecht bewertet. Es empfiehlt sich, diese Beurteilung in Zukunft zu verbessern, um das Potenzial der Dimension als Steuerungsgröße eines markenkonformen Mitarbeiterverhaltens auszuschöpfen („Ausbauen"). Die Dimension Visualisierung gilt es, wie in der Gesamtstichprobe, zu „überwachen". Akuter Handlungsbedarf ergibt sich jedoch für die Dimension Vorleben der Markenidentität. Nehmen Mitglieder von Segment 1 wahr, dass die Marke im Unternehmen vorgelebt wird, hat dies negative Auswirkungen auf ihr markenkonformes Mitarbeiterverhalten. Für das hier betrachtete Unternehmen gilt es, die Bedeutung dieser Dimension zu positivieren, um eine negative Wirkung auf das Mitarbeiterverhalten zu vermeiden. In der Stichprobe und auch in Segment 1 sind mehrheitlich Führungskräfte vertreten. Dennoch ist es möglich, dass sich diese durch das Vorleben der Markenidentität durch Kollegen, Vorgesetzte und die Geschäftsführung bevormundet fühlen. Wird dieser Vermutung gefolgt, gilt es den Mitarbeitenden zu vermitteln, dass das Vorleben im Unternehmen nicht den Zweck verfolgt, die Mitarbeitenden unter Druck zu setzen, sondern einem „Lernen am Modell" zum Nutzen der Marke dient. Für **Segment 2** gelten die ähnlichen Empfehlungen wie für die Gesamtstichprobe. Daher wird an dieser Stelle nur auf die Ausnahme eingegangen. Diese stellt die Dimension Partizipation bei der Markenarbeit dar. Die Dimension wird schlecht bewertet und ist von unterdurchschnittlicher Bedeutung. Hier wird eine Selektion von Maßnahmen empfohlen, d.h. es gilt zu prüfen, ob die Wahrnehmung der Dimension ohne übermäßige Investitionen, in z.B. Empowermentprogramme, verbessert werden kann („Selektieren").

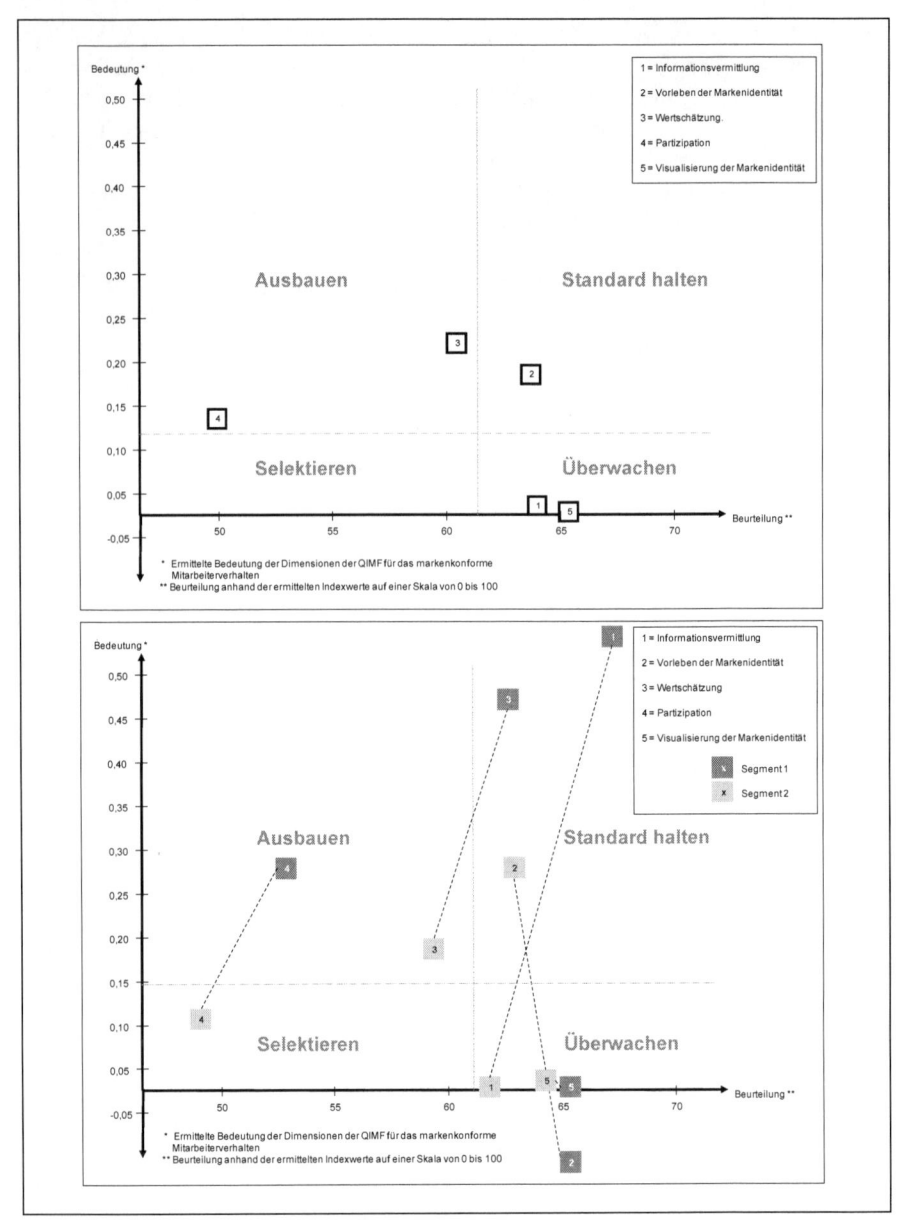

Schaubild 6-5: Importance-Performance-Portfolio der Dimensionen der Qualität der Internen Markenführung

6.2.2.2.3 Dateninterpretation auf Indikatorebene

Die Vorgehensweise bei der Dateninterpretation auf Indikatorebene ist identisch zu der auf Konstruktebene. Zunächst liegt der Fokus auf der Beurteilung und Bedeutung der Indikatoren der Dimensionen der Qualität der Internen Markenführung. Anschließend wird eine Portfolioanalyse vorgenommen. Es erfolgt auch an dieser Stelle sowohl eine segmentübergreifende als auch eine segmentspezifische Betrachtung der Ergebnisse.

(1) Vergleich der Beurteilung der QIMF-Indikatoren

Die Beurteilung der Indikatoren (Maßnahmen der Internen Markenführung) aus Mitarbeitersicht spiegelt sich in den Mittelwerten wider. Schaubild 6-6 gibt einen Überblick über die Ergebnisse.

In der **Gesamtstichprobe** wird die mediale Informationsvermittlung mit einem Indexwert von 75,67 mit Abstand am Besten beurteilt, gefolgt vom Vorleben der Markenidentität durch die direkten Vorgesetzten und die Geschäftsführung sowie die Wertschätzung durch Geldleistungen. Mit Abstand am schlechtesten wird die Möglichkeit, im Rahmen der Umsetzung und Weiterentwicklung der Marke eigene Entscheidungen zu treffen, bewertet (Indexwert von 44,80), gefolgt von der wahrgenommenen Wertschätzung durch Sachleistungen, dem Vorleben der Markenidentität durch Kollegen und der Möglichkeit, eigene Vorschläge einzubringen. Wie schon bei der Betrachtung der Indexwerte deutlich wurde, werden die zu den Dimensionen Informationsvermittlung und Visualisierung der Markenidentität gehörenden Indikatoren besser beurteilt als die Items der Dimension Partizipation bei der Markenarbeit. Auffallend ist zudem, dass das Vorleben der Markenidentität durch Kollegen deutlich schlechter bewertet wird als das Vorleben durch die Vorgesetzten. Möglicherweise ist die deutlich bessere Bewertung des Vorgesetztenverhaltens auf ein soziales Antwortverhalten der Probanden bei der Beantwortung des Fragebogens zurückzuführen.

Die **segmentspezifische Betrachtung** kommt zu einem ähnlichen Ergebnis wie die Betrachtung der Gesamtstichprobe. Auf die Ergebnisse wird daher nicht detailliert eingegangen. Auffallend ist jedoch, dass die Wertschätzung durch Geldleistungen von Segment 1 deutlich besser beurteilt wird als von Segment 2. Die Wertschätzung durch Sachleistungen erfährt hingegen von den Mitgliedern in Segment 2 eine bessere Bewertung.

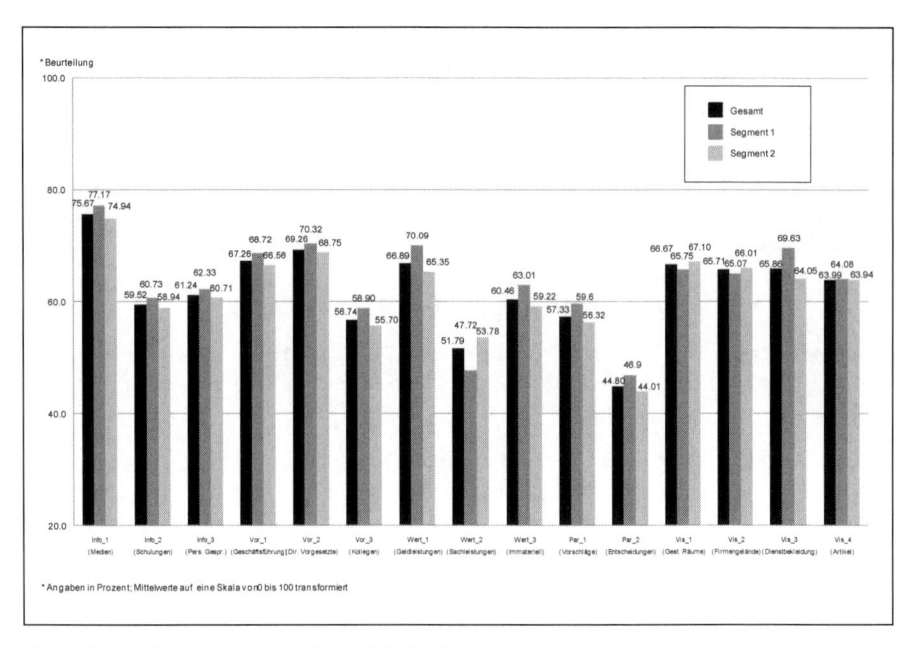

Schaubild 6-6: Mittelwerte der QIMF-Indikatoren

(2) Vergleich der Bedeutung der QIMF-Indikatoren

Im Anschluss an die Untersuchung der Beurteilung der Indikatoren der Dimensionen der Qualität der Internen Markenführung gilt es, deren Bedeutung für das markenkonforme Mitarbeiterverhalten zu berechnen. Die Relevanz einer einzelnen Maßnahme der Internen Markenführung für das markenkonforme Mitarbeiterverhalten spiegelt sich im Totaleffekt des entsprechenden Indikators auf das Verhaltenskonstrukt wider.

In Schaubild 6-7 sind die absoluten und relativen Bedeutungen der Maßnahmen der Internen Markenführung für das markenkonforme Mitarbeiterverhalten dargestellt. Vor dem Hintergrund des zuvor erfolgten Vergleichs der Dimensionen der Qualität der Internen Markenführung zeigt sich in der **Gesamtstichprobe**, dass den Indikatoren der Dimensionen Wertschätzung für geleistete Markenanstrengungen, Vorleben der Markenidentität und Partizipation bei der Markenarbeit erwartungsgemäß die größte Bedeutung für das Markenverhalten der Mitarbeitenden zukommt. Von größter Relevanz ist dabei die immaterielle Wertschätzung des Mitarbeitenden, gefolgt von der Möglichkeit, eigene Entscheidungen einzubringen, der Wertschätzung durch Geldleistungen und dem Vorleben durch die direkten Vorgesetzten. Im Gegensatz dazu offenbaren sich die Maß-

Fazit und Implikationen für Praxis und Forschung 289

nahmen der Informationsvermittlung als relativ wenig bedeutend. Die Maßnahmen zur Visualisierung der Markenidentität und die Wertschätzung durch Sachleistungen sind nicht von Relevanz.

Die **segmentspezifische Betrachtung** offenbart deutliche Unterschiede zwischen den Mitarbeitersegmenten. In **Segment 1** ist die wahrgenommene Informationsvermittlung durch Schulungen für die Erzeugung eines markenkonformen Mitarbeiterverhaltens am wichtigsten, gefolgt von der Wertschätzung durch Geldleistungen, der medialen Informationsvermittlung, der immateriellen Wertschätzung und der Möglichkeit, eigene Vorschläge einbringen zu können. In **Segment 2** kommt dem Vorleben der Markenidentität durch Kollegen die höchste Relevanz zu, gefolgt vom Vorleben durch die Geschäftsführung und die direkten Vorgesetzten, der immateriellen Wertschätzung und der Möglichkeit, eigene Entscheidungen treffen zu können. In diesem Segment ist es von höchster Bedeutung, dass die Mitarbeitenden das Vorleben der Markenidentität im Unternehmen wahrnehmen. Im Gegensatz dazu steht Segment 1. Hier ist ein negativer Einfluss der Dimension auf das Verhalten zu erkennen. Insgesamt fällt auf, dass die Wertschätzung durch Geldleistungen für Segment 1 deutlich wichtiger für die Beeinflussung des Verhaltens ist als für Segment 2. Dies gilt ebenso für die Maßnahmen der Informationsvermittlung und Partizipationsmöglichkeiten. Im Gegensatz dazu ist für die Mitglieder von Segment 1 das Vorleben der Markenidentität durch die Geschäftsführung und direkten Vorgesetzte nicht, bzw. durch Kollegen sogar von negativer Bedeutung für das Verhalten[742], wohingegen sich dieses für die Mitglieder von 2 als besonders relevant erweist. Beiden Segmenten gemeinsam ist die geringe bzw. fehlende Bedeutung der Wertschätzung durch Sachleistungen und der zur Visualisierung der Markenidentität gehörenden Indikatoren.

---

[742] Der negative Einfluss der Dimension Vorleben der Markenidentität auf das markenkonforme Mitarbeiterverhalten ist demnach auf diesen Indikator zurückzuführen.

Dimension	Indikator	Gesamt Bedeutung absolut	Gesamt Bedeutung in Prozent	Segment 1 Bedeutung absolut	Segment 1 Bedeutung in Prozent	Segment 2 Bedeutung absolut	Segment 2 Bedeutung in Prozent
Informationsvermittlung	Info_1 (Medien)	0,011	1,7 %	0,232	18,1 %	0	0 %
Informationsvermittlung	Info_2 (Schulungen)	0,016	2,5 %	0,253	19,7 %	0	0 %
Informationsvermittlung	Info_3 (persönliche Gespräche)	0,019	3 %	0,156	12,1 %	0	0 %
Vorleben der Markenidentität	Vor_1 (Geschäftsführung)	0,061	9,5 %	0	0 %	0,113	17,4 %
Vorleben der Markenidentität	Vor_2 (direkte Vorgesetzte)	0,080	12,5 %	0	0 %	0,113	17,2 %
Vorleben der Markenidentität	Vor_3 (Kollegen)	0,075	11,7 %	-0,153	-11,9 %	0,115	17,6 %
Wertschätzung	Wert_1 (Geldleistungen)	0,080	12,6 %	0,250	19,5 %	0,052	7,9 %
Wertschätzung	Wert_2 (Sachleistungen)	0	0 %	0	0 %	0	0 %
Wertschätzung	Wert_3 (immateriell)	0,141	22,1 %	0,219	17 %	0,108	16,5 %
Partizipation	Par_1 (eigene Vorschläge)	0,075	11,7 %	0,165	12,8 %	0,052	7,9 %
Partizipation	Par_2 (eigene Entscheidungen)	0,081	12,7 %	0,162	12,7 %	0,066	10,2 %
Visualisierung der Markenidentität	Vis_1 (Gestaltung Räume)	0	0 %	0	0 %	0	0 %
Visualisierung der Markenidentität	Vis_2 (Firmengelände)	0	0 %	0	0 %	0,010	1,6 %
Visualisierung der Markenidentität	Vis_3 (Dienstbekleidung)	0	0 %	0	0 %	0,013	2 %
Visualisierung der Markenidentität	Vis_4 (zur Verfügung gestellte Artikel)	0	0 %	0	0 %	0,011	1,7 %

Schaubild 6-7: Absolute und relative Bedeutung der Indikatoren der Qualität der Internen Markenführung für das markenkonforme Mitarbeiterverhalten (Totaleffekte)

(3) Portfolioanalyse

Im Rahmen der Portfolioanalyse erfolgt die Gegenüberstellung der Beurteilung und Bedeutung der Indikatoren der Dimensionen der Qualität der Internen Markenführung. In Schaubild 6-8 ist das Importance-Performance-Portfolio segmentübergreifend (oben) und segmentspezifisch (unten) dargestellt.

Für die **Gesamtstichprobe** zeigt sich, dass die immaterielle Wertschätzung, die Möglichkeit, eigene Vorschläge einzubringen und Entscheidungen zu treffen sowie das Vorleben der Markenidentität durch Kollegen eine überdurchschnittliche Bedeutung für das markenkonforme Mitarbeiterverhalten haben, gleichzeitig aber unterdurchschnittlich bewertet werden. Dies verweist auf Handlungsbedarf. Es gilt, die Beurteilung der Maßnahmen in Zukunft jeweils zu verbessern, um deren Potenzial als Treiber eines markenkonformen Mitarbeiterverhaltens auszuschöpfen („Ausbauen"). Die wahrgenommene Wertschätzung durch Geldleistungen sowie das Vorleben der Markenidentität durch die Geschäftsführung und die direkten Vorgesetzten werden überdurchschnittlich gut beurteilt und sind von überdurchschnittlicher Relevanz. Dieses Niveau gilt es zu halten („Standard halten") bzw. eventuell sogar zu stärken, um vom positiven Einfluss auf das Markenverhalten der Mitarbeitenden noch mehr zu profitieren. Dies gilt insbesondere vor dem Hintergrund der zuvor angeführten Vermutung, dass die sehr gute Beurteilung des Vorgesetztenverhaltens auf soziales Antwortverhalten der Befragten zurückzuführen ist. Die Informationsvermittlung durch Medien und die Indikatoren der Visualisierung der Markenidentität werden relativ gut beurteilt, sie sind jedoch von geringer bzw. nicht von Bedeutung. Aufgrund der guten Beurteilung sind keine direkten Maßnahmen zur Verbesserung der Indikatoren zu ergreifen, es ist lediglich eine Beobachtung von deren weiterer Entwicklung erforderlich („Überwachen"). Die Informationsvermittlung durch Schulungen und persönliche Gespräche sowie die Wertschätzung durch Sachleistungen erfahren eine unterdurchschnittliche Beurteilung und sind von unterdurchschnittlicher Verhaltensrelevanz. Aufgrund der geringen Bedeutung besteht kein akuter Handlungsbedarf, es ist allerdings zu prüfen, inwieweit ohne großen Ressourceneinsatz eine Verbesserung der Beurteilung bzw. Bedeutung möglich ist („Selektieren").

Die **segmentspezifische Betrachtung** zeigt, dass sich für **Segment 2** dieselben Empfehlungen ergeben wie für die Gesamtstichprobe. Es wird daher im Folgenden nur auf die Einordnung der Indikatoren für **Segment 1** eingegangen.[743] Hier wird deutlich, dass die Wertschätzung durch Geldleistungen und die Informati-

---

[743] Die gestrichelten Pfeile im Schaubild verdeutlichen die wesentlichen Unterschiede zwischen den Segmenten.

onsvermittlung durch Medien überdurchschnittlich bewertet werden und von überdurchschnittlicher Relevanz sind. Es gilt, diese Position zu halten bzw. weiter zu stärken, um die gute Beurteilung und hohe Bedeutung auszunutzen („Standard halten"). Die immaterielle Wertschätzung, die Informationsvermittlung durch persönliche Gespräche und Schulungen sowie beide Formen der Partizipation sind von überdurchschnittlicher Relevanz, werden jedoch relativ schlecht bewertet. Hier liegt Handlungsbedarf vor. Es ist eine Verbesserung in der Beurteilung der Indikatoren anzustreben, um deren Potenzial als Treiber eines markenkonformen Mitarbeiterverhaltens auszuschöpfen („Ausbauen"). Hinsichtlich der unterdurchschnittlich bewerteten und unterdurchschnittlich bedeutsamen Wertschätzung durch Sachleistungen gilt es zu überlegen, inwiefern eine Verbesserung erreicht werden kann („Selektieren"). Das relativ hohe Beurteilungsniveau der medialen Informationsvermittlung, des Vorlebens der Markenidentität durch die Geschäftsführung und direkte Vorgesetzte sowie der zur Dimension Visualisierung der Markenidentität gehörenden Indikatoren ist zu halten. Da gleichzeitig eine unterdurchschnittliche Bedeutung vorliegt, reicht es aus, die Entwicklung der Größen zu beobachten („Überwachen"). Dringender Handlungsbedarf besteht jedoch hinsichtlich des Vorlebens durch Kollegen. Nehmen Mitglieder von Segment 1 wahr, dass die Marke von den Kollegen vorgelebt wird, reduziert sich ihr markenkonformes Mitarbeiterverhalten. Für das hier betrachtete Unternehmen gilt es, die Bedeutung dieses Indikators zu positivieren, um dieser zielkonträren Wirkung entgegenzutreten. Dies wird möglicherweise erreicht, indem auf die Lerneffekte, die mit dem Vorleben der Markenidentität im Unternehmen für jeden einzelnen Mitarbeitenden verbunden sind, aufmerksam gemacht wird.[744]

---

[744] Vgl. hierzu auch die Argumentation in Abschnitt 6.2.2.2.2.

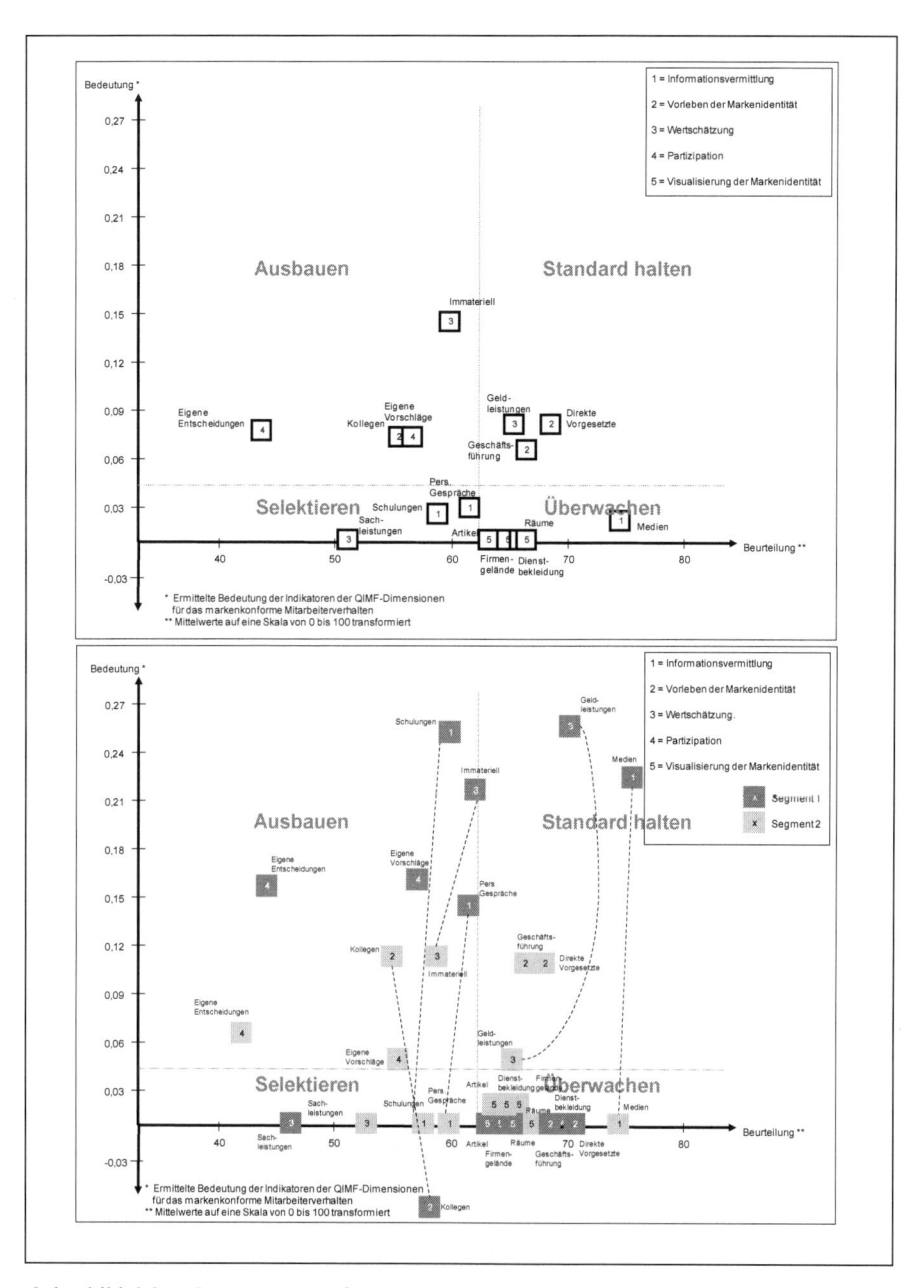

Fazit und Implikationen für Praxis und Forschung 293

Schaubild 6-8: Importance-Performance-Portfolio der QIMF-Indikatoren

6.2.3 Steuerungsphase der Internen Markenführung

6.2.3.1 Strategische Steuerungsphase der Internen Markenführung

6.2.3.1.1 Festlegung von Zielen der Internen Markenführung

Die aus den verschiedenen Analysen gewonnenen Erkenntnisse bilden die Grundlage für die Steuerungsphase der Internen Markenführung. Im Rahmen der strategischen Steuerungsphase steht zunächst die Festlegung der Ziele der Internen Markenführung im Vordergrund.

Die **Festlegung von Zielen der Internen Markenführung** dient der Definition von Vorgaben, anhand derer zum einen die Strategien und Maßnahmen der Internen Markenführung auf die gewünschten Konsequenzen hin ausgerichtet werden können und die zum anderen im Hinblick auf die spätere Erfolgskontrolle der Internen Markenführung als Bewertungsmaßstab fungieren. Zur systematischen Ableitung von Zielen der Internen Markenführung ist eine Strukturierung der Ziele anhand der Konstrukte im Wirkungsmodell der Qualität der Internen Markenführung sinnvoll.

Grundlage für die Zielfestlegung stellen die im Rahmen der Analysephase ermittelten Indizes und Wirkungskoeffizienten der Modellkonstrukte dar. Diese bilden ein **Zielsystem der Internen Markenführung**, indem die verschiedenen Zielgrößen durch Ursache-Wirkungs-Beziehungen miteinander verknüpft werden und dadurch die Berechnung von Zielwertänderungen möglich ist. Das Oberziel der Internen Markenführung besteht in der Erzeugung und Verbesserung eines markenkonformen Mitarbeiterverhaltens. Diesem Oberziel sind auf Mitarbeiter-Marken-Ebene verschiedene Subziele – die Erzeugung und Verbesserung von Markenarbeitszufriedenheit, Markencommitment und Markenvertrauen – untergeordnet. Diesen Subzielen sind wiederum Ziele in Bezug auf die Interne Markenführung unterstellt. Diese Ziele beziehen sich auf die einzelnen Dimensionen der Qualität der Internen Markenführung (z.B. Verbesserung der wahrgenommenen Informationsvermittlung). Zusätzlich können auch einzelne Indikatoren, z.B. die wahrgenommene Informationsvermittlung durch persönliche Gespräche, im Zielsystem berücksichtigt werden. Schaubild 6-9 zeigt am Beispiel der Gesamtstichprobe ein solches Zielsystem für das Wirkungsmodell der Qualität der Internen Markenführung.[745] Ausgehend vom Zielwert für das markenkonforme Mitarbeiterverhalten lassen sich mithilfe des Zielsystems für jedes untergeordnete

---

[745] Aus Gründen einer einfacheren Darstellung wurde im Schaubild auf die explizite Einbindung der Indikatoren als Zielgrößen verzichtet.

Ziel Präferenzwerte berechnen. Im vorliegenden Fall haben sich die wahrgenommene Wertschätzung, Partizipation und das wahrgenommene Vorleben der Markenidentität als dominante (indirekte) Einflussgrößen auf das markenkonforme Mitarbeiterverhalten erwiesen. Daher wird eine Verbesserung des markenkonformen Mitarbeiterverhaltens durch die Verbesserung der dieser drei Größen angestrebt. Zugunsten einer einfachen Darstellung bezieht sich das Schaubild nur auf die Verbesserung der wahrgenommenen Wertschätzung. Wie daraus hervorgeht, kann z.B. eine Verbesserung des Markenverhaltens der Mitarbeitenden um fünf Indexpunkte – bei Annahme eines linearen Wirkungszusammenhangs – durch eine Verbesserung der wahrgenommenen Wertschätzung um 23,12 Indexpunkte (d.h. von derzeit 61,20 auf 84,32 Indexpunkte) erreicht werden.

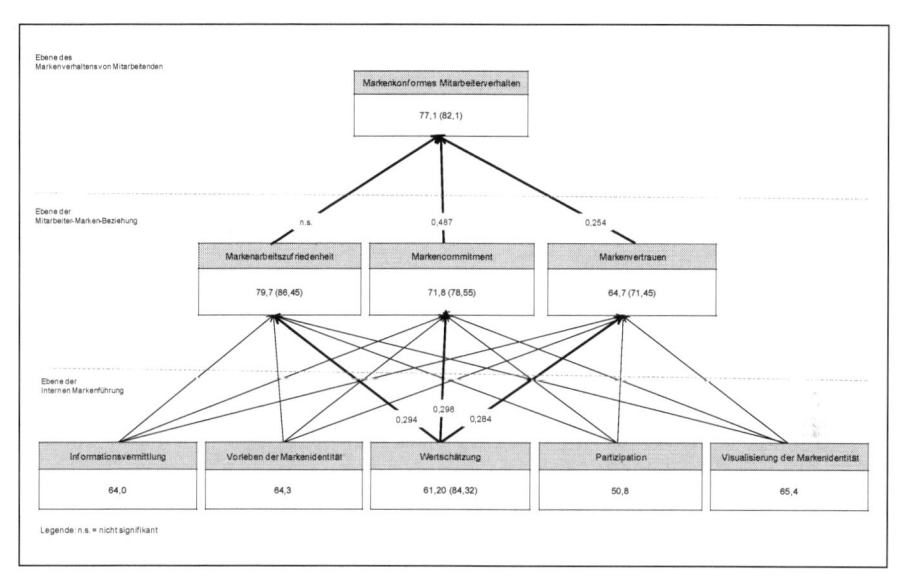

Schaubild 6-9: Zielsystem im Wirkungsmodell der Qualität der Internen Markenführung (durchschnittliche Indexwerte und Pfadkoeffizienten; Zielwerte in Klammern)

Das vorliegende Beispiel bezieht sich auf die Gesamtstichprobe. Um eine mitarbeitersegmentspezifische Steuerung des markenkonformen Mitarbeiterverhaltens zu ermöglichen, empfiehlt sich jedoch die Festlegung **segmentspezifischer Ziele der Internen Markenführung**. Hierfür ist auf die Indizes und Wirkungskoeffizienten, die im Rahmen der segmentspezifischen Analyse des Wirkungsmodells ermittelt wurden, zurückzugreifen. In Segment 1 sind die wahrgenommene Informationsvermittlung, Wertschätzung und Partizipation für die nachgelagerten Konstrukte von überdurchschnittlicher Bedeutung. Ebenfalls ist die Bedeutung der Dimension Vorleben der Markenidentität zu positivieren. Demzufolge empfiehlt es sich, eine Verbesserung des markenkonformen Mitarbeiterverhaltens über eine Verbesserung dieser vier Dimensionen anzustreben. Entsprechend gilt es im Hinblick auf Segment 2 auf eine Verbesserung des wahrgenommenen Vorlebens der Markenidentität im Unternehmen und der Wertschätzung abzuzielen.

6.2.3.1.2 Festlegung von Strategien der Internen Markenführung

Die Definition der Ziele bildet die Grundlage für die **Formulierung von Strategien der Internen Markenführung**. Als Ansatzpunkt der Strategiefestlegung dienen die Bedeutungen der Dimensionen der Qualität der Internen Markenführung für das markenkonforme Mitarbeiterverhalten.

Wird die **Gesamtstichprobe** betrachtet, empfiehlt sich eine **Strategie der Wertschätzung, der Partizipation und des Vorlebens**. Hier liegt der Fokus zum einen in der verstärkten Anerkennung des Einsatzes und der Leistungen der Mitarbeitenden für die Marke. Wie in Abschnitt 6.2.2.2.3 deutlich wurde, ist vor allem die wahrgenommene immaterielle Wertschätzung (z.B. durch Lob, Auszeichnung als „Mitarbeitender des Monats") zu verbessern. Ebenfalls ist darauf zu achten, dass die Mitarbeitenden weiterhin wahrnehmen, dass ihre Anstrengungen durch Geldleistungen honoriert werden. Durch als besonders attraktiv erachtete Sachleistungen lässt sich deren Beurteilung und Bedeutung für das Markenverhalten erhöhen. Zum anderen ist die Partizipation von Mitarbeitenden im Rahmen der Arbeit für die Marke zu fördern, z.B. indem Mitarbeitenden die Möglichkeit eingeräumt wird, Vorschläge zur Umsetzung der Markenidentität einzubringen. Schließlich gilt es, auf ein verstärktes Vorleben der Markenidentität im Unternehmen zu achten.

Bei einer **mitarbeitersegmentspezifischen Betrachtung** bietet sich für **Segment 1** eine **integrative Strategie** an. So sind hier nahezu sämtliche Dimensionen der Qualität der Internen Markenführung für das markenkonforme Mitarbeiterverhalten von Bedeutung. Neben einer Verbesserung bzw. Beibehaltung der wahrgenommenen Informationsvermittlung (z.B. durch Schulungen) ist ebenso die wahrgenommene Wertschätzung (z.B. durch Lob), die wahrgenommene Partizipation (z.B. durch die Möglichkeit, eigene Vorschläge einzubringen) und das wahrgenommene Vorleben der Markenidentität zu fördern. Ein besonderer Fokus ist auf die negative Bedeutung der Dimension Vorleben der Markenidentität zu legen. Diese gilt es zu positivieren. Für **Segment 2** empfiehlt sich eine **Strategie der Wertschätzung und des Vorlebens**, da hier von den Dimensionen Wertschätzung und Vorleben der Markenidentität die zentrale Wirkung auf das Verhalten ausgeht. Im Rahmen dieser Strategie steht die verstärkte Anerkennung des Einsatzes und der Leistungen der Mitarbeitenden für die Marke (z.B. immateriell in der Form von Lob) sowie das verstärkte Vorleben der Markenidentität im Unternehmen (z.B. durch Kollegen) im Vordergrund.

6.2.3.2 Operative Steuerungsphase der Internen Markenführung

6.2.3.2.1 Ausgestaltung von Maßnahmen der Internen Markenführung

An die Ableitung von Zielen und Strategien der Internen Markenführung schließt sich die operative Steuerungsphase an. Hier liegt der Fokus auf der Planung von Maßnahmen der Internen Markenführung. Diese dienen der Strategiefestlegung und Zielerreichung. Hierbei gilt es zum einen, den Handlungsbedarf hinsichtlich der Maßnahmen zu identifizieren. Zum anderen ist das Augenmerk auf die Ausgestaltung der Maßnahmen zu richten. Anhand des Importance-Performance-Portfolios wurde der Handlungsbedarf in Bezug auf die Maßnahmen bereits aufgezeigt (vgl. 6.2.2.2.3). An dieser Stelle wird daher der Fokus lediglich auf die Ausgestaltung der Maßnahmen der Internen Markenführung gelegt. Hierbei gilt es z.B. zu überlegen, welche Merkmale der Informationsvermittlung dazu beitragen, dass sich Mitarbeitende durch Medien, persönliche Gespräche und Schulungen gut über die Marke informiert fühlen. Im Folgenden wird im Hinblick auf jede Dimension der Qualität der Internen Markenführung auf die Ausgestaltung der Maßnahmen eingegangen. Allgemein gültige Aussagen sind dabei nicht zu treffen, da die Beurteilung der Maßnahmen unternehmens- und/oder mitarbeiterabhängig ist. Es handelt sich vielmehr um beispielhafte Vorschläge ohne Anspruch auf Vollständigkeit. Zur konkreten Ausgestaltung von Maßnahmen im Unternehmen sind Mitarbeitergespräche erforderlich, in denen mögliche Schwächen identifiziert und Verbesserungsvorschläge diskutiert werden.

(1)   Wahrgenommene Informationsvermittlung

Eine „gute" Vermittlung von Markeninformationen (Informationsqualität) zeichnet sich durch folgende Merkmale aus:[746]

---

[746] Vgl. *O'Reilly* 1982, S. 762; *Mohr/Spekman* 1996, S. 37; *Maltz* 2000, S. 115; *Frommeyer* 2005; *Byrne/LeMay* 2006, S. 161; *Thomas/Zolin/Hartmann* 2009, S. 290f.; *Geile* 2010, S. 74f. Die Quellen beziehen sich z.T. auch auf die Merkmale der Informationsqualität aus Sicht des Kunden. Diese lassen sich jedoch auf den vorliegenden unternehmensinternen Kontext übertragen.

- Vollständigkeit der Markeninformationen,
- Relevanz der Markeninformationen,
- Aktualität der Markeninformationen,
- Zuverlässigkeit der Markeninformationen,
- Genauigkeit der Markeninformationen,
- Eindeutigkeit der Markeninformationen,
- Verständlichkeit der Markeninformationen.

Eine hohe Informationsqualität spiegelt sich in der **Vollständigkeit** der an die Mitarbeitenden vermittelten Markeninformationen wider. Es erfolgt, z.B. mittels Medien wie der Mitarbeiterzeitschrift, eine restlose Übertragung von Informationen über die Marke ohne die Notwendigkeit eines Nachfragens. Ein weiteres Merkmal einer guten Informationsvermittlung stellt die **Relevanz** der erhaltenen Markeninformationen dar. Dies drückt sich z.b. durch Markenworkshops, die speziell auf die Bedürfnisse der Mitarbeitenden zugeschnittenen sind, aus. Die **Aktualität** der Markeninformationen bezieht sich auf den Erhalt von Informationen, die auf dem neuesten Stand sind, z.b. in der Form regelmäßig erscheinender Newsletter, die über die neuesten Entwicklungen der Marke berichten. Die **Zuverlässigkeit** wird durch eine widerspruchsfreie Vermittlung von Markeninformationen, ohne dass eine Überprüfung der Aussagen von Seiten des Mitarbeitenden notwendig wird, deutlich. Die **Genauigkeit** spiegelt sich in einer angemessenen Detailliertheit der Markeninformationen wider. Des Weiteren manifestiert sich eine hohe Informationsqualität in der **Eindeutigkeit** der Informationen. Dies bedeutet, dass den Mitarbeitenden im Rahmen von Gesprächen, Medien oder Schulungen die Markeninformationen klar und ohne Mehrdeutigkeiten vermittelt werden. Die **Verständlichkeit** der Markeninformationen bezieht sich auf die Strukturiertheit und sprachliche Angemessenheit der vermittelten Informationen. Dies ist insbesondere auch im Hinblick auf ausländische Mitarbeitende von Bedeutung. Hier ist z.B. in der Form mehrsprachiger Mitarbeiterzeitschriften die Verständlichkeit der Markeninformationen zu gewährleisten.

(2) Wahrgenommenes Vorleben der Markenidentität

Das Vorleben der Markenidentität spiegelt sich in einem markenkonformen Mitarbeiterverhalten der Geschäftsführung, direkten Vorgesetzten und Kollegen des Mitarbeitenden wider. Entsprechend der Ausführungen zum markenkonformen

Mitarbeiterverhalten beinhaltet ein überzeugendes Vorleben der Markenidentität demnach folgende Aspekte (vgl. Abschnitt 4.3.1.5):

- Markenakzeptanz,
- Markenmissionierung,
- Markenentwicklung.

Ein Vorleben der Markenidentität im Unternehmen wird deutlich, wenn Mitarbeitende wahrnehmen, dass bei den für sie relevanten Personen im Unternehmen **Markenakzeptanz** vorliegt, indem sämtliche Regeln und Verhaltensrichtlinien in Bezug auf die Marke eingehalten werden. Ein bewusstes Einsetzen für die Marke nach außen (z.B. im Kundenkontakt oder gegenüber der Presse) trägt ebenfalls zum wahrgenommenen Vorleben der Markenidentität im Unternehmen bei (**Markenmissionierung**). Schließlich entsteht diese Wahrnehmung, wenn die relevanten Personen freiwillig, ohne formale Belohnung zur **Markenentwicklung** beitragen (z.b. das umgehende Weiterleiten von Kundenfeedback, oder die Generierung neuer Ideen). Für Unternehmen bedeutet dies, dass insbesondere der Geschäftsführung und den Führungskräften – da sie eine Vorbildfunktion für das Markenverhalten der Mitarbeitenden einnehmen – die Bedeutung und die Elemente eines markenkonformen Mitarbeiterverhaltens zu vermitteln ist (z.B. im Rahmen von Schulungen).

(3)   Wahrgenommene Wertschätzung

Damit sich Mitarbeitende in Bezug auf die von ihnen erbrachten Markenleistungen wertgeschätzt fühlen, sind im Zusammenhang mit dem Erhalt von Geld-, Sach- und immateriellen Leistungen die folgenden Aspekte relevant:

- Existenz eines temporalen Zusammenhangs zwischen Leistungserbringung und Belohnung,
- Leistungsentsprechende Belohnung,
- Persönlicher Nutzen der Belohnung.

Die wahrgenommene Wertschätzung kann durch die **Existenz eines temporalen Zusammenhangs** zwischen der Erbringung der Markenleistungen und der erhaltenen Belohnung gefördert werden. Durch die zeitliche Nähe zwischen Leistung und Belohnung wird die Entstehung von Unzufriedenheit verhindert. Ist eine Belohnung (z.B. Bonuszahlungen) nicht unmittelbar möglich, ist den Mitarbeitenden zu kommunizieren, wann mit dem Erhalt zu rechnen ist.[747] Von Bedeutung ist ebenfalls eine **leistungsentsprechende Belohnung**. Durch eine Ausrichtung der Höhe der Belohnung am Ausmaß der erbrachten Leistungen nehmen Mitarbeitende wahr, dass eine objektive, gerechte Verteilung von Belohnungen im Unternehmen erfolgt. Dies fördert die mitarbeiterseitige Wahrnehmung der Wertschätzung für die geleisteten Markenanstrengungen. Schließlich ist auch der **persönliche Nutzen**, den Mitarbeitende aus der erhaltenen Belohnung ziehen, für die wahrgenommene Wertschätzung von Relevanz. Erachtet ein Mitarbeitender z.b. die erhaltenen Sachleistungen als nicht attraktiv, nimmt er von Seiten des Unternehmens keine Anerkennung wahr.

(4) Wahrgenommene Partizipation

Im Hinblick auf die wahrgenommene Partizipation gehen aus den angeführten Maßnahmen zugleich auch die Möglichkeiten der Ausgestaltung hervor. Damit Mitarbeitende Möglichkeiten der Partizipation wahrnehmen, sind folgende Aspekte relevant:

- Einbringen eigener Vorschläge,
- Treffen eigener Entscheidungen.

Mit dem Einbringen eigener Entscheidungen und Treffen eigener Entscheidungen wird dem Mitarbeitenden die Möglichkeit gegeben, sich aktiv an der Entwicklung und Umsetzung der Markenidentität zu partizipieren.

(5) Wahrgenommene Visualisierung der Markenidentität

Die Visualisierung der Markenidentität bezieht sich in erster Linie auf die Objektkommunikation (vgl. Abschnitt 3.3.2). Das „Sichtbarmachen" der Markenidentität im Unternehmen kann durch eine Objektkommunikation erfolgen, in der sich folgende Aspekte wiederfinden:

- Markenname,
- Markenlogo,
- Markenslogan,

---

[747] Vgl. ähnlich *Tuzovic* 2004, S. 75.

- zur Marke passendes Design.

Branding-Elemente, wie z.b. **Markenname, -logo** oder **-slogan**, rufen beim Rezipienten Assoziationen in Bezug auf die Marke hervor.[748] Durch die Verwendung dieser Elemente in der Objektkommunikation, z.b. bei Arbeitsmaterialien, wird somit das Wissen der Mitarbeitenden im Hinblick auf die Markenidentität gefördert. Die Vermittlung der Markenidentität kann insbesondere durch ein zur Marke passendes **Design** erfolgen. Am Beispiel der *Bell AG* spiegelt die Dienstbekleidung der Produktionsmitarbeitenden (durch die weiße Farbe und den heiß waschbaren Stoff) Elemente der Markenidentität (z.b. Qualitätsbewusstsein, Hygiene) wider. Ebenfalls kann die Markenidentität durch die Architektur des Firmengebäudes oder das Design der Arbeitsmaterialien, die z.b. die Eleganz oder Exklusivität einer Marke zum Ausdruck bringen, vermittelt werden.

Schaubild 6-10 sind die aufgezeigten Beispiele zur Ausgestaltung der Maßnahmen der Internen Markenführung zusammenfassend dargestellt.

Informationsvermittlung	Vorleben der Markenidentität
- Vollständigkeit der Markeninformationen, - Relevanz der Markeninformationen, - Aktualität der Markeninformationen, - Zuverlässigkeit der Markeninformationen, - Genauigkeit der Markeninformationen, - Eindeutigkeit der Markeninformationen, - Verständlichkeit der Markeninformationen u.a.m.	- Markenakzeptanz (der Geschäftsführung, direkten Vorgesetzten, Kollegen), - Markenmissionierung (der Geschäftsführung, direkten Vorgesetzten, Kollegen), - Markenentwicklung (der Geschäftsführung, direkten Vorgesetzten, Kollegen).
	Wertschätzung
	- Existenz eines temporalen Zusammenhangs zwischen Leistungserbringung und Belohnung, - Leistungsentsprechende Belohnung, - Persönlicher Nutzen der Belohnung u.a.m.
Partizipation	Visualisierung der Markenidentität
- Einbringen eigener Vorschläge, - Treffen eigener Entscheidungen.	- Verwendung des Markennamens in der Objektkommunikation, - Verwendung des Markenlogos in der Objektkommunikation, - Verwendung des Markenslogans in der Objektkommunikation, - Verwendung eines zur Marke passenden Designs u.a.m.

Schaubild 6-10: Beispielhafte Vorschläge zur Ausgestaltung von Maßnahmen der Internen Markenführung

---

[748] Vgl. *Esch* 2010, S. 216ff.

6.2.3.2.2 Identifikation flankierender Maßnahmen

Die Interne Markenführung nimmt eine strategische Stellung im Hinblick auf den Aufbau bzw. die Verbesserung des Markenverhaltens der Mitarbeitenden ein. Flankierende Maßnahmen können diese im Hinblick auf die Steuerung eines markenkonformen Mitarbeiterverhaltens jedoch unterstützen.

Bestehende Arbeiten verweisen darauf, dass **Maßnahmen der Externen Markenführung**, und dabei insbesondere **Maßnahmen der externen Markenkommunikation**, als flankierende Maßnahmen dienen können. So wurde bereits mehrfach auf die Wirkung externer Maßnahmen, mehrheitlich der Mediawerbung, auf Größen, wie das Commitment oder Vertrauen der Mitarbeitenden, hingewiesen.[749] Vor diesem Hintergrund wurde in der vorliegenden Arbeit zusätzlich untersucht, inwieweit, neben der Qualität der Internen Markenführung, auch die Qualität der Externen Markenführung Einfluss auf die Mitarbeiter-Marken-Beziehung und das markenkonforme Mitarbeiterverhalten ausübt. Die Ergebnisse bestätigen die Aussagen früherer Studien. Die Qualität der Externen Markenführung wirkt, wenn auch deutlich schwächer als die Qualität der Internen Markenführung, über das Markencommitment auf das markenkonforme Mitarbeiterverhalten (vgl. Schaubild 6-11).[750]

---

[749] Vgl. *Acito* 1980; *Acito/Ford* 1980; *Gilly/Wolfinbarger* 1998; *Vough/Corley* 2004; *Wolfinbarger/Gilly* 1991, 2005; *Hickman/Lawrence/Ward* 2005; *Zeplin* 2006; *Henkel/Wentzel/Tomczak* 2009; *Khan/Stanton* 2010; *König* 2010; *Piehler* 2011. Für die Gründe der starken Innenwirkung (der Mediawerbung) vgl. *Henkel/Tomczak/Jenewein* 2012, S. 449f.

[750] Die Qualität der Internen Markenführung wurde in diesem Modell über die in Abschnitt 5.4.1 vorgestellten Globalitems gemessen. Die Qualität der Externen Markenführung über folgende Items: „Die Maßnahmen der Externen Markenführung finde ich gut"; „Die Maßnahmen der Externen Markenführung sprechen mich an";„Die Maßnahmen der Externen Markenführung entsprechen meinen Vorstellungen". Für ein besseres Verständnis des Begriffs der Externen Markenführung wurden im Fragebogen beispielhafte Maßnahmen genannt (vgl. Anhang 2).

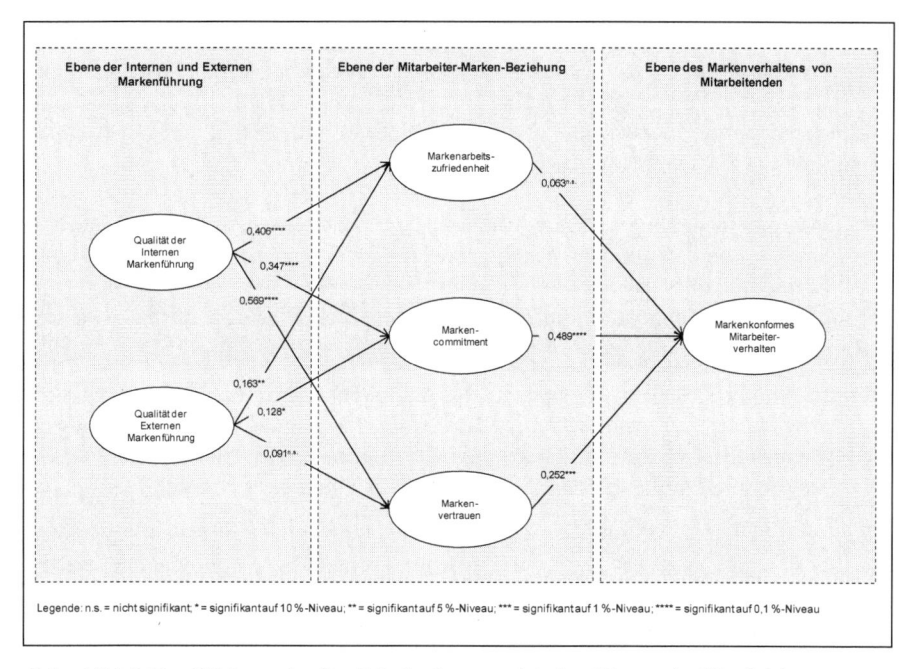

Fazit und Implikationen für Praxis und Forschung 303

Schaubild 6-11: Wirkung der Qualität der Internen Markenführung im Vergleich zur Qualität der Externen Markenführung

Grundsätzlich können sämtliche Maßnahmen der Externen Markenführung die Interne Markenführung bei der Steuerung eines markenkonformen Mitarbeiterverhaltens unterstützen. Im Zusammenhang mit der externen Markenkommunikation führen z.b. attraktiv wahrgenommene **Maßnahmen der Mediawerbung** (z.b. TV-Spots, Printanzeigen, Plakate) und des **Sponsoring** (z.b. Fußballvereinsponsoring) zu einer stärkeren Identifikation der Mitarbeitenden mit der Marke, und es wird eine Steigerung der Markenarbeitszufriedenheit und des Markenvertrauens erreicht.[751] Dies fördert wiederum ein markenkonformes Mitarbeiterverhalten. Selbiges gilt z.b. für positive Presseberichte (als **Maßnahme der Public Relations**) sowie für attraktiv wahrgenommene **Maßnahmen der Social-Media-Kommunikation** (z.b. Marken-Blogs), der **Verkaufsförderung** (z.b. Gewinnspiele, Promotion-Artikel) oder des **Event Marketing** (z.b. Jubiläumsevent, Tag der offenen Tür).

---

[751] Vgl. ähnlich *Wolfinbarger/Gilly* 2005, S. 23ff.; *Bruhn* 2008b, S. 10f.

Aufgrund der Wirkung der Externen Markenführung nach innen ist beim Einsatz primär extern gerichteter Maßnahmen somit auch die interne Zielgruppe zu berücksichtigen. Um die gewünschten positiven Effekte beim Mitarbeitenden zu erreichen und mögliche negative Wirkungen zu minimieren, gilt es unter anderem die folgenden Aspekte zu beachten:[752]

- Das extern generierte Fremdbild sollte mit dem Markenbild des Mitarbeitenden übereinstimmen. Eine große Abweichung zwischen Eigen- und Fremdbild führt zu Reaktanzen und Misstrauen des Mitarbeitenden gegenüber dem Management und steht einer positiven Wirkung auf das Markencommitment entgegen.[753]

- Es sind nur Markenversprechen extern zu kommunizieren, die von den Mitarbeitenden auch erfüllt werden können.[754] Falsche bzw. stark übertriebene Versprechen mindern das Vertrauen der Mitarbeitenden in das Unternehmen und verhindern die Entstehung einer starken Mitarbeiter-Marken-Beziehung.

- Mitarbeitende sollten eine positive Einstellung gegenüber den jeweiligen Maßnahmen aufweisen. Es gilt daher im Vorfeld eines Maßnahmeneinsatzes zu ermitteln, inwieweit die Mitarbeitenden daran Gefallen finden. Im Hinblick auf das Sponsoring ist z.B. zu prüfen, inwieweit die Mitarbeitenden eine Affinität zum Sponsoringobjekt aufweisen.[755]

- Externe Kampagnen sind vor dem Launch intern bekannt zu machen.[756] Auf diese Weise wird die Entstehung von Unzufriedenheit auf Seiten der Mitarbeitenden verhindert.[757]

---

[752] Für weitere Empfehlungen im Hinblick auf das Ziel einer positiven Innenwirkung externer Maßnahmen vgl. *Acito/Ford* 1980, S. 56f.; *Wolfinbarger/Gilly* 1991, S. 229.
[753] Vgl. *Acito/Ford* 1980, S. 56; *Henkel/Wentzel/Tomczak* 2009, S. 450.
[754] Vgl. *Acito/Ford* 1980, S. 57.
[755] Vgl. ähnlich *Bruhn* 2008b, S. 11.
[756] Vgl. *Acito/Ford* 1980, S. 57.
[757] Vgl. *Bruhn* 2011b, S. 506.

6.2.4 Umsetzungsphase der Internen Markenführung

In der Umsetzungsphase sind die internen Voraussetzungen für eine wirksame Interne Markenführung zu schaffen. Die **Strukturen**, **Systeme** und **Kultur** eines Unternehmens stellen hierfür die Ansatzpunkte dar.[758] Schaubild 6-12 zeigt Beispiele für struktur-, system- und kulturbezogene Maßnahmen, die ein Unternehmen bei der Umsetzung einer Internen Markenführung zu berücksichtigen hat.

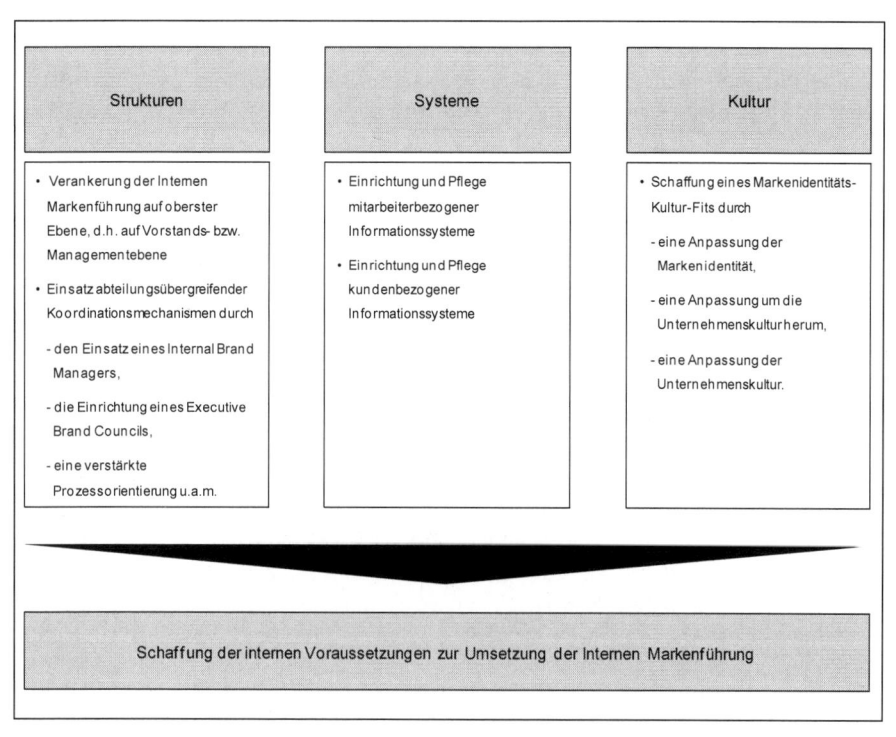

Strukturen	Systeme	Kultur
• Verankerung der Internen Markenführung auf oberster Ebene, d.h. auf Vorstands- bzw. Managementebene • Einsatz abteilungsübergreifender Koordinationsmechanismen durch - den Einsatz eines Internal Brand Managers, - die Einrichtung eines Executive Brand Councils, - eine verstärkte Prozessorientierung u.a.m.	• Einrichtung und Pflege mitarbeiterbezogener Informationssysteme • Einrichtung und Pflege kundenbezogener Informationssysteme	• Schaffung eines Markenidentitäts-Kultur-Fits durch - eine Anpassung der Markenidentität, - eine Anpassung um die Unternehmenskultur herum, - eine Anpassung der Unternehmenskultur.

Schaffung der internen Voraussetzungen zur Umsetzung der Internen Markenführung

Schaubild 6-12: Beispiele für struktur-, system- und kulturbezogene Maßnahmen zur Umsetzung der Internen Markenführung

(1) Strukturen

Für eine erfolgreiche Umsetzung der Internen Markenführung im Unternehmen bedarf es der Anpassung der Unternehmensstrukturen. Hierbei kommt der Ver-

---
[758] Vgl. *Bruhn* 2002, S. 19.

ankerung der Internen Markenführung in der Unternehmensstruktur und den abteilungsübergreifenden Koordinationsmechanismen eine besondere Bedeutung zu.

Eine **Verankerung der Internen Markenführung** hat auf oberster Ebene, d.h. auf **Vorstands- bzw. Managementebene**, zu beginnen. Nur wenn das Management den Einsatz einer Internen Markenführung forciert und unterstützt, kommt dieser die angemessene Relevanz und Priorität im Unternehmen zu.[759]

Die Interne Markenführung nimmt eine Schnittstellenposition zwischen dem Personalmanagement und dem externen Markenmanagement ein. Dadurch können im Unternehmen Koordinationsprobleme zwischen den an der Internen Markenführung beteiligten Mitarbeitenden aus den beiden Managementbereichen entstehen. Zur Behebung bzw. Vermeidung von Koordinationsproblemen bedarf es **abteilungsübergreifender Koordinationsmechanismen**. Denkbar ist der Einsatz eines „**Internal Brand Managers**". Dieser ist für die Planung, Umsetzung und Kontrolle der Internen Markenführung zuständig, wobei er einzelne Aufgaben an Spezialisten aus den jeweiligen Managementbereichen delegiert. Mit der Koordination durch eine einzelne Person ist jedoch die Gefahr verbunden, dass sich dieser gegen möglicherweise starke Bereichsinteressen nicht durchzusetzen kann. Sinnvoller ist daher die Einrichtung eines so genannten „**Executive Brand Council**". Der „Executive Brand Council" setzt sich aus Mitgliedern der Abteilungen Personal und Markenführung sowie anderen an der Internen Markenführung beteiligten Organisationseinheiten zusammen. Er hat in regelmäßigen Abständen zusammenzukommen, um über Aktivitäten der Internen Markenführung zu diskutieren und diesbezügliche Entscheidungen zu treffen. Idealerweise sind darin die Vorstände aus den Bereichen Personal und Markenführung bzw. Marketing integriert, so dass Themen zur Internen Markenführung auf höchster Ebene diskutiert werden können.[760] Den Koordinationsproblemen kann zudem durch eine **Prozessorientierung** begegnet werden. Hierbei wird der Managementprozess der Internen Markenführung in abteilungsneutrale Teilprozesse zerlegt. Im Gegensatz zur Funktionsbetrachtung erfolgt z.B. die Festlegung der Ziele und Strategien der Internen Markenführung nicht in den jeweiligen Abteilungen (Personal und Markenführung), sondern abteilungsübergreifend. Auch die Analyse, Umsetzung und Kontrolle der Internen Markenführung wird bei ei-

---

[759] Vgl. *Dunn/Davis* 2003, S. 34; *Zeplin* 2006, S. 139.
[760] Vgl. *Zeplin* 2006, S. 143.

ner Prozessbetrachtung nicht isoliert für die einzelnen Abteilungen, sondern über die jeweiligen Bereiche hinweg vorgenommen.[761]

(2) Systeme

Neben den Unternehmensstrukturen sind für die Umsetzung der Internen Markenführung geeignete Systeme einzurichten. Hierbei sind mitarbeiterbezogene und kundenbezogene Informationssysteme von besonderer Bedeutung.

Die **Einrichtung und Pflege von mitarbeiterbezogenen Informationssystemen** stellt eine zentrale Voraussetzung für eine zielgerichtete Interne Markenführung dar. Für die Informationsbeschaffung bietet sich eine Mitarbeiterbefragung an. Unter Verwendung des Wirkungsmodells der Qualität der Internen Markenführung kann dadurch deutlich gemacht werden, bei welchen Modellgrößen es einer Verbesserung bedarf. Die generierten Informationen sind in Dateien oder Datenbanken festzuhalten und zu verwalten, um bei Bedarf jederzeit abgerufen werden zu können. Die auf diese Weise erhaltenen Informationen tragen zur Implementierung geeigneter Maßnahmen der Internen Markenführung zur Verbesserung der Modellgrößen bei und dienen dem Management als Argumentationsgrundlage für die interne Durchsetzung markenbezogener Aktivitäten.

Ähnliches gilt für die **Einrichtung und Pflege von kundenbezogenen Informationssystemen**. Mithilfe einer Kundenbefragung können Informationen zur Wirkung des markenkonformen Mitarbeiterverhaltens auf Größen wie z.B. die Markenzufriedenheit, Markenvertrauen oder das Markenverhalten der Kunden generiert werden. Auf diese Weise wird das Unternehmen über das Ausmaß, zu dem ein markenkonformes Mitarbeiterverhalten durch den Einsatz von Maßnahmen der Internen Markenführung zu fördern ist, in Kenntnis gesetzt. Das Aufzeigen der Notwendigkeit des Einsatzes einer Internen Markenführung für den externen Markenerfolg dient als zusätzliche Argumentationsgrundlage für die Implementierung von Maßnahmen der Internen Markenführung im Unternehmen. Es ist auch hier sicherzustellen, dass die Kundeninformationen z.B. in Datenbanken abgespeichert werden, um bei Bedarf auf sie zugreifen zu können.

(3) Kultur

Für eine erfolgreiche Umsetzung der Internen Markenführung ist die Frage von Interesse, welche Unternehmenskultur diese grundsätzlich fördert bzw. hemmt. Es ist anzunehmen, dass eine Unternehmenskultur dann die Umsetzung der In-

---

[761] Zur Prozessorientierung vgl. z.B. *Bruhn* 2009b, S. 247ff.

ternen Markenführung fördert, wenn sie in Einklang mit der Markenidentität steht. So wird es z.b. im Unternehmen schwierig sein durchzusetzen, dass Mitarbeitende für erbrachte Markenleistungen mit Geldleistungen belohnt werden, wenn die Markenwerte nicht mit den Unternehmenswerten übereinstimmen. Es besteht somit die Notwendigkeit des Vorliegens eines **Markenidentitäts-Kultur-Fits**.[762]

Grundsätzlich gilt es, die Unternehmenskultur bereits bei der Entwicklung der Soll-Markenidentität zu beachten. Liegt ein Misfit zwischen Markenidentität und Unternehmenskultur vor, existieren drei Möglichkeiten:[763]

- Anpassung der Markenidentität,
- Management um die Unternehmenskultur herum,
- Anpassung der Unternehmenskultur.

Eine **Anpassung der Markenidentität** ist am schnellsten realisierbar und wird daher als die einfachste Möglichkeit angesehen, den Misfit zu beheben. Das **Management um die Unternehmenskultur herum** bietet sich insbesondere dann an, wenn in einem Unternehmen eine neue Marke eingeführt wird, deren angestrebte Markenidentität jedoch überhaupt nicht zur Unternehmenskultur passt. Hier empfiehlt es sich, für die Marke eine neue Organisation mit einer eigenen Unternehmenskultur zu schaffen. Eine **Anpassung der Unternehmenskultur** ist schließlich sinnvoll, wenn sich die Kultur über einen langen Zeitraum hinweg nicht verändert hat, wohingegen sich in der Zwischenzeit z.B. bei den Kundenbedürfnissen oder in der Positionierung der Wettbewerber Veränderungen ergeben haben. Es ist jedoch zu beachten, dass eine Veränderung der Unternehmenskultur nur langfristig erfolgen kann und möglicherweise mit Widerständen auf Seiten der Mitarbeitenden verbunden ist.[764] Wird sich dennoch für diese Möglichkeit der Überwindung des Misfits entschieden, kann zur Beeinflussung der Unternehmenskultur auf den Ansatz des symbolischen Managements und den Counter-Cultures-Ansatz Rückgriff genommen werden. Im Rahmen des **symbolischen Managements**[765] wird eine Veränderung der Unternehmenskultur durch die Entwicklung neuer Symbole oder die Modifikation existierender Sym-

---

[762] Zum Markenidentitäts-Kultur-Fit vgl. *Zeplin* 2006, S. 131ff.
[763] Vgl. *Schwartz/Davis* 1981. Vgl. für die nachfolgenden Ausführungen auch *Zeplin* 2006, S. 131ff.
[764] Vgl. *Lundberg* 1985; *Nord* 1985; *Harris/Ogbonna* 2000, S. 327.
[765] Vgl. *Berg* 1985; *Lange* 1991; *Homburg/Pflesser* 1999.

bole und ihrer Interpretation vorangetrieben. Als Symbole gelten Erzählungen (z.B. organisationales Storytelling), Sprache (z.B. der Sprachstil), Rituale (z.B. Feiern, Auszeichnungen) und Arrangements (z.B. Dresscode).[766] Der **Counter-Cultures-Ansatz** berücksichtigt die Tatsache, dass in Unternehmen innerhalb der Unternehmenskultur sehr häufig Subkulturen, mit eigenen Wert- und Normvorstellungen, entstehen. Der Ansatz besagt, dass diejenige Subkultur als so genannte „Keimzelle" gezielt auszubauen ist, die die größte Nähe zur angestrebten Markenidentität aufweist. Es wird angenommen, dass sich die Gesamt-Unternehmenskultur durch die immer größer werdende Bedeutung der geförderten Sub- bzw. Gegenkultur mit der Zeit in die gewünschte Richtung bewegt. Für die Förderung der Subkultur stehen Mechanismen, wie die Abgabe eindeutiger Bewertungen durch die Vorgesetzten (z.B. hinsichtlich ihrer Präferenz für markenidentitätskonforme Verhaltensweisen) oder die positive Verstärkung durch die Vorgesetzten (z.B. die besondere Beachtung markenkonformer Verhaltensweisen in der Subkultur), zur Verfügung.[767]

6.2.5 Kontrollphase der Internen Markenführung

Die Interne Markenführung kann mittelfristig nur dann erfolgreich – im Sinne der Steuerung eines markenkonformen Mitarbeiterverhaltens – sein, wenn eine kontinuierliche Kontrolle (Tracking) ihrer Aktivitäten und deren Wirkungen vorgenommen wird. Hierfür empfiehlt sich die **Implementierung eines Tracking-Systems** in Form eines **Internen Markenbarometers**.[768] Ein Barometer stellt ein multidimensionales Kontrollsystem dar, bei dem mehrere Zielgrößen und deren Zusammenhänge mittels periodischer Erhebungen kontrolliert werden.[769] Das Interne Markenbarometer dient demzufolge zur regelmäßigen Kontrolle der Veränderungen der Beurteilung der Konstrukte im Wirkungsmodell der Qualität der Internen Markenführung und deren Zusammenhänge.

Im Hinblick auf die **Messfrequenz** bietet sich eine jährliche Messung an. Geht es z.B. darum, den Erfolg neu eingesetzter Maßnahmen zeitnah zu überprüfen, ist jedoch auch über kürzere Messintervalle nachzudenken.

Im Rahmen des Internen Markenbarometers kann eine Veränderung und Zielerreichung für **verschiedene Zielgrößen** kontrolliert werden:

---

[766] Vgl. *Homburg/Pflesser* 1999.
[767] Vgl. *von der Oelsnitz* 2000, S. 113.
[768] Vgl. zum Internen Markenbarometer auch *Bruhn* 2005; *Bruhn* 2008a.
[769] Vgl. *Bruhn* 2009a, S. 292f.

- Veränderung und Erreichung der festgelegten Ziele hinsichtlich der **Dimensionen der Qualität der Internen Markenführung** bzw. der **Qualität der Internen Markenführung als Gesamtkonstrukt** (Ebene der Internen Markenführung),

- Veränderung und Erreichung der festgelegten Ziele hinsichtlich der **Markenarbeitszufriedenheit**, des **Markencommitment** und des **Markenvertrauens** (Ebene der Mitarbeiter-Marken-Beziehung),

- Veränderung und Erreichung der festgelegten Ziele **hinsichtlich des markenkonformen Mitarbeiterverhaltens** (Ebene des Markenverhaltens von Mitarbeitenden).

In Schaubild 6-13 ist ein Tracking-System in Form eines Internen Markenbarometers beispielhaft dargestellt. Wie ersichtlich wird, werden darin sämtliche Konstrukte des disaggregierten Wirkungsmodells der Qualität der Internen Markenführung und deren Zusammenhänge berücksichtigt. Die „Beurteilung" und „Bedeutung" der Modellkonstrukte dienen als **Kennzahlen** zur Beschreibung der Zielgrößen. Wie in Abschnitt 6.2.2.1 dargelegt, spiegelt sich die Beurteilung der Modellkonstrukte in den jeweiligen Indexwerten wider. Die kausalanalytisch ermittelten Bedeutungsgewichte geben Aufschluss über die Bedeutung der Modellgrößen. Die Überprüfung des Grads der Zielerreichung erfolgt durch den Vergleich der „Ist-Beurteilung" mit der „Soll-Beurteilung". Auf diese Weise lässt sich die Effektivität der Maßnahmen der Internen Markenführung kontrollieren. Die Bedeutung der Zielgrößen gibt den Beitrag der einzelnen Konstrukte (z.B. der Dimensionen der Qualität der Internen Markenführung) für die Verbesserung eines markenkonformen Mitarbeiterverhaltens an.

Im Hinblick auf das **Aggregationsniveau der Kennzahlen** im Internen Markenbarometer kann sowohl eine mitarbeitersegmentübergreifende als auch eine mitarbeitersegmentspezifische Betrachtung vorgenommen werden. Die segmentspezifische Wirkungsanalyse hat zwischen den zwei im Rahmen der Finite-Mixture-Analyse identifizierten Mitarbeitersegmenten deutliche Unterschiede in der Wirkung der einzelnen Dimensionen der Qualität der Internen Markenführung aufgezeigt (vgl. Abschnitt 5.5.3.2). Vor diesem Hintergrund erscheint eine mitarbeitersegmentspezifische Betrachtung sinnvoll.

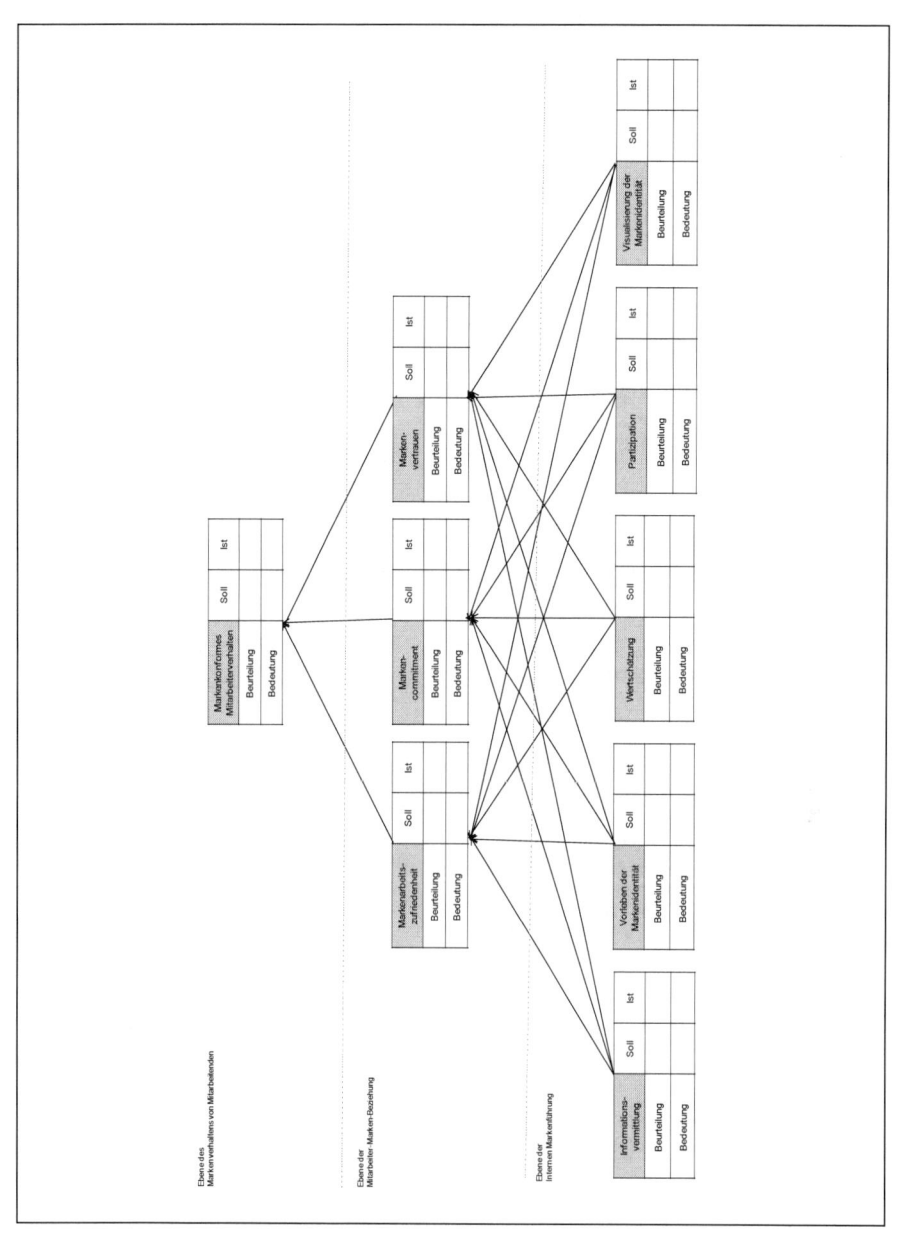

Fazit und Implikationen für Praxis und Forschung 311

Schaubild 6-13: Beispiel eines Tracking-Systems für die Interne Markenführung in Form eines Internen Markenbarometers

6.3 Ableitung von zukünftigem Forschungsbedarf

Die Zielsetzung der vorliegenden Arbeit bestand in der Entwicklung und empirischen Überprüfung des Konstrukts Qualität der Internen Markenführung und, unter Berücksichtigung von Mitarbeiterheterogenität, der Analyse seiner Bedeutung zur Steuerung eines markenkonformen Mitarbeiterverhaltens. Mit den in dieser Arbeit gewonnenen Erkenntnissen ist die Forschung zur Messung und Wirkung der Qualität der Internen Markenführung keineswegs als abgeschlossen anzusehen, vielmehr können aus explorativen Studien, wie sie die vorliegende darstellt, **Impulse für weitere Forschungstätigkeiten** ausgehen. Wie aus Schaubild 6-14 hervorgeht, besteht in theoretisch-konzeptioneller, methodisch-empirischer und in managementbezogener Hinsicht weiterer Forschungsbedarf.

Fokus	Forschungsfeld		Forschungsbedarf
Theorie/Konzeption	Messmodell der Qualität der Internen Markenführung	(1)	Konkretisierung des Messmodells der Qualität der Internen Markenführung
	Wirkungsmodell der Qualität der Internen Markenführung	(2)	Theoretische Fundierung des disaggregierten Wirkungsmodells der Qualität der Internen Markenführung
		(3)	Modifikation des Wirkungsmodells der Qualität der Internen Markenführung
		(4)	Einbindung weiterer Deskriptiva
Methodik/Empirie	Operationalisierung	(5)	Prüfung alternativer Operationalisierungsmöglichkeiten für das Gesamtkonstrukt der Qualität der Internen Markenführung
	Datenbasis	(6)	Generierung einer repräsentativeren und ausreichend großen empirischen Datenbasis
	Einzelunternehmensanalyse	(7)	Empirische Analyse des Mess- und Wirkungsmodells in anderen Unternehmen und Branchen
	Dynamische Betrachtung	(8)	Dynamische Betrachtung des Untersuchungsansatzes
Management	Benchmarking	(9)	Vergleich der Beurteilung und Bedeutung der Modellgrößen und Indikatoren
	Effizienzmessung	(10)	Effizienzmessung der Qualität der Internen Markenführung

Schaubild 6-14: Ansatzpunkte für die zukünftige Forschung

(1) Konkretisierung des Messmodells der Qualität der Internen Markenführung

Die Qualität der Internen Markenführung wurde in der vorliegenden Arbeit als mehrdimensionales Konstrukt konzeptualisiert. Die fünf Konstruktdimensionen beziehen sich auf die Erfüllung der Erwartungen der Mitarbeitenden an die Interne Markenführung. Die Indikatoren der Dimensionen spiegeln die einzelnen Maßnahmen der Internen Markenführung wider, die zur Erfüllung der Mitarbeitererwartungen an die Interne Markenführung beitragen. Mit diesem Vorgehen wird zwar Wissen darüber erbracht, welche Maßnahmen zu einer hohen Qualitätswahrnehmung der Internen Markenführung führen, unklar bleibt jedoch, *wie* die Maßnahmen auszugestalten sind, damit sie der Erwartungserfüllung dienen. Wird z.B. im Rahmen der Analyse des jetzigen Messmodells der Beleg erbracht, dass das „in Schulungen gut über die Marke informiert werden" zur wahrgenommenen Informationsvermittlung als Dimension der Qualität der Internen Markenführung führt, besteht dennoch Unklarheit hinsichtlich der Art und Weise, wie die Schulungen auszugestalten sind, damit sie zu einer guten Informationsvermittlung beitragen. Das Wissen über die Ausgestaltung der Maßnahmen wäre jedoch für eine zielgenaue Ableitung von Implikationen nützlich. Um dieses Problem zu lösen, ist über eine Konkretisierung des Messmodells der Qualität der Internen Markenführung nachzudenken. Dies bedeutet, dass anstelle des jetzigen Second-Order-Konstrukt ein Third-Order-Konstrukt gebildet wird. Hierbei bleiben die bisherigen Dimensionen unverändert. Die Maßnahmen bleiben ebenfalls bestehen, allerdings stellen sie bei diesem Vorgehen keine Items dar, sondern Faktoren. Zum Beispiel würden der Dimension Informationsvermittlung die drei Faktoren „Informationsvermittlung durch Medien", „Informationsvermittlung durch Schulungen" und „Informationsvermittlung durch persönliche Gespräche" zugeordnet werden. Diese drei Faktoren würden schließlich über Indikatoren gemessen werden, die sich auf die Ausgestaltung der jeweiligen Maßnahme beziehen. Für die Identifikation der Indikatoren bieten sich eine umfassende Literaturanalyse sowie die Durchführung qualitativer Interviews mit Mitarbeitenden an. Beispiele für mögliche Indikatoren finden sich in Abschnitt 6.2.3.2.1. Hier wurde sich bereits der Ausgestaltung von Maßnahmen der Internen Markenführung gewidmet. Schaubild 6-15 zeigt das konkretisierte Messmodell der Qualität der Internen Markenführung. Aus Gründen der Übersichtlichkeit erfolgt die differenzierte Betrachtung nur im Hinblick auf die Dimension Informationsvermittlung. Für die übrigen Dimensionen ist jedoch ebenso zu verfahren. Wie ersichtlich wird, bezieht sich die Ausgestaltung der Maßnahmen im Beispiel auf die Aktualität, Relevanz und Verständlichkeit der Markeninformationen.

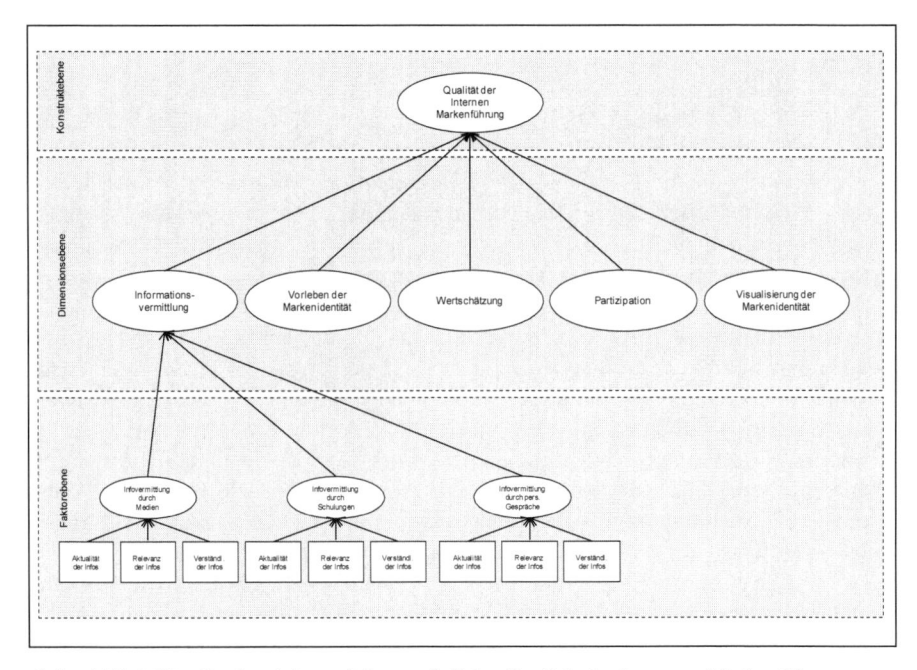

314 Fazit und Implikationen für Praxis und Forschung

Schaubild 6-15: Konkretisiertes Messmodell der Qualität der Internen Markenführung (am Beispiel der Dimension Informationsvermittlung)

Mit der Einführung des Third-Order-Konstrukts ist der Vorteil eines höheren Detaillierungsgrades der Ergebnisse verbunden. So lassen sich aus den Ergebnissen Implikationen für die konkrete Ausgestaltung von Maßnahmen der Internen Markenführung ableiten, um eine hohe wahrgenommene Qualität der Internen Markenführung zu erzielen bzw., bei Betrachtung des Wirkungsmodells, um ein markenkonformes Mitarbeiterverhalten zu steigern. Es ist jedoch zugleich zu beachten, dass mit der Konkretisierung des Messmodells die Anzahl der zu schätzenden Parameter stark ansteigt. Wird sich für das Third-Order-Konstrukt entschieden, ist daher für eine entsprechend große Stichprobe zu sorgen.

(2) Theoretische Fundierung des disaggregierten Wirkungsmodells der Qualität der Internen Markenführung

In der vorliegenden Arbeit wurde die Wirkung der Qualität der Internen Markenführung auf die Konstrukte Markenarbeitszufriedenheit, Markencommitment und Markenvertrauen mithilfe der Equity-Theorie, der Theorie der sozialen Identität und der sozialen Austauschtheorie theoretisch fundiert. Die Theorien wurden sowohl für die Wirkung des Gesamtkonstrukts der Qualität der Internen Markenführung (aggregiertes Wirkungsmodell) als auch für die Dimensionen der Qualität der Internen Markenführung (disaggregiertes Wirkungsmodell) verwendet. Während die theoretische Fundierung des aggregierten Wirkungsmodells sehr ausführlich erfolgte, wurde für das disaggregierte Wirkungsmodell eine relativ oberflächliche Übertragung der drei gewählten Theorien auf die einzelnen Zusammenhänge vorgenommen. Vor dem Hintergrund der Vielzahl an Ursache-Wirkungsbeziehungen innerhalb des disaggregierten Wirkungsmodells erscheint dieses Vorgehen grundsätzlich vertretbar, zumal jeder postulierte Zusammenhang zusätzlich durch bisherige empirische Studien gestützt wurde und die gewählten Theorien prinzipiell passend sind. Dennoch empfiehlt es sich für künftige Forschungsarbeiten, eine detaillierte theoretische Fundierung der Wirkungen der einzelnen Dimensionen der Qualität der Internen Markenführung vorzunehmen.

(3) Modifikation des Wirkungsmodells der Qualität der Internen Markenführung

Das Wirkungsmodell der Qualität der Internen Markenführung basiert auf einer umfassenden Literaturanalyse. Mit der Markenarbeitszufriedenheit, dem Markencommitment und dem Markenvertrauen wurden Konstrukte als Wirkungsgrößen der Qualität der Internen Markenführung identifiziert, die die Qualität der Mitarbeiter-Marken-Beziehung widerspiegeln. Die Konstrukte nehmen wiederum mehrheitlich Einfluss auf das markenkonforme Mitarbeiterverhalten. Aufgrund der Bedeutung der Konstrukte als Bindeglied zwischen der Qualität der Internen Markenführung und dem markenkonformen Mitarbeiterverhalten wird in der fehlenden Entwicklung des Konstrukts Qualität der Mitarbeiter-Marken-Beziehung eine Forschungslücke gesehen. Im Rahmen zukünftiger Arbeiten gilt es zu überlegen, aus welchen Dimensionen ein solches Konstrukt besteht. Anhaltspunkte geben Arbeiten zum Konstrukt der Markenbeziehungsqualität im Konsumentenkontext.[770] Im Anschluss an seine Entwicklung ist das Konstrukt in das Wirkungsmodell der Qualität der Internen Markenführung zu integrieren. Es ist zu vermuten, dass mit der Einbindung des Konstrukts bzw. der einzelnen Konstruktdimensionen in das Modell weitere Faktoren, die als Bindeglied zwischen der Qualität der Internen Markenführung und dem markenkonformen Mitarbeiterverhalten fungieren, identifiziert werden können.

Neben der Modifikation des Wirkungsmodells im Hinblick auf die Berücksichtigung weiterer Aspekte der Qualität der Mitarbeiter-Marken-Beziehung bietet

---

[770] Vgl. z.B. *Fournier* 1994.

sich eine Erweiterung des Wirkungsmodells an, indem zusätzlich zur Qualität der Internen Markenführung auch die Qualität der Externen Markenführung berücksichtigt wird. Bereits in Abschnitt 6.2.3.2.2 wurde darauf hingewiesen, dass die Externe Markenführung die Interne Markenführung im Hinblick auf die Steuerung eines markenkonformen Mitarbeiterverhaltens unterstützen kann. In diesem Zusammenhang gilt es zusätzlich herauszuarbeiten, inwieweit Interaktionseffekte zwischen den beiden Konstrukten bestehen können. Mit der Integration der Qualität der Externen Markenführung in das Wirkungsmodell lassen sich neben der Internen Markenführung auch Empfehlungen für die Externe Markenführung ableiten. Entsprechend der Vorgehensweise bezüglich der Qualität der Internen Markenführung gilt es, die Konzeptualisierung und Operationalisierung der Qualität der Externen Markenführung vorzunehmen. Es sind zunächst die Erwartungen der Mitarbeitenden an die Externe Markenführung zu identifizieren und im Anschluss die Maßnahmen, die zur Erfüllung dieser Erwartungen beitragen, zu bestimmen (vgl. Kapitel 3).

In der vorliegenden Arbeit fungierte das markenkonforme Mitarbeiterverhalten als Zielkonstrukt. Letztlich wird mit der Steuerung eines markenkonformen Mitarbeiterverhaltens jedoch die Generierung einer positiven Markenwahrnehmung und eines positiven Markenverhaltens beim Kunden angestrebt. Weiterer Forschungsbedarf besteht folglich in der Erweiterung des Wirkungsmodells der Qualität der Internen Markenführung, indem, als dem markenkonformen Mitarbeiterverhalten nachgelagerte Größen, die Markenwahrnehmung und das Markenverhalten des Kunden einbezogen werden.[771] Dadurch lässt sich konkret aufzeigen, dass die Qualität der Internen Markenführung nicht nur zur Beeinflussung des Markenverhaltens der Mitarbeitenden dient, sondern, über die Beeinflussung der Mitarbeitenden hinaus, zur Erreichung der nachfragerbezogenen Ziele (z.B. eine positive Markenwahrnehmung beim Kunden) beiträgt. Durch das Aufzeigen des (indirekten) Zusammenhangs zwischen der Qualität der Internen Markenführung und positiven Wirkungen beim Kunden, kann einmal mehr die Bedeutung der Steuerung eines markenkonformen Mitarbeiterverhaltens durch eine an den Erwartungen der Mitarbeitenden ausgerichtete Interne Markenführung deutlich gemacht werden. Es ist jedoch darauf hinzuwei-

---

[771] *Zeplin* (2005) hat bereits den Zusammenhang zwischen dem markenkonformen Mitarbeiterverhalten, in der Studie als BCB bezeichnet, und der Markenwahrnehmung von Nachfragern, in der Studie in der Form des Konstrukts Markenbeziehungsqualität berücksichtigt, untersucht. Die empirische Analyse unterstützt grundsätzlich den vermuteten Zusammenhang, aufgrund einer zu geringen Stichprobengröße ist eine abschließende Beurteilung des Zusammenhangs jedoch nicht möglich.

Fazit und Implikationen für Praxis und Forschung 317

sen, dass für eine gleichzeitige Berücksichtigung der Mitarbeiter- und Kundenperspektive bei der späteren empirischen Untersuchung ein dyadisches Erhebungsdesign notwendig wird. Hierbei sind Mitarbeitende und die von diesen Mitarbeitenden betreuten Kunden zu befragen. Dies stellt einen hohen Koordinationsaufwand dar, da jeweils zu ermitteln ist, welcher Kunde von welchem Mitarbeitenden betreut wird. Damit verbunden ist der Umstand, dass eine solche Befragung nur in Unternehmen bzw. Branchen durchgeführt werden kann, in denen häufige Mitarbeiter-Kunden-Interaktionen gegeben sind.

(4) Einbindung weiterer Deskriptiva

Im Rahmen der Finite-Mixture-Analyse wurde eine Post-hoc-Analyse durchgeführt um zu untersuchen, inwieweit sich im Hinblick auf die beschreibenden Variablen signifikante Unterschiede zwischen den beiden ermittelten Segmenten ergeben. Wie sich herausgestellt hat, ergaben sich hinsichtlich der Deskriptiva nahezu keine signifikanten Unterschiede zwischen den Segmenten. Als eine Ursache wurde, trotz der Vielzahl an erhobenen deskriptiven Variablen, die fehlende Berücksichtigung derjenigen Mitarbeitercharakteristika gesehen, die zur Beschreibung der Segmente herangezogen werden können (vgl. Abschnitt 5.5.3.4). Aus diesem Ergebnis ergeben sich Ansatzpunkte für die weitere Forschung. In künftigen Forschungsarbeiten gilt es, sich intensiv mit weiteren Charakteristika von Mitarbeitenden, die als deskriptive Variablen Berücksichtigung finden können, zu beschäftigen. So ist denkbar, dass andere psychografische, soziodemografische und arbeitsplatzbezogene Variablen einen inhaltlichen Erklärungsbeitrag zur Segmentbeschreibung liefern.

(5) Prüfung alternativer Operationalisierungsmöglichkeiten für das Gesamtkonstrukt der Qualität der Internen Markenführung

Im Rahmen der Prüfung des Messmodells der Qualität der Internen Markenführung wurde eine vergleichsweise geringe Relevanz der Dimension Partizipation sowie fehlende Bedeutung der Dimension Vorleben der Markenidentität für die Wahrnehmung einer hohen Qualität der Internen Markenführung ermittelt. Dieses Ergebnis wurde auf die Messung des übergeordneten Konstrukts der Qualität der Internen Markenführung zurückgeführt. So beziehen sich die hierfür verwendeten Globalitems auf die Beurteilung von „Maßnahmen der Internen Markenführung" (vgl. Abschnitt 5.4.1). Der Maßnahmenbezug in der Itemformulierung wurde zwar absichtlich gewählt, um den Befragten die Beurteilung des abstrakten Konzepts der Internen Markenführung zu erleichtern. Es ist jedoch zu vermuten, dass die Befragten die Items der Dimensionen Partizipation und Vorleben der Markenidentität nicht unbedingt mit Maßnahmen in Verbindung gebracht haben (vgl. Abschnitt 5.4.4). In künftigen Arbeiten sind alternative Operationalisierungen des Gesamtkonstrukts der Qualität der Internen Markenführung zu prüfen. Eine Möglichkeit besteht darin zu analysieren, ob der Einfluss der beiden Dimensionen auf das Gesamtkonstrukt durch den Verzicht des Begriffs „Maßnahme" in der Itemformulierung höher ist. Zugleich ist jedoch im Fragebogen der Begriff der Internen Markenführung ausführlich zu erläutern, um die Verständlichkeit der Itemformulierungen für die Befragten sicherzustellen. Kann mit der veränderten Operationalisierung ein (stärkerer) Einfluss der Dimensionen auf das Gesamtkonstrukt belegt werden, ist die modifizierte Operationalisierung des Gesamtkonstrukts in den weiteren Studien zu wählen.

(6) Generierung einer repräsentativeren und ausreichend großen empirischen Datenbasis

In der für die vorliegende Studie verwendeten Stichprobe waren Mitarbeitende aus den Bereichen Marketing/Verkauf sowie Verwaltung überrepräsentiert, Produktionsmitarbeitende hingegen unterdurchschnittlich vertreten. Des Weiteren bestand bei Mitarbeitenden mit Führungsverantwortung und einem hohen Bildungsgrad eine überdurchschnittliche Beteiligung an der Befragung (vgl. Abschnitt 5.2.2). Mit einer weiteren Untersuchung im betrachteten Unternehmen, bei der auf eine strenge Einhaltung der vorgegebenen Quotierung geachtet wird, ist zu prüfen, ob die Erkenntnisse der vorliegenden Studie möglicherweise auf die Überrepräsentanz im Hinblick auf die genannten Merkmale und auf die Unterrepräsentanz der Produktionsmitarbeitenden zurückzuführen sind.

Neben der möglicherweise fehlenden Berücksichtigung der relevanten Deskriptiva wurde als weiterer Grund für das wenig zufriedenstellende Ergebnis der Post-hoc-Analyse die relativ kleine Stichprobe vermutet (vgl. Abschnitt 5.5.3.4). Mit einer erneuten Untersuchung im betrachteten Unternehmen, bei der jedoch auf die Erzielung einer deutlich größeren Fallzahl geachtet wird, ist zu prüfen, inwieweit sich hinsichtlich der Deskriptiva mehr signifikante Unterschiede zwischen den Segmenten ergeben.

(7) Empirische Analyse des Mess- und Wirkungsmodells in anderen Unternehmen und Branchen

Die empirische Untersuchung des Mess- und Wirkungsmodells der Qualität der Internen Markenführung und die hieraus gewonnenen Erkenntnisse beschränken sich auf das untersuchte Unternehmen *Bell AG*. Mit der Konzentration auf ein konkretes Unternehmen ist das Problem des Einzelfallbezugs verbunden. Dies betrifft zum einen die Operationalisierung der Konstrukte. So können z.B. die Indikatoren der Konstruktdimensionen (z.B. Schulungen) je nach den eingesetzten Maßnahmen im Unternehmen unterschiedlich ausfallen. Zum anderen sind davon auch die empirischen Ergebnisse betroffen. Aufgrund der Entwicklung der Dimensionen der Qualität der Internen Markenführung unter Rückgriff auf Befragungen in drei Unternehmen unterschiedlicher Branchen wird angenommen, dass diese auch in anderen Unternehmen und Branchen gültig sind. Auch das Wirkungsmodell, das auf Basis der Erkenntnisse bestehender Studien, die in verschiedenen Branchen durchgeführt wurden, entwickelt wurde, verweist auf einen hohen Allgemeinheitsgrad. Es ist jedoch anzunehmen, dass sich im Hinblick auf die relative Stärke der einzelnen Zusammenhänge im Mess- und Wirkungsmodell Unterschiede zwischen Unternehmen und Branchen ergeben. Aus diesen Überlegungen ergibt sich für künftige Forschungsarbeiten der Vorschlag, eine Replikation der Studie in weiteren Unternehmen und Branchen vorzunehmen, um zentrale Unterschiede und Gemeinsamkeiten zu identifizieren.

(8) Dynamisierung des Untersuchungsansatzes

Die vorliegende Studie wurde als Querschnittsanalyse konzipiert, die zu einem Zeitpunkt eine Messung der Konstruktzusammenhänge vornimmt. Eine zukünftige Forschung kann in der Dynamisierung des Untersuchungsansatzes im Sinne einer Veränderungsanalyse bestehen. Dabei wird z.B. die Auswirkung der Änderung der Qualität der Internen Markenführung auf die Änderung der Folgegrößen untersucht. Zum Beispiel kann auf diese Weise der Effekt der Veränderung der wahrgenommenen Informationsvermittlung auf die Veränderung der Konstrukte der Mitarbeiter-Marken-Beziehung und des markenkonformen Mitarbeiterverhaltens bestimmt werden. Die Anwendung einer solchen Veränderungsanalyse ermöglicht die Quantifizierung der Auswirkungen einer Maßnahmenänderung (z.B. Erhöhung der wahrgenommenen Informationsvermittlung durch persönliche Gespräche) auf die Änderung sämtlicher nachgelagerter Konstrukte.

(9) Vergleich der Beurteilung und Bedeutung der Modellgrößen und Indikatoren

In der vorliegenden Arbeit wurde eine abteilungsübergreifende Modellschätzung vorgenommen. Es ist jedoch denkbar, dass zwischen den Abteilungen im Unternehmen Unterschiede, z.B. im Hinblick auf die Bewertung und Bedeutung der Größen im Wirkungsmodell der Qualität der Internen Markenführung, bestehen. Daher bietet es sich an, für jede Abteilung eine separate Analyse durchzuführen und im Sinne eines Benchmarking ein Vergleich der Indexwerte der Modellgrößen bzw. der Mittelwerte der Indikatoren der Qualität der Internen Markenführung sowie der Bedeutungsgewichte der Modellgrößen und Indikatoren vorzunehmen. Als Richtwerte (Benchmarks) können die durchschnittlichen Index- bzw. Mittelwerte für die Konstrukte bzw. Indikatoren sowie die durchschnittlichen Bedeutungsgewichte der Konstrukte bzw. Indikatoren der betrachteten Abteilungen dienen. Auf diese Weise kann für jede Abteilung ermittelt werden, inwieweit sie im Vergleich zu den anderen Abteilungen über über- bzw. unterdurchschnittlich bedeutungsvolle (z.b. im Hinblick auf die Steuerung eines markenkonformen Mitarbeiterverhaltens) und ausprägungsstarke Modellgrößen und Indikatoren verfügt. Die abteilungsspezifischen Erkenntnisse lassen sich für eine gezielte Steuerung eines markenkonformen Mitarbeiterverhaltens im Unternehmen durch die Interne Markenführung nutzen. Es ist allerdings zu beachten, dass die Abteilungen ausreichend groß zu sein haben, damit eine solche abteilungsspezifische Modellschätzung erfolgen kann.

Neben den Abteilungen bieten sich insbesondere auch die verschiedenen Standorte eines Unternehmens für ein Benchmarking an. Dies gilt im Besonderen für international tätige Unternehmen mit Standorten in unterschiedlichen Ländern. So sind hier allein schon aufgrund des Einflusses der Landeskultur Unterschiede im Hinblick auf die Beurteilung und Bedeutung der Modellgrößen und der Indikatoren zu erwarten. Durch das Benchmarking kann bestimmt werden, inwieweit ein Standort im Vergleich zu den anderen Standorten über über- bzw. unterdurchschnittlich bedeutungsvolle und ausprägungsstarke Modellgrößen und Indikatoren verfügt.

(10) Effizienzmessung der Qualität der Internen Markenführung

Für die Erfolgskontrolle der Qualität der Internen Markenführung wurde in der vorliegenden Arbeit das Tracking-System vorgeschlagen (vgl. Abschnitt 6.2.5). Dieses zielt jedoch lediglich auf die Kontrolle der Zielerreichung der Qualität der Internen Markenführung ab, unklar bleibt hingegen, wie eine Effizienzkontrolle der Internen Markenführung aussehen kann. Häufig wird sich bei Effizienzmessungen an den Return on Investment (RoI) angelehnt. Die Kennzahl ergibt sich aus dem Verhältnis von Gewinn zu Gesamtkapital.[772] Im vorliegenden Kontext erweist sich eine Erfassung des RoI im Sinne eines Return on Internal Branding Quality (RoIBQ) jedoch als problematisch. Für die Berechnung des RoIBQ ist zunächst eine separate Erfassung des Nutzens und der Kosten der Qualität der Internen Markenführung erforderlich. Anschließend ist der Nutzen in Relation zu den Kosten zu setzen. Das Ergebnis ergibt den RoIBQ. Allerdings führen die Wirkungen der Qualität der Internen Markenführung nicht direkt zum ökonomischen Erfolg, sondern erst über die Generierung positiver Wirkungen beim Kunden. Ein durch die Qualität der Internen Markenführung erzeugtes markenkonformes Mitarbeiterverhalten führt z.B. zunächst zu positiven Wirkungen beim

---

[772] In Anlehnung an *Reinecke* 2004, S. 84f.; *Meffert/Burmann/Kirchgeorg* 2012, S. 827.

Nachfrager, wie z.B. zu einer höheren Markenzufriedenheit. Diese wiederum mündet in ein positives Markenverhalten der Kunden, das sich z.B. im Kauf des Markenprodukts ausdrückt. Erst dadurch kann ein quantifizierbarer Nutzen, im Sinne eines höheren Umsatzes bzw. Gewinns, erreicht werden.[773] Fraglich ist jedoch, ob sich die Wirkungskette ausgehend von der Qualität der Internen Markenführung bis hin zum Kundenumsatz in der Praxis berechnen lässt. So ist mit diesem Vorgehen sowohl eine Verknüpfung des Mitarbeiterverhaltens mit der Kundenwahrnehmung verbunden, als auch eine Verknüpfung des Kundenverhaltens mit dem Umsatz. Es ist zu bezweifeln, dass dieses Vorgehen praxistauglich ist. Auch die Ermittlung der Kosten der Qualität der Internen Markenführung ist mit Schwierigkeiten verbunden. So ist z.B. unklar, welche Kosten es verursacht, wenn die Vorgesetzten die Markenidentität vorleben. Aufgrund der genannten Schwierigkeiten haben sich künftige Arbeiten intensiv mit den Möglichkeiten einer Effizienzmessung der Qualität der Internen Markenführung auseinanderzusetzen.

Abschließend ist festzuhalten, dass es sich bei der vorliegenden Arbeit um eine erste wissenschaftliche Annäherung an das Thema der Messung der Qualität der Internen Markenführung und, unter Berücksichtigung von Mitarbeiterheterogenität, seiner Bedeutung zur Steuerung eines markenkonformen Mitarbeiterverhaltens handelt. Damit liefert die Arbeit einen wesentlichen Beitrag für die Forschung im Kontext der Internen Markenführung. Die empirischen Befunde zeigen, dass die Qualität der Internen Markenführung die zentrale Steuerungsgröße eines markenkonformen Mitarbeiterverhaltens darstellt. Für Unternehmen bedeutet dies, bei der Steuerung eines markenkonformen Mitarbeiterverhaltens darauf zu achten, dass die Interne Markenführung an den Erwartungen der Mitarbeitenden ausgerichtet ist. Der Forschungsausblick zeigt, dass noch weiterer Forschungsbedarf auf dem Gebiet der Messung und Wirkung der Qualität der Internen Markenführung besteht. Daher kann die Arbeit den Ausgangspunkt für weitere Untersuchungen in diesem Kontext darstellen.

---

[773] Die Ausnahme stellt derjenige Teil des Umsatzes dar, der direkt den Mitarbeitenden als Kunde der Marke zuzuschreiben ist.

Literaturverzeichnis

A

Aaker, D. A. (1992): Management des Markenwertes, Frankfurt a.M. u.a.

Aaker, D. A. (1996): Building Strong Brands, New York.

Aaker, D. A./Fournier, S./Brasel, S. A. (2004): When Good Brands Do Bad, in: Journal of Consumer Research, Vol. 31, No. 1, S. 1-16.

Acito, F. (1980): Employee Attitudes Toward Advertising, in: Journal of Business Research, Vol. 8, No. 4, S. 525-540.

Acito, F./Ford, J. D. (1980): How Advertising Affects Employees, in: Business Horizons, Vol. 23, No. 1, S. 53-59.

Adams, J. (1963): Toward an Understanding of Inequity, in: Journal of Abnormal Social Psychology, Vol. 67, No. 5, S. 422-436.

Adams, J. (1965): Inequity in Social Exchange, in: Berkowitz, L. (Hrsg.): Advances in Experimental Social Psychology, Vol. 2, San Diego, S. 267-299.

Adams, J./Jacobsen, P. (1964): Effects of Wage Inequities on Work Quality, in: Journal of Abnormal Social Psychology, Vol. 69, No. 1, S. 19-25.

Adams, J./Rosenbaum, W. (1962): The Relationship of Worker Productivity to Cognitive Dissonance about Wage Inequities, in: Journal of Applied Psychology, Vol. 46, No. 3, S. 161-164.

Agarwal, R./Prasad, J. (1998): A Conceptual and Operational Definition of Personal Innovativeness in the Domain of Information Technology, in: Information Systems Research, Vol. 9, No. 2, S. 204-215.

Agres, S. J./Dubitsky, T. M. (1996): Changing Need for Brands, in: Journal of Advertising Research, Vol. 36, No. 1, S. 21-30.

Ahmed, P. K./Rafiq, M. (1992): Implanting Competitive Strategy: A Contingency Approach, in: Journal of Marketing Management, Vol. 8, No. 11, S. 49-67.

Akaike, H. (1973): Information Theory and an Extension of the Maximum Likelihood Principle, in: Petrov, B. N./Csaki, B. F. (Hrsg.): Second International Symposium on Information Theory, Budapest, S. 267-281.

Akaike, H. (1974): A New Look at the Statistical Model Identification, in: IEEE Transactions on Automatic Control, Vol. 19, No. 6, S. 716-723.

Albers, S./Götz, O. (2006): Messmodelle mit Konstrukten zweiter Ordnung in der betriebswirtschaftlichen Forschung, in: Die Betriebswirtschaft, 66. Jg., Nr. 6, S. 669-677.

Alcorn, S./Campanello, M./Grossman, D. (2008): The inside story, in: Marketing Health Services, Vol. 28, No. 3, S. 10-16.

Alderfer, C. P. (1969): An Empirical Test of a New Theory of Human Needs, in: Organizational Behavior and Human Performances, Vol. 4, No. 4, S. 142-175.

Alderfer, C. P. (1972): Existence, Relatedness, and Growth – Human Needs in Organizational Settings, New York.

Alén González, M. E./Rodríguez Comesaña, L./Fraiz Brea, J. A. (2007): Assessing tourist behavioral intentions through perceived service quality and customer satisfaction, in: Journal of Business Research, Vol. 60, No. 2, S. 153-160.

Algesheimer, R. (2004): Brand Communities. Begriff, Grundmodell und Implikationen, Bamberg.

Ambler, T. (1998): Mediation and Moderation: Roles and Tests, Pan'Agra Working Paper, No. 98-904, London Business School, London.

Ambler, T./Bhattacharya, C. B./Edell, J./Keller, K. L./Lemon, K. N./Mittal, V. (2002): Relating Brand and Customer Perspectives on Marketing Management, in: Journal of Service Research, Vol. 5, No. 1, S. 13-25.

Andersen, S. M./Chen, S./Carter, C. (2000): Fundamental Human Needs: Making Social Condition Relevant, in: Psychological Inquiry, Vol. 11, No. 4, S. 269-318.

Anderson, E. W./Mittal, V. (2000): Strengthening the Satisfaction-Profit Chain, in: Journal of Service Research, Vol. 3, No. 2, S. 107-120.

Anderson, J. C./Gerbing, D. W. (1991): Predicting the performance of measures in a confirmatory factor analysis with a pretest assessment of their substantive validities, in: Journal of Applied Psychology, Vol. 76, No. 5, S. 732-740.

Arbuckle, J. L. (2008): AMOS^{TM} 17.0 User's Guide, Chicago.

Aretz, H.-J./Hansen, K. (2002): Diversity und Diversity-Management im Unternehmen. Eine Analyse aus systemtheoretischer Sicht, Münster u.a.

Armstrong, J. S./Overton, T. S. (1977): Estimating Nonresponse Bias in Mail Surveys, in: Journal of Marketing Research, Vol. 14, No. 3, S. 396-402.

Aronson, E./Wilson, D. T./Akert, R. M. (2004): Sozialpsychologie, 4. Aufl., München.

Aryee, S./Budhwar, P. S./Chen, Z. X. (2002): Trust as a mediator of the relationship between organizational justice and work outcomes: test of a social exchange model, in: Journal of Organizational Behavior, Vol. 23, No. 3, S. 267-285.

Ashforth, B. E./Mael, F. (1989): Social Identity Theory and the Organization, in: Academy of Management Review, Vol. 14, No. 1, S. 20-39.

Atteslander, P. (2010): Methoden der empirischen Sozialforschung, 13. Aufl., Berlin.

Auh, S./Bell, S. J./McLeod, C. S./Shih, E. (2007): Co-production and customer loyalty in financial services, in: Journal of Retailing, Vol. 83, No. 3, S. 359-370.

Aurand, T. W./Gorchels, L./Bishop, T. R. (2005): Human Resource Management's Role in Internal Branding: an Opportunity for Cross-Functional Brand Message Synergy, in: Journal of Product & Brand Management, Vol. 14, No. 3, S. 163-169.

Austin, W./Walster, E. (1975): Equity with the World: The Transrelational Effects of Equity and Inequity, in: Sociometry, Vol. 38, No. 4, S. 474-496.

Avolio, B./Bass, B. (1999): Re-Examining the Components of Transformational and Transactional Leadership Using the Multifactor Leadership Questionnaire, in: Journal of Occupational and Organizational Psychology, Vol. 72, No. 4, S. 441-462.

B

Baard, P. P./Deci., E. L./Ryan, R. M. (2004): The relation of intrinsic need satisfaction to performance and well-being in two work settings, in: Journal of Applied Social Psychology, Vol. 34, No. 10, S. 2045-2068.

Babin, B. J./Boles, J. S. (1998): Employee Behavior in a Service Environment: A Model and Test of Potential Differences Between Men and Women, in: Journal of Marketing, Vol. 62, No. 2, S. 77-91.

Backhaus, K./Erichson, B./Plinke, W./Weiber, R. (2011): Multivariate Analysemethoden: Eine anwendungsorientierte Einführung, 13. Aufl., Berlin/Heidelberg.

Backhaus, K./Tikoo, S. (2004): Conceptualizing and researching employer branding, in: Career Development International, Vol. 9, No. 5, S. 501-517.

Bagozzi, R. P./Edwards, J. R. (1998): A general approach for representing constructs in organizational research, in: Organizational Research Methods, Vol. 1, No. 1, S. 45-87.

Bagozzi, R. P./Fornell, C. (1982): Theoretical Concepts, Measurement, and Meaning, in: Fornell, C. (Hrsg.): A Second Generation of Multivariate Analysis, New York, S. 24-38.

Bagozzi, R. P./Heatherton, T. F. (1994): A general approach to representing multifaceted personality constructs: Application to state self-esteem, in: Structural Equation Modeling, Vol. 1, No. 1, S. 35-67.

Bagozzi, R. P./Phillips, L. W. (1982): Representing and Testing Organizational Theories: A Holistic Construal, in: Administrative Science Quarterly, Vol. 27, No. 3, S. 459-489.

Balmer, J. M./Wilkinson, A. (1991): Building Societies: Change, Strategy, and Corporate Identity, in: Journal of General Management, Vol. 17, No. 2, S. 20-33.

Bandura, A. (1969): Principles of behavior modification, New York.

Bandura, A. (1979): Sozial-kognitive Lerntheorie, Stuttgart.

Bandura, A. (1986): Social Foundations of Thought and Action: A Social Cognitive Theory, New York.

Bandura, A. (1997): Self-efficacy. The exercise of control, Houndmills.

Barnes, J. G. (1989): The Role of Internal Marketing. If Staff Won't Buy It, Why Should the Customer?, in: Irish Marketing Review, Vol. 4, No. 2, S. 11-21.

Baron, R. M./Kenny, D. A. (1986): The Moderator-Mediator Variable Distinction in Social Psychological Research: Conceptual, Strategic, and Statistical Considerations, in: Journal of Personality and Social Psychology, Vol. 51, No. 6, S. 1173-1182.

Bass, B. M. (1985): Leadership and Performance Beyond Expectations, New York.

Bateman, T./Organ, D. W. (1983): Job satisfaction and the good soldier: the relationship between affect and employee "citizenship", in: Academy of Management Journal, Vol. 26, No. 4, S. 587-596.

Bauer, H. H./Wölfer, H. (2001): Möglichkeiten und Grenzen der Online-Marktforschung, Wissenschaftliches Arbeitspapier Nr. 58, Institut für Marktorientierte Unternehmensführung der Universität Mannheim, Mannheim.

Baumgarth, C. (2003): Wirkungen des Co-Branding, Wiesbaden.

Baumgartner, H./Homburg, C. (1996): Applications of Structural Equation Modeling in Marketing and Consumer Research: A Review, in: International Journal of Research in Marketing, Vol. 13, No. 2, S. 139-161.

BBDO Consulting (2009): Brand Parity Studie 2009, Düsseldorf.

Becker, H. S. (1960): Notes on the concept of commitment, in: The American Journal of Sociology, Vol. 66, No. 1, S. 32-40.

Bell, S. J./Auh, S./Smalley, K. (2005): Customer Relationship Dynamics: Service Quality and Customer Loyalty in the Context of Varying Levels of Customer Expertise and Switching Costs, in: Journal of the Academy of Marketing Science, Vol. 33, No. 2, S. 169-183.

Bentler, P. M. (1985): Theory and Implementation of EQS: A Structural Equations Program, Los Angeles.

Berekoven, L./Eckert, W./Ellenrieder, P. (2009): Marktforschung: Methodische Grundlagen und praktische Anwendung, 12. Aufl., Wiesbaden.

Berg, P.-O. (1985): Organizational Change as a Symbolic Transformation Process, in: Frost, P. J./Moore L. F./Louis, M. R./Lundberg, C. C./Martin, J. (Hrsg.): Organizational Culture, Beverly Hills, S. 281-299.

Bergami, M./Bagozzi, R. P. (2000): Self-categorization, affective commitment and group self-esteem as distinct aspects of social identity in organization, in: British Journal of Social Psychology, Vol. 39, No. 4, S. 555-577.

Bergstrom, A./Blumenthal, D./Crothers, S. (2002): Why internal branding matters: the case of Saab, in: Corporate Reputation Review, Vol. 5, No. 2/3, S. 133-142.

Bergvist, L./Rossiter, J. R. (2007): The predictive validity of multiple-item versus single-item measures of the same constructs, in: Journal of Marketing Research, Vol. 44, No. 2, S. 175-184.

Berry, J. N./West, R. L. (1993): Cognitive Self-Efficacy in Relation to Personal Mastery and Goal Setting across the Life Span, in: International Journal of Behavioral Development, Vol. 16, No. 2, S. 351-379.

Berry, J. W. (1980): Introduction to Methodology, in: Triandis, H. C./Berry, J. W. (Hrsg.): Handbook of Cross-Cultural Psychology, Boston u.a., S. 1-28.

Berry, L. L. (1984): The Employee as Customer, in: Lovelock, C. H. (Hrsg.): Services Marketing. Text, Cases and Readings, Englewoods Cliffs, S. 271-278.

Berry, L. L. (2000): Cultivating Service Brand Equity, in: Journal of the Academy of Marketing Science, Vol. 28, No. 1, S. 128-137.

Berry, L. L./Lampo, S. S. (2004): Branding labour-intensive services, in: Business Strategy Review, Vol. 15, No. 1, S. 18-25.

Berson, Y./Linton, J. D. (2005): An examination of the relationships between leadership style, quality, and employee satisfaction in R&D versus administrative environments, in: R&D Management, Vol. 35, No. 1, S. 51-60.

Berthel, J./Becker, F. G. (2010): Personal-Management: Grundzüge für Konzeptionen betrieblicher Personalarbeit, 9. Aufl., Stuttgart.

Berthon, P./Ewing, M./Hah, L. L. (2005): Captivating company: Dimensions of attractiveness in employer branding, in: International Journal of Advertising, Vol. 24, No. 2, S. 151-172.

Bettencourt, L./Brown, S. (1997): Contact Employees: Relationships Among Workplace Fairness, Job Satisfaction and Prosocial Service Behaviors, in: Journal of Retailing, Vol. 73, No. 1, S. 39-61.

Beyer, T. (2005): Determinanten der Sportrezeption. Erklärungsmodell und kausalanalytische Validierung am Beispiel der Fußballbundesliga, Wiesbaden.

Bhatnagar, J. (2007): Predictors of organizational commitment in India: strategic HR roles, organizational learning capability and psychological empowerment, in: International Journal of Human Resource Management, Vol. 18, No. 10, S. 1782-1811.

Bick, G./Jacobson, M. C./Abratt, R. K. (2003): The Corporate Identity Management Process Revisited, in: Journal of Marketing Management, Vol. 19, No. 7/8, S. 835-855.

Bieling, G. (2011): Age Inclusion. Erfolgsauswirkungen des Umgangs mit Mitarbeitern unterschiedlicher Altersgruppen in Unternehmen, Wiesbaden.

Blader, S. L./Tyler, T. R. (2009): Testing and Extending the Group Engagement Model: Linkages Between Social Identity, Procedural Justice, Economic Outcomes, and Extrarole Behavior, in: Journal of Applied Psychology, Vol. 94, No. 2, S. 445-464.

Blau, P. M. (1964): Exchange and Power in Social Life, New York.

Bles, P. (2002): Die Selbstbestimmungstheorie von Deci und Ryan, in: Frey, D./Irle, M. (Hrsg.): Theorien der Sozialpsychologie, Band 3, Motivations-, Selbst- und Informationsverarbeitungstheorien, Bern, S. 234-251.

Blinda, L. (2007): Markenführungskompetenzen eines identitätsbasierten Markenmanagements. Konzeptualisierung, Operationalisierung und Wirkungen, Wiesbaden.

Bloemer, J./Odekerken-Schröder, G. (2006): The role of employee relationship proneness in creating employee loyalty, in: International Journal of Bank Marketing, Vol. 24, No. 4, S. 252-264.

Bohrnstedt, G. W. (1970): Reliability and Validity Assessment in Attitude Measurement, in: Summers, G. F. (Hrsg.): Attitude Measurement, London, S. 80-99.

Bollen, K. A. (1989): Structural Equations with Latent Variables, New York.

Bonus, T. (2009): Die Selbstbestimmungstheorie, in: Schwaiger, M./Meyer, A. (Hrsg.): Theorien und Methoden der Betriebswirtschaft. Handbuch für Wissenschaftler und Studierende, München, S. 283-297.

Boosma, A. (1982): The Robustness of LISREL against Small Sample Size in Factor Analytic Models, in: Jöreskog, K./Wold, H. (Hrsg.): Systems Under Direct Observations: Causality, Structure, Prediction, Part 1, Amsterdam, S. 149-174.

Booz Allen Hamilton/Wolff Olins (2005): Managing Brand for Value Creation, http://www.boozallen.co.uk/media/file/Managing_brands_for_value_cre ation_final.pdf (Zugriff am 22.10.2011).

Borchardt, A./Göthlich, S. (2009): Erkenntnisgewinnung durch Fallstudien, in: Albers, S./Klapper, D./Konradt, U./Walter, A./Wolf, J. (Hrsg.): Methodik der empirischen Forschung, 3. Aufl., Wiesbaden, S. 33-48.

Boßow-Thies, S./Panten, G. (2009): Analyse kausaler Wirkungszusammenhänge mit Hilfe von Partial Least Squares (PLS), in: Albers, S./Klapper, D./ Konradt, U./Walter, A./Wolf, J. (Hrsg.): Methodik der empirischen Forschung, 3. Aufl., Wiesbaden, S. 365-380.

Bowen, D. E./Lawler, E. E. (1992): The Empowerment of Service Workers: What, Why, How, and When, in: Sloan Management Review, Vol. 33, No. 3, S. 31-39.

Bowen, D. E./Lawler, E. E. (2003): Empowerment von Mitarbeitern in Dienstleistungsunternehmen, in: Payne, A./Rapp, R. (Hrsg.): Handbuch Relationship Marketing. Konzeption und erfolgreiche Umsetzung, 2. Aufl., München, S. 273-291.

Bozdogan, H. (1987): Model Selection and Akaike's Information Criterion (AIC): The General Theory and Its Analytical Extensions, in: Psychometrika, Vol. 52, No. 3, S. 345-370.

Breakwell, G. (1986): Coping with Threatened Identities, London/New York.

Brexendorf, T. O./Tomczak, T. (2004): Interne Markenführung, in: Albers, S./Tomczak, T./Hassmann, V. (Hrsg.): Verkauf – Kundenmanagement, Vertriebssteuerung, E-Commerce, Digitale Fachbibliothek, Sektion 03.15 Personal und Führung, Düsseldorf, S. 1-25.

Brexendorf, T. O./Tomczak, T./Kernstock, J./Henkel, S./Wentzel, D. (2012): Der Einsatz von Instrumenten zur Förderung von Brand Behavior, in: Tomczak, T./Esch, F.-R./Kernstock, J./Herrmann, A. (Hrsg.): Behavioral Branding. Wie Mitarbeiterverhalten die Marke stärkt, 3. Aufl., Wiesbaden, S. 338-371.

Brislin, R. W./Lonner, W. J./Thorndike, R. M. (1973): Cross-Cultural Research Methods, New York.

Brodbeck, F. (2006): Navigationshilfe für internationales Change Management. Erkenntnisse aus dem GLOBE-Projekt, in: OrganisationsEntwicklung, 25. Jg., Nr. 3, S. 16-31.

Brosius, F. (2008): SPSS 16. Das mitp-Standardwerk, Heidelberg.

Brown, J. R./Lusch, R. F./Nicholson, C. Y. (1995): Power and Relationship Commitment: Their Impact on Marketing Channel Member Performance, in: Journal of Retailing, Vol. 71, No. 4, S. 363-392.

Brown, S. P./Stayman, D. M. (1992): Antecedents and Consequences of Attitude toward the Ad: A Meta-analysis, in: Journal of Consumer Research, Vol. 19, No. 1, S. 34-51.

Bruggemann, A./Groskurth, P./Ulich, E. (1975): Arbeitszufriedenheit, Bern.

Bruhn, M. (1998): Schweizer Kundenbarometer 1998. Ergebnisse einer Pilotuntersuchung bei über 7.400 Kundinnen und Kunden in 20 Branchen, Basel.

Bruhn, M. (1999a): Internes Marketing als Forschungsgebiet der Marketingwissenschaft. Eine Einführung in die theoretischen und praktischen Probleme, in: Bruhn, M. (Hrsg.): Internes Marketing – Integration der Kunden- und Mitarbeiterorientierung, 2. Aufl., Wiesbaden, S. 15-44.

Bruhn, M. (1999b): Relationship Marketing – Neustrukturierung der klassischen Marketinginstrumente durch eine Orientierung an Kundenbeziehungen, in: Grünig, R./Pasquier, M. (Hrsg.): Strategisches Management und Marketing, Bern u.a., S. 189-217.

Bruhn, M. (2002): Integrierte Kundenorientierung. Implementierung einer kundenorientierten Unternehmensführung, Wiesbaden.

Bruhn, M. (2004a): Was ist eine Marke – Aktualisierung der Markendefinition, in: Jahrbuch der Absatz- und Verbrauchsforschung, 50. Jg., Nr. 1, S. 4-30.

Bruhn, M. (2004b): Begriffsabgrenzung und Erscheinungsformen von Marken, in: Bruhn, M. (Hrsg.): Handbuch Markenführung, Band 1, 2. Aufl., Wiesbaden, S. 3-49.

Bruhn, M. (2005): Interne Markenbarometer – Konzept und Gestaltung, in: Esch, F.-R. (Hrsg.): Moderne Markenführung. Grundlagen – Innovative Ansätze – Praktische Umsetzungen, 4. Aufl., Wiesbaden, S. 1037-1060.

Bruhn, M. (2008a): Der Einfluss der Mitarbeitenden auf den Markenerfolg – Konzeptualisierung und Operationalisierung Interner Markenbarometer, in: Bauer, H. H./Huber, F./Albrecht, C.-M. (Hrsg.): Erfolgsfaktoren der Markenführung. Know-how aus Forschung und Management, München, S. 159-177.

Bruhn, M. (2008b): Mit Sponsoring bei den Mitarbeitenden punkten, in: io new management, o. Jg., Nr. 12, S. 8-11.

Bruhn, M. (2008c): Der Beitrag von Sponsoring zur Erreichung von Markenzielen am Beispiel eines Telekommunikationsdienstleisters, in: Bruhn, M./ Stauss, B. (Hrsg.): Dienstleistungsmarken. Forum Dienstleistungsmanagement, Wiesbaden, S. 163-187.

Bruhn, M. (2008d): Lexikon der Kommunikationspolitik. Begriffe und Konzepte des Kommunikationsmanagements, München.

Bruhn, M. (2009a): Relationship Marketing. Das Management von Kundenbeziehungen, 2. Aufl., München.

Bruhn, M. (2009b): Integrierte Unternehmens- und Markenkommunikation. Strategische Planung und operative Umsetzung, 5. Aufl., Stuttgart.

Bruhn, M. (2011a): Qualitätsmanagement für Dienstleistungen. Grundlagen – Konzepte – Methoden, 8. Aufl., Berlin u.a.

Bruhn, M. (2011b): Unternehmens- und Marketingkommunikation. Handbuch für ein integriertes Kommunikationsmanagement, 2. Aufl., München.

Bruhn, M. (2012): Marketing. Grundlagen für Studium und Praxis, 11. Aufl., Wiesbaden.

Bruhn, M./Batt, V. (2010a): Aufbau und Steuerung eines markenkonformen Mitarbeiterverhaltens – Bestandsaufnahme und kritische Würdigung aus Sicht der internen Markenführung, in: Bruhn, M./Stauss, B. (Hrsg.): Serviceorientierung in Unternehmen. Forum Dienstleistungsmanagement, Wiesbaden, S. 325-354.

Bruhn, M./Batt, V. (2010b): Markenliebe bei Mitarbeitern. Konzeptualisierung, Determinanten und Konsequenzen auf Basis einer empirischen Untersuchung, in: Marketing ZFP, 32. Jg., Nr. 2, S. 71-90.

Bruhn, M./GEM (2002): Was ist eine Marke? Aktualisierung der Markendefinition, Gräfeling.

Bruhn, M./Georgi, D. (2005): Services Marketing: Managing the Service Value Chain, Harlow u.a.

Bruhn, M./Georgi, D./Hadwich, K. (2008): Customer equity management as formative second-order construct, in: Journal of Business Research, Vol. 61, No. 12, S. 1292-1301.

Bruhn, M./Grund, M. (1999): Interaktionen als Determinante der Zufriedenheit und Bindung von Kunden und Mitarbeitern – Theoretische Erklärungsansätze und empirische Befunde, in: Bruhn, M. (Hrsg.): Internes Marketing – Integration der Kunden- und Mitarbeiterorientierung, 2. Aufl., Wiesbaden, S. 495-523.

Bruhn, M./Hadwich, K./Frommeyer, A. (2010): Kommunikationsqualität in Kundeninteraktionen – Bestandsaufnahme, Operationalisierung und empirische Befunde im Private Banking, in: Kredit und Kapital, 43. Jg., Nr. 1, S. 3-37.

Bruhn, M./Hennig-Thurau, T./Hadwich, K. (2004): Markenführung und Relationship Marketing, in: Bruhn, M. (Hrsg.): Handbuch Markenführung, Band 1, 2. Aufl., Wiesbaden, S. 391-420.

Bruhn, M./Murmann, B. (1998): Nationale Kundenbarometer. Messung von Qualität und Zufriedenheit. Methodenvergleich und Entwurf eines Schweizer Kundenbarometers, Wiesbaden.

Bruner, G. C. (2009): Marketing Scales Handbook. A Compilation of Multi-Item Measures for Consumer Behavior & Advertising Research, Vol. 5, Carbondale, Illinois.

Bryant, M. D. (2010): Commitment in Kundenbeziehungen. Eine multipartiale Messung und Analyse von Determinanten und Erfolgswirkungen, Wiesbaden.

Buchanan II, B. (1974): Building organizational commitment: the socialization of managers in work organizations, in: Administrative Science Quarterly, Vol. 19, No. 4, S. 533-546.

Bühl, A. (2012): SPSS 20. Einführung in die moderne Datenanalyse, 13. Aufl., München.

Burmann, C./Blinda, L./Nitschke, A. (2003): Konzeptionelle Grundlagen des identitätsbasierten Markenmanagements, Arbeitspapier Nr. 1 des Lehrstuhls für innovatives Markenmanagement, Universität Bremen, Bremen.

Burmann, C./König, V. (2011): Does Internal Brand Management Really Drive Brand Commitment in Shared-Service Call Centers?, in: Journal of Brand Management, Vol. 18, No. 6, S. 374-393.

Burmann, C./Maloney, P. B. (2007): Innengerichtete identitätsbasierte Führung von Dienstleistungsmarken, Arbeitspapier Nr. 24 des Lehrstuhls für innovatives Markenmanagement, Universität Bremen, Bremen.

Burmann, C./Meffert, H. (2005): Theoretisches Grundkonzept der identitätsorientierten Markenführung, in: Meffert, H./Burmann, C./Koers, M. (Hrsg.): Markenmanagement. Identitätsorientierte Markenführung und praktische Umsetzung, 2. Aufl., Wiesbaden, S. 37-72.

Burmann, C./Meffert, H./Feddersen, C. (2007): Identitätsbasierte Markenführung, in: Florack, A./Scarabis, M./Primosch, E. (Hrsg.): Psychologie der Markenführung, München, S. 3-30.

Burmann, C./Meffert, H./Koers, M. (2005): Stellenwert und Gegenstand des Markenmanagements, in: Meffert, H./Burmann, C./Koers, M. (Hrsg.): Markenmanagement. Identitätsorientierte Markenführung und praktische Umsetzung, 2. Aufl., Wiesbaden, S. 3-18.

Burmann, C./Zeplin, S. (2004): Innengerichtetes identitätsbasiertes Markenmanagement – State-of-the-Art und Forschungsbedarf, Arbeitspapier Nr. 7 des Lehrstuhls für innovatives Markenmanagement, Universität Bremen, Bremen.

Burmann, C./Zeplin, S. (2005a): Building brand commitment: A behavioral approach to internal brand management, in: Journal of Brand Management, Vol. 12, No. 4, S. 279-300.

Burmann, C./Zeplin, S. (2005b): Innengerichtetes identitätsbasiertes Markenmanagement, in: Meffert, H./Burmann, C./Koers, M. (Hrsg.): Markenmanagement. Identitätsorientierte Markenführung und praktische Umsetzung, 2. Aufl., Wiesbaden, S. 115-139.

Burmann, C./Zeplin, S./Riley, N. (2009): Key determinants of internal brand management success: An exploratory empirical analysis, in: Journal of Brand Management, Vol. 16, No. 4, S. 264-284.

Byrne, Z. S./LeMay, E. (2006): Different Media for Organizational Communication: Perceptions of Quality and Satisfaction, in: Journal of Business & Psychology, Vol. 21, No. 2, S. 149-173.

C

Caldwell, D. F./Chatman, J. A./O'Reilly, C. A. (1990): Building organizational commitment: A multifirm study, in: Journal of Occupational Psychology, Vol. 63, No. 3, S. 245-261.

Carrell, M. R./Dittrich, J. E. (1978): Equity Theory: The Recent Literature, Methodological Considerations, and New Directions, in: Academy of Management Review, Vol. 3, No. 2, S. 202-210.

Carson, D. J./Gilmore, A./Perry, C./Gronhaug, K. (2001): Qualitative Marketing Research, London u.a.

Čater, T./ Čater, B. (2010): Product and relationship quality influence on customer commitment and loyalty in B2B manufacturing relationships, in: Industrial Marketing Management, Vol. 39, No. 8, S. 1321-1333.

Chadwick-Jones, J. K. (1976): Social Exchange Theory: Its Structure and Influence in Social Psychology, London u.a.

Chang, P.-L./Chieng, M.-H. (2006): Building Consumer-Brand Relationship: A Cross-Cultural Experiential View, in: Psychology & Marketing, Vol. 23, No. 11, S. 929-959.

Chin, W. W. (1998): The Partial Least Squares Approach to Structural Equation Modeling, in: Marcoulides, G. A. (Hrsg.): Modern Methods for Business Research, Mahwah, S. 295-336.

Chin, W. W./Newsted, P. R. (1999): Structural Equation Modeling Analysis with Small Samples Using Partial Least Squares, in: Hoyle, R. H. (Hrsg.): Statistical Strategies for Small Sample Research, Thousand Oaks, S. 307-341.

Chmielewicz, K. (1994): Forschungskonzeption der Wirtschaftswissenschaft, 3. Aufl., Stuttgart.

Chong, M. (2007): The Role of Internal Communication and Training in Infusing Corporate Values and Delivering Brand Promise: Singapore Airlines' Experience, in: Corporate Reputation Review, Vol. 10, No. 3, S. 201-212.

Christophersen, T./Grape, C. (2009): Die Erfassung latenter Konstrukte mit Hilfe formativer und reflektiver Messmodelle, in: Albers, S./Klapper, D./Konradt, U./Walter, A./Wolf, J. (Hrsg.): Methodik der empirischen Forschung, 3. Aufl., Wiesbaden, S. 119-136.

Chung-Yan, G. A. (2010): The Nonlinear Effects of Job Complexity and Autonomy on Job Satisfaction, Turnover, and Psychological Well-Being, in: Journal of Occupational Health Psychology, Vol. 15, No. 3, S. 237-251.

Churchill, G. A. (1979): A Paradigm for Developing Better Measures of Marketing Constructs, in: Journal of Marketing Research, Vol. 16, No. 1, S. 64-73.

Churchill, G. A./Surprenant, C. F. (1982): An Investigation into the Determinants of Customer Satisfaction, in: Journal of Marketing Research, Vol. 19, No. 4, S. 491-504.

Clancy, K. J./Trout, J. (2002): Brand Confusion, in: Harvard Business Review, Vol. 80, No. 3, S. 3.

Clark, M. S./Mills, J. (1979): Interpersonal Attraction in Exchange and Communal Relationships, in: Journal of Personality and Social Psychology, Vol. 37, No. 1, S. 12-24.

Clark, M. S./Mills, J. (2004): Interpersonal Attraction in Exchange and Communal Relationships, in: Reis, H. T./Rusbult, C. E. (Hrsg.): Close Relationships, New York, S. 245-256.

Clark, M. S./Mills, J./Powell, M. C. (1986): Keeping Track of Needs in Communal and Exchange Relationships, in: Journal of Personality and Social Psychology, Vol. 51, No. 2, S. 333-338.

Cohen, J. (1988): Statistical Power Analysis for the Behavioral Sciences, 2. Aufl., Hillsdale.

Cohen, S. H./Ramaswamy, V. (1998): Latent Segmentation Models, in: Marketing Research, Vol. 10, No. 2, S. 14-21.

Coleman, J. S. (1990): Foundations of Social Theory, Cambridge.

Conze, O. (2007): Kundenloyalität durch Kundenvorteile. Segmentspezifische Analyse und Implikationen für das Kundenbeziehungsmanagement, Wiesbaden.

Corsten, H. (1986): Zur Diskussion der Dienstleistungsbesonderheiten und ihre ökonomischen Auswirkungen, in: Jahrbuch der Absatz- und Verbrauchsforschung, 32. Jg., Nr. 1, S. 16-41.

Costigan, R. D./Insinga, R. C./Berman, J. J./Ilter, S. S./Kranas, G./Kureshov, V. A. (2006): The Effect of Employee Trust of The Supervisor on Enterprising Behavior: A Cross-Cultural Comparison, in: Journal of Business and Psychology, Vol. 21, No. 2, S. 273-291.

Costley, C. L. (1988): Meta Analysis of Involvement Research, in: Advances in Consumer Research, Vol. 15, No. 1, S. 554-562.

Cox, T. H. (1991): The Multicultural Organization, in: Academy of Management Executive, Vol. 5, No. 2, S. 34-47.

Cox, T. H./Blake, S. (1991): Managing Cultural Diversity: Implications for Organizational Competitiveness, in: Academy of Management Executive, Vol. 5, No. 3, S. 45-56.

Cronin Jr., J. J./Brady, M. K./Hult, G. T. M. (2000): Assessing the Effects of Quality, Value and Customer Satisfaction on Consumer Behavioral Intentions in Service Environments, in: Journal of Retailing, Vol. 76, No. 2, S. 193-218.

Crosby, L. A./Evans, K. A./Cowles, D. (1990): Relationship Quality in Services Selling: An Interpersonal Influence Perspective, in: Journal of Marketing, Vol. 54, No. 3, S. 68-81.

D

Dabholkar, P. A./Bagozzi, R. P. (2002): An Attitudinal Model of Technology-Based Self-Service: Moderating Effects of Consumer Traits and Situational Factors, in: Journal of the Academy of Marketing Science, Vol. 30, No. 3, S. 184-201.

Davies, G. (2008): Employer branding and its influence on managers, in: European Journal of Marketing, Vol. 42, No. 5/6, S. 667-681.

Davis, S. M. (2000): Brand Asset Management. Driving Profitable Growth through Your Brands, New York.

Davis, F. D./Bagozzi, R. P./Warshaw, P. R. (1992): Extrinsic and Intrinsic Motivation to Use Computers in the Workplace, in: Journal of Applied Social Psychology, Vol. 22, No. 14, S. 1111-1132.

Davis-Sramek, B./Droge, C./Mentzer, J. T./Myers, M. B. (2009): Creating commitment and loyalty behavior among retailers: what are the roles of service quality and satisfaction?, in: Journal of the Academy of Marketing Science, Vol. 37, No. 4, S. 440-454.

DeCharms, R. (1968): Personal Causation: The Internal Affective Determinants of Behavior, New York.

De Chernatony, L. (2001): From Brand Vision to Brand Evaluation – Strategically Building and Sustaining Brands, Oxford.

De Chernatony, L. (2002): Living the Corporate Brand: Brand Values and Brand Enactment, in: Corporate Reputation Review, Vol. 5, No. 2/3, S. 114-132.

De Chernatony, L./Harris, F. (2000): Developing corporate brand through considering internal and external stakeholders, in: Corporate Reputation Review, Vol. 3, No. 3, S. 268-274.

De Chernatony, L./Drury, S./Segal-Horn, S. (2004): Services brands' values: Internal and external corporate communication, February, The University of Birmingham Working Paper Series, Birmingham.

De Chernatony, L./Cottam, S./Segal-Horn, S. (2006): Communicating Services Brands' Values Internally and Externally, in: Service Industries Journal, Vol. 26, No. 8, S. 819-836.

Deci, E. L. (1975): Intrinsic Motivation, New York.

Deci, E. L./Ryan, R. M. (1985a): Intrinsic Motivation and Self-Determination in Human Behavior, New York.

Deci, E. L./Ryan, R. M. (1985b): The General Causality Orientations Scale: Self-Determination in Personality, in: Journal of Research in Personality, Vol. 19, No. 2, S. 109-134.

Deci, E. L./Ryan, R. M. (1990): Intrinsic Motivation and Self-Determination in Human Behavior, 3. Aufl., New York.

Deci, E. L./Ryan, R. M. (1993): Die Selbstbestimmungstheorie der Motivation und ihre Bedeutung für die Pädagogik, in: Zeitschrift für Pädagogik, 39. Jg., Nr. 2, S. 223-238.

Deci, E. L./Ryan, R. M. (2000): The "What" and "Why" of Goal Pursuit: Human Needs and Self-Determination of Behavior, in: Psychological Inquiry, Vol. 11, No. 4, S. 227-268.

Deci, E. L./Ryan, R. M. (2002) (Hrsg.): Handbook of Self-Determination Research, Rochester.

Deci, E. L./Ryan, R. M./Gagné, M./Leone, D. R./Usunov, J./Kornazheva, B. P. (2001): Need satisfaction, motivation, and well-being in the work organizations of a former Eastern Bloc country, in: Personality and Social Psychology Bulletin, Vol. 27, No. 8, S. 930-942.

DeConinck, J. B. (2010): The effect of organizational justice, perceived organizational support, and perceived supervisor support on marketing employees' level of trust, in: Journal of Business Research, Vol. 63, No. 12, S. 1349-1355.

Delgado-Ballester, E./Munuera-Alemán, J. L. (2001): Brand Trust in the Context of Consumer Loyalty, in: European Journal of Marketing, Vol. 35, No. 11/12, S. 1238-1258.

Delgado-Ballester, E./Munuera-Alemán, J. L./Yagüe-Guillén, M. J. (2003): Development and Validation of a Brand Trust Scale, in: International Journal of Market Research, Vol. 45, No. 1, S. 35-53.

DeSarbo, W. S./Cron, W. (1988): A Maximum Likelihood Methodology for Clusterwise Linear Regression, in: Journal of Classification, Vol. 5, No. 2, S. 249-282.

DeSarbo, W. S./Jedidi, K./Sinha, I. (2001): Customer Value Analysis in a Heterogeneous Market, in: Strategic Management Journal, Vol. 22, No. 9, S. 845-857.

Deutsch, M. (1962): Cooperation and Trust. Some Theoretical Notes, in: Jones, M. R. (Hrsg.): Nebraska Symposium on Motivation, Lincoln, S. 275-320.

Devasagayam, P. R./Buff, C. L./Aurand, T. W./Judson, K. M. (2010): Building brand community membership within organizations: a viable internal branding alternative?, in: Journal of Product & Brand Management, Vol. 19, No. 3, S. 210-217.

De Wulf, K./Odekerken-Schröder, G./Iacobucci, D. (2001): Investments in Consumer Relationships: A Cross-Country and Cross-Industry Exploration, in: Journal of Marketing, Vol. 65, No. 4, S. 33-50.

Diamantopoulos, A. (2006): The error term in formative measurement models: Interpretation and modeling implications, in: Journal of Modelling in Management, Vol. 1, No. 1, S. 7-17.

Diamantopoulos, A./Winklhofer, H. M. (2001): Index Construction with Formative Indicators: An Alternative to Scale Development, in: Journal of Marketing Research, Vol. 38, No. 2, S. 269-277.

Diamantopoulos, A./Riefler, P. (2008): Formative Indikatoren: Einige Anmerkungen zu ihrer Art, Validität und Multikollinearität, in: Zeitschrift für Betriebswirtschaft, 78. Jg., Nr. 11, S. 1183-1196.

Diamantopoulos, A./Riefler, P./Roth, K. (2008): Advancing formative measurement models, in: Journal of Business Research, Vol. 61, No. 12, S. 1203-1218.

Dietz, B. (2006): Patientenmündigkeit. Messung, Determinanten, Auswirkungen und Typologie mündiger Patienten, Wiesbaden.

Digh, P. (1998): Coming to Terms with Diversity, in: HR Magazine on Human Resource Management, Vol. 43, No. 12, S. 117-120.

Dillon, W./Kumar, A. (1994): Latent Structure and other Mixture Models in Marketing: An Integrative Survey and Overview, in: Bagozzi, R. P. (Hrsg.): Advanced Methods of Marketing Research, Cambridge, S. 295-351.

Dörr, S. L. (2006): Motive, Einflussstrategien und transformationale Führung als Faktoren effektiver Führung. Ergebnisse einer empirischen Untersuchung mit Führungskräften, München.

Dougherty, C. (2006): Introduction to econometrics, 3. Aufl., Oxford.

Drumm, H. J. (2008): Personalwirtschaft, 6. Aufl., Berlin u.a.

Duden (2010): Duden – Das Fremdwörterbuch, 10. Aufl., Mannheim u.a.

Dunn, M./Davis, S. (2003): Building Brands from the Inside, in: Marketing Management, Vol. 12, No. 3, S. 32-37.

Dutton, J. E./Dukerich, J. M./Harquail, C. V. (1994): Organizational Images and Member Identification, in: Administrative Science Quarterly, Vol. 39, No. 2, S. 239-263.

E

Ebert, T./Raithel, S. (2009): Leitfaden zur Messung von Konstrukten, in: Meyer, A./Schwaiger, M. (Hrsg.): Theorien und Methoden der Betriebswirtschaft, München, S. 511-540.

Edell, J. A./Burke, M. C. (1984): Moderating Effect of Attitude toward an Ad on Ad Effectiveness under Different Processing Conditions, in: Advances in Consumer Research, Vol. 11, No. 1, S. 644-649.

Eichen, F. (2010): Messung und Steuerung der Markenbeziehungsqualität. Eine branchenübergreifende Studie im Konsumgütermarkt, Wiesbaden.

Eisenberger, R./Huntington, R./Hutchinson, S./Sowa, D. (1986): Perceived Organizational Support, in: Journal of Applied Psychology, Vol. 71, No. 3, S. 500-507.

Engelhardt, W./Kleinaltenkamp, M./Reckenfelderbäumer, M. (1993): Leistungsbündel als Absatzobjekte: Ein Ansatz zur Überwindung der Dichotomie von Sach- und Dienstleistungen, in: Zeitschrift für betriebswirtschaftliche Forschung, 45. Jg., Nr. 5, S. 395-426.

Ernst, H. (2003): Ursachen eines Informant Bias und dessen Auswirkung auf die Validität empirischer betriebswirtschaftlicher Forschung, in: Zeitschrift für Betriebswirtschaft, 73. Jg., Nr. 12, S. 1249-1275.

Esch, F.-R. (2012): Strategie und Technik der Markenführung, 7. Aufl., München.

Esch, F.-R./Brunner, C./Hartmann, K. (2008): Kaufprozessorientierte Modelle der Markenführung auf dem Prüfstand: Ein Vergleich mit einem ganzheitlichen, verhaltenswissenschaftlichen Modell der Markenführung, in: Bauer, H. H./Huber, F./Albrecht, C-M. (Hrsg.): Erfolgsfaktoren der Markenführung. Know-how aus Forschung und Management, München, S. 145-158.

Esch, F.-R./Fischer, A./Strödter, K. (2008): Interne Kommunikation. Erfolgreiche Verankerung der Marke im Denken und Handeln der Mitarbeiter, in: Bruhn, M./Esch, F.-R./Langner, T. (Hrsg.): Handbuch Kommunikation. Grundlagen – Innovative Ansätze – Praktische Umsetzungen, Wiesbaden, S. 1261-1284.

Esch, F.-R./Hartmann, K./Strödter, K. (2012): Analyse und Stärkung des Markencommitment in Unternehmen, in: Tomczak, T./Esch, F.-R./ Kernstock, J./Herrmann, A. (Hrsg.): Behavioral Branding. Wie Mitarbeiterverhalten die Marke stärkt, 3. Aufl., Wiesbaden, S. 121-139.

Esch, F.-R./Knörle, C. (2012a): Führungskräfte als Markenbotschafter, in: Tomczak, T./Esch, F.-R./Kernstock, J./Herrmann, A. (Hrsg.): Behavioral Branding. Wie Mitarbeiterverhalten die Marke stärkt, 3. Aufl., Wiesbaden, S. 374-387.

Esch, F.-R./Knörle, C. (2012b): Interne Markenführung im Kontext von Mergers & Acquisitions, in: Tomczak, T./Esch, F.-R./Kernstock, J./Herrmann, A. (Hrsg.): Behavioral Branding. Wie Mitarbeiterverhalten die Marke stärkt, 2. Aufl., Wiesbaden, S. 257-276.

Esch, F.-R./Langner, T./Schmitt, B. H./Geus, P. (2006): Are Brands Forever? How Brand Knowledge and Relationships Affect Current and Future Purchases, in: Journal of Product & Brand Management, Vol. 15, No. 2/3, S. 98-105.

Esch, F.-R./Langner, T./Tomczak, T./Kernstock, J./Strödter, K. (2005a): Aufbau und Führung von Corporate Brands, in: Esch, F.-R. (Hrsg.): Moderne Markenführung. Grundlagen – Innovative Ansätze – Praktische Umsetzung, 4. Aufl., Wiesbaden, S. 403-426.

Esch, F.-R./Rutenberg, J./Strödter, K./Vallaster, C. (2005b): Verankerung der Markenidentität durch Behavioral Branding, in: Esch, F.-R. (Hrsg.): Moderne Markenführung. Grundlagen – Innovative Ansätze – Praktische Umsetzung, 4. Aufl., Wiesbaden, S. 985-1008.

Esch, F.-R./Strödter, K. (2008): Bindung der Mitarbeiter an Marke und Unternehmen durch Aufbau und Stärkung des Markencommitments, in: Zeitschrift für Management, 3. Jg., Nr. 1, S. 49-70.

Esch, F.-R./Vallaster, C. (2004): Mitarbeiter zu Markenbotschaftern machen, in: Markenartikel, 66. Jg., Nr. 2, S. 8-12; 44-47.

Esch, F.-R./Wicke, A./Rempel, J. E. (2005): Herausforderungen und Aufgaben des Markenmanagements, in: Esch, F.-R. (Hrsg.): Moderne Markenführung. Grundlagen – Innovative Ansätze – Praktische Umsetzung, 4. Aufl., Wiesbaden, S. 3-55.

F

Falk, T. (2007): Elektronische Dienstleistungsqualität. Konzeption, Messung und Identifikation asymmetrischer Effekte auf die Kundenzufriedenheit, Wiesbaden.

Falk, T./Hammerschmidt, M./Schepers, J. J. L. (2010): The service quality-satisfaction link revisited: exploring asymmetries and dynamics, in: Journal of the Academy of Marketing Science, Vol. 38, No. 3, S. 288-302.

Fantapié Altobelli, C. (2011): Marktforschung. Methoden – Anwendungen – Praxisbeispiele, 2. Aufl., Konstanz.

Farrell, M. A./Oczkowski, E. (2009): Service worker customer orientation, organization/job fit and perceived organizational support, in: Journal of Strategic Marketing, Vol. 17, No. 2, S. 149-167.

Farrelly, F. J./Quester, P. G. (2005): Examining important relationship quality constructs of the focal sponsorship exchange, in: Industrial Marketing Management, Vol. 34, No. 3, S. 211-219.

Fassnacht, M. (2004): Markenführung für Dienstleistungen, in: Bruhn, M. (Hrsg.): Handbuch Markenführung, Band 3, 2. Aufl., Wiesbaden, S. 2161-2182.

Fassott, G. (2005): Die PLS-Pfadmodellierung: Entwicklungsrichtungen, Möglichkeiten, Grenzen, in: Bliemel, F. E./Fassott, G./Henseler J. (Hrsg.): Handbuch PLS-Pfadmodellierung. Methode, Anwendung, Praxisbeispiele, Stuttgart, S. 19-29.

Festinger, L. (1950): Informal social communication, in: Psychological Review, Vol. 57, No. 5, S. 271-282.

Feyerabend, P. K. (1970): Wie wird man braver Empirist? Ein Aufruf zur Toleranz in der Erkenntnistheorie, in: Krüger, L. (Hrsg.): Erkenntnisprobleme der Naturwissenschaften, Köln/Berlin, S. 302-355.

Firestone, S. H. (1983): Why Advertising a Service is Different, in: Berry, L. L./Shostack, G. L./Upah, G. D. (Hrsg.): Emerging Perspectives on Services Marketing, Chicago, S. 86-89.

Fischer, L./Wiswede, G. (2009): Grundlagen der Sozialpsychologie, 3. Aufl., München.

Foa, U. G./Foa, E. B. (1980): Resource Theory: Interpersonal Behavior as Exchange, in: Gergen, K. J./Greenberg, M. S./Willis, R. H. (Hrsg.): Social Exchange: Advances in Theory and Research, New York, S. 77-94.

Folger, R. (1998): Fairness as a Moral Virtue, in: Schminke, M. (Hsg.): Managerial Ethics: Moral Management of People and Processes, Mahwah, S. 13-34.

Folger, R. (2001): Fairness as Deonance, in: Gilliand, S. W./Steiner, D. D./ Skarlicki, D. P. (Hrsg.): Research in Social Issues in Management, Mahwah, S. 3-33.

Fombrun, C. J. (1996): Reputation – Realizing Value from the Corporate Image, Boston.

Foote, D. A./Li-Ping Tang, T. (2008): Job satisfaction and organizational citizenship behavior (OCB): Does team commitment make a difference in self-directed teams?, in: Management Decision, Vol. 46, No. 6, S. 933- 947.

Fornell, C./Bookstein, F. L. (1982): Two Structural Equation Models: LISREL and PLS applied to Consumer Exit-Voice Theory, in: Journal of Marketing Research, Vol. 19, No. 4, S. 440-452.

Fornell, C./Cha, J. (1994): Partial Least Squares, in: Bagozzi, R. P. (Hrsg.): Advanced Methods of Marketing Research, Oxford, S. 52-78.

Fornell, C./Larcker, D. A. (1981): Evaluating Structural Equation Models with Unobservable Variables and Measurement Error, in: Journal of Marketing Research, Vol. 18, No. 1, S. 39-50.

Forster, A./Erz, A./Jenewein, W. (2012): Employer Branding, in: Tomczak, T./ Esch, F.-R./Kernstock, J./Herrmann, A. (Hrsg.): Behavioral Branding. Wie Mitarbeiterverhalten die Marke stärkt, 3. Aufl., Wiesbaden, S. 277-294.

Fournier, S. (1994): A Consumer-Brand Relationship Framework for Strategic Brand Management, unveröffentlichte Dissertation, University of Florida, Florida.

Fournier, S. (2005): Markenbeziehungen – Konsumenten und ihre Marken, in: Esch, F.-R. (Hrsg.): Moderne Markenführung. Grundlagen – Innovative Ansätze – Praktische Umsetzungen, 4. Aufl., Wiesbaden, S. 209-237.

Frommeyer, A. (2005): Kommunikationsqualität in persönlichen Kundenbeziehungen. Konzeptualisierung und empirische Prüfung, Wiesbaden.

Frone, M. R./Major, B. (1988): Communication Quality and Job Satisfaction Among Managerial Nurses, in: Group & Organization Studies, Vol. 13, No. 3, S. 332-347.

G

Gagné, M./Koestner, R./Zuckerman, M. (2000): Facilitating the acceptance of organizational change: the importance of self-determination, in: Journal of Applied Social Psychology, Vol. 30, No. 9, S. 1843-1852.

Gapp, R./Merrilees, B. (2006): Important factors to consider when using internal branding as a management strategy: a healthcare case study, in: Journal of Brand Management, Vol. 14, No. 1/2, S. 162-176.

Gardenswartz, L./Rowe, A. (1994): Diverse Teams at Work, Burr Ridge, IL.

Gardenswartz, L./Rowe, A./Digh, P./Bennett, M. F. (2003): The Global Diversity Desk Reference. Managing an International Workforce, San Francisco.

Garrido, M./Pérez, P./Antón, C. (2005): Determinants of Sales Manager Job Satisfaction: An Analysis of Spanish Industrial Firms, in: International Journal of Human Resource Management, Vol. 16, No. 10, S. 1934-1954.

Geile, A. (2010): Face-to-Face Kommunikation im Vertrieb von Industriegütern, Wiesbaden.

Gensler, S. (2003): Heterogenität in der Präferenzanalyse. Ein Vergleich von hierarchischen Bayes-Modellen und Finite-Mixture-Modellen, Wiesbaden.

Gensler, S. (2008): Finite Mixture Modelle, in: Herrmann, A./Homburg, C./ Klarmann, M. (Hrsg.): Handbuch Marktforschung. Methoden – Anwendungen – Praxisbeispiele, 3. Aufl., S. 439-466.

George, W. R./Berry, L. L. (1984): Guidelines for the Advertising of Services, in: Lovelock, C. H. (Hrsg.): Services Marketing. Text, Cases and Readings, Englewood Cliffs, S. 407-412.

Georgi, D. (2000): Entwicklung von Kundenbeziehungen. Theoretische und empirische Analysen unter dynamischen Aspekten, Wiesbaden.

Georgi, D. (2007): Werttreiberanalysen im Marketing. Methodik, Modellierung, Operationalisierung und empirische Befunde, unveröffentlichte Habilitationsschrift, Lehrstuhl für Marketing und Unternehmensführung, Universität Basel, Basel.

Gibson, D. E. (2003): Role Models: Reinvigorating a Developmental Construct in Career Theory, in: Academy of Management Proceedings, S. D1-D6.

Gibson, D. E./Barron, L. A. (2003): Exploring the impact of role models on older employees, in: Career Development International, Vol. 8, No. 4, S. 198-209.

Giere, J./Wirtz, B. W./Schilke, O. (2006): Mehrdimensionale Konstrukte. Konzeptionelle Grundlagen und Möglichkeiten ihrer Analyse mithilfe von Strukturgleichungsmodellen, in: Die Betriebswirtschaft, 66. Jg., Nr. 6, S. 678-695.

Giersch, J. (2008): Corporate Brand Management international tätiger Unternehmen, Wiesbaden.

Gilly, M. C./Wolfinbarger, M. (1998): Advertising's Internal Audience, in: Journal of Marketing, Vol. 62, No. 1, S. 69-88.

Gilmore, G. W. (1919): Animism, Boston.

Gollwitzer, M./Schmitt, M. (2006): Sozialpsychologie, Weinheim.

Görgen, F. (2005): Kommunikationspsychologie in der Wirtschaftspraxis, München.

Görz, N./Hildebrandt, L. (1999): Strukturgleichungsmodelle mit latenten Variablen zur Analyse heterogener Daten, Arbeitspapier 55, SBF 373, Humboldt-Universität zu Berlin, Berlin.

Gotsi, M./Wilson, A. (2001): Corporate reputation management: living the brand, in: Management Decision, Vol. 39, No. 2, S. 99-104.

Götz, O./Liehr-Gobbers, K. (2004): Analyse von Strukturgleichungsmodellen mit Hilfe der Partial-Least-Squares(PLS)-Methode, in: Die Betriebswirtschaft, 64. Jg., Nr. 6, S. 714-738.

Götz, O./Liehr-Gobbers, K./Krafft, M. (2010): Evaluation of structural equation models using the partial least squares (PLS) approach, in: Vinzi, V. E./ Chin, W. W./Henseler, J./Wang, H. (Hrsg.): Handbook of partial least squares, Berlin u.a., S. 691-711.

Gouldner, A. W. (1960): The Norm of Reciprocity: A Preliminary Statement, in: American Sociological Review, Vol. 25, No. 2, S. 161-178.

Graham, J. W. (1991): An Essay on Organizational Citizenship Behavior, in: Employee Responsibilities and Rights Journal, Vol. 4, No. 4, S. 249-270.

Gray, E. R./Balmer, J. M. T. (1998): Managing Corporate Image and Corporate Reputation, in: Long Range Planning, Vol. 31, No. 5, S. 695-702.

Green, P. E. (1977): A New Approach to Market Segmentation, in: Business Horizons, Vol. 20, No. 1, S. 61-73.

Greenberg, J./Cropanzano, R. (2001): Advances in organizational justice, Stanford.

Gregory, J. R./Wiechmann, J. G. (1997): Leveraging the corporate brand, Lincolnwood.

Griffeth, R. W./Gaertner, S. (2001): A Role for Equity Theory in the Turnover Process: An Empirical Test, in: Journal of Applied Social Psychology, Vol. 31, No. 5, S. 1017-1037.

Griffin, K. (1967): The Contribution of Studies of Source Credibility to a Theory of Interpersonal Trust in the Communication Process, in: Psychology Bulletin, Vol. 68, No. 2, S. 104-120.

Gummesson, E. (1987): The New Marketing – Developing Long-Term Interactive Relationships, in: Long Range Planning, Vol. 20, No. 4, S. 10-20.

H

Hadwich, K. (2003): Beziehungsqualität im Relationship Marketing. Konzeption und empirische Analyse eines Wirkungsmodells, Wiesbaden.

Hahn, C. H. (2002): Segmentspezifische Kundenzufriedenheitsanalyse: Neue Ansätze zur Segmentierung von Märkten, Wiesbaden.

Hahn, C./Johnson, M. D./Herrmann, A./Huber, F. (2002): Capturing customer heterogeneity using a finite mixture PLS approach, in: Schmalenbach Business Review, Vol. 54, No. 3, S. 243-269.

Hair Jr., J. F./Black, W. C./Babin, B. J./Anderson, R. E. (2010): Multivariate Data Analysis, 7. Aufl., Upper Saddle River.

Hallowell, R./Schlesinger, L. A./Zornitsky, J. (1996): Internal Service Quality, Customer and Job Satisfaction: Linkages and Implications for Management, in: Human Resource Planning, Vol. 19, No. 2, S. 20-31.

Hansen, S. D./Dunford, B. B./Boss, A. D./Boss, R. W./Angermeier, I. (2011): Corporate Social Responsibility and the Benefits of Employee Trust: A Cross-Disciplinary Perspective, in: Journal of Business Ethics, Vol. 102, No. 1, S. 29-45.

Harris, L./Ogbonna, E. (2000): The responses of front-line employees to market-oriented culture change, in: European Journal of Marketing, Vol. 34, No. 3/4, S. 318-340.

Harris, P. (2007): We the people: The importance of employees in the process of building customer experience, in: Journal of Brand Management, Vol. 15, No. 2, S. 102-114.

Harrison, D. A./Klein, K. J. (2007): What's the Difference? Diversity Constructs as Separation, Variety, or Disparity in Organizations, in: Academy of Management Review, Vol. 32, No. 4, S. 1199-1228.

Harrison, D. A./Price, K. H./Bell, M. P. (1998): Beyond Relational Demography: Time and Effects of Surface- and Deep-Level Diversity on Work Group Cohesion, in: Academy of Management Journal, Vol. 41, No. 1, S. 96-107.

Hartmann, K. (2010): Wirkung der Markenwahrnehmung auf das Markencommitment von Mitarbeitern: eine empirische Untersuchung der Wirkung von Markenimage, interner Kommunikation und Fit zwischen persönlichen und Markenwerten auf das Commitment, Hamburg.

Haslam, S. A./Powell, C./Turner, J. C. (2000): Social Identity, Self-categorization, and Work Motivation: Rethinking the Contribution of the Group to Positive and Sustainable Organisational Outcomes, in: Applied Psychology: An International Review, Vol. 49, No. 3, S. 319-339.

Hayes, B. J./Capella, L. M./Alford, B. L. (2000): The Brand Personality as a Basis for Consumer-Brand Evaluation, Arbeitspapier der Mississippi State University, Mississippi State.

Hays-Thomas, R. (2004): Why Now? The Contemporary Focus on Managing Diversity, in: Stockdale, M. S./Crosby, F. J. (Hrsg.): The psychology and management of workplace diversity, Malden, S. 3-30.

Heeler, R./Ray, M. (1972): Measure Validation in Marketing, in: Journal of Marketing Research, Vol. 9, No. 4, S. 361-370.

Henkel, S./Tomczak, T./Heitmann, M./Herrmann, A. (2007): Managing brand consistent employee behaviour: relevance and managerial control of behavioural branding, in: Journal of Product & Brand Management, Vol. 16, No. 5, S. 310-320.

Henkel, S./Tomczak, T./Heitmann, M./Herrmann, A. (2012): Determinanten eines erfolgreichen Behavioral Branding. Ergebnisse einer empirischen Studie, in: Tomczak, T./Esch, F.-R./Kernstock, J./Herrmann, A. (Hrsg.): Behavioral Branding. Wie Mitarbeiterverhalten die Marke stärkt, 3. Aufl., Wiesbaden, S. 213-236.

Henkel, S./Tomczak, T./Jenewein, W. (2012): Werbung als Verhaltensvorbild für Mitarbeiter, in: Tomczak, T./Esch, F.-R./Kernstock, J./Herrmann, A. (Hrsg.): Behavioral Branding. Wie Mitarbeiterverhalten die Marke stärkt, 3. Aufl., Wiesbaden, S. 443-467.

Henkel, S./Tomczak, T./Wentzel, D. (2007): Bringing the Brand to Life: Structural Conditions of Brand-Consistent Employee Behavior, in: Thexis, 24. Jg., Nr. 1, S. 13-16.

Henkel, S./Wentzel, D./Tomczak, T. (2009): Die Rolle der Werbung in der internen Mitarbeiterführung, in: Marketing ZFP, 31. Jg., Nr. 1, S. 43-56.

Henseler, J./Ringle, C. M./Sinkovics, R. (2009): The Use of Partial Least Squares Path Modeling, in: Sinkovics, R./Ghauri, P. (Hrsg.): New Challenges to International Marketing. Advances in International Marketing, Bingley, S. 277-319

Hentze, J./Lindert, K. (1998): Motivations- und Anreizsysteme in Dienstleistungs-Unternehmen, in: Meyer, A. (Hrsg.): Handbuch Dienstleistungsmarketing, Band 1, Stuttgart, S. 1010-1030.

Herbst, U. (2004): Eine werteorientierte Unternehmensmarke als Herausforderung an die Unternehmenskommunikation. Ein Beitrag zur Analyse der Rahmenbedingungen und Gestaltungsprozesse ihrer internen Vermittlung am Beispiel der DaimlerChrysler AG, unveröffentlichte Diplomarbeit, Lehrstuhl für Kommunikationswissenschaft und Journalistik, Universität Hohenheim, Hohenheim.

Herbst, U. (2005): Corporate Branding als Herausforderung an die interne Kommunikation, in: Klewes, J. (Hrsg.): Unternehmenskommunikation auf dem Prüfstand. Aktuelle empirische Ergebnisse zum Reputation Marketing, Wiesbaden, S. 113-145.

Herrmann, A. (1996): Werteorientierte Produkt- und Werbegestaltung, in: Marketing ZFP, Vol. 18, Nr. 3, S. 153-163.

Herrmann, A./Gassmann, O./Eisert, U. (2007): An empirical study of the antecedents for radical product innovations and capabilities for transformation, in: Journal of Engeneering Technology Management, Vol. 24, No. 1/2, S. 92-120.

Herrmann, A./Homburg, C./Klarmann, M. (2008): Marktforschung: Ziele, Vorgehensweise und Nutzung, in: Herrmann, A./Homburg, C./Klarmann, M. (Hrsg.): Handbuch Marktforschung. Methoden – Anwendungen – Praxisbeispiele, 3. Aufl., S. 3-20.

Herrmann, A./Huber, F./Kressmann, F. (2006): Varianz- und kovarianzbasierte Strukturgleichungsmodelle – Ein Leitfaden zu deren Spezifikation, Schätzung und Beurteilung, in: Zeitschrift für betriebswirtschaftliche Forschung (ZfbF), 58. Jg., Nr. 1, S. 34-66.

Herzberg, F. (1968): One more time: How do you motivate employees?, in: Harvard Business Review, Vol. 46, No. 1, S. 53-62.

Herzberg, F./Mausner, B./Snyderman, B. B. (1959): The Motivation to Work, 2. Aufl., New York.

Heskett, J. L./Sasser, W. E./Schlesinger, L. A. (1997): The Service Profit Chain, New York.

Heußler, T. (2011): Zeitliche Entwicklung von Netzwerkbeziehungen. Theoretische Fundierung und empirische Analyse am Beispiel von Franchise-Netzwerken, Wiesbaden.

Hickman, T. M./Lawrence, K. E./Ward, J. C. (2005): A Social Identities Perspective on the Effects of Corporate Sport Sponsorship on Employees, in: Sport Marketing Quarterly, Vol. 14, No. 3, S. 148-157.

Himme, A. (2009): Gütekriterien der Messung: Reliabilität, Validität und Generalisierbarkeit, in: Albers, S./Klapper, D./Konradt, U./Walter, A./Wolf, J. (Hrsg.): Methodik der empirischen Forschung, 3. Aufl., Wiesbaden, S. 485-500.

Hofstede, G. (1993): Interkulturelle Zusammenarbeit: Kulturen – Organisationen – Management, Wiesbaden.

Hofstede, G. (2001): Culture's Consequences: Comparing Values, Behaviors, Institutions, and Organizations across Nations, 2. Aufl., London u.a.

Homans, G. (1958): Social behavior as exchange, in: American Journal of Sociology, Vol. 63, No. 6, S. 597-606.

Homans, G. (1961): Social Behavior: Its Elementary Forms, New York.

Homans, G. (1968): Elementarformen sozialen Verhaltens, Köln.

Homburg, C. (1989): Exploratorische Ansätze der Kausalanalyse als Instrument der Marketingplanung, Frankfurt am Main u.a.

Homburg, C. (2000): Kundennähe von Industriegüterunternehmen. Konzeption, Erfolgsauswirkungen, Determinanten, 3. Aufl., Wiesbaden.

Homburg, C. (2012): Marketingmanagement. Strategie – Instrumente – Umsetzung – Unternehmensführung, 4. Aufl., Wiesbaden.

Homburg, C./Baumgartner, H. (1995): Beurteilung von Kausalmodellen – Bestandsaufnahme und Anwendungsempfehlungen, in: Marketing ZFP, 17. Jg., Nr. 3, S. 162-176.

Homburg, C./Baumgartner, H. (1998): Beurteilung von Kausalmodellen: Bestandsaufnahme und Anwendungsempfehlungen, in: Hildebrandt, L./ Homburg, C. (Hrsg.): Die Kausalanalyse. Ein Instrument der betriebswirtschaftlichen Forschung, Stuttgart, S. 343-369.

Homburg, C./Droll, M./Totzek, D. (2008): Customer Prioritization: Does it pay off, and how should it be implemented?, in: Journal of Marketing, Vol. 72, No. 5, S. 110-130.

Homburg, C./Fürst, A. (2010): Überblick über die Messung von Kundenzufriedenheit und Kundenbindung, in: Bruhn, M./Homburg, C. (Hrsg.): Handbuch Kundenbindungsmanagement, 7. Aufl., S. 599-634.

Homburg, C./Garbe, B. (1996): Industrielle Dienstleistungen, in: Die Betriebswirtschaft, 56. Jg., Nr. 3, S. 253-282.

Homburg, C./Giering, A. (1996): Konzeptualisierung und Operationalisierung komplexer Konstrukte, in: Marketing ZFP, 18. Jg., Nr. 1, S. 5-24.

Homburg, C./Hildebrandt, L. (1998): Die Kausalanalyse: Bestandsaufnahme, Entwicklungsrichtungen, Problemfelder, in: Hildebrandt, L./Homburg, C. (Hrsg.): Die Kausalanalyse: Ein Instrument der empirischen betriebswirtschaftlichen Forschung, Stuttgart, S. 15-43.

Homburg, C./Klarmann, M. (2006): Die Kausalanalyse in der empirischen betriebswirtschaftlichen Forschung. Problemfelder und Anwendungsempfehlungen, in: Die Betriebswirtschaft, 66. Jg., Nr. 6, S. 727-748.

Homburg, C./Krohmer, H. (2008): Der Prozess der Marktforschung: Festlegung der Datenerhebungsmethode, Stichprobenbildung und Fragebogengestaltung, in: Herrmann, A./Homburg, C./Klarmann, M. (Hrsg.): Handbuch Marktforschung, 3. Aufl., Wiesbaden, S. 21-51.

Homburg, C./Pflesser, C. (1999): "Symbolisches Management" als Schlüssel zur Marktorientierung: Neue Erkenntnisse zur Unternehmenskultur, Arbeitspapier Nr. M43, Institut für Marktorientierte Unternehmensführung, Universität Mannheim, Mannheim.

Homburg, C./Pflesser, C./Klarmann, M. (2008): Strukturgleichungsmodelle mit latenten Variablen: Kausalanalyse, in: Herrmann, A./Homburg, C./ Klarmann, M. (Hrsg.): Handbuch Marktforschung, 3. Aufl., Wiesbaden, S. 547-577.

Homburg, C./Stock-Homburg, R. (2012): Theoretische Perspektiven zur Kundenzufriedenheit, in: Homburg, C. (Hrsg.): Kundenzufriedenheit: Konzepte – Methoden – Erfahrungen, 8. Aufl., Wiesbaden, S. 17-52.

House, R./Javidan, M./Dorfman, P./De Luque, M. (2006): A Failure of Scholarship: Response to George Graen's Critique of GLOBE, in: Academy of Management Perspectives, Vol. 20, No. 4, S. 102-114.

Huber, F./Herrmann, A./Meyer, F./Vogel, J./Vollhardt, K. (2007): Kausalmodellierung mit Partial Least Squares. Eine anwendungsorientierte Einführung, Wiesbaden.

Huseman, R. C./Hatfield, J. D./Miles, E. W. (1987): A New Perspective on Equity Theory: The Equity Sensitive Construct, in: Academy of Management Review, Vol. 12, No. 2, S. 222-234.

Hyman, H. H./Singer, E. (Hrsg.) (1968): Readings in reference group theory and research, New York.

I

Ilardi, B. C./Leonre, D./Kasser, T./Ryan, R. M. (1993): Employee and supervisor ratings on motivation: main effects and discrepancies associated with job satisfaction and adjustment in a factory setting, in: Journal of Applied Social Psychology, Vol. 23, No. 21, S. 1789-1805.

Ind, N. (2001): Living the Brand: How to transform every member of your organization into a brand champion, London.

Ind, N. (2003): Inside out: How employees build value, in: Journal of Brand Management, Vol. 10, No. 6, S. 393-402.

J

Jarvis, C. B./MacKenzie, S. B./Podsakoff, P. M. (2003): A Critical Review of Construct Indicators and Measurement Model Misspecification in Marketing and Consumer Research, in: Journal of Consumer Research, Vol. 30, No. 2, S. 199-218.

Joachimsthaler, E. (2002): Mitarbeiter: Die vergessene Zielgruppe für Markenerfolge, in: Absatzwirtschaft, 24. Jg., Nr. 11, S. 28-34.

Johlke, M. C./Duhan, D. F. (2001): Testing Competing Models of Sales Force Communication, in: Journal of Personal Selling & Sales Management, Vol. 21, No. 4, S. 265-277.

Jones, E./Busch, P./Dacin, P. (2003): Firm Market Orientation and Salesperson Customer Orientation: Interpersonal and Intrapersonal Influences on Customer Service and Retention in Business-to-Business Buyer-Seller Relationships, in: Journal of Business Research, Vol. 56, No. 4, S. 323-340.

Jöreskog, K. G. (1970): A general method for analysis of covariance structures, in: Biometrika, Vol. 57, No. 2, S. 239-251.

Jöreskog, K. G. (1973): A general method for estimating a linear structural equation system, in: Goldberg, A. S./Duncan, O. D. (Hrsg.): Structural equation models in the social sciences, New York, S. 85-112.

Judd, V. C. (1987): Differentiate with the 5th P: People, in: Industrial Marketing Management, Vol. 16, No. 4, S. 241-247.

Judson, K. M./Aurand, T. W./Gorchels, L./Gordon, G. L. (2009): Building a university brand from within: university administrators' perspectives of internal branding, in: Services Marketing Quarterly, Vol. 30, No. 1, S. 54-68.

Jun, M./Cai, S. (2010): Examining the relationships between internal service quality and its dimensions, and internal customer satisfaction, in: Total Quality Management & Business Excellence, Vol. 21, No. 2, S. 205-223.

Jung, H. (2010): Allgemeine Betriebswirtschaftslehre, München.

K

Kamakura, W. A./Mittal, V./De Rosa, F./Mazzon, J. A. (2002): Assessing the Service-Profit Chain, in: Marketing Science, Vol. 21, No. 3, S. 294-317.

Kapferer, J.-N. (1992): Die Marke – Kapital des Unternehmens, Landsberg/Lech.

Kapferer, J.-N. (2008): The New Strategic Brand Management: Creating and Sustaining Brand Equity Long Term, 4. Aufl., London.

Kasser, T./Davey, J./Ryan, R. M. (1992): Motivation and employee-supervisor discrepancies in a psychiatric vocational rehabilitation setting, in: Rehabilitation Psychology, Vol. 37, No. 3, S. 175-187.

Katz, D. (1964): The motivational basis of organizational behavior, in: Behavioral Science, Vol. 9, No. 2, S. 131-146.

Kaya, M. (2009): Verfahren der Datenerhebung, in: Albers, S./Klapper, D./Konradt, U./Walter, A./Wolf, J. (Hrsg.): Methodik der empirischen Forschung, 3. Aufl., Wiesbaden, S. 49-64.

Kaya, M./Himme, A. (2009): Möglichkeiten der Stichprobenbildung, in: Albers, S./Klapper, D./Konradt, U./Walter, A./Wolf, J. (Hrsg.): Methodik der empirischen Forschung, 3. Aufl., Wiesbaden, S. 79-88.

Keller, K. L. (1993): Conceptualizing, Measuring, and Managing Customer-Based Brand Equity, in: Journal of Marketing, Vol. 57, No. 1, S. 1-22.

Keller, K. L. (2008): Strategic Brand Management: Building, Measuring, and Managing Brand Equity, 3. Aufl., Upper Saddle River, New Jersey.

Kelman, H. C. (1958): Compliance, Identification, and Internalization – Three Processes of Attitude Change, in: Journal of Conflict Resolution, Vol. 2, No. 1, S. 51-60.

Kepper, G. (1996): Qualitative Marktforschung: Methoden, Einsatzmöglichkeiten und Beurteilungskriterien, 2. Aufl., Wiesbaden.

Kepper, G. (2008): Methoden der qualitativen Marktforschung, in: Herrmann, A./Homburg, C./Klarmann, M. (Hrsg.): Handbuch Marktforschung, 3. Aufl., Wiesbaden, S. 175-212.

Kernstock, J. (2012): Behavioral Branding als Führungsansatz. Mit Behavioral Branding das Unternehmen stärken, in: Tomczak, T./Esch, F.-R./Kernstock, J./Herrmann, A. (Hrsg.): Behavioral Branding. Wie Mitarbeiterverhalten die Marke stärkt, 3. Aufl., Wiesbaden, S. 3-33.

Kernstock, J./Esch, F.-R./Tomczak, T./Langner, T. (2006): Zugang zum Corporate Brand Management, in: Esch, F.-R./Tomczak, T./Kernstock, J./Langner, T. (Hrsg.): Corporate Brand Management. Marken als Anker strategischer Führung von Unternehmen, 2. Aufl., Wiesbaden, S. 1-52.

Kernstock, J./Schubiger, N. (2006): Öffentlichkeit durch Corporate Brand Management gewinnen, in: Esch, F.-R./Tomczak, T./Kernstock, J./Langner, T. (Hrsg.): Corporate Brand Management. Marken als Anker strategischer Führung von Unternehmen, 2. Aufl., Wiesbaden, S. 293-311.

Khan, A. M./Stanton, J. (2010): A Model of Sponsorship Effects on the Sponsor's Employees, in: Journal of Promotion Management, Vol. 16, No. 1/2, S. 188-200.

Khazanchi, S./Masterson, S. S. (2011): Who and what is fair matters: A multifoci social exchange model of creativity, in: Journal of Organizational Behavior, Vol. 32, No. 1, S. 86-106.

Kimpakorn, N./Tocquer, G. (2009): Employees' commitment to brands in the service sector: Luxury hotel chains in Thailand, in: Journal of Brand Management, Vol. 16, No. 8, S. 532-544.

King, C. (2010): "One size doesn't fit all". Tourism and hospitality employees' response to internal brand management, in: International Journal of Contemporary Hospitality Management, Vol. 22, No. 4, S. 517-534.

King, C./Grace, D. (2005): Exploring the role of employees in the delivery of the brand: a case study approach, in: Qualitative Market Research: An International Journal, Vol. 8, No. 3, S. 277-295.

King, C./Grace, D. (2010): Building and measuring employee-based brand equity, in: European Journal of Marketing, Vol. 44, No. 7/8, S. 938-997.

Kirchgeorg, M./Klante, O. (2005): Ursachen und Wirkungen von Markenerosion, in: Esch, F.-R. (Hrsg.): Moderne Markenführung. Grundlagen – Innovative Ansätze – Praktische Umsetzung, 4. Aufl., Wiesbaden, S. 329-350.

Klante, O. (2004): Identifikation und Erklärung von Markenerosion, Wiesbaden.

Klatetzki, T. (2008): Sozialisation in Gruppen und Organisationen, in: Hurrelmann, K./Grundmann, M./Walper, S. (Hrsg.): Handbuch Sozialisationsforschung, 7. Aufl., Weinheim/Basel, S. 351-371.

Knapp, M. L./Hall, J. A. (2002): Nonverbal Communication in Human Interaction, 5. Aufl., London.

Knox, S./Freeman, C. (2006): Measuring and managing employer brand image in the service industry, in: Journal of Marketing Management, Vol. 22, No. 7/8, S. 695-716.

Koch, J. (2009): Marktforschung. Grundlagen und praktische Anwendungen, 5. Aufl., München.

Kochan, T./Bezrukova, K./Ely, R./Jackson, S./Joshi, A./Jehn, K./Leonard, J./Levine, D./Thomas, D. (2003): The Effects of Diversity on Business Performance: Report of the Diversity Research Network, in: Human Resource Management, Vol. 42, No. 1, S. 3-21.

Kohlberg, L. (1969): Stage and Sequence: The Cognitive-developmental Approach to Socialization, in: Goslin, D. A. (Hrsg.): Handbook of Socialization Theory and Research, Chicago, S. 347-480.

Kohlberg, L. (1981): The Philosophy of Moral Development, New York.

König, V. (2010): Markenmanagement im Call Center: Eine empirische Analyse zur Konzeptionalisierung, Operationalisierung und Wirkung von Maßnahmen zum Aufbau von Brand Commitment in Call Centern, Wiesbaden.

Konopaske, R./Werner, S. (2002): Equity in non-North American contexts: Adapting equity theory to the new global business environment, in: Human Resource Management Review, Vol. 12, No. 3, S. 405-419.

Konovsky, M. A./Pugh, S. D. (1994): Citizenship Behavior and Social Exchange, in: Academy of Management Journal, Vol. 37, No. 3, S. 656-669.

Köster, L. (2006): Markenstärkemessung unter besonderer Berücksichtigung von Konsumentenheterogenität. Das Beispiel der deutschen Brauwirtschaft, Wiesbaden.

Kotler, P./Armstrong, G./Wong, V./Saunders, J. (2011): Grundlagen des Marketing, 5. Aufl., München.

Krafft, M./Götz, O./Liehr-Gobbers, K. (2005): Die Validierung von Strukturgleichungsmodellen mit Hilfe des Partial-Least-Squares (PLS)-Ansatzes, in: Bliemel, F./Eggert, A./Fassott, G./Henseler, J. (Hrsg.): Handbuch PLS-Pfadmodellierung. Methoden, Anwendung, Praxisbeispiele, Stuttgart, S. 71-86.

Kressmann, F./Herrmann, A./Huber, F./Magin, S. (2003): Dimensionen der Markeneinstellung und ihre Wirkung auf die Kaufabsicht, in: Die Betriebswirtschaft, 63. Jg., Nr. 4, S. 401-418.

Kricsfalussy, A./Semlitsch, B. (2000): Marketing ist Werttreiber, in: Absatzwirtschaft, 43. Jg., Sonderheft Oktober, S. 22-34.

Kroeber-Riel, W. (1995): Konsumentenverhalten, in: Tietz, B. (Hrsg.): Handwörterbuch des Marketing, Band 4, 2. Aufl., Stuttgart, Sp. 1234-1246.

Kroeber-Riel, W./Weinberg, P./Gröppel-Klein, A. (2009): Konsumentenverhalten, 9. Aufl., München.

Kumar, N./Scheer, L. K./Steenkamp, J.-B. E. M. (1995): The Effects of Supplier Fairness on Vulnerable Resellers, in: Journal of Marketing Research, Vol. 32, No. 1, S. 54-65.

Kumar, N./Stern, L. W./Anderson, E. W. (1993): Conducting Interorganizational Research Using Key Informants, in: Academy of Management Journal, Vol. 36, No. 6, S. 1633-1651.

L

Lamnek, S. (2005): Qualitative Sozialforschung, 4. Aufl., Weinheim u.a.

Lange, C. (1991): Ritual in Business: Building a Corporate Culture Through Symbolic Management, in: Industrial Management, Vol. 33, No. 4, S. 21-23.

Latané, B. (1981): The psychology of social impact, in: American Psychologist, Vol. 36, No. 4, S. 343-356.

Lavelle, J. J./Rupp, D. E./Brockner, J. (2007): Taking a Multifoci Approach to the Study of Justice, Social Exchange, and Citizenship Behavior: The Target Similarity Model, in: Journal of Management, Vol. 33, No. 6, S. 841-866.

Lewis, J. D./Weigert, A. (1985): Trust as a social reality, in: Social Forces, Vol. 63, No. 4, S. 967-985.

Liang, H./Saraf, N./Hu, Q./Xue, Y. (2007): Assimilation of Enterprise Systems: The Effect of Institutional Pressures and the Mediating Role of Top Management, in: MIS Quarterly, Vol. 31, No. 1, S. 59-87.

Little, T. D./Cunningham, W. A./Shahar, G./Widaman, K. F. (2002): To parcel or not to parcel: exploring the question, weighting the merits, in: Structural Equation Modeling, Vol. 9, No. 2, S. 151-173.

Liu, C.-T./Guo, Y. M./Lee, C.-H. (2011): The effects of relationship quality and switching barriers on customer loyalty, in: International Journal of Information Management, Vol. 31, No. 1, S. 71-79.

Lohmöller, J.-B. (1989): Latent Variable Path Modeling with Partial Least Squares, Heidelberg.

Long, J. (1983): Confirmatory Factor Analysis, Sage University Paper Series on Quantitative Applications in the Social Sciences, Series No. 07-33, Beverly Hills.

Lorenz, B. (2009): Beziehungen zwischen Konsumenten und Marken. Eine empirische Untersuchung von Markenbeziehungen, Wiesbaden.

Lucco, A. (2008): Anbieterseitige Kündigung von Kundenbeziehungen, Wiesbaden.

Lundberg, C. C. (1985): On the Feasibility of Cultural Intervention in Organizations, in: Frost, P. J./Moore L. F./Louis, M. R./Lundberg, C. C./Martin, J. (Hrsg.): Organizational Culture, Beverly Hills, S. 169-185.

M

MacKenzie, S. B./Lutz, R. J./Belch, G. E. (1986): The Role of Attitude Toward the Ad as a Mediator of Advertising Effectiveness: A Test of Competing Explanations, in: Journal of Marketing Research, Vol. 23, No. 2, S. 130-143.

MacKenzie, S. B./Podsakoff, P. M./Jarvis, C. B. (2005): The Problem of Measurement Model Misspecification in Behavioral and Organizational Research and Some Recommended Solutions, in: Journal of Applied Psychology, Vol. 90, No. 4, S. 710-730.

MacKenzie, S. B./Podsakoff, P. M./Podsakoff, N. P. (2011): Construct Measurement and Validation Procedures in MIS and Behavioral Research: Integrating New and Existing Techniques, in: MIS Quarterly, Vol. 35, No. 2, S. 293-334.

Madden, T. J./Fehle, F./Fournier, S. (2006): Brands Matter: An Empirical Demonstration of the Creation of Shareholder Value through Branding, in: Journal of the Academy of Marketing Science, Vol. 34, No. 2, S. 224-235.

Mael, F./Ashforth, B. E. (1992): Alumni and their alma mater: A partial test of the reformulated model of organizational identification, in: Journal of Organizational Behavior, Vol. 13, No. 2, S. 103-123.

Malhotra, N. K. (1981): A Scale to Measure Self-Concepts, Person Concepts, and Product Concepts, in: Journal of Marketing Research, Vol. 18, No. 4, S. 456-464.

Maloney, P. B. (2007): Absatzmittlergerichtetes, identitätsbasiertes Markenmanagement, Wiesbaden.

Maltz, E. (2000): Is All Communication Created Equal? An Investigation into the Effects of Communication mode on Received Information Quality, in: Journal of Product Innovation Management, Vol. 17, No. 2, S. 110-127.

Mann, A. (2004): Dialogmarketing. Konzeption und empirische Befunde, Wiesbaden.

Marr, R. (1989): Überlegungen zu einem Konzept einer „Differentiellen Personalwirtschaft", in: Drumm, H.-J. (Hrsg.): Individualisierung der Personalwirtschaft, Bern/Stuttgart, S. 37-47.

Martin, I. (2009): Kundenbindung im beratungsintensiven Einzelhandel. Eine empirische Untersuchung unter besonderer Berücksichtigung von Konsumentenheterogenität, Wiesbaden.

Maslow, A. H. (1943): A theory of human motivation, in: Psychological Review, Vol. 50, No. 4, S. 370-396.

Maslow, A. H. (1954): Motivation and Personality, New York u.a.

Maslow, A. H. (1970): Motivation and Personality, 2. Aufl., New York u.a.

Mayer, R. C./Davis, J. H. (1999): The Effect of the Performance Appraisal System on Trust for Management: A Field Quasi-Experiment, in: Journal of Applied Psychology, Vol. 84, No. 1, S. 123-136.

Mayer, R. C./Gavin, M. B. (2005): Trust in Management and Performance: Who Minds the Shop while the Employees Watch the Boss?, in: Academy of Management Journal, Vol. 48, No. 5, S. 874-888.

Mayer, V. (2009): Motivationstheorien, in: Schwaiger, M./Meyer, A. (Hrsg.): Theorien und Methoden der Betriebswirtschaft. Handbuch für Wissenschaftler und Studierende, München, S. 225-249.

Mayring, P. (2010): Qualitative Inhaltsanalyse, 11. Aufl., Weinheim.

McAllister, D. J. (1995): Affect- and Cognition-Based Trust as Foundations for Interpersonal Cooperation in Organizations, in: Academy of Management Journal, Vol. 38, No. 1, S. 24-59.

McClelland, D. C. (1953): The Achievement Motive, New York.

McClelland, D. C. (1971): Motivational Trends in Society, Morristown.

McClelland, D. C. (1987): Human Motivation, Cambridge u.a.

McLachlan, G./Basford, K. E. (1998): Mixture Models: Inference and Applications to Clustering, New York.

Meffert, H. (1994): Marktorientierte Führung von Dienstleistungsunternehmen: Neuere Entwicklungen in Theorie und Praxis, in: Die Betriebswirtschaft, 54. Jg., Nr. 4, S. 519-541.

Meffert, H./Bruhn, M. (2009): Dienstleistungsmarketing. Grundlagen – Konzepte – Methoden, 6. Aufl., Wiesbaden.

Meffert, H./Burmann, C. (1996): Identitätsorientierte Markenführung – Grundlagen für das Management von Markenportfolios, Arbeitspapier Nr. 100 der Wissenschaftlichen Gesellschaft für Marketing und Unternehmensführung e.V., Münster.

Meffert, H./Burmann, C./Kirchgeorg, M. (2012): Marketing. Grundlagen marktorientierter Unternehmensführung, 11. Aufl., Wiesbaden.

Mellor, V. (1999): Delivering Brand Values through People, in: Strategic Communication Management, Vol. 3, No. 2, S. 26-29.

Messedat, J. (2005): Corporate Architecture: Entwicklung, Konzepte, Strategien = Development, Concepts, Strategies, Ludwigsburg.

Meyer, J. P./Allen, N. J. (1991): A Three-Component Conceptualization of Organizational Commitment, in: Human Resource Management Review, Vol. 1, No. 1, S. 61-89.

Meyer, J. P./Allen, N. J. (1997): Commitment in the Workplace – Theory, Research, and Application, Thousand Oaks u.a.

Meyer, J. P./Herscovitch, L. (2001): Commitment in the workplace – Toward a general model, in: Human Resource Management Review, Vol. 11, No. 3, S. 299-326.

Michalski, S./Helmig, B. (2008): Zur Rolle des Konstrukts Identifikation zur Erklärung von Spendenbeziehungen: Eine qualitative Untersuchung, in: Stauss, B. (Hrsg.): Aktuelle Forschungsfragen im Dienstleistungsmarketing, Wiesbaden, S. 237-251.

Miles, S. J./Mangold, G. (2004): A Conceptualization of the Employee Branding Process, in: Journal of Relationship Marketing, Vol. 3, No. 2/3, S. 65-87.

Mills, J./Clark, M. S. (1982): Exchange and Communal Relationships, in: Wheeler, L. (Hrsg.): Review of Personality and Social Psychology, Beverly Hills, S. 121-144.

Mimouni-Chaabane, A./Volle, P. (2010): Perceived benefits of loyalty programs: Scale development and implications for relational strategies, in: Journal of Business Research, Vol. 63, No. 1, S. 32-37.

Mitchell, C. (2002): Selling the Brand Inside, in: Harvard Business Review, Vol. 80, No. 1, S. 99-105.

Moberg, D. J. (2000): Role Models and Moral Exemplars: How Do Employees Acquire Virtues By Observing Others?, in: Business Ethics Quarterly, Vol. 10, No. 3, S. 675-696.

Mohr, J. J./Sohi, R. S. (1995): Communication Flows in Distribution Channels: Impact on Assessment of Communication Quality and Satisfaction, in: Journal of Retailing, Vol. 71, No. 4, S. 393-416.

Mohr, J. J./Spekman, R. E. (1996): Perfecting Partnerships. Several Characteristics Contribute to Successful Alliance between Channel Members, in: Marketing Management, Vol. 4, No. 4, S. 35-43.

Monga, A. B. (2002): Brand as a Relationship Partner: Gender Differences in Perspectives, in: Advances in Consumer Research, Vol. 29, No. 1, S. 36-41.

Moorman, C./Deshpandé, R./Zaltman, G. (1993): Factors Affecting Trust in Market Research Relationships, in: Journal of Marketing, Vol. 57, No. 1, S. 81-101.

Moorman, C./Zaltman, G./Deshpandé, R. (1992): Relationships Between Providers and Users of Market Research: The Dynamics of Trust Within and Between Organizations, in: Journal of Marketing Research, Vol. 29, No. 3, S. 314-328.

Morgan, R. M./Hunt, S. D. (1994): The Commitment-Trust Theory of Relationship Marketing, in: Journal of Marketing, Vol. 58, No. 3, S. 20-38.

Morhart, F. (2008): Brand-Specific Leadership: On Its Effects and Trainability, Bamberg.

Morhart, F./Herzog, W./Tomczak, T. (2009): Brand-Specific Leadership: Turning Employees into Brand Champions, in: Journal of Marketing, Vol. 73, No. 5, S. 122-142.

Morhart, F./Jenewein, W./Tomczak, T. (2012): Mit transformationaler Führung das Brand Behavior stärken, in: Tomczak, T./Esch, F.-R./Kernstock, J./ Herrmann, A. (Hrsg.): Behavioral Branding. Wie Mitarbeiterverhalten die Marke stärkt, 3. Aufl., Wiesbaden, S. 389-406.

Morick, H. (2002): Differentielle Personalwirtschaft, München.

Moroko, L./Uncles, M. D. (2008): Characteristics of successful employer brands, in: Journal of Brand Management, Vol. 16, No. 3, S. 160-175.

Moroko, L./Uncles, M. D. (2009): Employer branding, in: Wall Street Journal, Vol. 253, No. 67, S. R7.

Morrison, M. A./Haley, E./Sheehan, K. B./Taylor, R. E. (2002): Using qualitative research in advertising: Strategies, techniques and applications, Thousand Oaks u.a.

Mowday, R. T. (1996): Equity Theory Predictions of Behavior in Organizations, in: Steers, R. M./Porter, L. W./Bigley, G. A. (Hrsg.): Motivation and Leadership at Work, 6. Aufl., New York u.a., S. 53-71.

Moye, M. J./Henkin, A. B. (2006): Exploring associations between employee empowerment and interpersonal trust in managers, in: Journal of Management Development, Vol. 25, No. 2, S. 101-117.

Mumby-Croft, R./Williams, J. (2002): The concept of workplace marketing: a management development model for corporate and enterprise sectors, in: Strategic Change, Vol. 11, No. 4, S. 205-214.

Muthén, B./Kaplan, D. (1985): A comparison of some methodologies for the factor analysis of non-normal Likert variables, in: British Journal of Mathematical and Statistical Psychology, Vol. 38, No. 2, S. 171-189.

Muthén, L. K./Muthén, B. (1998-2010): Mplus User's Guide, Version 6, Los Angeles.

N

Nerdinger, F. W. (1995): Motivation und Handeln in Organisationen, Stuttgart.

Nerdinger, F. W. (2011): Gravitation und organisationale Sozialisation, in: Nerdinger, F. W./Blickle, G./Schaper, N. (Hrsg.): Arbeits- und Organisationspsychologie, 2. Aufl., Berlin, S. 69-79.

Nerdinger, F. W./Neumann, C. (2008): Mitarbeiterorientiertes Management von Dienstleistungsmarken, in: Bruhn, M./Stauss, B. (Hrsg.): Dienstleistungsmarken. Forum Dienstleistungsmanagement, Wiesbaden, S. 213-231.

Nienhüser, G. (1993): Rolle, in: Weber, W./Mayrhofer, W./Nienhüser, W. (Hrsg.): Grundbegriffe der Personalwirtschaft, Stuttgart, S. 239.

Nitzl, C. (2010): Eine anwenderorientierte Einführung in die Partial Least Square (PLS)-Methode, Arbeitspapier Nr. 21 des Instituts für Industrielles Management der Universität Hamburg, Hamburg.

Noe, R. A./Hollenbeck, J. R./Gerhart, B./Wright, P. M. (2008): Human resource management: gaining a competitive advantage, 6. Aufl., Boston.

Noll, N. (1996): Gestaltungsperspektiven interner Kommunikation, Wiesbaden.

Nord, W. R. (1969): Social exchange theory: an integrative approach to social conformity, in: Psychological Bulletin, Vol. 71, No. 3, S. 174-208.

Nord, W. R. (1985): Can Organizational Culture Be Managed?, in: Frost, P. J./ Moore L. F./Louis, M. R./Lundberg, C. C./Martin, J. (Hrsg.): Organizational Culture, Beverly Hills, S. 187-196.

Nunnally, J. C./Bernstein, I. H. (1994): Psychometric Theory, 3. Aufl., New York.

O

Oliver, R. L. (1980): A Cognitive Model of the Antecedents and Consequences of Satisfaction Decisions, in: Journal of Marketing Research, Vol. 17, No. 4, S. 460-469.

Oliver, R. L. (1993): Cognitive, Affective, and Attribute Bases of the Satisfaction Response, in: Journal of Consumer Research, Vol. 20, No. 3, S. 418-430.

Oliver, R. L./DeSarbo, W. S. (1988): Response Determinants in Satisfaction Judgments, in: Journal of Consumer Research, Vol. 14, No. 4, S. 495-507.

O'Reilly, C. A. (1982): Variations in Decision Makers' Use of Information Sources. The Impact of Quality and Accessibility of Information, in: Academy of Management Journal, Vol. 25, No. 4, S. 756-771.

O'Reilly III, C./Chatman, J. (1986): Organizational Commitment and Psychological Attachment: The Effects of Compliance, Identification and Internalization on Prosocial Behavior, in: Journal of Applied Psychology, Vol. 71, No. 3, S. 492-499.

Organ, D. W. (1988): Organizational Citizenship Behavior: The Good Soldier Syndrome, Lexington, MA.

Orpen, C. (1997): The Interactive Effects of Communication Quality and Job Involvement on Managerial Job Satisfaction and Work Motivation, in: Journal of Psychology, Vol. 131, No. 5, S. 519-522.

P

Paik, Y./Parboteeah, K./Shim, W. (2007): The relationship between perceived compensation, organizational commitment and job satisfaction: the case of Mexican workers in the Korean Maquiladores, in: International Journal of Human Resource Management, Vol. 18, No. 10, S. 1768-1781.

Parasuraman, A./Zeithaml, V. A./Berry, L. L. (1985): A Conceptual Model of Service Quality and Its Implications for Future Research, in: Journal of Marketing, Vol. 49, No. 4, S. 41-50.

Parasuraman, A./Zeithaml, V. A./Berry, L. L. (1994): Reassessment of Expectations as a Comparison Standard in Measuring Service Quality: Implications for Further Research, in: Journal of Marketing, Vol. 58, No. 1, S. 111-124.

Park, J.-W./Kim, K.-H./Kim, J. (2002): Acceptance of Brand Extensions: Interactive Influences of Product Category Similarity, Typicality of Claimed Benefits, and Brand Relationship Quality, in: Advances in Consumer Research, Vol. 29, No. 1, S. 190-198.

Peter, J. P. (1979): Reliability: A Review of Psychometric Basics and Recent Marketing Practices, in: Journal of Marketing Research, Vol. 16, No. 1, S. 6-17.

Peter, J./Churchill, G. (1986): Relationships among Research Design Choices and Psychometric Properties of Rating Scales: A Meta-Analysis, in: Journal of Marketing Research, Vol. 23, No. 1, S. 1-10.

Petkovic, M. (2008): Employer Branding – Ein markenpolitischer Ansatz zur Schaffung von Präferenzen bei der Arbeitgeberwahl, 2. Aufl., Mering.

Pfefferkorn, E. J. (2009): Kommunikationscontrolling in Verbindung mit Zielgrößen des Markenwertes. Eine methodische Herangehensweise und Prüfung an einem Fallbeispiel, Wiesbaden.

Piehler, R. (2011): Interne Markenführung – Theoretisches Konzept und fallstudienbasierte Evidenz, Wiesbaden.

Pientkowski, U. (2011): Sozialpsychologie. Eine Einführung in die Psychologie sozialer Interaktion, München.

Podsakoff, P. M./MacKenzie, S. B./Lee, Y./Podsakoff, N. P. (2003): Common Method Biases in Behavioral Research: A Critical Review of the Literature and Recommended Remedies, in: Journal of Applied Psychology, Vol. 88, No. 5, S. 879-903.

Podsakoff, P. M./MacKenzie, S. B./Moorman, R. H./Fetter, R. (1990): Transformational Leader Behaviors And Their Effects On Followers' Trust In Leader, Satisfaction, And Organizational Citizenship Behavior, in: Leadership Quarterly, Vol. 1, No. 2, S. 107-142.

Podsakoff, P. M./MacKenzie, S. B./Paine, J./Bachrach, D. (2000): Organizational Citizenship Behaviors: A Critical Review of the Theoretical and Empirical Literature and Suggestions for Future Research, in: Journal of Management, Vol. 26, No. 3, S. 513-563.

Porter, L. W./Lawler, E. E./Hackman, J. R. (1975): Behavior in organizations, Tokio.

Prahinski, C./Fan, Y. (2007): Supplier Evaluations: The Role of Communication Quality, in: Journal of Supply Chain Management, Vol. 43, No. 3, S. 16-28.

PricewaterhouseCoopers/GFK Marktforschung/Sattler, H./Markenverband (2006): Praxis von Markenbewertung und Markenmanagement in deutschen Unternehmen, Frankfurt a.M.

Pritchard, M./Silvestro, R. (2005): Applying the Service Profit Chain to Analyse Retail Performance: The Case of Managerial Strait-Jacket?, in: International Journal of Service Industry Management, Vol. 16, No. 4, S. 337-356.

Punjaisri, K./Evanschitzky, H./Wilson, A. (2009): Internal branding: an enabler of employees' brand-supporting behaviours, in: Journal of Service Management, Vol. 20, No. 2, S. 209-226.

Punjaisri, K./Wilson, A. (2007): The role of internal branding in the delivery of employee brand promise, in: Journal of Brand Management, Vol. 15, No. 1, S. 57-70.

Punjaisri, K./Wilson, A./Evanschitzky, H. (2008): Exploring the influences of internal branding on employees' brand promise delivery: implications for strengthening customer-brand relationships, in: Journal of Relationship Marketing, Vol. 7, No. 4, S. 407-424.

Punjaisri, K./Wilson, A./Evanschitzky, H. (2009): Internal branding to influence employees' brand promise delivery: a case study in Thailand, in: Journal of Service Management, Vol. 20, No. 5, S. 561-579.

R

Raffée, H. (1984): Gegenstand, Methoden und Konzepte der Betriebswirtschaftslehre, in: Bitz, M. (Hrsg.): Vahlens Kompendium der Betriebswirtschaftslehre, Band 1, München, S. 1-46.

Raffelt, U./Littich, M./Meyer, A. (2011): Architectural branding as brand communication: Does it contribute to employees' brand commitment?, in: Marketing ZFP, 33. Jg., Nr. 3, S. 247-256.

Ramaswamy, V./DeSarbo, W. S./Reibstein, D. J./Robinson, W. T. (1993): An Empirical Pooling Approach for Estimating Marketing Mix Elasticities with PIMS, in: Marketing Science, Vol. 12, No. 1, S. 103-124.

Reimer, K. (2009): Bootstrapping und andere Resampling-Methoden, in: Albers, S./Klapper, D./Konradt, U./Walter, A./Wolf, J. (Hrsg.): Methodik der empirischen Forschung, 3. Aufl., Wiesbaden, S. 521-536.

Reinartz, W./Haenlein, M./Henseler, J. (2009): An empirical comparison of the efficacy of covariance-based and variance-based SEM, in: International Journal of Research in Marketing, Vol. 26, No. 4, S. 332-344.

Reinecke, S. (2004): Marketing Performance Management. Empirisches Fundament und Konzeption für ein integriertes Marketingkennzahlensystem, Wiesbaden.

Reis, H. T./Sheldon, K. M./Shelly, L. G./Roscoe, J./Ryan, R. M. (2000): Daily Well-Being: The Role of Autonomy, Competence, and Relatedness, in: Personality and Social Psychology Bulletin, Vol. 26, No. 4, S. 419-435.

Reynolds, T. D./Gutman, J. (1988): Laddering Theory, Method, Analysis, and Interpretation, in: Journal of Advertising Research, Vol. 28, No. 1, S. 11-31.

Rich, G. A. (1997): The Sales Manager as a Role Model: Effects on Trust, Job Satisfaction, and Performance of Salespeople, in: Journal of the Academy of Marketing Science, Vol. 25, No. 4, S. 319-328.

Riemenschneider, M. (2006): Der Wert von Produktvielfalt: Wirkung großer Sortimente auf das Verhalten von Konsumenten, Wiesbaden.

Riketta, M. (2005): Organizational identification: A meta-analysis, in: Journal of Vocational Behavior, Vol. 66, No. 2, S. 358-384.

Ringle, C. M. (2004): Messung von Kausalmodellen. Ein Methodenvergleich, Arbeitspapier Nr. 14, Institut für Industriebetriebslehre und Organisation, Universität Hamburg, Hamburg.

Ringle, C. M. (2006): Segmentation for Path Models and Unobserved Heterogeneity: The Finite Mixture Partial Least Squares Approach, University of Hamburg, Research Papers on Marketing and Retailing No. 35, Hamburg.

Ringle, C. M./Spreen, F. (2007): Beurteilung der Ergebnisse von PLS-Pfadanalysen, in: Das Wirtschaftsstudium, 36. Jg., Nr. 2, S. 211-216.

Ringle, C. M./Wende, S./Will, A. (2010): Finite Mixture Partial Least Squares Analysis: Methodology and Numerical Examples, in: Esposito Vinzi, V./ Chin, W. W./Henseler, J./Wang, H. (Hrsg.): Handbook of Partial Least Squares: Concepts, Methods and Applications, Berlin/Heidelberg, S. 195-218.

Robinson, S. L. (1996): Trust and Breach of the Psychological Contract, in: Administrative Science Quarterly, Vol. 41, No. 4, S. 574-599.

Röder, R. (2001): Kooperation an Schnittstellen, Frankfurt/Main.

Rosenberg, M. J. (1979): Conceiving the Self, New York.

Rossiter, J. R. (2002): The C-OAR-SE procedure for scale development in marketing, in: International Journal of Research in Marketing, Vol. 19, No. 4, S. 305-335.

Rudolf, M./Müller, J. (2012): Multivariate Verfahren: Eine praxisorientierte Einführung mit Anwendungsbeispielen in SPSS, 2. Aufl., Göttingen u.a.

Ruekert, R./Churchill, G. (1984): Reliability and Validity of Alternative Measures of Channel Member Satisfaction, in: Journal of Marketing Research, Vol. 21, No. 2, S. 226-233.

Rust, R. T./Ambler, T./Carpenter, G. S./Kumar, V./Srivastava, R. K. (2004): Measuring Marketing Productivity: Current Knowledge and Future Directions, in: Journal of Marketing, Vol. 68, No. 4, S. 76-89.

Ryan, R. M./Deci, E. L. (2000a): Self-determination theory and the facilitation of intrinsic motivation, social development, and well-being, in: American Psychologist, Vol. 55, No. 1, S. 68-78.

Ryan, R. M./Deci, E. L. (2000b): The darker and brighter sides of human existence: Basic psychological needs as a unifying concept, in: Psychological Inquiry, Vol. 11, No. 4, S. 319-338.

Ryan, R. M./Deci, E. L. (2002): An Overview of Self-Determination Theory: An Organismic-Dialectal Perspective, in: Deci, E. L./Ryan, R. M. (Hrsg.): Handbook of Self-Determination Research, Rochester, S. 3-36.

S

Salcher, E. F. (1995): Psychologische Marktforschung, 2. Aufl., Berlin u.a.

Sarstedt, M./Ringle, C. M. (2008): Heterogenität in varianzbasierter Strukturgleichungsmodellierung. Eine Analyseprozedur zur systematischen Anwendung von FIMIX-PLS, in: Marketing ZfP, 30. Jg., Nr. 4, S. 239-255.

Sarstedt, M./Ringle, C. M. (2010): Treating unobserved heterogeneity in PLS path modelling: A comparison of FIMIX-PLS with different data analysis strategies, in: Journal of Applied Statistics, Vol. 37, No. 8, S. 1299-1318.

Sawang, S. (2010): Moderation or Mediation? An Examination of the Role Perceived Managerial Support has on Job Satisfaction and Psychological Strain, in: Current Psychology, Vol. 29, No. 3, S. 247-256.

Scheer, B. (2008): Nutzenbasierte Marktsegmentierung. Eine kaufprozessorientierte empirische Untersuchung zur Wirkungsmessung von Marketing-Aktivitäten, Wiesbaden.

Scheffler, H. (2000): Stichprobenbildung und Datenerhebung, in: Herrmann, A./ Homburg, C. (Hrsg.): Marktforschung: Methoden, Anwendungen, Praxisbeispiele, 2. Aufl., Wiesbaden, S. 59-77.

Schein, E. H. (1978): Career dynamics: matching individual and organizational needs, Reading.

Scherm, E./Süß, S. (2010): Personalmanagement, 2. Aufl., München.

Schloderer, M./Ringle, C./Sarstedt, M. (2009): Einführung in varianzbasierte Strukturgleichungsmodellierung: Grundlagen, Modellevaluation und Interaktionseffekte am Beispiel von SmartPLS, in: Meyer, A./Schwaiger, M. (Hrsg.): Theorien und Methoden der Betriebswirtschaft, München, S. 583-611.

Schnake, M. (1991): Organizational Citizenship: A Review, Proposed Model, and Research Agenda, in: Human Relations, Vol. 44, No. 7, S. 735-759.

Schneider, H. (2009): Nachweis und Behandlung von Multikollinearität, in: Albers, S./Klapper, D./Konradt, U./Walter, A./Wolf, J. (Hrsg.): Methodik der empirischen Forschung, 3. Aufl., Wiesbaden, S. 221-236.

Schnell, R./Hill, P. B./Esser, E. (2011): Methoden der empirischen Sozialforschung, 9. Aufl., München.

Scholderer, J./Balderjahn, I. (2006): Was unterscheidet harte und weiche Strukturgleichungsmodelle nun wirklich? Ein Klärungsversuch zur LISREL-PLS-Frage, in: Marketing ZFP, 28. Jg., Nr. 1, S. 57-70.

Schulze, R./Gürntke, K./Inglsperger, A. (2005): Employer Branding – Talente gewinnen, motivieren, binden, in: Absatzwirtschaft, 24. Jg., Nr. 1, S. 92-94.

Schwartz, H./Davis, S. M. (1981): Matching Corporate Culture and Business Strategy, in: Organizational Dynamics, Vol. 10, No. 1, S. 30-48.

Schwarz, G. (1978): Estimating the Dimension of a Model, in: Annals of Statistics, Vol. 6, No. 2, S. 461-464.

Settoon, R. P./Bennett, N./Liden, R. C. (1996): Social Exchange in Organizations: Perceived Organizational Support, Leader-Member Exchange, and Employee Reciprocity, in: Journal of Applied Psychology, Vol. 81, No. 3, S. 219-227.

Sharma, S./Durand, R.M./Gur-Arie, O. (1981): Identification and Analysis of Moderator Variables, in: Journal of Marketing Research, Vol. 18, No. 3, S. 291-300.

Shore, L. M./Tetrick, L. E./Lynch, P./Barksdale, K. (2006): Social and Economic Exchange: Construct Development and Validation, in: Journal of Applied Social Psychology, Vol. 36, No. 4, S. 837-867.

Simon, H./Mummendey, A. (1997): Selbst, Identität und Gruppe: Eine sozialpsychologische Analyse des Verhältnisses von Individuum und Gruppe, in: Mummendey, A. (Hrsg.): Identität und Verschiedenheit – zur Sozialpsychologie der Identität in komplexen Gesellschaften, Bern u.a., S. 11-38.

Sinclair, R. R./Leo, M. C./Wright, C. (2005): Benefit System Effects on Employees' Benefit Knowledge, Use, and Organizational Commitment, in: Journal of Business and Psychology, Vol. 20, No. 1, S. 3-29.

Sinickas, A. (2002): Measuring the brand internally, in: Strategic Communication Management, Vol. 6, No. 4, S. 8.

Sinkovics, R./Salzberger, T./Holzmüller, H. H. (1998): Assessing Measurement Equivalence in Cross-National Consumer Behavior Research: Principles, Relevance and Application Issues, in: Balderjahn, I./Mennicken, C./Vernette, E. (Hrsg.): New Developments and Approaches in Consumer Behaviour Research, London, S. 269-288.

Smidts, A./Pruyn, A. T. H./van Riel, C. B. M. (2001): The impact of employee communication and perceived external prestige on organizational identification, in: Academy of Management Journal, Vol. 49, No. 5, S. 1051-1062.

Smit, E./Bronner, F./Tolboom, M. (2007): Brand Relationship Quality and its Value for Personal Contact, in: Journal of Business Research, Vol. 60, No. 6, S. 627-633.

Smith, C. A./Organ, D. W./Near, J. P. (1983): Organizational citizenship behavior: its nature and antecedents, in: Journal of Applied Psychology, Vol. 68, No. 4, S. 655-663.

Smith, D./Park, C. W. (1992): The Effects of Brand Extensions on Market Share and Advertising Efficiency, in: Journal of Marketing Research, Vol. 29, No. 3, S. 296-313.

Smith, E. R./Mackie, D. M. (2000): Social Psychology, 2. Aufl., Philadelphia/Hove.

Söhnchen, F. (2009): Common Method Variance and Single Source Bias, in: Albers, S./Klapper, D./Konradt, U./Walter, A./Wolf, J. (Hrsg.): Methodik der empirischen Forschung, 3. Aufl., Wiesbaden, S. 137-152.

Sperka, M. (2000): Communication Diagnostic in Research and Counselling, in: Brosius, H.-B. (Hrsg.): Kommunikation über Grenzen und Kulturen, Konstanz, S. 147-160.

Steven, M. (2007): Handbuch Produktion. Theorie – Management – Logistik – Controlling, Stuttgart.

Stier, W.(1999): Empirische Forschungsmethoden, 2. Aufl., Berlin u.a.

Stiglhamber, F./Bentein, K./Vandenberghe, C. (2002): Extension of the Three-Component Model of Commitment to Five Foci, in: European Journal of Psychological Assessment, Vol. 18, No. 2, S. 123-138.

Stock-Homburg, R. (2010): Personalmanagement. Theorien – Konzepte – Instrumente, 2. Aufl., Wiesbaden.

Stock-Homburg, R. (2012): Der Zusammenhang zwischen Mitarbeiter- und Kundenzufriedenheit. Direkte, indirekte und moderierende Effekte, 5. Aufl., Wiesbaden.

Storbacka, K./Strandvik, T./Grönroos, C. (1994): Managing Customer Relationships for Profit. The Dynamics of Relationship Quality, in: International Journal of Service Industry Management, Vol. 5, No. 5, S. 21-38.

Stotz, W./Wedel, A. (2009): Employer Branding – Mit Strategie zum bevorzugten Arbeitgeber, München.

Stuart, H. (1999): Towards a Definitive Model of the Corporate Identity Management Process, in: Corporate Communications: An International Journal, Vol. 4, No. 4, S. 200-207.

Suh, Y. I./Pedersen, P. M. (2010): Participants' Service Quality Perceptions of Fantasy Sports Websites: The Relationship Between Service Quality, Customer Satisfaction, Attitude, and Actual Usage, in: Sports Marketing Quarterly, Vol. 19, No. 2, S. 78-87.

Süß, S. (2008): Diversity-Management auf dem Vormarsch. Eine empirische Analyse der deutschen Unternehmenspraxis, in: Zeitschrift für betriebswirtschaftliche Forschung (ZfbF), 60. Jg., Nr. 6, S. 406-430.

Süß, S. (2009): Die Institutionalisierung von Managementkonzepten. Diversity-Management in Deutschland, München, Mering.

Süß, S. (2010): Quo vadis Diversity-Management: Legitimationsfassade oder professionelles Management personeller Vielfalt?, in: Zeitschrift für Management, 5. Jg., Nr. 3, S. 283-304.

Swan, J. E./Bowers, M. R. (1998): Services Quality and Satisfaction: The Process of People Doing Things Together, in: Journal of Services Marketing, Vol. 12, No. 1, S. 59-73.

Swoboda, B./Meierer, M./Giersch, J. (2008): Worauf müssen Unternehmen bei der länder- und kulturübergreifenden Steuerung einer Corporate Brand achten? – Eine empirische Studie auf Mitarbeiterebene, in: Baumgarth, C./Schneider, G. K./Ceritoglu, B. (Hrsg.): Impulse für die Markenforschung und Markenführung, Wiesbaden, S. 131-159.

T

Tajfel, H. (1959): Quantitative Judgment in Social Perception, in: British Journal of Psychology, Vol. 50, No. 1, S. 16-29.

Tajfel, H. (1963): Stereotypes, in: Race & Class, Vol. 5, No. 2, S. 3-14.

Tajfel, H. (1970): Experiments in Intergroup Discrimination, in: Scientific American, Vol. 23, No. 5, S. 96-102.

Tajfel, H. (1972): Introduction, in: Israel, J./Tajfel, H. (Hrsg.): The Context of Social Psychology, London, S. 1-13.

Tajfel, H. (1975): Soziales Kategorisieren, in: Moscovici, S. (Hrsg.): Forschungsgebiete der Sozialpsychologie 1, Frankfurt a.M., S. 345-368.

Tajfel, H. (1978a): Interindividual Behavior and Intergroup Behavior, in: Tajfel, H. (Hrsg.): Differentiation Between Social Groups: Studies in the Social Psychology of Intergroup Relations, London, S. 27-60.

Tajfel, H. (1978b): Social Categorization, Social Identity and Social Comparison, in: Tajfel, H. (Hrsg.): Differentiation Between Social Groups: Studies in the Social Psychology of Intergroup Relations, London, S. 61-70.

Tajfel, H. (1978c): The Achievement of Group Differentiation, in: Tajfel, H. (Hrsg.): Differentiation Between Social Groups: Studies in the Social Psychology of Intergroup Relations, London, S. 77-98.

Tajfel, H. (1981): Human groups and social categories, Cambridge.

Tajfel, H./Turner, J. (1979): An integrative theory of intergroup conflict, in: Austin, W. G./Worchel, S. (Hrsg.): The social psychology of intergroup relations, Monterey, S. 33-57.

Tajfel, H./Turner, J. (1986): The Social Identity Theory of Intergroup Behavior, in: Worchel, S./Austin, W. (Hrsg.): Psychology of Intergroup Relations, 2. Aufl., Chicago, S. 7-24.

Teichert, T. (2001): Nutzenermittlung in wahlbasierter Conjoint-Analyse: Ein Vergleich von Latent-Class- und hierarchischem Bayes-Verfahren, in: Zeitschrift für betriebswirtschaftliche Forschung, 53. Jg., Nr. 8, S. 798-822.

Tenenhaus, M./Vinzi, V. E./Chatelin, Y. M./Lauro, C. (2005): PLS Path Modeling, in: Computational Statistics & Data Analysis, Vol. 48, No. 1, S. 159-205.

Thibaut, J. W./Kelley, H. H. (1959): The social psychology of groups, New York.

Thibaut, J. W./Kelley, H. H. (1986): The social psychology of groups, 2. Aufl., New York.

Thomas, G. F./Zolin, R./Hartman, J. L. (2009): The Central Role of Communication in Developing Trust and its Effect on Employee Involvement, in: Journal of Business Communication, Vol. 46, No. 3, S. 287-310.

Thompson, K. W. (2009): Underemployement Perceptions, Job Attitudes, and Outcomes: An Equity Theory Perspective, in: Academy of Management Annual Meeting Proceedings 2009, S. 1-6.

Tomczak, T./Brexendorf, T. O. (2003): Wie viel Brand Manager hat ein Unternehmen wirklich?, in: persönlich – Die Zeitschrift für Marketing und Unternehmensführung, o.Jg., Nr. 1, S. 58-59.

Tomczak, T./Brexendorf, T. O./Morhart, F. (2006): Die Marke nach aussen und nach innen leben, in: io new management, o. Jg., Nr. 7/8, S. 15-19.

Tomczak, T./Herrmann, A./Brexendorf, T. O./Kernstock, J. (2005): Behavioral Branding – Markenprofilierung durch persönliche Kommunikation, in: Thexis, 22. Jg., Nr. 4, S. 28-31.

Tomczak, T./Morhart, F./Jenewein, W. (2008): Markenorientierte Mitarbeiterführung, in: Bauer, H. H./Huber, F./Albrecht, C.-M. (Hrsg.): Erfolgsfaktoren der Markenführung. Know-how aus Forschung und Management, München, S. 179-191.

Turner, J. C. (1975): Social comparison and social identity: Some prospects for intergroup behavior, in: European Journal of Social Psychology, Vol. 5, No. 1, S. 1-34.

Turner, J. C. (1982): Towards a cognitive redefinition of the social group, in: Tajfel, H. (Hrsg.): Social Identity and Intergroup Relations, Cambridge, S. 15-40.

Turnipseed, D. L. (2002): Are good soldiers good? Exploring the link between organization citizenship behavior and personal ethics, in: Journal of Business Research, Vol. 55, No. 1, S. 1-15.

Tuzovic, S. (2004): Kundenorientierte Vergütungssysteme im Relationship Marketing. Anforderungen, Konzeptionalisierung und Institutionalisierung, Wiesbaden.

Tyler, T. R./Blader, S. L. (2000): Cooperation in Groups. Procedural Justice, Social Identity, and Behavioral Engagement, Ann Arbor.

Tyler, T. R./Blader, S. L. (2001): Identity and cooperative behavior in groups, in: Group Processes & Intergroup Relations, Vol. 4, No. 3, S. 207-226.

V

Vallaster, C. (2005): Versprochen ist versprochen, in: Harvard Business Manager, 27. Jg., Oktober, S. 110-114.

Vallaster, C. (2007): Markenbildung nach innen: Der Beitrag von Mitarbeiterauswahlprozessen beim Aufbau einer Unternehmensmarkenidentität. Eine strukturationstheoretische Analyse, in: Marketing ZFP, 29. Jg., Nr. 4, S. 261-274.

Vallaster, C./De Chernatony, L. (2004): How much do leaders matter in internal brand building? An international perspective, Centre for Research in Brand Marketing, Paper 235, Birmingham Business School, Birmingham.

Vallaster, C./De Chernatony, L. L. (2005): Internationalisation of services brands: the role of leadership during the internal brand building process, in: Journal of Marketing Management, Vol. 21, No. 1/2, S. 181-203.

van den Broeck, A./Vansteenkiste, M./De Witte, H./Lens, W. (2008): Explaining the relationships between job characteristics, burnout, and engagement: The role of basic psychological need satisfaction, in: Work & Stress, Vol. 22, No. 3, S. 277-294.

van Dyne, L./Graham, J. W./Dienesch, R. M. (1994): Organizational Citizenship Behavior: Construct Redefinition, Measurement, and Validation, in: Academy of Management Journal, Vol. 37, No. 4, S. 765-802.

van Dyne, L./LePine, J. A. (1998): Helping and Voice Extra-Role Behaviors: Evidence of Construct and Predictive Validity, in: Academy of Management Journal, Vol. 41, No. 1, S. 108-119.

van Knippenberg, D. (2000): Work Motivation and Performance: A Social Identity Perspective, in: Applied Psychology: An International Review, Vol. 49, No. 3, S. 357-371.

van Knippenberg, D./De Dreu, C. K. W./Homan, A. C. (2004): Work Group Diversity and Group Performance: An Integrative Model and Research Agenda, in: Journal of Applied Psychology, Vol. 89, No. 6, S. 1008-1022.

van Maanen, J. (1976): Breaking in: socialization to work, in: Dubin, R. (Hrsg.): Handbook of work, organization, and society, Band 3, Chicago, S. 67-130.

Vedder, G. (2006): Die historische Entwicklung von Diversity-Management in den USA und in Deutschland, in: Krell, G./Wächter, H. (Hrsg.): Diversity-Management. Impulse aus der Personalforschung, München, Mering, S. 1-23.

Veloutsou, C. (2007): Identifying the Dimensions of the Product-Brand and Consumer Relationship, in: Journal of Marketing Management, Vol. 23, No. 1/2, S. 7-26.

Vermunt, J. K./Magidson, J. (2000): Latent GOLD User's Guide, Belmont.

Vershofen, W. (1940): Handbuch der Verbrauchsforschung, Band 1, Berlin.

von der Oelsnitz, D. (2000): Marketingimplementierung durch "Counter-Cultures", in: Marketing ZFP, 22. Jg., Nr. 2, S. 109-118.

von Loewenfeld, F. (2006): Brand Communities. Erfolgsfaktoren und ökonomische Relevanz von Markengemeinschaften, Wiesbaden.

von Rosenstiel, L. (1975): Die motivationalen Grundlagen des Verhaltens in Organisationen. Leistung und Zufriedenheit, Berlin.

von Rosenstiel, L./Molt, W./Rüttinger, B. (2005): Organisationspsychologie, 5. Aufl., Stuttgart.

von Walter, B./Henkel, S./Heidig, W. (2012): Mitarbeiterassoziationen als Treiber der Arbeitgeberattraktivität, in: Tomczak, T./Esch, F.-R./Kernstock, J./Herrmann, A. (Hrsg.): Behavioral Branding. Wie Mitarbeiterverhalten die Marke stärkt, 3. Aufl., Wiesbaden, S. 295-315.

von Walter, B./Tomczak, T./Henkel, S. (2011): Mitarbeiter zu Markenbotschaftern machen: Steigerung der Dienstleistungsproduktivität durch Behavioral Branding, in: Bruhn, M./Hadwich, K. (Hrsg.): Dienstleistungsproduktivität. Innovationsentwicklung, Internationalität, Mitarbeiterperspektive. Forum Dienstleistungsmanagement, Band 2, Wiesbaden, S. 325-354.

Voss, K. E./Spangenberg, E. R./Grohmann, B. (2003): Measuring the Hedonic and Utilitarian Dimensions of Consumer Attitude, in: Journal of Marketing Research, Vol. 40, No. 3, S. 310-320.

Vough, H./Corley, K. G. (2004): Advertising and Employees: Exploring the Impact of Discrepant Ads on Organizational Identification, in: Best Paper Proceedings of the Sixty-fourth Annual Meeting of the Academy of Management, S. E1-E6.

W

Wallace, E./De Chernatony, L. (2009): Service Employee Performance: Its Components and Antecedents, in: Journal of Relationship Marketing, Vol. 8, No. 2, S. 82-102.

Wallström, Å./Karlsson, T./Salehi-Sangari, E. (2008): Building a corporate brand: The internal brand building process in Swedish service firms, in: Journal of Brand Management, Vol. 16, No. 1/2, S. 40-50.

Walsh, G./Beatty, S. E. (2007): Customer-based Corporate Reputation of a Service Firm: Scale Development and Validation, in: Journal of the Academy of Marketing Science, Vol. 35, No. 1, S. 127-143.

Walter, A./Muller, T. A./Helert, G./Ritter, T. (2003): Functions of industrial supplier relationships and their impact on relationship quality, in: Industrial Marketing Management, Vol. 32, No. 2, S. 159-169.

Walumbwa, F. O./Mayer, D. M./Wang, P./Wang, H./Workman, K. (2011): Linking ethical leadership to employee performance: The roles of leader-member exchange, self-efficacy, and organizational identification, in: Organizational Behavior and Human Decision Processes, Vol. 115, No. 2, S. 204-213.

Walumbwa, F. O./Wang, P./Lawler, J. J./Shi, K. (2004): The role of collective efficacy in the relations between transformational leadership and work outcomes, in: Journal of Occupational and Organizational Psychology, Vol. 77, No. 4, S. 515-530.

Wannhoff, J. (1990): Zur Analyse von Mischverteilungen auf der Basis von Informationskriterien, Bergisch Gladbach/Köln.

Wanous, J. P. (1980): Organizational entry: recruitment, selection, and socialization of newcomers, Reading.

Watson, R./Storey, D./Wynarczyk, P./Keasey, K./Short, H. (1996): The Relationship Between Job Satisfaction and Managerial Remuneration in Small and Medium-Sized Enterprises: An Empirical Test of 'Comparison Income' and 'Equity Theory' Hypotheses, in: Applied Economics, Vol. 28, No. 5, S. 567-576.

Wayne, S. J./Shore, L. M./Bommer, W. H./Tetrick, L. E. (2002): The Role of Fair Treatment and Rewards in Perceptions of Organizational Support and Leader-Member Exchange, in: Journal of Applied Psychology, Vol. 87, No. 3, S. 590-598.

Wedel, M./Kamakura, W. (1998): Market Segmentation – Conceptual and Methodological Foundations, Boston.

Wedel, M./Kamakura, W. (2000): Market Segmentation – Conceptual and Methodological Foundations, 2. Aufl., Boston.

Weibel, A. (2009): Kooperation und Engagement in der Arbeit. Eine vergleichende Betrachtung von psychologischer Ökonomik und Verhaltenswissenschaft, in: Schreyögg, G./Sydow, J. (Hrsg.): Verhalten in Organisationen. Managementforschung 19, Wiesbaden, S. 31-66.

Weiber, R./Mühlhaus, J. (2010): Strukturgleichungsmodellierung. Eine anwendungsorientierte Einführung in die Kausalanalyse mit Hilfe von AMOS, SmartPLS und SPSS, Berlin u.a.

Weinberg, P. (1986): Nonverbale Marktkommunikation, Heidelberg.

Weinberg, P. (1992): Erlebnismarketing, München.

Weinert, A. B. (2004): Organisations- und Personalpsychologie, 5. Aufl., Weinheim/Basel.

Welling, M. (2005): Markenführung im professionellen Ligasport, in: Meffert, H./Burmann, C./Koers, M. (Hrsg.): Markenmanagement – Grundfragen der identitätsorientierten Markenführung, 2. Aufl., Wiesbaden, S. 495-522.

Wells, J. D./Valacich, J. S./Hess. T. J. (2011): What Signals are you Sending? How Website Quality Influences Perceptions of Product Quality and Purchase Intentions, in: MIS Quarterly, Vol. 35, No. 2, S. 373-396.

Wenske, A. V. (2008): Management und Wirkungen von Marke-Kunde-Beziehungen im Konsumgüterbereich, Wiesbaden.

Wentzel, D./Tomczak, T./Kernstock, J./Brexendorf, T. O./Henkel, S. (2012): Der Funnel als Analyse- und Steuerungsinstrument von Brand Behavior, in: Tomczak, T./Esch, F.-R./Kernstock, J./Herrmann, A. (Hrsg.): Behavioral Branding. Wie Mitarbeiterverhalten die Marke stärkt, 3. Aufl., Wiesbaden, S. 81-99.

West, S. G./Finch, J. F./Curran, P. J. (1995): Structural equation models with nonnormal variables: Problems and remedies, in: Hoyle, R. H. (Hrsg.): Structural equation modeling – Concepts, issues, and applications, London, S. 56-75.

Wetzels, M./Odekerken-Schröder, G./van Oppen, C. (2009): Using PLS Path Modeling for Assessing Hierarchical Construct Models: Guidelines and Empirical Illustration, in: MIS Quarterly, Vol. 33, No. 1, S. 177-195.

Wilcox, J. B./Howell, R. D./Breivik, E. (2008): Questions about formative measurement, in: Journal of Business Research, Vol. 61, No. 12, S. 1219-1228.

Williams, G. C. (2002): Improving Patients' Health Through Supporting the Autonomy of Patients and Provider, in: Deci, E. L./Ryan, R. M. (Hrsg.): Handbook of Self-Determination Research, Rochester, S. 233-254.

Williams, L. J./Anderson, S. E. (1991): Job Satisfaction And Organizational Commitment As Predictors Of Organizational Citizenship Behaviors And In-Role Behaviors, in: Journal of Management, Vol. 17, No. 3, S. 601-617.

Winter, S. (2005): Mitarbeiterzufriedenheit und Kundenzufriedenheit: Eine mehrebenenanalytische Untersuchung der Zusammenhänge auf Basis multidimensionaler Zufriedenheitsmessung, unveröffentlichte Dissertationsschrift der Universität Mannheim, Mannheim, https://ub-madoc.bib.uni-mannheim.de/862/1/Winter.pdf (Zugriff am 17.11.2011).

Wiswede, G. (1977): Rollentheorie, Stuttgart.

Wiswede, G. (2007): Einführung in die Wirtschaftspsychologie, 4. Aufl., München.

Wittke-Kothe, C. (2001): Interne Markenführung: Verankerung der Markenidentität im Mitarbeiterverhalten, Wiesbaden.

Wold, H. (1966): Nonlinear estimation by partial least squares procedures, in: David, F. N. (Hrsg.): Research papers in statistics, New York, S. 411-444.

Wold, H. (1975): Path models with latent variables: The NIPALS Approach, in: Blalock, H. M. (Hrsg.): Quantitative sociology: International perspectives on mathematical and statistical model building, New York, S. 307-357.

Wold, H. (1982): Soft Modeling: The Basic Design and Some Extensions, in: Jöreskog, K. G./Wold, H. (Hrsg.): Systems under indirect Observation, Part II, Amsterdam u.a., S. 1-54.

Wolfinbarger, M. F./Gilly, M. C. (1991): A Conceptual Model of the Impact of Advertising on Service Employees, in: Psychology and Marketing, Vol. 8, No. 3, S. 215-237.

Wolfinbarger, M. F./Gilly, M. C. (2005): How Firm Advertising Affects Employees' Trust, Organizational Identification, and Customer Focus, in: MSI Reports, No. 05-002, S. 21-39.

Wong, A./Sohal, A. (2003): Service quality and customer loyalty perspectives on two levels of retail relationships, in: Journal of Services Marketing, Vol. 17, No. 5, S. 495-513.

Wrase, I. (2010): Mitarbeitermotivation im Outsourcing unter besonderer Berücksichtigung des Facility Managements, Wiesbaden.

Wrobbel, E./Tietz, W. (1998): Die Kausalanalyse als Instrument der Marketingforschung – dargestellt am Beispiel des Preisimage von Großhandelsbetrieben, Arbeitspapier Nr. 72 der Universität Erlangen-Nürnberg, Nürnberg.

Y

Yaniv, E./Farkas, F. (2005): The impact of person-organization fit on the corporate brand perception of employees and of customers, in: Journal of Change Management, Vol. 5, No. 4, S. 447-461.

Yoon, M. H./Suh, J. (2003): Organizational citizenship behaviors and service quality as external effectiveness of contact employees, in: Journal of Business Research, Vol. 56, No. 8, S. 597-611.

Z

Zaichkowsky, J. L. (1985): Measuring the involvement construct, in: Journal of Consumer Research, Vol. 12, No. 3, S. 341-352.

Zeithaml, V. A./ Berry, L. L./Parasuraman, A. (1993): The Nature and Determinants of Customer Expectations of Services, in: Journal of the Academy of Marketing Science, Vol. 21, No. 1, S. 1-12.

Zeithaml, V. A./Parasuraman, A./Berry, L. L. (1985): Problems and Strategies in Services Marketing, in: Journal of Marketing, Vol. 40, No. 1, S. 33-46.

Zeithaml, V. A./Parasuraman, A./Berry, L. L. (1988): Communication and Control Processes in the Delivery of Service Quality, in: Journal of Marketing, Vol. 52, No. 2, S. 35-48.

Zeithaml, V. A./Parasuraman, A./Berry, L. L. (1996): The Behavioral Consequences of Service Quality, in: Journal of Marketing, Vol. 60, No. 2, S. 31-46.

Zeplin, S. (2006): Innengerichtetes identitätsbasiertes Markenmanagement, Wiesbaden.

Zhou, T./Lu, Y./Wang, B. (2009): The Relative Importance of Website Design Quality and Service Quality in Determining Consumers' Online Repurchase Behavior, in: Information Systems Management, Vol. 26, No. 4, S. 327-337.

Zmud, R. (1978): An empirical investigation of the dimensionality of the concept of information, in: Decision Sciences, Vol. 9, No. 2, S. 187-195.

Anhang

Anhang 1: Exemplarischer Gesprächsleitfaden der qualitativen Interviews 382

Anhang 2: Fragebogen der quantitativen Hauptstudie 385

Anhang 3: Güteprüfung des Konstrukts markenkonformes Mitarbeiterverhalten 393

Anhang 3.1: Rotierte Faktorlösung 393
Anhang 3.2: Einzelanalyse (Gütekriterien der 1. Generation) 394
Anhang 3.3: Gesamtanalyse (Gütekriterien der 2. Generation) 395
Anhang 3.4: Grafische Ergebnisdarstellung 396
Anhang 3.5: Prüfung auf Diskriminanzvalidität 396

Anhang 4: Prüfung auf Common-Method-Bias 397

Anhang 5: Formel zur Berechnung des Indexwertes formativer Konstrukte 398

Anhang 1: Exemplarischer Gesprächsleitfaden der qualitativen Interviews

Phase	Interviewer	Zielsetzung
1	Guten Tag. Vielen Dank, dass Sie sich die Zeit nehmen, mich bei der Untersuchung zu unterstützen.	Begrüßung
2	Zunächst zum Hintergrund der Befragung: Das Ziel meiner Dissertation ist es, die **Qualität der Internen Markenführung** zu untersuchen. Die Qualität der Internen Markenführung ist die aus Mitarbeitersicht vorgenommene Beurteilung der Fähigkeit des Unternehmens, die Interne Markenführung gemäß den Mitarbeitererwartungen zu erstellen. In diesem Gespräch soll demnach ermittelt werden, **welche Erwartungen** Sie an die Interne Markenführung haben.	Darlegung der Zielsetzung der Dissertation und des Interviews
3	Es geht mir in diesem Interview vor allem darum, Kenntnis darüber zu gewinnen, was Sie unter der Qualität der Internen Markenführung verstehen. Insbesondere geht es mir darum zu erfahren, **welche Erwartungen aus Ihrer Sicht erfüllt werden müssen**, damit Sie von einer hohen Qualität der Internen Markenführung sprechen. Ihre Angaben werden benötigt, damit herausgefunden werden kann, welche Anforderungen Mitarbeitende an die Interne Markenführung im Unternehmen stellen, so dass die Möglichkeit besteht, Maßnahmen zur Erfüllung dieser Anforderungen zu ergreifen. Bitte antworten Sie so, wie es Ihnen spontan in den Sinn kommt. Es gibt keine richtigen oder falschen Antworten. Selbstverständlich werden Ihre Angaben vertraulich behandelt.	Darlegung der Rolle des Befragten

4	„Die **Interne Markenführung** umfasst sämtliche Maßnahmen der markenführenden Institution (Hersteller, Handel, Dienstleister, Non-Profit-Organisation), die darauf abzielen, dass die Markenidentität von den Mitarbeitenden verinnerlicht und gelebt wird, damit die aus dem Markennutzenversprechen resultierenden Erwartungen der externen Anspruchsgruppen (insbesondere der Nachfrager) erfüllt werden und dadurch wiederum die Erreichung der gesetzten Markenziele gefördert wird." **Maßnahmen der Internen Markenführung** stammen vor allem aus den Bereichen Personalmanagement (z.B. Trainings, Schulungen) und interne Kommunikation (z.B. Newsletter, Mitarbeiterzeitschrift).	Darlegung des Begriffs „Interne Markenführung" und Nennung beispielhafter Maßnahmen
5	Hatten Sie in letzter Zeit Kontakt mit Maßnahmen der Internen Markenführung? Haben Sie in letzter Zeit **besonders positive Erfahrungen** mit (Maßnahmen) der Internen Markenführung gemacht? Warum? Haben Sie in letzter Zeit **besonders negative Erfahrungen** mit (Maßnahmen) der Internen Markenführung gemacht? Warum?	„Eisbrecherfrage"; Vorbereiten des Probanden auf die nachfolgenden Fragen

6	Was sind Ihrer Meinung nach die **positiven** Eigenschaften/Faktoren/Ereignisse, die eine Interne Markenführung bei Ihnen im Unternehmen ausmachen? Warum? Wie wichtig sind für Sie diese Qualitätsfaktoren? Wie wichtig sind weitere Qualitätsfaktoren? Was sind Ihrer Meinung nach die **negativen** Eigenschaften/Faktoren/Ereignisse, die bei der Internen Markenführung auftreten und noch verbessert werden können? Warum? Wie wichtig sind für Sie diese Qualitätsfaktoren? Wie wichtig sind weitere Qualitätsfaktoren? Was sind für Sie die wichtigen Faktoren für eine **„gute Interne Markenführung"**? (Qualität) Warum? Wie wichtig sind für Sie diese Qualitätsfaktoren? Wie wichtig sind weitere Qualitätsfaktoren? Was erwarten Sie **generell** von der Internen Markenführung bei Ihnen im Unternehmen? Warum? Wie wichtig sind für Sie diese Qualitätsfaktoren? Wie wichtig sind weitere Qualitätsfaktoren? Welche **Maßnahmen** tragen zur Erfüllung der von Ihnen genannten Erwartungen an die Interne Markenführung bei? Fällt Ihnen sonst noch etwas ein, worauf im Rahmen der Internen Markenführung Wert gelegt werden sollte?	Identifikation der Erwartungen an die Interne Markenführung
7	Vielen Dank für das Gespräch.	Dank

Anhang 2: Fragebogen der quantitativen Hauptstudie

Liebe Mitarbeiterin, lieber Mitarbeiter

Ich bin wissenschaftliche Mitarbeiterin an der Universität Basel und führe in Zusammenarbeit mit *Bell* eine Befragung zum Thema „Steuerung des Markenverhaltens der Mitarbeiter" durch. Hierfür möchte ich Sie herzlich um Ihre Unterstützung bitten.

Der Fragebogen umfasst einige Fragen und Aussagen zu verschiedenen Themenbereichen. Geben Sie bitte für jede Aussage an, inwiefern diese Aussage zutrifft. Hierbei gibt es keine richtigen oder falschen Antworten, vielmehr geht es um Ihre eigene Meinung und Ihre persönliche Beurteilung. Alle Fragen beziehen sich dabei auf **Bell** als **Unternehmensmarke**.

Die Beantwortung des Fragebogens ist ganz einfach und dauert ca. 10-15 Minuten. Alle Ihre Angaben werden selbstverständlich **anonym** und **vertraulich** behandelt. Ausser meiner Person erhält niemand Zugang zu den Einzelangaben. Bitte füllen Sie den Fragebogen bis zum **22.07.2011** aus.

Herzlichen Dank im Voraus für Ihre Unterstützung und viel Spass beim Ausfüllen!

Beste Grüsse

Verena Batt

Teil I

Bitte geben Sie an, inwieweit Sie den nachstehenden Aussagen zustimmen (1 = stimme gar nicht zu, 7 = stimme voll zu).

	Stimme gar nicht zu → Stimme voll zu						
	1	2	3	4	5	6	7
Die **Gestaltung unserer Räume** (z.B. mit Bell Poster, Bell Kalendern usw.) macht deutlich sichtbar, wofür die Marke Bell steht.	○	○	○	○	○	○	○
Unser **Firmengelände** (z.B. Gebäude) macht deutlich sichtbar, wofür die Marke Bell steht.	○	○	○	○	○	○	○
Unsere **Dienstbekleidung** macht deutlich sichtbar, wofür die Marke Bell steht.	○	○	○	○	○	○	○
Die zur Verfügung gestellten **Artikel** (z.B. Bell Kulis, Post-its, Schlüsselbänder usw.) machen deutlich sichtbar, wofür die Marke Bell steht.	○	○	○	○	○	○	○
Es wird im Unternehmen deutlich sichtbar gemacht, wofür die Marke Bell steht.	○	○	○	○	○	○	○
Unsere **Geschäftsführung** lebt (z.B. in Reden, Gesprächen) die Marke Bell überzeugend vor.	○	○	○	○	○	○	○
Meine **direkten Vorgesetzten** leben (z.B. in Reden, Gesprächen) die Marke Bell überzeugend vor.	○	○	○	○	○	○	○
Meine **Kollegen** leben (z.B. in Gesprächen) die Marke Bell überzeugend vor.	○	○	○	○	○	○	○
Mir wird im Unternehmen ein Verhalten im Sinne der Marke Bell überzeugend vorgelebt.	○	○	○	○	○	○	○

Anhang

Bitte geben Sie an, inwieweit Sie den nachstehenden Aussagen zustimmen (1 = stimme gar nicht zu, 7 = stimme voll zu).	Stimme gar nicht zu						Stimme voll zu
	1	2	3	4	5	6	7
Ich habe in meinem Aufgabenbereich die Möglichkeit, **eigene Vorschläge** zur Umsetzung und Weiterentwicklung der Marke Bell einzubringen (z.B. hinsichtlich neuer Produkte, Strategien).	○	○	○	○	○	○	○
Ich habe in meinem Aufgabenbereich die Möglichkeit, **eigene Entscheidungen** zur Umsetzung und Weiterentwicklung der Marke Bell zu treffen (z.B. hinsichtlich neuer Produkte, Strategien).	○	○	○	○	○	○	○
Ich habe die Möglichkeit, aktiv Einfluss auf die Umsetzung und Weiterentwicklung der Marke Bell zu nehmen.	○	○	○	○	○	○	○

	1	2	3	4	5	6	7
Über Medien, wie z.B. **Mitarbeiterzeitschrift, Aushänge, Intranet, Emails**, usw., werde ich gut über die Marke Bell informiert.	○	○	○	○	○	○	○
Durch **Schulungsmassnahmen** (z.B. Seminare, Workshops, Einführungsveranstaltungen) werde ich gut über die Marke Bell informiert.	○	○	○	○	○	○	○
In **persönlichen Gesprächen** (z.B. Meetings, Sitzungen) werde ich gut über die Marke Bell informiert.	○	○	○	○	○	○	○
Ich werde im Unternehmen gut über die Marke Bell informiert.	○	○	○	○	○	○	○

	1	2	3	4	5	6	7
Meine Anstrengungen für die Marke Bell werden durch **Geldleistungen** honoriert (z.B. durch Erfolgsbeteiligungen, Prämien).	○	○	○	○	○	○	○
Meine Anstrengungen für die Marke Bell werden durch **Sachleistungen** honoriert (z.B. Geschenke wie der Erhalt von Bell Jacken).	○	○	○	○	○	○	○
Meine Anstrengungen für die Marke Bell werden **immateriell** honoriert (z.B. Lob durch den Vorgesetzten).	○	○	○	○	○	○	○
Es wird im Unternehmen honoriert, wenn ich mich für die Marke Bell anstrenge.	○	○	○	○	○	○	○

Die folgenden drei Aussagen beziehen sich auf die eingesetzten **Massnahmen der Internen Markenführung** bei Bell. Darunter zählen **sämtliche der zuvor abgefragten Massnahmen** (z.B. Mitarbeiterzeitschrift, Dienstbekleidung, Verhalten der Vorgesetzten, Schulungen, Lob).

Bitte geben Sie an, inwieweit Sie den nachstehenden Aussagen zustimmen (1 = stimme gar nicht zu, 7 = stimme voll zu).	Stimme gar nicht zu						Stimme voll zu
	1	2	3	4	5	6	7
Die bei uns eingesetzten **Massnahmen der Internen Markenführung** finde ich gut.	O	O	O	O	O	O	O
Die bei uns eingesetzten **Massnahmen der Internen Markenführung** sprechen mich an.	O	O	O	O	O	O	O
Die bei uns eingesetzten **Massnahmen der Internen Markenführung** entsprechen meinen Vorstellungen.	O	O	O	O	O	O	O

Die folgenden drei Aussagen beziehen sich auf die eingesetzten **Massnahmen der Externen Markenführung** bei Bell, die sich primär an die (potenziellen) Kunden richten. Darunter zählen z.B. Werbeplakate, Inserate, TV-Spots, Website, Degustationen im Supermarkt).

Bitte geben Sie an, inwieweit Sie den nachstehenden Aussagen zustimmen (1 = stimme gar nicht zu, 7 = stimme voll zu).	Stimme gar nicht zu						Stimme voll zu
	1	2	3	4	5	6	7
Die **Massnahmen der Externen Markenführung** finde ich gut.	O	O	O	O	O	O	O
Die **Massnahmen der Externen Markenführung** sprechen mich an.	O	O	O	O	O	O	O
Die **Massnahmen der Externen Markenführung** entsprechen meinen Vorstellungen.	O	O	O	O	O	O	O

Anhang

Teil II

Im Folgenden bitte ich Sie, **allgemeine Aussagen zur Marke Bell** zu treffen.

Bitte geben Sie an, inwieweit Sie den nachstehenden Aussagen zustimmen (1 = stimme gar nicht zu, 7 = stimme voll zu).	Stimme gar nicht zu					Stimme voll zu	
	1	2	3	4	5	6	7
Meine Arbeit für die Marke Bell macht mir Spass.	O	O	O	O	O	O	O
Insgesamt gefällt es mir, für die Marke Bell zu arbeiten.	O	O	O	O	O	O	O
Ich bin mit meiner Arbeit für die Marke Bell alles in allem zufrieden.	O	O	O	O	O	O	O
Ich glaube, dass ich im Unternehmen als wichtiges Teammitglied für die Marke Bell angesehen werde.	O	O	O	O	O	O	O
Ich bin stolz, wenn ich anderen (z.B. meinen Freunden oder Bekannten) erzählen kann, dass ich für die Marke Bell arbeite.	O	O	O	O	O	O	O
Meine Verbundenheit mit der Marke Bell basiert vor allem auf der Ähnlichkeit meiner Werte mit denen von Bell (z.B. Lebensfreude, Genuss, Qualitätsbewusstsein).	O	O	O	O	O	O	O
Die Werte, für die die Marke Bell steht, sind für mich wichtig.	O	O	O	O	O	O	O
Die Marke Bell wird mich niemals enttäuschen.	O	O	O	O	O	O	O
Die Marke Bell ist darauf bedacht, den Bedürfnissen ihrer Mitarbeitenden gerecht zu werden.	O	O	O	O	O	O	O
Die Marke Bell hält, was sie verspricht.	O	O	O	O	O	O	O
Ich habe Vertrauen in die Marke Bell.	O	O	O	O	O	O	O

Andere würden mich als eine Person beschreiben, die...	Stimme gar nicht zu						Stimme voll zu
	1	2	3	4	5	6	7
... markenbezogene Regeln und Vorgaben mit grosser Sorgfalt befolgt (z.B. Hygienevorschriften).	○	○	○	○	○	○	○
... bei der Arbeit konsequent darauf achtet, das Markenversprechen gegenüber den Kunden einzuhalten (z.B. das Sicherstellen einer hohen Qualität).	○	○	○	○	○	○	○
... bei allem, was sie macht, darauf achtet, der Marke Bell nicht zu schaden.	○	○	○	○	○	○	○
... die Marke Bell anderen (z.B. Freunden, Bekannten oder Verwandten) weiterempfiehlt.	○	○	○	○	○	○	○
... auch privat die Marke Bell verwendet.	○	○	○	○	○	○	○
... darauf achtet, nach aussen als Botschafter der Marke Bell aufzutreten.	○	○	○	○	○	○	○
... die Marke verteidigt, wenn andere sie kritisieren.	○	○	○	○	○	○	○
... um die Marke Bell noch besser repräsentieren zu können, Kunden oder andere Kollegen **aktiv nach Feedback** fragt.	○	○	○	○	○	○	○
... um die Marke Bell noch besser repräsentieren zu können, sich durch das **Lesen von markenbezogenem Informationsmaterial** (z.B. Mitarbeiterzeitschrift, Broschüren, Intranet) **oder Handbüchern** weiterbildet.	○	○	○	○	○	○	○
... um die Marke Bell noch besser repräsentieren zu können, regelmässig an **Schulungen oder Fortbildungen** teilnimmt.	○	○	○	○	○	○	○
... um die Marke Bell noch besser zu gestalten, **Kundenfeedback oder Probleme** umgehend an die verantwortlichen Stellen weitergibt.	○	○	○	○	○	○	○
... um die Marke Bell noch besser zu machen, im Unternehmen regelmässig auf **Verbesserungsmöglichkeiten** aufmerksam macht.	○	○	○	○	○	○	○

Anhang

Teil III (letzter Teil)

Zum Schluss habe ich noch einige Fragen zu Ihrer Person. Ich möchte Sie an dieser Stelle nochmals darauf hinweisen, dass Ihre Daten **streng anonym** behandelt und **in keinerlei Weise** weitergegeben werden.

Bitte geben Sie an, inwieweit Sie den nachstehenden Aussagen zustimmen (1 = stimme gar nicht zu, 7 = stimme voll zu).	Stimme gar nicht zu						Stimme voll zu
	1	2	3	4	5	6	7
Ich interessiere mich für die Marke Bell.	○	○	○	○	○	○	○
Die Marke Bell ist für mich wichtig.	○	○	○	○	○	○	○
Mir ist es wichtig, ein kompetenter Mitarbeiter der Marke Bell zu sein.	○	○	○	○	○	○	○
Mir ist es wichtig, ein Teil der „Familie Bell" zu sein.	○	○	○	○	○	○	○
Mir ist es wichtig, eigene Ideen für die Marke Bell einbringen zu können.	○	○	○	○	○	○	○
Im Allgemeinen gehöre ich zu den Personen, die es schätzen, ein treuer Mitarbeiter eines Unternehmens zu sein.	○	○	○	○	○	○	○
Im Allgemeinen gehöre ich zu den Personen, die ein langjähriges Arbeitsverhältnis zu einem Unternehmen anstreben.	○	○	○	○	○	○	○
Alles in allem würde ich mich als jemanden bezeichnen, der viel dafür tun würde, um bei einem Unternehmen bleiben zu können.	○	○	○	○	○	○	○

Sind Sie an der Entwicklung und/oder Umsetzung von **markenbezogenen Massnahmen** beteiligt?						
○ Ja			○ Nein			
Haben Sie Kundenkontakt?						
○ Ja		○ Gelegentlich			○ Nein	
Seit wie vielen Jahren arbeiten Sie schon für Bell?						
○ < 1 Jahr	○ 1-3 Jahre	○ 4-6 Jahre	○ 7-10 Jahre	○ 11-20 Jahre		○ > 20 Jahre
Zu welcher **Mitarbeitergruppe** gehören Sie?						
○ Produktion	○ Verpackung/ Kommissionierung/ Logistik	○ Verwaltung	○ Verkauf/ Marketing	○ Support-Prozesse (z.B. Reinigung, Technik)		○ Andere
Haben Sie **Führungsverantwortung?**						
○ Ja				○ Nein		
An welchem **Standort** arbeiten Sie?						
○ Basel	○ Zell		○ Oensingen	○ Chesaux-sur-Lausanne		○ Schafisheim
Ihr **Geschlecht?**						
○ Männlich				○ Weiblich		
Ihr **Alter?**						
○ < 25 Jahre	○ 26-35 Jahre		○ 36-45 Jahre	○ 46-55 Jahre		○ > 55 Jahre
Bitte geben Sie Ihren **höchsten Bildungsabschluss** an.						
○ Realschul-/ Sekundarabschluss	○ Matura		○ Lehre	○ Studium		○ Sonstiges

Herzlichen Dank für die Beantwortung des Fragebogens!

Anhang 3: Güteprüfung des Konstrukts markenkonformes Mitarbeiterverhalten

Anhang 3.1: Rotierte Faktorlösung

Indikator	Faktor 1	Faktor 2
BCB_1		0,862
BCB_2		0,839
BCB_3		0,782
BCB_4	0,679	
BCB_5	*0,524*	*0,429**
BCB_6	0,774	
BCB_7	0,793	
BCB_8	0,862	
BCB_9	0,680	0,416*
BCB_10	0,723	
BCB_11	0,540	
BCB_12	0,616	0,456*
Eigenwert	**6,267**	**1,079**
Erklärter Varianzanteil (in %)	**39,550**	**27,233**
Kumulierter Varianzanteil (in %)	**39,550**	**66,783**
Kaiser-Meyer-Olkin (KMO) = 0,913		
Legende:	* In der Tabelle werden Querladungen ab 0,4 dargestellt. Kursiv markierter Indikator aufgrund zu ähnlicher Querladung eliminiert.	

Anhang 3.2: Einzelanalyse (Gütekriterien der 1. Generation)

Faktor	Indikator	Faktorladung (EFA)	KMO	Erklärte Varianz aus EFA	EW	Cronbachs Alpha
Anforderung		> 0,4	> 0,5	> 50 %	1. EW > 1 2. EW < 1	> 0,7
Standard-Markenverhalten (Markenakzeptanz)	BCB_1	0,895	0,721	78,413	2,352 0,397	0,862
	BCB_2	0,908				
	BCB_3	0,853				
Extra-Markenverhalten (Markenmissionierung/ Markenentwicklung)	BCB_4	0,735	0,897	61,513	4,921 0,863	0,908
	BCB_6	0,842				
	BCB_7	0,827				
	BCB_8	0,828				
	BCB_9	0,803				
	BCB_10	0,762				
	BCB_11	0,682				
	BCB_12	0,783				

Anhang 3.3: Gesamtanalyse (Gütekriterien der 2. Generation)

Faktor	Indikator	Indikatorladung	t-Wert	Faktorreliabilität	DEV
Anforderung		≥ 0,7	> 1,65	≥ 0,6	≥ 0,5
Standard-Markenverhalten (Markenakzeptanz)	BCB_1	0,892****	49,709	0,92	0,78
	BCB_2	0,909****	54,739		
	BCB_3	0,855****	18,905		
Extra-Markenverhalten (Markenmissionierung/ Markenentwicklung)	BCB_4	0,735****	16,888	0,93	0,62
	BCB_6	0,842****	37,992		
	BCB_7	0,826****	30,504		
	BCB_8	0,825****	26,776		
	BCB_9	0,805****	25,879		
	BCB_10	0,760****	21,830		
	BCB_11	0,684****	10,338		
	BCB_12	0,785****	21,988		
Legende:	n.s. = nicht signifikant; * signifikant auf 10 %-Niveau; ** signifikant auf 5 %-Niveau; *** signifikant auf 1 %-Niveau; **** signifikant auf 0,1 %-Niveau				

Anhang 3.4: Grafische Ergebnisdarstellung

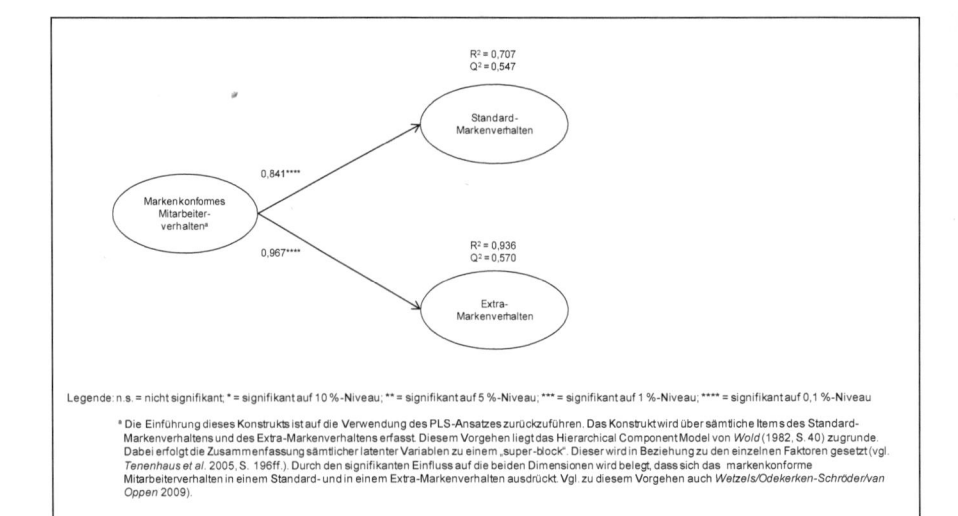

```
                                              R² = 0,707
                                              Q² = 0,547
                                         ┌──────────────┐
                                         │  Standard-   │
                                    ┌───►│ Markenverhalten │
                                    │    └──────────────┘
                         0,841****  │
    ┌──────────────┐                │
    │ Markenkonformes │              │
    │ Mitarbeiter-    │              │
    │ verhalten^a     │              │
    └──────────────┘                │
                         0,967****  │       R² = 0,936
                                    │       Q² = 0,570
                                    │    ┌──────────────┐
                                    └───►│    Extra-    │
                                         │ Markenverhalten │
                                         └──────────────┘
```

Legende: n.s. = nicht signifikant; * = signifikant auf 10 %-Niveau; ** = signifikant auf 5 %-Niveau; *** = signifikant auf 1 %-Niveau; **** = signifikant auf 0,1 %-Niveau

[a] Die Einführung dieses Konstrukts ist auf die Verwendung des PLS-Ansatzes zurückzuführen. Das Konstrukt wird über sämtliche Items des Standard-Markenverhaltens und des Extra-Markenverhaltens erfasst. Diesem Vorgehen liegt das Hierarchical Component Model von Wold (1982, S. 40) zugrunde. Dabei erfolgt die Zusammenfassung sämtlicher latenter Variablen zu einem „super-block". Dieser wird in Beziehung zu den einzelnen Faktoren gesetzt (vgl. Tenenhaus et al. 2005, S. 196ff.). Durch den signifikanten Einfluss auf die beiden Dimensionen wird belegt, dass sich das markenkonforme Mitarbeiterverhalten in einem Standard- und in einem Extra-Markenverhalten ausdrückt. Vgl. zu diesem Vorgehen auch Wetzels/Odekerken-Schröder/van Oppen 2009).

Anhang 3.5: Prüfung auf Diskriminanzvalidität

	Standard-Markenverhalten	Extra-Markenverhalten
Standard-Markenverhalten	**0,78**	
Extra-Markenverhalten	0,46	**0,62**
Legende:	In der Diagonalen (gefettet) stehen die DEV-Werte, unterhalb der Diagonalen die quadrierte Faktorkorrelation.	

Anhang 4: Prüfung auf Common-Method-Bias

Single-Item-Konstrukt	Ladung vom zugehörigen Konstrukt (R1)[a]	$R1^2$	Ladung vom Methodenfaktor (R2)	$R2^2$
Informationsvermittlung (Index)	0,833****	0,694	$-0,031^{n.s.}$	0,001
Vorleben der Markenidentität (Index)	0,830****	0,689	$-0,008^{n.s.}$	0,000
Wertschätzung (Index)	0,693****	0,480	0,103**	0,011
Partizipation (Index)	0,702****	0,493	$0,005^{n.s.}$	0,000
Visualisierung der Markenidentität (Index)	0,752****	0,566	-0,139***	0,019
Zuf_1	1,003****	1,006	$-0,072^{n.s.}$	0,005
Zuf_2	0,835****	0,697	0,130**	0,017
Zuf_3	0,972****	0,945	$-0,062^{n.s.}$	0,004
Com_1	0,645****	0,416	$0,182^{n.s.}$	0,033
Com_2	0,955****	0,912	$-0,096^{n.s.}$	0,009
Com_3	0,976****	0,953	$-0,107^{n.s.}$	0,011
Com_4	0,816****	0,666	$0,033^{n.s.}$	0,001
Ver_1	0,760****	0,578	$0,045^{n.s.}$	0,002
Ver_2	0,679****	0,461	0,182*	0,033
Ver_3	1,017****	1,034	$-0,128^{n.s.}$	0,016
Ver_4	0,975****	0,951	$-0,097^{n.s.}$	0,009
Standard-Markenverhalten (Faktorwert)	0,984****	0,968	-0,094*	0,009
Extra-Markenverhalten (Faktorwert)	0,849****	0,721	0,089*	0,008
Durchschnitt	Ladung vom zugehörigen Konstrukt (R1)	$R1^2$	Ladung vom Methodenfaktor (R2)	$R2^2$
	0,849	0,735	-0,004	0,011

Legende: n.s. = nicht signifikant; * signifikant auf 10 %-Niveau; ** signifikant auf 5 %-Niveau; *** signifikant auf 1 %-Niveau; **** signifikant auf 0,1 %-Niveau [a] Das „zugehörige Konstrukt" ist das ursprüngliche Konstrukt, dem die Single-Item-Konstrukte angehören. Z.B. ist dies im Falle der Single-Item-Konstrukte Zuf_1, Zuf_2 und Zuf_3 die Markenarbeitszufriedenheit.

Anhang 5: Formel zur Berechnung des Indexwertes formativer Konstrukte

$$\text{Index} = \frac{\sum_{i=1}^{n} w_i * \bar{x}_i - \sum_{i=1}^{n} w_i * \text{Skalen}_{min}}{(\text{Skalen}_{max} - \text{Skalen}_{min}) * \sum_{i=1}^{n} w_i} * 100$$

mit:

w_i: Gewichtung des Indikators i

$\bar{x}_i$: Mittelwert des Indikators i

Skalen$_{max}$: Maximaler Skalenwert

Skalen$_{min}$: Minimaler Skalenwert

n: Anzahl der Indikatoren